KB000089

투자의 비밀

1판 1쇄 발행 | 2021년 1월 22일

지은이 | 제이슨 츠바이크
옮긴이 | 김성일
펴낸이 | 이동희
펴낸곳 | ㈜에이지이십일

출판등록 | 제2010-000249호(2004. 1. 20)
주소 | 서울시 마포구 성미산로 1길 5 202호 (03971)
전화 | 02-6933-6500
이메일 | book@eiji21.com

ISBN 978-89-98342-62-3 (03320)

† 이 책은 2007년에 출간된 〈머니 앤드 브레인〉을 재번역하여 출간한 것입니다.
† [www.jasonzweig.com]을 방문하면 사진 자료를 볼 수 있습니다.

YOUR MONEY & YOUR BRAIN

제이슨 츠바이크 지음 | 김성일 옮김

투자의 비밀

신경경제학이 밝혀낸 유능하고 현명한 투자자가 되는 법!

에이지21

CONTENTS

YOUR MONEY & YOUR BRAIN

CHAPTER 1

신경경제학 ◦ 8

CHAPTER 2

사고와 감정 ◦ 20

직감으로 투자하는 위장병 전문의 • 두 개의 뇌를 가진 사람 • 반사 두뇌 • 사고 두뇌 • 그렇게 똑똑한 사람이 멍청이가 되는 이유 • 젤리빈 증후군 • 두 가지 모두를 활용하는 방법

CHAPTER 3

탐욕 ◦ 58

얼마나 기분이 좋을지 안다 • 마크 트웨인의 횡재 • 두뇌의 와이파이 네트워크 • 기다리지 못하는 쥐 • 좋은 소식이 그렇게 나빠질 수 있는 이유 • 기억은 돈으로 만들어진다 • 기대에 대한 기대 • 명확하지 않은 확률 • 감수하지 않은

위험 • 기대 게임 • 탐욕 자제하기

CHAPTER 4

예측 ◦ 86

바벨에서 버블까지 • 확률은 얼마인가? • 비둘기, 쥐, 무작위 • 두뇌의 진화 • 그들이 그것을 도파민이라고 부르는 이유 • 예측 중독 • 무의식적 학습 • 3의 친구들 • 나를 위해서 얻는 수익은? • 예측을 수정하는 방법

CHAPTER 5

확신 ◦ 132

과신 • 내가 가장 위대한 사람이다 • 집처럼 좋은 곳은 없다 • 단순 노출의 불가사의한 힘 • 할리 베리 뉴런 • 이건 내가 통제할 수 있어 • 정말 안전한가? • 나는 계속 이기고 있다 • 내 그럴 줄 알았지 • 내가 알아, 내가 안다고 • 자신감을 적절히 조정하라

CHAPTER 6

위험 ◦ 192

구경꾼 관점에서 • 실시간 위험 • 새와 벌이 주는 교훈 • 당신은 프레임에 걸려들었다 • 두뇌의 여러 프레임 • 누가 그 한 사람인가? • 우매한 군중 • 헤일 메리 패스 • 위험을 내 편으로 만들기

CHAPTER 7

공포 ◦ 232

당신은 무엇을 두려워하는가? • 두뇌의 경보 버튼 • 공포가 옳게 만든다 • 다수가 안전한가? • 아무도 확률을 모를 때 • 공포에 맞서라

CHAPTER 8

놀람 ◦ 266

에구머니 • 어느 빌딩이 뛰어내리기 가장 좋은가? • 어이쿠 중추, 제기랄 회로 • 놀람의 비대칭성 • 사과가 멍든 이유 • 나쁜 뉴스의 하락장 • 놀람 주기 깨기

CHAPTER 9

후회 ◦ 288

비에 젖은 개 • 당신에게 천부적 재능이 있는가? • 누구도 패배자가 되기를 원하지 않는다 • 벗어나기는 어렵다 • 예상하지 못한 돈 • 선택권이라는 굴레 • 일어났을 법한 일 • 후회라는 가혹한 시련 • 비교와 대조 • 머피는 투자자였다 • 혐오의 섬 • 시간이 흐른 뒤 • 후회 줄이기

CHAPTER 10

행복 ◦ 348

돈, 그것이 내가 원하는 것이다 • 내가 만약 부자라면 • 초점을 벗어난 이야기 • 멋지지 않을까? • 과거에 어땠는가? • 잡히지 않는 나비 • 함께 있어 정말 행복해요 • 주위 사람 따라잡기 • 행복하면 돈이 생기나요? • 준비된 행운 • 삶의 시간 • 널 사랑해. 내일부터 • 옛날이 좋았지 • 행복해져라

부록 1 • 다시 생각하라(THINK TWICE) ◦ 406

부록 2 • 투자 체크리스트 ◦ 409

부록 3 • 부부를 위한 투자 계획서 ◦ 413

참고 주 ◦ 416

추천의 글 • 홍춘욱 ◦ 471

CHAPTER 1

뇌: 명사.
우리가 생각을 한다고
생각하는 기관.[1]

_ 앰브로즈 비어스

YOUR MONEY & YOUR BRAIN

◎

신경경제학

"어떻게 그런 멍청한 짓을 했을까?" 너무 화가 난 나머지 이렇게 자신에게 외쳐본 적이 없다면 당신은 투자자가 아니다. 정말 많은 똑똑한 사람이 투자 때문에 바보가 된 듯한 기분을 느낀다. 사람들이 하는 다양한 일을 전부 따져봐도 투자만큼 그런 느낌을 주는 것은 없다. 돈에 관한 결정을 내릴 때 투자자는 자신의 두뇌에서 어떤 일이 일어나는지 이해하기 쉽게 설명하려고 한다. 어떤 기계나 도구를 잘 사용하려면 최소한의 작동법을 아는 게 중요하다. 자신의 마음을 제대로 알지 못하면 부자가 되기는 어렵다. 다행히 지난 몇 년간 과학자들은 인간의 두뇌가 어떻게 보상을 평가하고, 위험을 측정하고, 확률을 계산하는지 놀라운 발견들을 해왔다. 경이로운 영상 기술의 도움으로 우리가 투자할 때 두뇌에서 스위치가 켜지고 꺼지는 정확한 신경 회로를 관찰할 수 있게 됐다.

1987년부터 금융 기자로 일해왔지만 '신경경제학neuroeconomics' 연구의 놀라운 발견만큼 나를 흥분시킨 건 없었다. 신경과학, 경제학, 심리학이 뒤섞여 새로 태어난 이 분야 덕분에 무엇이 투자자의 행동을 유도하는지 이해할 수 있었다. 이론적이고 실제적인 차원에서뿐만 아니라 기본적인 생물학적 기능에서도 말이다. 이런 근본적인 통찰은 과거에는 찾아볼 수 없었다.

금융 면에서 자신을 제대로 이해하도록 안내하겠다. 세계 유수의 신경경제학자들이 운영하는 실험실 안으로 당신을 데려가서 그들의 매력적인 실험을 설명할 것이다. 이 연구자들은 반복 실험을 통해 두뇌를 연구해왔다. (내 두개골에 대한 과학적 의견은 간단하다. 그 안은 엉망진창이다.)

신경경제학의 최근 연구 결과는 사람들이 알고 있는 대부분의 투자 지식이 틀렸다는 것을 말해준다. 이론적으로는 많이 배우고 연구할수록 투자로 더 많은 돈을 벌 수 있다. 경제학자들은 오랫동안 다음과 같이 주장해왔다. 투자자는 그들이 원하는 것을 알고 있으며, 위험과 보상 사이의 교환 관계를 이해하며, 목표를 위해 정보를 논리적으로 이용하고 있다고 말이다.

그러나 실제로 그런 가정은 완전히 잘못된 것으로 판명되었다. 당신은 어느 쪽 말이 맞는 것 같은가?

이론	실제
당신은 분명하고 일관된 금융 목표를 가지고 있다.	당신은 자신의 목표가 무엇인지 확신하지 못하고 있다. 당신이 알았다고 생각한 가장 최근에 목표를 바꿨을 것이다.
당신은 성공과 실패의 확률을 신중하게 계산한다.	사촌이 추천한 주식은 '확실한 것'이었다. 두 사람 모두 계좌 잔고가 '0'으로 변하기 전까지는 말이다.
당신은 스스로 얼마나 많은 위험을 감수하고 있는지 정확히 안다.	당신은 시장이 상승하자 위험을 잘 견딘다고 말했다. 시장이 하락하자 위험을 잘 견디지 못한다고 말을 바꾼다.

당신은 미래의 부를 극대화하기 위해 사용 가능한 모든 정보를 효율적으로 처리한다.	당신은 엔론과 월드컴의 주식을 소유하고 있었지만, 그 회사의 재무제표에 있는 자세한 문구를 한 번도 읽지 않았다. 그 문구가 바로 앞으로 일어날 문제의 징후였다.
똑똑한 사람일수록 투자로 큰돈을 벌 수 있다.	1720년 아이작 뉴턴 경은 주식시장 붕괴로 파산했다. 재정 면에서 후배 천재들이 겪는 실패의 선례가 됐다.
투자는 면밀히 추적할수록 큰돈을 벌 수 있다.	보유 주식에 관한 뉴스를 계속 듣는 사람이 무관심한 사람보다 수익이 낮다.
투자는 노력할수록 큰돈을 벌 수 있다.	'전문' 투자자가 '아마추어' 투자자보다 평균적으로 수익이 많다는 증거는 없다.

당신만 그런 게 아니다. 다이어트를 하는 사람이 온갖 방법을 써보지만 결국 예전의 몸무게로 돌아가는 것처럼 투자자 역시 항상 자신이 최악의 적이다. 심지어 그들이 더 잘 알 때조차도 말이다.

◎ 모든 사람이 싸게 사서 비싸게 팔아야 한다는 것을 안다. 하지만 대부분 비싸게 사서 싸게 판다.

◎ 시장을 못 이긴다는 것을 누구나 안다. 하지만 자기는 할 수 있다고 생각한다.

◎ 패닉 셀링panic selling(공황매도, 투매)이 안 좋다는 것은 누구나 안다. 하지만 1주당 예상 이익이 24센트였던 회사가 실제로 23센트를 벌

었다고 발표하면 그 회사는 1분 30초 만에 50억 달러의 시장 가치를 잃을 수 있다.

◎ 월가의 투자 전략가가 시장을 예측할 수 없다는 것은 누구나 안다. 하지만 투자자는 여전히 TV에서 예언을 일삼는 금융 전문가의 한마디 한 마디에 매달린다.

◎ 인기 주식이나 액티브 펀드를 좇는 것이 손해를 보는 지름길이라는 것은 누구나 안다. 하지만 매년 수백만 투자자가 다시 불나방처럼 불길로 뛰어든다. 불과 1, 2년 전만 해도 다시는 화상을 입지 않겠다고 맹세했음에도 똑같은 행동을 반복한다.

이 책의 주제 중 하나는 우리의 투자 두뇌가 종종 논리적인 이치에 맞지 않는 행동을 하도록 유도한다는 것이다. 하지만 그 행동이 감정적 이치에는 완전히 들어맞는다. 두뇌가 우리를 비이성적으로 만들지는 않는다. 단지 우리를 인간적이게 만든다. 우리의 두뇌는 생존 가능성을 높이는 것은 더 많이 취하고, 생존 가능성을 낮추는 것은 피하도록 설계되어 있다. 두뇌 깊숙이 있는 감정 회로는 보상이 있을 법한 것을 본능적으로 갈망하고 위험해 보이는 것을 피한다.

수천만 년 전에 발달된 세포에서 일어나는 이런 충동에 대항하기에는 두뇌의 방어막이 너무 얇다. 이 방어막은 비교적 현대적이고 분석적인 회로의 얇은 막으로 구성되어 있는데, 이 회로는 종종 우리의 태고적 무딘 감정 회로와 일치하지 않는다. 그렇기 때문에 정답을 아는 것과 그대로 수행하는 것이 어려울 수밖에 없다.

◎ 노스캐롤라이나 그린즈버러에 사는 부동산 중개인 에드는 첨단기술과 생명공학 기업에 잇따라 주사위를 던지고 있었다. 결산을 해보니 에드는 최소 4종목의 주식에서 투자금의 90% 이상을 잃었다. 에드는 투자금의 50%를 잃었을 때 "10%만 더 떨어지면 팔아야지."라고 생각했다. 그리고 이런 얘기도 했다. "주가가 계속 떨어지는 동안 나는 팔아치우는 대신 매도 기준가를 계속 내렸어요. 서류상으로 돈을 다 잃는 것보다 팔아서 손실을 실현하는 게 더 나쁘다고 생각했어요." 회계사는 그에게 주식을 처분하면 손실을 장부에서 지우고 소득세 청구액을 낮출 수 있다고 알려줬다. 하지만 에드는 여전히 팔 수 없었다. 그는 "여기서 올라가면 어떡하죠?"라며 처량하게 묻는다. "그러면 난 두 번 바보가 된 느낌일 거예요. 사면서 한 번, 팔면서 한 번."[2]

◎ 1950년대 랜드RAND 연구소의 젊은 연구원은 퇴직금을 주식과 채권에 얼마씩 배분해야 하는지 고민했다. 선형계획법linear programming 전문가인 그는 이렇게 말한다. "자산군의 역사적 공분산을 계산하고 효율적 투자선efficient frontier을 그려서 투자 결정을 해야 한다. 그런데 증시가 상승하는데 주식을 갖고 있지 않은 경우와 주식만 갖고 있는데 증시가 하락할 경우 얼마나 허탈할지를 상상하게 됐다. 나의 의도는 미래의 후회를 최소화하는 것이었다. 그래서 나는 투자금을 채권과 주식에 50 대 50으로 나누었다."[3] 이 연구원의 이름은 해리 마코위츠Harry Markowitz였다. 그보다 몇 년 전 그는 위험과 수익 사이의 절충안을 정확히 계산하는 방법을 보여주는 '포트폴리오 선택Portfolio Selection'이라는 논문을 써서 〈저널 오브 파이낸스Journal of Finance〉에 기고했다. 1990년 마코위츠는 자신의 포트폴리오에도

써먹을 수 없었던 수학적 발견의 공로로 노벨 경제학상을 공동 수상했다.

◎ 애틀랜타 인근에 사는 퇴역 장교 잭 허스트와 그의 아내 안나는 매우 보수적인 투자자다. 그들은 신용카드 빚이 없었고 대부분의 돈을 배당이 나오는 우량주에 넣어뒀다. 그런데 허스트는 소위 '대박' 계좌도 갖고 있다. 그 계좌로 작게 모험을 한다. 주식시장에서 위험한 소수의 주식에 모험을 하는 것이 그가 말하는 '대박의 꿈'을 실현하는 자금 마련 방법이다. 허스트는 루게릭병을 앓고 있어서 그 꿈이 중요하다. 1989년 이후로 전신이 완전히 마비된 허스트는 얼굴 근육의 전기 신호를 읽는 특수 스위치로 노트북 컴퓨터를 작동시켜 투자한다. 2004년 그가 대박을 목표로 고른 주식은 위성 라디오 회사인 '시리우스'이다. 시리우스는 미국에서 가장 변동성이 큰 주식 중 하나였다. 허스트의 꿈은 사지 마비 환자용으로 주문 생산되는 위네바고 캠핑카를 구입하는 것과 환자와 가족을 돌봐주는 '루게릭병 하우스'에 자금을 지원하는 것이다. 그는 보수적이면서도 공격적인 투자가다.[4]

요컨대 투자 두뇌는 우리의 생각처럼 일관적이고 효율적이며 논리적인 장치와 거리가 멀다. 심지어 노벨상 수상자도 그들의 경제 이론대로 행동하지 못한다. 투자의 세계에서는 수십억 달러를 운용하는 전문 포트폴리오 매니저이든, 퇴직연금 계좌에 6만 달러를 가진 평범한 사람이든 마찬가지다. 확률을 높이는 냉철한 계산과 수익의 희열, 손실의 고통 등 본능적인 반응이 섞여 있기 때문이다.

두 귀 사이에 있는 1.36킬로그램의 두뇌에 채워진 1,000억 개의 뉴런은 당신이 돈을 생각할 때 감정의 소용돌이를 일으킨다. 당신의 투자 두뇌는 단순히 덧셈과 곱셈, 추정과 평가만 하는 것이 아니다. 돈을 벌거나 잃거나, 혹은 투자 위험을 무릅쓸 때 사람의 가장 심오한 감정이 당신에게 일어난다. 프린스턴 대학의 심리학자 대니얼 카너먼은 "투자 의사결정이 반드시 돈에만 관계된 것은 아니다. 후회를 회피하거나 자부심을 얻는 것과 같은 무형의 동기도 영향을 미친다."고 말한다.[5] 투자를 할 때는 과거의 데이터를 사용하여 결정을 내려야 하며, 미래의 위험과 보상에 현재의 직감을 사용해야 한다. 결정을 내리는 순간 희망, 탐욕, 자부심, 놀람, 공포, 공황, 후회, 행복과 같은 감정이 당신을 채울 것이다. 대다수 투자자는 이런 롤러코스터 같은 감정의 소용돌이를 느낀다. 그래서 이런 감정을 중심으로 이 책을 썼다.

일상생활에서 당신의 두뇌는 잘 작동한다. 위험한 상황이 생기면 즉각적으로 당신을 보호하기도 하고 음식, 안식처, 사랑과 같은 기본 보상을 통해 당신에게 안정을 준다. 그런데 직관적이며 우수한 당신의 두뇌는 종종 제대로 작동하지 못한다. 특히 금융시장처럼 매일같이 복잡한 선택이 필요할 때가 그렇다. 혼란스럽고 놀랄 만큼 복잡한 인간의 두뇌는 돈에 대한 결정을 내릴 때 최선과 최악의 기능을 발휘한다. 이것은 인간의 심오한 특성이라 할 수 있다.

올바른 투자 결정을 내려야 할 때 반드시 감정이 적이고 이성이 친구인 것은 아니다. 머리를 다쳐 두뇌의 감정 회로에 문제가 있는 사람은 끔찍한 투자자가 될 수 있다. 감정이 없는 순수한 합리성은 이성의 통제를 받지 않는 순수한 감정만큼 포트폴리오에 나쁜 영향을 끼칠 수 있다. 신경경제학은 감정을 억제하지 않고 잘 활용할 때 최선의 결과를 얻을 수 있다는 것을 보여준다. 이 책은 당신이 감정과 이성 사이에서 균형을 잡을 수 있도록 도울 것이다.

무엇보다도 이 책은 당신의 투자 자아를 예전보다 더 잘 이해하도록 도울 것이다. 당신은 자신이 어떤 투자자인지 잘 알고 있다고 생각할지 모르지만 아마도 그렇지 않을 가능성이 높다. 투자 전문 작가인 애덤 스미스는 그의 고전적인 책 〈머니 게임〉에서 다음과 같이 말했다.[6] "스스로를 잘 알지 못하면 월가를 이해하는 데 비싼 대가를 치러야 한다." (1999년 인터넷 주식을 사들인 사람은 자신이 위험을 잘 견딘다고 생각했다. 그 주식들은 이후 3년간 95% 하락했다. 이 사례를 보면 그 대가가 얼마나 비싼 것인지 알 수 있다.) 지난 세월 동안 나는 세 종류의 투자자만 존재한다고 확신했다. 자신을 '천재라고 생각하는 사람', '바보라고 생각하는 사람', '확신하지 못하는 사람'이다. 대체로 '확신하지 못하는 사람'이 옳았다. 만약 자신을 투자의 천재라고 생각한다면 당신은 생각보다 더 바보일 가능성이 높다. 두뇌를 사슬로 묶어서라도 다른 사람을 능가하려는 헛된 시도를 막아야 한다. 자신을 투자의 바보라고 생각한다면 아마도 당신은 생각보다 똑똑할 가능성이 높다. 그렇다면 당신은 투자자로서 성공하는 방법을 배우기 위해 두뇌를 훈련할 필요가 있다.

재산을 늘리거나 유지하고 싶다면 투자자로서 당신이 어떤 사람인지 반드시 알아야 한다. 그래서 신경경제학에서 나온 기본 교훈을 배우는 것이 아주 중요하다.

◎ 금전상의 손실과 이득은 단순히 재정적, 심리적 결과가 아니라 두뇌

와 신체에 중대한 물리적 영향을 미치는 생물학적 변화다.

◎ 투자로 돈을 버는 사람의 신경 활동은 코카인이나 모르핀에 중독된 사람의 신경 활동과 구분할 수 없을 정도로 똑같다.

◎ 주가가 이틀 연속 오를 때의 느낌처럼 두 번 반복되는 자극이 있으면 인간의 두뇌는 세 번째 반복을 예상한다. 이런 일은 무의식적이고 통제 불가능하다.

◎ 투자 수익률이 '예상 가능'하다고 결론을 내렸는데 그 패턴이 깨질 경우 두뇌는 소스라치게 놀란다.

◎ 치명적 위험에 대응하는 두뇌 영역이 금전적 손실도 처리한다.

◎ 두뇌에서는 수익을 기대하는 것과 실제로 얻는 것이 전혀 다른 방식으로 표현된다. '돈으로 행복을 살 수 없다'는 말의 근거 중 하나다.

◎ 좋은 일이든 나쁜 일이든 기대가 실제보다 더 강력한 경우가 많다.

문제의 진짜 원인을 모르면 해결이 어렵다. 우리 모두는 이 사실을 안다. 많은 투자자가 가장 큰 좌절감을 느끼는 부분은 실수로부터 배울 수 없었다는 것이다. 쳇바퀴를 도는 햄스터처럼 돈 꿈을 쫓는 속도가 빠를수록 그들은 절대 아무데도 가지 못한다. 신경경제학의 최근 발견은 절망의 수레바퀴에서 벗어나 금전적으로 안정을 찾을 수 있는 기회를 제공한다. 이 책은 투자 두뇌를 어느 때보다 잘 이해할 수 있도록 만들어 당신을 도울 것이다.

- 현실적이고 달성 가능한 목표를 설정한다.
- 안전하게 고수익을 올린다.

- 차분하고 인내심 강한 투자자가 된다.
- 뉴스를 활용하고 시장의 소음을 조정한다.
- 자신이 가진 전문 지식의 한계를 측정한다.
- 실수의 횟수와 강도를 최소화한다.
- 실수를 자책하지 않는다.
- 능력껏 통제하고 나머지는 포기한다.

이 책을 집필하기 위해 연구하면서 나는 우리들 대부분이 자신의 행동을 이해하지 못한다는 압도적인 증거에 충격을 받았다. '투자에 관해 안다고 생각한 거의 모든 것이 틀렸다'는 내용을 주제로 한 책은 그동안 많았다. 하지만 당신이 자신을 안다고 생각한 모든 것이 잘못되었다는 것을 보여줌으로써 당신을 더 나은 투자자로 만들려고 시도한 책은 없었다. 궁극적으로 이 책은 투자 두뇌의 내적 활동 이상의 내용을 담고 있다. 이 책은 또한 당혹스러운 약점과 함께 기적적인 능력을 가진 인간이라는 존재가 무엇을 의미하는지도 설명한다. 투자 지식이 많든 적든 당신은 마지막 금융 미개척지인 '당신 자신'에 대해 더 많은 것을 배울 필요가 있다.

CHAPTER 2

감정을 억제하는 데
이성이 어떤 역할을 하는지,
이성의 힘으로
불가능한 것이 무엇인지
결정하기 전에
우리의 타고난 능력과
한계를 이해할 필요가 있다.[7]

_ 스피노자

Your
Money
&
Your
Brain

◎

사
고
와
감
정

직감으로 투자하는 위장병 전문의

얼마 전 뉴욕 시의 위장병 전문의 클라크 해리스는 농업 및 건설업 장비 제조회사인 'CNH 글로벌 N.V.'의 주식을 매수했다. 친구가 왜 그 주식을 샀는지 묻자 해리스는 사실 그 회사를 잘 모른다고 답했다. 평소에는 주식 매수 전에 미리 공부를 하는 편이었지만 이 회사의 본사가 네덜란드에 있다는 사실도 몰랐다. 도시 사람인 이 의사는 농장 트랙터, 건초 다발 묶는 기계, 불도저, 굴착기 등에 아무런 지식이 없었다. 하지만 어쨌든 그는 그 주식을 좋아했다. 중간 이름이 넬슨인 해리스는 회사 이름과 자기 이름 이니셜이 일치해서 그 주식을 샀다고 인정했다.(회사 이름 CNH, 의사 이름 Clark Nelson Harris-옮긴이) 그 밖에 다른 이유가 있느냐는 친구의 질문에 해리스는 "왠지 좋아, 그게 다야."라고 답했다.[8]

투자 결정을 할 때 비단 이 전문의만이 직감에 의존한 것은 아니다. 1999년 '컴퓨터 리터러시Computer Literacy Inc.'의 주식은 하루 만에 33%나 급등했는데, 오른 이유가 이 회사 이름을 좀더 고급스러운 '팻브레인 닷컴fatbrain.com'으로 바꿨기 때문이다. 1998년과 1999년 일부 기업의 주가는 나머지 기술산업 분야의 주가보다 63%포인트나 올랐다. 그 기업들이 한 것이라곤 공식 회사명을 닷컴.com, 닷넷.net, 인터넷Internet을 포함하도록 바꾼 것밖에 없다.

보스턴 셀틱스 농구팀의 주식이 상장되어 있던 몇 년 동안 새 경기장

건설 같은 중요한 사업 뉴스에도 주가는 꿈적도 하지 않았다. 오히려 전날 경기의 승패에 따라 주가가 훨씬 크게 위아래로 움직였다. 적어도 단기적으로는 셀틱스의 주가가 수익이나 순이익과 같은 근본적인 요인으로 결정되지 않았다. 대신에 팬들이 관심을 가지는 지난밤의 승패로 주가가 움직였다.

투자자들은 해리스나 셀틱스 팬보다 훨씬 직감에 의존한다. 2002년 말 한 트레이더는 '크리스피 크림 도넛Krispy Kreme Doughnuts Inc.'의 주식을 왜 샀는지 설명했다. "사장이 한 다스(12개)에 6달러 하는 도넛을 30다스나 사서 사무실에 돌렸어요. 정말 굉장하지 않아요? 오늘 그 주식을 더 살 겁니다." '크리스피 크림 도넛' 주식의 온라인 게시판을 찾은 또 다른 방문객은 '도넛이 너무 맛있어서 이 회사 주식은 폭등할 것'이라고 선언했다.

이런 투자 결정의 첫 번째 공통점은 모두 직관을 따랐다는 것이다. 이 주식을 산 사람들은 기본적인 사업 내용을 분석하지 않았다. 대신 그들은 느낌, 감각, 예감을 이용했다. 두 번째 공통점은 이 판단이 모두 틀렸다는 것이다. 해리스가 주식을 매수한 이후 CNH의 성과는 시장지수보다 나빴다. 팻브레인닷컴은 더 이상 독립된 회사로 남아 있지 않았다. 1999년에서 2002년 사이에 많은 '닷컴' 회사의 주식은 90% 이상 폭락했다. 보스턴 셀틱스 주식은 팀이 경기할 때보다 비시즌에 수익률이 더 높았다. 크리스피 크림 도넛 주식은 75% 하락했다. 물론 도넛은 여전히 맛있었다.

이런 유형의 사고방식이 순진한 개인투자자만의 특징은 아니다. 250여 명의 금융 전문가를 대상으로 한 조사를 보면, 91% 이상이 투자 평가에서 가장 중요한 과제는 사실을 설득력 있는 '이야기'로 정리하는 것이라고 생각했다. 포트폴리오 매니저는 어느 주식이 '느낌이 좋은지' 끊임없이 이야기한다. 전문 트레이더는 자신의 직감을 믿고 하루에도 수십억 달러를 매매한다. 세계적인 헤지펀드 매니저인 조지 소로스는 허리가 아프면 보유 자산의 매도를 고려한다고 알려져 있다.[9]

말콤 글래드웰Malcolm Gladwell은 그의 책 〈블링크Blink〉에서 이렇게 지적했다. "신속하게 내린 결정은 신중하게 내린 결정 못지않게 좋을 수 있다." 글래드웰은 훌륭한 작가지만 투자에 관한 한 그의 주장은 아주 위험하다. 직관은 믿기 어려울 정도로 빠르고 정확한 판단을 내릴 수 있다. 하지만 그것은 특정 상황에서만 가능한 얘기다. 올바른 결정을 내리기 좋은 조건, 즉 규칙이 간단하고 안정적일 때가 그렇다. 불행히도 투자에서의 선택은 결코 간단하지 않고 성공의 여부도 매우 불확실하다. 특히 단기적으로는 더욱 그렇다. 한동안 수익이 좋았던 채권도 당신이 사자마자 형편없는 수익을 낸다. 수년간 손실을 내던 신흥국 주식형 펀드를 팔고 나니 가격이 두 배가 된다. 금융시장의 광풍 속에서 적용해도 될 유일한 규칙은 머피의 법칙이다. 심지어 이 규칙도 반전의 마력이 있다. 잘못될 수 있는 것은 무엇이든 잘못되게 마련이다. 하지만 당신이 전혀 예상하지 못할 때만 잘못된다.

글래드웰은 우리의 직관이 종종 우리를 잘못 안내할 수 있다는 점을 인정한다. 하지만 그는 직관에 대한 우리의 직관도 우리를 잘못 안내할 수 있다는 점을 강조하지 못한다. 주식시장의 많은 아이러니 중에서 가장 고통스러운 것은 다음과 같다. 투자 판단을 잘못했다는 분명한 신호 가운데 하나는 당신이 옳다는 직감을 믿는 것이다. 당신의 직감이 큰 성과를 거둘 것이라고 확신할수록 더 많은 돈을 잃을 수 있다.

이런 규칙이 지배하는 게임에서 직관에 따른 순간적인 판단인 '블링크'를 따른다면 당신의 투자 결과는 아주 안 좋을 수 있다. 직관은 투자에서 적절한 역할을 한다. 단 지배적인 역할이 아니라 종속적인 역할을 해야 한다. 다행히 당신은 직관을 더 잘 활용할 수 있고 투자를 직관에만 의존할 필요가 없다. 투자에서 최선의 결정은 투자 두뇌의 두 가지 강점인 직관과 분석, 느낌과 생각을 바탕으로 내리는 것이다. 이 장에서는 이 두 가지를 최대한 활용하는 방법을 안내하겠다.

두 개의 뇌를 가진 사람

빠르게 답해보라 : 만약 케네디 대통령이 암살당하지 않았다면 그는 지금 몇 살일까?

당신의 답을 다시 생각할지 지금 결정하라.

보통 사람이라면 JFK가 76세나 77세라고 추측할 것이다. 다시 한번 생각하면 아마 그 추정치에 열 살쯤 더할 것이다. (정답: 케네디는 1917년 5월 29일 출생이다.) 첫 답이 틀린 것은 보통 사람들만이 아니다. 2004년에 나는 세계 최고의 의사 결정 전문가에게 이 퀴즈를 냈다. 그의 첫 답은 75세였다. 내가 잠시 생각할 틈을 주자 그는 86세로 답을 바꿨다.

왜 사람들은 이 문제를 잘못 풀고 또 그렇게 쉽게 수정할까? 첫 질문을 받았을 때 사람들의 직관은 활기차고 의욕이 넘치는 젊은 지도자 이미지인 케네디에 즉시 강력한 시각적 기억을 불러일으킨다. 그런 다음 청년의 나이를 상향 조정하지만 충분하지 않다. 아마 린든 존슨이나 로널드

레이건 같은 나이 든 대통령과의 대비가 케네디를 실제보다 젊게 보이게 하기 때문일 것이다. 케네디의 소년 같은 얼굴이 당신의 기억 속에 너무나 생생하게 각인되어 있어서 그가 죽은 지 몇 년이 지났는지와 같은 다른 고려 사항은 무시된다.

심리학자는 이 과정을 '기준점anchoring과 조정adjustment'이라고 부른다. 이 과정은 우리가 일상생활을 놀랄 만큼 잘 헤쳐 나가게 해준다. 일단 다시 생각해보라는 메시지가 나타나면 두뇌의 분석 영역은 아마도 다음과 같이 직관의 오류를 인식하고 수정할 것이다. "어디 보자, 케네디가 총에 맞았을 때는 40대 중반이었을 거야. 그때가 1963년쯤이었으니까 지금 살아 있다면 아마 90세 전후가 되겠네."[10]

그러나 직관이 항상 이성에게 다시 생각할 기회를 주는 것은 아니다. 1970년대 초 예루살렘 히브리 대학의 심리학자 아모스 트버스키와 대니얼 카너먼은 사람들에게 0에서 100까지 숫자가 적힌 행운의 바퀴를 돌리는 실험을 했다. 실험은 유엔 회원국 중에 아프리카 국가가 차지하는 비율이 실험자가 돌려서 나온 숫자보다 높은지 낮은지 추정해보려고 했다. 그렇게 무작위적이고 전혀 무관한 숫자가 사람들에게 영향을 미치지 않았어야 했음에도 바퀴를 돌려 나온 숫자는 사람들의 추정치에 큰 차이를 만들었다. 평균적으로 회전판에서 10이 나온 사람은 단지 25%가, 65가 나온 사람은 45%가 유엔 회원국 중 아프리카 국가의 비율이라고 추정했다.[11]

이 간단한 실험으로 자신의 기준점 성향을 시험해볼 수 있다. 전화번호의 마지막 세 자리 숫자를 선택한 다음 400을 더하라. 예를 들어 전화번호가 2, 3, 7로 끝나는 경우 400을 더하면 637이 된다. 이제 다음 두

가지 질문에 답하라. 훈족의 아틸라 왕이 유럽에서 패배한 해는 637년보다 앞인가 뒤인가? 아틸라 왕이 패배한 해는 몇 년도라고 생각하는가?

비록 전화번호가 중세 야만인과의 전투와 아무런 관련이 없지만 수백 명을 대상으로 한 실험은 평균적인 추측이 기준점과 일치함을 보여준다.

전화번호에 400을 더해서 나온 숫자의 범위	아틸라가 패배한 연도의 평균 추정치
400~599	기원후 629
600~799	기원후 680
800~999	기원후 789
1,000~1,199	기원후 885
1,200~1,399	기원후 988

정답은 기원후 451년이다.

당신의 직관이 어떤 숫자를 포착하면 마치 접착제로 붙인 것처럼 그 숫자에 고착된다. 보통 부동산 중개업자가 시중에 나와 있는 집 중에서 가장 비싼 집을 먼저 보여주는 것은 이 때문이다. 그렇게 하면 다른 집들은 상대적으로 싸 보이기 때문이다. 액티브 펀드 회사가 늘 1주당 10달러에 새로운 펀드를 출시하는 이유도 마찬가지다. 처음에는 '싼' 가격으로 신규 투자자를 유혹하기 위해서다. 금융의 세계에서는 기준점 효과가 도처에 존재한다. 하지만 왜 그렇게 기준점 효과가 강력하게 작용하는지 이해하기 전에는 충분한 주의를 기울일 수 없다.

여기 직관과 분석 사고의 힘겨루기를 보여주는 또 다른 사고 실험이 있다. 사탕과 껌 값을 더해 1,100원이다. 사탕은 껌보다 1,000원 더 비싸다. 질문 : 껌은 얼마인가?[12]

이제 30초쯤 생각한 뒤에 답을 바꿀지 결정하라.

처음에는 대다수 사람이 껌 값을 100원이라고 말한다. 사람들은 다시 생각하라고 말하지 않는 한 답이 틀렸다는 것을 알지 못한다. 잠시 생각해보면 실수한 사실을 깨달을 것이다. 만약 껌이 100원이고 사탕이 껌보다 1,000원 더 비싸다면 사탕은 1,100원이 된다. 즉 1,100원에 100원을 더하면 1,200원이 되는 셈이다. 틀린 답이다. 머리를 긁적이며 생각해보면 정답이 나온다. 껌은 50원, 사탕은 1,050원이다.

직관이 실수했을 수 있다는 것을 두뇌의 분석 영역이 알아차릴 경우에만 이런 문제를 정확하게 풀 수 있다. 나는 투자 두뇌의 이 두 측면을 '반사 시스템reflexive system' 또는 '직관 시스템'과 '사고 시스템reflexive system' 또는 '분석 시스템'이라고 부른다. 로스앤젤레스 캘리포니아 대학의 심리학자 매튜 리버먼이 제안한 용어를 빌려온 것이다.[13]

대부분의 금융 관련 결정은 이 두 사고방식 사이의 힘겨루기다. 직관을 능가하는 분석이 얼마나 힘든지 보려면 다음 그림을 참고하라. 감각 기능이 착각을 일으킨다는 것을 알아도 착시 현상을 극복하기는 어렵다. 지금 보고 있는 것이 착각이라는 것을 알면서도 여전히 올바르게 보고 있다고 느낀다. 대니얼 카너먼의 말처럼 당신은 자를 사용해야 한다는 사실을 인정해야 한다.

어느 선이 더 길까?

유명한 뮐러-라이어Müller-Lyer 착시 현상에서는 위의 선이 아래 선보다 짧아 보인다. 사실 두 직선의 길이는 같다. 자로 재면 쉽게 확인할 수 있다. 그러나 당신의 직관은 너무 강력해서 사실이 그렇지 않다고 증명된 뒤에도 위의 선이 짧다는 생각을 버리지 못한다.

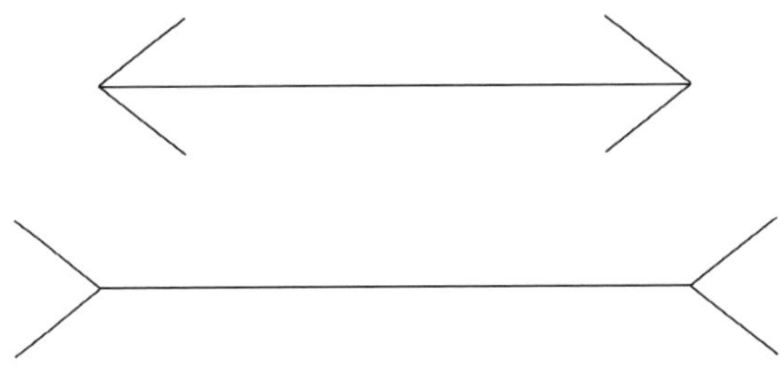

그렇다고 해서 '반사' 두뇌가 강력하지만 멍청하고, '사고' 두뇌가 약하지만 영리하다고 말하는 것은 아니다. 사실 각 시스템은 저마다의 특징이 있다. 투자의 세계에서 두 시스템이 어떻게 작동하는지, 어떻게 하면 더욱 잘 작동하도록 만들 수 있는지 자세히 알아보자.

반사 두뇌

논리적인 추리가 '좌뇌'에, 감정적인 사고가 '우뇌'에 바탕을 두고 있다는 일반적인 믿음이 완전히 틀린 것은 아니다. 그러나 현실은 좀더 미묘하다. 이 두 가지 사고는 두뇌의 다른 영역에서 수행되지만 좌우보다는 상하와 관련이 깊다.

'반사 시스템'은 주로 대뇌피질 아래에 위치하는데 사람들은 '사고 thinking' 영역이라고 여긴다. 대뇌피질도 감정 체계의 중요한 부분이지만 대부분의 반사 과정은 그 아래에 있는 기저핵과 변연계에서 이뤄진다. 두뇌 중심부의 뒤엉킨 조직 다발인 기저핵은 줄무늬와 띠가 있는 모양 때문에 '선조체'라고도 불린다. 이 영역은 우리가 보상으로 인식하는 대부분의 것을 확인하고 찾는 중심 역할을 한다. 음식, 음료, 사회적 지위, 섹스, 돈 같은 것이 여기에 해당한다. 또한 기저핵은 복잡한 사고가 조직적으로 이뤄지는 대뇌피질과 외부 세계의 많은 자극이 최초로 처리되는 변연계 사이에서 일종의 중계소 역할을 한다.

모든 포유류는 변연계를 가지고 있다. 인간의 변연계는 포유류와 유사하며 정신의 발화점 역할을 한다. 인간이 살아남으려면 가능한 한 빨리 보상을 추구하고 위험을 피해야 한다. 편도체나 시상과 같은 변연계 구조는 시각과 청각, 후각 같은 감각적인 입력을 받아들인 다음 빠르게 '나쁨'에서 '좋음'까지의 기본적인 척도로 평가하도록 돕는다. 그 평가는 다시 공포나 쾌락 같은 감정으로 변형되어 당신의 신체가 반응하도록 유도한다.[14]

반사 시스템은 종종 너무 빨리 작동하기 때문에 처리 대상이 있다는 사실을 두뇌의 의식 영역이 깨닫기 전에 대응이 끝나는 경우가 있다. 고속도로에서 위험을 피하기 위해 핸들을 꺾는 시간을 생각해보라. 두뇌의 이 영역은 10분의 1초 이내에 경보를 작동시킬 수 있다.

UCLA의 매튜 리버먼에 따르면 일부 연구자가 '시스템 1'이라고 부르는 반사 시스템은 대부분의 판단과 결정을 최초로 시도한다. 우리는 직관에 의존하여 주변 세계를 처음으로 이해한다. 그리고 직관이 식별할 수 없을 경우에만 '사고 시스템'이 가동된다. 카너먼은 "우리는 주로 시스템 1 소프트웨어를 운영한다."고 말한다.

사실 '반사' 두뇌는 단일한 통합 시스템이 아니다. 놀람 반사와 패턴 인식, 위험과 보상 인식, 우리가 만나는 사람의 성격 판단 등 모든 문제를 다양한 방법으로 해결하는 여러 구조와 프로세스로 구성되어 있다. 이런 여러 과정의 공통점은 의식 수준 아래에서 빠르고 자동으로 진행되는 경향이 있다는 것이다.

반사 두뇌는 피해야 할 위험이나 추구할 만한 보상이 없는 한 우리 주위에서 일어나는 대부분의 일을 무시한다. 온타리오 주 해밀턴 맥매스터 대학의 행동생태학자인 레우벤 듀카스는 새나 물고기가 한 번에 한 가지 이상의 자극에 주의를 기울이면 식별하고 포획할 수 있는 먹이 양이 극적으로 줄어든다는 것을 입증했다. 인간이라는 동물도 다르지 않다. '동시에 여러 가지를 하는 것multitasking'은 일상생활 속 현실이지만 우리가 개별적인 새로운 과제에 쏟을 수 있는 인식이 감소한다는 것도 현실이다. 관심을 한 가지 일에서 다른 일로 옮기는 것은 듀카스가 말하는 '효율성이 떨어지는 기간'을 야기한다. 주의를 돌릴 때 두뇌는 페달 밟기를 잠시 멈췄다가 다시 전속력으로 달려야 하는 자전거 선수와 같다. 듀카스의 말처럼 '인간은 가장 중요한 자극에 관심을 집중하도록' 설계되었다.[15]

결국 인간의 두뇌는 주위 환경에서 일어나는 모든 일을 챙길 수 없다. 몸무게의 2%를 차지하는 우리의 두뇌는 휴식을 취할 때도 섭취하는 산소와 소모하는 칼로리의 20%를 사용한다. 인간의 두뇌가 작동하기 위해서는 이렇게 높은 '고정비'가 들어간다. 따라서 두뇌는 주위에서 일어나는 대부분의 일을 무시할 필요가 있다. 대부분은 의미가 없다. 그리고 만약 당신이 모든 것에 똑같이 지속적으로 관심을 기울일 경우 정보의 과부하가 두뇌의 기능을 단시간에 상실시킬 수 있다. UCLA의 리버먼은 이렇게 말한다. "생각하면 지친다. 그래서 사고 시스템은 부득이한 경우가 아니면 작동하지 않으려고 한다."

인간의 직관은 경험의 첫 번째 필터로 작용한다. 우리는 이 필터 덕분에 가장 중요도가 높은 일을 수행하는 데 필요한 정신 에너지를 남겨둘 수 있다. 유사성을 인식하는 경이로운 기술 때문에 반사 시스템은 차이점을 감지하면 즉각 경보를 울린다. 차를 타고 도로를 달릴 때면 매 초마다 수백 개의 자극이 의식 레이더 아래로 지나간다. 집과 나무, 상점, 출구 표지판과 광고판, 이정표, 머리 위 비행기, 지나가는 차들의 형태와 색상, 가로등 위의 새들, 차에서 나오는 음악, 심지어 아이들이 뒷좌석에서 하는 행동까지도 특별하게 인식하지 않고 넘긴다. 왜냐하면 모두 익숙한 패턴의 일부분이기 때문에 당신은 힘들이지 않고 넘기게 된다.

그러나 어떤 것이 제자리를 벗어나는 순간 당신의 반사 시스템은 뒤에서 잡아끌어 제동을 건다. 앞의 트럭에서 타이어가 터지거나, 보행자가 도로로 발을 들여놓거나, 좋아하는 상점에 세일 간판이 걸리는 경우 등이 그런 순간이다. 일상생활 속 환경에서 기본적으로 동일하게 유지되는 것을 무시함으로써 반사 시스템은 예기치 않은 것, 새로운 것, 갑자기 변해 보이는 상황에 집중할 수 있다. 당신은 '의식적인 결정'을 내렸다고 생각할지도 모르지만 우리의 조상이 위험을 피하고 보상을 추구했던 것과 똑같은 충동에 이끌려왔을 뿐이다. 신경과학자 아르네 외만은 이렇게 표현한다. "진화는 '조상이 해야 했던 일을 우리가 하고 싶어하도록' 인간의 감정을 설계해왔다."[16]

투자자가 여기에 관심을 가져야 하는 이유는 무엇일까? 오리건 대학의 심리학자 폴 슬로비치Paul Slovic는 이렇게 말한다. "반사 시스템은 매우 정교하며 수백만 년 동안 인간에게 도움이 되어 왔다. 그러나 단순히 즉각적인 위협보다 훨씬 복잡한 문제로 가득 찬 현대 생활에서 반사 시스템의 기능은 불충분하고 우리를 곤경에 빠뜨릴 가능성이 있다." 반사 시스템은 변화에 너무 민감하기 때문에 변하지 않는 것에 집중하기가 어렵다. 만약 다우존스 산업평균지수가 12,684에서 12,578로 떨어지면 뉴스 캐스터는 "오늘 다우지수는 106포인트 떨어졌다!"라고 소리지를 것이다. 당신의 반사 시스템은 변화의 크기에 반응할 뿐 어떻게 계산된 것인지 근거에 무덤덤하다. 그래서 106이라는 숫자는 맥박을 높이고 손바닥을 땀에 젖게 할 정도로 크게 느껴진다. 어쩌면 당신은 완전히 겁먹어 시장에서 도망칠 수도 있다. 당신의 감정은 지수 변화가 1%도 안 된다는 사실을 못 보고 지나친다.

마찬가지로 반사 시스템은 포트폴리오의 가치 변화보다 단일 종목의 급등과 급락에 더 많은 관심을 기울이도록 유도한다. 또한 작년에 123% 상승한 펀드에 투자하고 싶게 만든다. 그런 매력적인 수익률 수치는 당신의 관심을 사로잡아 그 펀드의 장기 성과가 좋지 않았다는 사실을 못 보게 한다. (광고 포스터에 '123%'는 큰 글씨로, 장기 수익률은 작은 글씨로 표기하는 것이 우연은 아니다.)

캘리포니아 공과대학의 경제학자 콜린 캐머러는 '반사 시스템'을 다음과 같이 요약한다. "이건 일종의 경비견이다. 신속하지만 다소 엉성한 결정을 내린다. 경비견은 도둑을 물지만 때로 우체부를 공격할 수도 있다."

그렇기 때문에 순간의 판단에 의존하는 '블링크'적 사고는 투자자를 곤경에 빠뜨릴 수 있다.[17]

사고 두뇌

투자 두뇌에는 직관과 감정만 존재하는 것이 아니다. 중요한 균형추인 '사고 시스템'도 있다. 이 기능은 주로 전전두피질에 있다. 이마 뒤에 있는 이 영역은 전두엽의 일부이며 두뇌의 중심 부분을 캐슈 열매처럼 감싸고 있다. 미국국립보건원의 신경과학자 조던 그래프먼Jordan Grafman은 전전두피질을 '두뇌의 CEO'라고 부른다. 두뇌의 나머지 부분과 복잡하게 연결된 뉴런이 여기서 단편 정보를 토대로 종합적으로 결론을 내린다. 또한 과거의 경험을 인식 가능한 범주로 정리하며, 주위에서 일어나는 변화의 원인에 이론을 만들고 미래 계획을 세우기도 한다. 사고 시스템의 또 다른 중심부는 귀 뒤쪽에 있는 두정피질인데 수리와 언어 정보를 처리한다.[18]

사고 시스템은 감정을 처리하는 역할도 하지만 '투자 포트폴리오가 충분히 잘 분산되었는지' 아니면 '결혼기념일에 아내에게 뭘 선물해야 할지'와 같은 더 복잡한 문제를 해결하기 위해 주로 사용된다. 반사 두뇌가 스스로 해결할 수 없는 상황에 직면했을 때 사고 두뇌가 개입할 수 있다. 두뇌의 '반사' 영역이 기본 시스템으로 먼저 문제를 해결하기 위해 직관적인 처리 방법을 이용하는 '착수 회로'라면 '사고' 영역은 백업 시스템으로 분석적 사고를 하는 '해결 회로'다. 만약 누군가가 6,853에서 17씩 줄여서 거꾸로 세어보라고 한다면 당신의 직관은 멍해진다. 잠시 후 당신은 의식적으로 6,836 … 6,819 … 6,802 … 식으로 생각해낼 것이다. UCLA의 매튜 리버먼은 이렇게 말한다. "그런 사고 기능은 저절로 작동되는 것 같지 않다. 인간은 그 기능의 존재를 알고 있을 뿐만 아니라 작동시킬 수 있는 것 같다. 말로 표현할 수 있어서 그 기능이 작동한 듯하다."

그래프먼은 뇌졸중이나 종양으로 전전두피질에 손상을 입은 사람이 남의 충고를 평가하거나 장기 계획을 세우는 데 어려움을 겪는다는 사실을 입증했다. 그는 전전두피질 환자에게 사업 전망을 제시했다. 이 전망은 실제 전문가가 아니라 컴퓨터 화면에 나오는 자문가의 영상을 통해 제공되었다. 실험의 목적은 어떤 자문가를 신뢰할지 알아내는 것이다. 40번의 실험을 통해서 참가자는 각 자문가의 전망과 실제 결과를 비교할 수 있는 충분한 기회를 가졌다. 두뇌가 손상되지 않은 그룹은 가장 예측이 정확한 자문가를 어떻게 선택하는지 쉽게 배웠다. 그러나 전전두피질 환자 그룹은 그래프먼이 말하는 '일반적으로 좋은 선택과 아무 관련이 없는 단서'에 의존하여 판단을 내렸다. 예를 들어 한 환자는 '봄철이라서' 녹색 배경 앞에 선 자문가를 선택했다. 전전두피질이 손상되면 두뇌의 내부 견제와 균형 체계가 망가져 '반사' 영역이 저항 없이 우위를 차지하는 것으로 보인다.[19]

아이오와 대학의 연구진은 실험 참가자에게 기억해야 할 숫자를 짧게 보여주었다. 그런 다음 과일 샐러드와 초콜릿 케이크 중 하나를 선택하라고 했다. 참가자가 외운 숫자가 7자리일 때는 63%가 케이크를 선택했다. 그런데 기억해야 할 숫자가 2자리일 때는 59%가 과일 샐러드를 선택했다. 사고 두뇌는 과일 샐러드가 건강에 좋다는 것을 알지만 반사 두뇌는 달달하고 살찌는 초콜릿 케이크를 원한다. 사고 두뇌가 7자리 숫자를 기억하려는 것과 같은 힘든 일로 바쁠 경우 반사 두뇌는 쉽게 우위를 차지한다. 반면에 2자리 숫자 암기처럼 간단한 일만 처리할 경우는 사고 시스템이 반사 시스템의 감정적 충동을 억제한다.

그렇게 똑똑한 사람이 멍청이가 되는 이유

그러나 사고 두뇌가 오류가 없는 건 아니다. 스페인 바르셀로나에 있는 폼페우파브라 대학의 심리학자인 로빈 호가스는 슈퍼마켓 계산대에 줄 서 있는 자신을 상상하라고 제안한다. 당신의 쇼핑 카트 안은 높이 쌓여 있다. 상품의 가격은 모두 얼마일까? 직관적으로 견적을 내자면 이번 카트가 얼마나 가득 차 있는지와 평소 한 카트 분량의 가격을 간단히 비교할 수 있을 것이다. 만약 평소보다 30% 더 물건을 넣었다면 반사적으로 평소 계산서에 1.3을 곱할 것이다. 몇 초 안에 직관은 당신에게 "100달러쯤 될 것 같아."라고 말한다. 이런 과정은 당신도 모르게 자동으로 진행된다. 하지만 두뇌의 사고 영역에서 총금액을 알아내려고 하면 어떻게 될까? 카트에 있는 수십 개의 상품 가격을 따로 합산하고 계산을 마칠 때까지 머릿속에 총합계를 유지해야 한다. 상품 가운데는 '1파운드에 1.79달러인지 2.79달러인지 기억이 잘 나지 않는 포도 1.8파운드'와 같은 경우도 있다. 당신은 겨우 몇 개의 상품 가격을 더하려고 하다가 헷갈려서 포기할지도 모른다.[20]

컴퓨터 신경과학자는 컴퓨터 디자인의 원리로 두뇌의 기능과 디자인을 연구한다. 그들은 사고 시스템이 소위 말하는 '탐색 트리tree-search' 과정에 의존한다고 믿는다. 런던 대학의 컴퓨터 신경과학 연구원인 너새니얼 도는 이 과정이 의사 결정 나무의 고전 이미지에서 유래한다고 설명한다.[21] 예를 들면 체스판 위에 그려진 미래의 선택 집합은 하위 순열 이동에 따라 넓어지는데, 마치 나뭇가지가 바깥으로 부챗살처럼 넓어지는 것과 같다. 도와 그의 연구팀이 옳다면 사고 시스템은 경험, 예측, 속임수를 한 번에 하나씩 분류해서 결정을 내린다. 마치 개미가 원하는 것을 찾기 위해 잔가지를 따라 위아래, 앞뒤로 움직이는 것과 같다. 앞에서 말한 쇼핑 카트 사례에서 알 수 있듯이 '탐색 트리' 과정의 성공 여부는 우리의 기억력과 측정 대상의 복잡성에 달려 있다.

금융시장에서 맹목적으로 사고 시스템에 의존하는 사람은 '나무는 보되 숲을 보지 못해' 빈털터리가 된다. 투자자로서 의사는 평판이 나쁘다. 그런데 내 경험상 공학자는 더 나쁘다. 그 이유는 공학자가 가능한 모든 변수를 계산하고 측정하도록 훈련받았기 때문인 것 같다. 하루 두세 시간씩 주식 분석을 하는 엔지니어를 만난 적이 있다. 그들은 종종 시장을 이기는 독특한 통계의 비밀을 발견했다고 확신하는데, 직관을 무시했기 때문에 그들의 분석은 가장 명백한 사실에 주의를 기울이지 못했다. 월가는 늘 측정할 거리가 있는데 지구상의 모든 것을 통계 형태로 마구 쏟아낸다. 불행하게도 같은 데이터를 최소 1억 명이 볼 수 있어 데이터의 가치는 사라진다. 언제든지 예기치 못한 사건이 무방비의 시장을 기습할 수 있다. 이때 모든 사람의 통계 분석은 무용지물이 된다. 최소한 일시적으로는 분명히 그렇다.

그 일이 1987년에 일어났다. '포트폴리오 보험portfolio insurance'이라는 난해한 컴퓨터 프로그램이 많은 투자자를 손실로부터 완전히 보호하지 못했다. 사실상 미국 증시가 하루 만에 23%라는 기록적인 폭락을 하는 주된 원인이었을 수도 있다. 1998년 그 일이 다시 일어났다. 당시 롱텀

캐피털매니지먼트LTCM, Long-Term Capital Management 헤지펀드는 박사, 노벨상 수상자 같은 천재들이 운용하고 있었는데 상상할 수 있는 모든 것을 측정하고 있었다. 다만 그들은 과도하게 대규모 자금을 빌렸고 시장이 '정상'을 유지할 것이라는 가정 때문에 위험에 빠졌다. 시장이 예상 밖으로 움직이자 LTCM의 가치는 폭락했고 세계 금융 시스템까지 거의 망가질 뻔했다.

문제 해결이 어려울 경우 사고 시스템은 과제를 반납하고 반사 두뇌가 대신 처리하게 할 수도 있다. 시카고 대학의 로빈 호가스와 힐렐 아인혼의 실험에서 참가자는 전문가가 시장 상승을 예측하면 항상 상승했다는 말을 들었다. 참가자는 다음 범주 중 하나 이상의 증거에서 결과를 관찰함으로써 전문가의 말을 검증할 수 있다고 들었다.[22]

① 시장 상승을 예측한 뒤의 시장 움직임
② 시장 하락을 예측한 뒤의 시장 움직임
③ 시세 상승 전에 그가 예측한 것
④ 시세 하락 전에 그가 예측한 것

그런 다음 참가자는 전문가의 말이 사실인지 규명하기 위해 필요한 최소한의 증거가 무엇이냐는 질문을 받았다. 48%의 참가자는 ①번이 필요한 증거의 전부라고 답했다. 사실 전문가의 말이 사실인지 확인하는 최소한의 증거는 ①번과 ④번이다. 정답을 낸 사람은 22%에 불과했다. 전문가는 시장이 항상 상승할 것이라고 말하지만 우리는 시장이 하락하기 전에 그가 한 말을 알아야 한다. (시장은 항상 상승하는 것이 아니기 때문이다.) 이 두 가지 항목으로 전문가를 시험하는 것이 진실을 확인하는 유일한 방법이다. 놀랍게도 이 연구는 런던 대학에서 하루 종일 계산 작업을 하는 통계학과 교수와 대학원생을 상대로 진행되었다.

호가스와 아인혼의 질문에 정확하게 답하기 위해서는 다음 내용만 확인하면 된다. 진실 여부를 판단하는 가장 신뢰할 수 있는 방법은 거짓임을 증명하는 것이다. 그것이 과학적 방법의 초석이다. 즉 세상이 평평하고 지구가 우주의 중심이라는 것과 같은 오래된 정설을 뒤집는 비판적 마음가짐이다. 그러나 '~이다'와 같은 구체적인 사실을 다룰 때 가장 편안한 직관은 이런 종류의 비판적 사고를 아주 싫어한다. '~이 아니다'와 같은 추상적 개념을 다룰 때 당신은 여러 대안을 비교하고 증거를 평가하는 힘든 지적 노력을 수행하기 위해 사고 시스템의 가동이 필요하다. 여기에는 '어떤 조건하에서 이것이 더 이상 사실이 아닌가, 더 이상 효과가 없는가'와 같은 어려운 질문을 던져야 한다. 프린스턴 대학의 심리학자 수잔 피스크와 UCLA의 셸리 테일러가 '인지적 구두쇠cognitive miser'라고 부르는 기능을 가진 인간의 정신은 위의 질문과 같은 노력을 회피하는 경향이 있다. 사고 시스템이 쉽게 해결책을 찾지 못할 경우 반사 두뇌가 다시 통제를 시작하며 감각과 감정의 단서를 활용해 지름길로 가려고 한다. 전문 통계학자조차도 호가스와 아인혼의 과제를 제대로 풀지 못한 이유가 여기에 있다. ①번이 언뜻 보기에 옳아 보이니까 보기 4개의 논리를 모두 시험하려는 수고를 할 이유가 없는 것이다.[23]

젤리빈 증후군

'사고'와 '감정' 사이의 갈등은 완전히 이상한 결과로 이어질 수 있다. 매사추세츠 대학의 심리학자는 작은 그릇과 큰 그릇에 콩 모양의 작은 젤리 과자인 젤리빈을 채웠다. 작은 그릇에는 10개의 젤리빈이 들어 있는데, 그 중 9개가 흰색이고 1개가 빨간색이다. 큰 그릇에는 100개의 젤리빈이 들어 있는데, 실험을 할 때마다 91개에서 95개가 흰색이고 나머지가 빨간색이다. 실험 참가자는 두 그릇 중 어느 한 그릇에서 빨간 젤리빈을 꺼내면 1달러를 받을 수 있다. 작은 그릇에는 빨간 젤리빈이 10% 들어 있고, 큰 그릇에는 9% 미만이라는 점을 참가자에게 미리 알려주었다. 참가자들이 빨간 젤리빈을 꺼내기에 앞서 두 그릇을 흔들어 보이지 않도록 했다.[24]

어떤 그릇에서 고를 것인가?

이 실험에서 연구원은 참가자에게 두 그릇 중 하나에서 빨간색 젤리빈을 꺼내도록 했다. 빨간색 젤리빈이 왼쪽 그릇에는 10%였고 오른쪽 그릇에는 9% 미만이었다. 그런데 참가자는 성공 확률이 낮다는 것을 '알면서도' 오른쪽 그릇을 선호했다. 왜냐하면 그 그릇이 이길 수 있는 방법을 더 많이 제공한다고 '느꼈기' 때문이다.

빨간색 10%

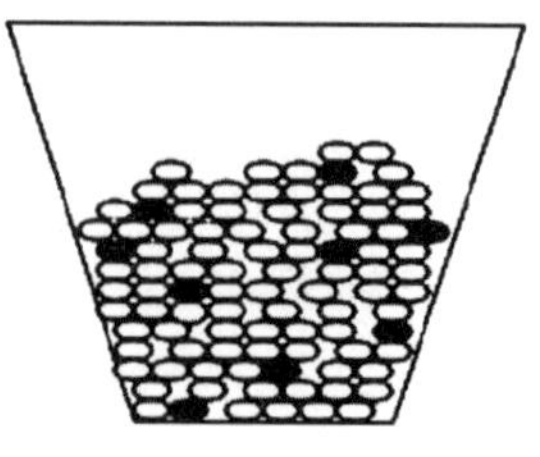
빨간색 9%

사람들은 어떤 그릇을 선택할까? 분석적으로 생각하기 위해서 사고 시스템을 활용하는 사람은 작은 그릇을 선택해야 한다. 왜냐하면 큰 그릇에서 빨간색 젤리빈을 꺼낼 확률은 9% 미만이지만, 작은 그릇은 항상 10%의 성공 확률을 제공하기 때문이다. 그럼에도 참가자의 3분의 2가 큰 그릇을 선택했다.

심지어 큰 그릇에 빨간색 젤리빈이 5%만 들어 있을 때도 참가자의 4분의 1이 큰 그릇에서 고르겠다고 했다. 그들은 사고 시스템이 알려주는 논리와 확률을 무시했다. 한 참가자는 연구원에게 이렇게 설명했다. "나는 빨간색 젤리빈이 더 많은 그릇을 골랐어요. 빨간색을 고를 가능성이 더 높아 보였기 때문입니다. 물론 흰색 젤리빈이 더 많고 확률상 불리하다는 것도 알고 있었어요." 심리학자 세이모어 엡스타인Seymour Epstein과 베로니카 데네스라즈Veronika Denes-Raj는 이렇게 설명한다. "참가자는 자신의 행동이 불합리하다는 것을 분명히 인정했다. 가능성이 낮다는 것을 알면서도 빨간색이 더 많을 때 성공 기회가 많다고 느꼈다."

젤리빈 증후군의 전문 용어는 '분모 맹목denominator blindness'이다.

모든 분수는 다음의 형태를 취한다.

$$\frac{\text{분자}}{\text{분모}}$$

모든 투자의 결과를 가장 단순하게 나타내면 다음과 같다.

$$\frac{\text{수익 혹은 손실 총액}}{\text{재산 총액}}$$

이 기본 투자 분수에서 분모는 시간이 지남에 따라 훨씬 점진적으로 변화하는 반면 분자는 끊임없이 변하며 종종 변동 폭이 매우 크다. 예를 들어 당신이 20만 달러의 순자산을 가지고 있고 어제 당신이 보유한 주식의 시장 가치는 전혀 변하지 않았다고 하자. 오늘 당신이 보유한 주식이 1,000달러 오른다면 분자의 변화는 0달러에서 1,000달러로 올라간다. 그러나 분모는 20만 달러에서 20만 1,000달러로 조금 증가한다. 0달러에서 1,000달러로의 도약은 흥미진진하고 생생한 반면 20만 달러에서 20만 1,000달러로의 움직임은 거의 눈에 띄지 않는다.

하지만 중요한 것은 분모다. 당신이 실제로 가지고 있는 진짜 돈이 있는 곳이다. 결국 당신의 재산 총합은 특정한 날 오르거나 내린 금액보다 훨씬 중요한 수치다. 그럼에도 많은 투자자가 변화하는 숫자에 큰 관심을 기울이고 훨씬 많은 돈에는 신경을 덜 쓴다.

1980년대 후반 심리학자 폴 안드리아센은 컬럼비아와 하버드에 있는 자신의 실험실에서 일련의 주목할 만한 연구를 진행했다.[25] 그는 한 투자자 그룹에게 가상의 증권시장을 만들어 주가 수준을 보여주었다. 다른 그룹에게는 주가 변동만을 볼 수 있게 했다. 주가의 등락 폭에 따라 주가 수준에 주목한 투자자는 주가 변동에 집착한 투자자보다 5~10배 높은 수익을 올렸다. 왜냐하면 가격 변동에 집착하는 투자자는 주가 등락으로 이익을 얻기 위해 지나치게 많이 거래한 반면, 가격 수준에 주의를 기울인 투자자는 장기간 주식을 보유하는 데 만족했기 때문이다.

젤리빈 증후군은 다른 방법으로도 실증된다. 액티브 펀드의 수수료와 비용은 작은 숫자(일반적으로 연 2% 미만)인 반면 성과는 큰 숫자가 될 수 있다. 때로 연 20%를 넘어설 수도 있다. 비용은 거의 변동하지 않는 반면 수익은 항상 뚜렷한 등락을 보인다. 개인투자자가 펀드를 고를 때 현재의 비용보다 과거의 실적을 더 중요하게 생각한다고 말하는 이유가 이것 때문이다.

많은 지식을 가지고 있을 것으로 보이는 금융 전문가가 젤리빈 증후군에 더 잘 걸리기 쉽다. 최근 금융 전문가들은 액티브 펀드를 분석할 때 8번째 중요한 요소로 비용을 추가했다. 기존 7개 요소는 실적, 리스크, 펀드 유지 기간, 현 운용사의 재직 기간 등이다. 불행히도 이들 요소 중에 어떤 것도 소위 전문가가 최고의 수익을 올릴 펀드를 식별하는 데 도움이 되지 못한다. 수십 년간의 연구에서 액티브 펀드의 성과에 가장 중요한 단 하나의 요소는 상대적으로 규모가 작고 고정적 숫자인 수수료와 비용임이 입증되었다. 눈에 띄는 실적은 등락을 반복하지만 비용은 항상 그대로다. 실적이나 평판처럼 두드러진 요인은 펀드의 수익 예측에 아무런 힘을 발휘하지 못하지만 비용보다 눈에 잘 띄고 가변적이어서 투자자의 관심을 빼앗는다. 결국 초보 투자자와 전문 투자자 모두 잘못된 젤리빈 그릇에서 액티브 펀드를 고른다.[26]

두 가지 모두를 활용하는 방법

이상을 종합하면 당신이 투자할 때 냉철하고 이성적으로 행동하는 것이 감정적으로 행동하는 것보다 더 현실적이라는 것은 분명하다. 두 시스템 모두 장단점이 있기 때문에 투자자로서 당신이 해야 할 일은 '사고 시스템'과 '반사 시스템'이 잘 협력하도록 만들어 사고와 감정의 균형을 적절히 맞추는 것이다. 도움이 될 몇 가지 방법을 소개한다.

신뢰에 관한 한 당신의 직감을 믿어라.

액티브 펀드 매니저인 프레드 코브릭은 급성장하고 있는 회사의 CEO가 개최한 발표회에 참석했다. 설득력 있는 발표를 들은 뒤 코브릭은 회사에 깊은 인상을 받아 그 회사의 주식을 사겠다고 말하기 위해 CEO에게 다가갔다. CEO가 악수하려고 손을 내밀었을 때 코브릭은 그의 셔츠 소매 장식이 독특한 스타일의 결합 문자 모양인 것을 발견했다. 코브릭은 회사의 다른 임원 중 몇 명의 셔츠 소매 장식도 CEO와 같은 모양인 것을 알아차렸다. 코브릭은 이렇게 회상했다. "갑자기 그 회사 주식이 사고 싶지 않았습니다. 이들이 셔츠를 살 때도 독자적으로 결정하지 못하는데 어떻게 CEO에게 안 좋은 소식을 보고할 수 있을지 의문이 들었기 때문이죠."[27]

물론 대다수 투자자는 CEO를 직접 만날 기회가 없을 것이다. 그러나 감정의 눈을 뜨고 회사가 주주에게 보내는 연례 주주총회 공시 자료와 연차 보고서를 읽어야 한다. 이 두 문서는 회사 대표의 성격을 드러낼 수도 있다. 또한 회사 중역의 연봉과 당신을 불안하게 만드는 중역들 간의 이해 상충은 없는지 파악할 수 있다. 회장의 주주서한은 그의 통제력 밖에 있는 좋은 장세에서 부당하게 공로를 가로채는지, 혹은 자신이 내린 잘못된 결정에서 책임을 회피하는지 알 수 있다. 만약 회장의 주주서한이 앞으로 회사가 얼마나 번창할지 자랑만 하고 현재의 형편없는 실적을 무시한다면 이는 투자자를 곤경에 빠뜨릴 징조가 된다. 폼페우파브라 대학의 로빈 호가스는 이렇게 말한다. "비린내가 나기 시작하면 당신의 감정을 자료로 삼아라. 의심은 결정을 미뤄야 한다는 신호다."

당신이 상대편의 성격을 판단해야 할 상황과 마주할 때 직관은 지나치게 냉정하고 이성적이 되는 것을 자제하도록 돕는다. 만약 당신이 주식 중개인이나 재무설계사를 고를 때 그 사람의 전문 자격증을 보고 선택하는 것은 실수일 수 있다. (MBA, CPA, CFA, CFP, JD, 박사 등 넘쳐나는 금융 관련 이력에 많은 투자자가 너무 쉽게 현혹된다.) 학력과 자격증만으로 금융 전문가를 선택하면 실무적으로는 유능할지라도 당신과 코드가 맞지 않아 시장이 극단으로 치우칠 때 당신의 감정을 건드리는 사람을 만날 수 있다. 따라서 먼저 관련 사이트 [www.nasaa.org, www.napfa.org, www.adviserinfo.sec.gov]에서 각 후보의 배경을 조사해야 한다. 조사를 통해 후보들이 규제 당국에서 징계를 받은 적이 있는지 확인할 수 있다. 일단 기록이 깨끗한 후보 가운데 두 명을 골랐다면 당신은 각 후보의 학력과 다른 자격 요건을 확인하라. 그리고 당신의 성격과 직관적으로 잘 맞을 것 같은 사람을 선택하라.

반사 시스템이 지배하는 때를 알아채라.

액티브 펀드 투자자가 특정 산업의 '섹터 펀드'를 사고 팔 때마다 빈털터리가 될 수 있다는 것은 놀라운 일이 아니다. 전체 산업을 분석하려면 사고 두뇌를 활용한 많은 연구가 필요하다. 수백 개의 경쟁 제품과 서비스를 제공하는 수십 개의 회사를 대상으로 상황을 종합해 미래에 얼마나 이익을 낼 것인지 객관적인 그림을 그리기는 어렵다. 그러나 당신의 반사 시스템은 상세한 분석보다 훨씬 단순한 메시지를 선택할 것이다. 예를 들어 "국제 유가가 오르고 있다!" 또는 "인터넷이 세상을 바꾸고 있다!"와 같은 메시지 말이다. 폴 슬로비치는 다음과 같이 경고한다.[28] "이런 종류의 흥분이 일어날 때마다 사고 시스템을 도입하기는 쉽지 않다.

나노테크 주식을 사는 것은 누군가가 '저 작은 기계가 엄청난 수익을 낼 수 있어'라고 말하기 때문이다. 화끈한 주식으로 가장 생생한 이미지를 만들어내는 회사에 감정이 동요되기 쉽다." 이런 유형의 '반사' 사고에 의존할 때 결국 대다수 사람은 큰 수익 대신 막대한 손실을 본다. 1999년과 2000년 투자자는 하이테크 산업의 활활 타오르던 수익률이 잿더미로 변하기 직전에 하이테크 분야의 액티브 펀드에 줄지어 투자해서 최소 300억 달러의 손실을 보았다.

금융시장이 조용히 움직일 때는 '사고적인' 판단이 '반사적인' 직관을 억제하기 쉽다. 그러나 강세장이 높은 수익을 내거나 약세장이 심각한 손실을 발생시킬 때는 '반사 시스템'이 우위를 점하기 때문에 '다시 생각하기'가 매우 중요하다.

다른 질문을 하라.

'다시 생각하기'를 하는 한 가지 방법은 올바른 질문을 했는지 확인하는 절차를 갖는 것이다. 대니얼 카너먼의 말처럼 "어려운 질문에 맞닥뜨린 사람은 종종 쉬운 질문에 답하기도 한다." 이는 반사 시스템이 불확실성을 싫어해서 문제를 쉽게 이해하고 답할 수 있는 조건으로 빠르게 재구성하기 때문이다. 예를 들어 "이 주식이 계속 오를까?"와 같은 해결하기 어려운 문제에 직면할 경우 많은 투자자는 최근 가격 차트를 참고한다. 추세선이 위로 올라가면 즉시 '네!'라고 답한다. 반사 시스템이 전혀 다른 질문에 답하도록 속인 줄도 모르고 말이다. 차트가 보여주는 것은 "이 주식이 계속 올랐나?"와 같은 훨씬 쉬운 문제의 해답뿐이다. 카너먼은 말한다. "이런 상황에 처한 사람은 자기가 답하려고 애쓰는 질문이 무엇인지 헷갈린 것이 아니다. 단지 자신이 다른 질문에 답하고 있다는 점을 눈치채지 못하는 것이다."[29]

반사 시스템이 엉뚱한 질문에 답하고 있다는 것을 알아차리는 방법이 있다. 후속 질문을 하는 것이다. "어떻게 알 수 있나?" 혹은 "증거가 무엇인가?"라든가 "이보다 더 많은 정보가 필요한가?"와 같은 질문이다. 시카고 대학의 심리학자인 크리스토퍼 시Christopher Hsee는 다른 의견을 내놓는다. "만약 이런 일이 친구에게 일어나서 그 친구가 조언을 구한다면 당신은 어떻게 하라고 말할 것인가? 나는 종종 타인의 입장에 서서 결정을 내리려고 노력한다." 그의 팁은 특히 도움이 된다. 왜냐하면 일단 당신이 상대편에게 조언을 해준다고 상상하면 상대편이 당신에게 다음과 같이 질문할 것이라고 상상할 수 있기 때문이다. "정말이야? 어떻게 아는데?"

증명하지 말고 반증해보라.

지금까지 살펴본 것처럼 '반사' 두뇌는 주장을 증명하는 가장 좋은 방법이 그것이 사실이라는 증거를 더 많이 찾는 것이라고 믿는다. 하지만 사실이라는 것을 좀더 확신할 수 있는 유일한 방법은 그것이 거짓이라는 증거를 찾는 것이다. 펀드 매니저들은 종종 "매수가에서 15% 하락한 주식을 팔아서 가치를 높인다."는 말을 한다. 그들은 보유 중인 주식의 실적을 증거로 제시한다. 그러면 당신은 그들에게 매도한 주식의 이후 수익률을 확인해달라고 요구해야 한다. 이것이 그들의 매도가 적절했는지 알 수 있는 유일한 방법이다. 마찬가지로 자산운용사가 실적이 나쁜 펀드 매니저를 해고해 수익이 좋아졌다고 자랑할 때는 그 펀드 매니저의 해고 이후의 실적 자료를 요구하면 된다. 이처럼 '관찰되지 않은 결과'를 봐야만 이들의 주장을 제대로 확인할 수 있다. (놀랍게도 이런 전문가는 스스로 이와 같은 증거를 분석한 적이 없다!)

상식으로 감각을 정복하라.

일반적으로 시각과 청각은 반사 시스템과 연결되고, 말과 숫자는 사고 시스템을 활성화한다. 이 때문에 증권사와 보험사는 골든 리트리버를 데리고 황금빛 해변을 거니는 황금빛 사람이 나오는 광고를 만든다. 이런 이미지는 반사 시스템에 편안함과 안정감을 불러일으킨다. 액티브 펀드사가 그들의 포트폴리오 실적을 '산 모양 차트' 형태로 보여주는 것도 이 때문이다. 이런 차트는 초기 투자가 시간이 지남에 따라 커져서 결국 히말라야와 같은 부의 꼭대기를 향해가는 모습을 상상하게 한다.

물체의 움직임은 그 자체로 영향력을 발휘한다. 반세기 전 신경생물학자 제롬 레트빈은 개구리의 시신경에 있는 특정 세포가 파리의 움직임을 모방한 추상적인 물체를 보면 두뇌에 신호를 보낸다는 것을 밝혔다. 물체의 색깔과 모양이 그다지 파리와 닮지 않아도 그런 반응을 보인다. 가짜 파리가 움직이지 않거나 날아가는 궤적이 진짜 파리와 다를 경우 세포는 반응하지 않는다. 레트빈은 개구리가 먹잇감의 특징적인 패턴으로 물체가 움직일 때 주의를 기울이도록 고안되었다고 결론지었다. 개구리의 반응을 유발하는 것은 먹이 자체일 뿐 아니라 그 움직임이기도 하다.[30]

개구리처럼 사람도 본래 사물의 움직임에 흥분한다. 투자자는 주식시장이 '수익 기록'과 같은 중립 용어로 얘기될 때보다 '오른다'나 '뛴다'와 같은 행동 동사로 표현될 때 상승장을 기대하는 경향이 더욱 강해진다. 빠른 동작을 연상시키는 수사적 표현은 시장이 틀림없이 '뭔가 애쓰고 있다'는 기대감을 갖도록 우리의 마음을 자극한다.

은유가 감정에 미치는 힘은 당신이 정보를 있는 그대로 수동적으로 받아들여서는 안 되는 이유를 보여준다. 당신은 몇몇 다른 방법으로 포장을 풀고 정보를 확인해야 한다. 주식 중개인이 현란한 차트를 테이블 위에 늘어놓을 때 다음의 질문을 하라. 이 투자를 다른 기간이나 더 오랜 기간을 대상으로 측정하면 어떤 성과를 보일까? 이 주식이나 펀드는 시장지수와 같은 객관적 잣대로 다른 투자와 비교하면 어떤 결과가 나올까? 과거의 기록을 봤을 때 이 투자가 어느 기간에 잘 안 되었나? 연간 비용과 세후 수익률과 같은 기준에서 봤을 때의 성과는 어떤가?

오직 바보만이 규칙 없이 투자한다.

벤저민 그레이엄Benjamin Graham이 투자자로 성공한 비결이 무엇이냐는 질문을 받자 그는 이렇게 대답했다. "탁월한 통찰력이나 지능이 필요한 게 아닙니다. 가장 필요한 것은 단순한 규칙을 정해서 그 규칙을 꾸준히 지키는 것입니다."[31] 〈부록 1〉에 투자의 기본 규칙 십계명을 제시했다. 이 십계명의 첫 글자를 조합하면 'THINK TWICE(다시 생각하라)'라는 단어가 된다. 시장에서 순간적으로 감정이 득세할 위험이 생길 때마다 당신의 첫 충동을 체크하라. 어떤 투자 결정을 내리기 전에 'THINK TWICE' 규칙을 따름으로써 추측에 지배당하거나 순간적인 시장의 변덕에 넘어가지 않을 수 있다.

열까지 세라.

감정이 고조될 때는 나중에 후회할지도 모를 성급한 결정을 내리기 전에 휴식 시간을 가져라. 미시간 대학의 심리학자 켄트 베리지Kent Berridge와 샌디에이고 캘리포니아 대학의 피오트르 윙킬맨은 우리 내부에 무슨 일이 일어나고 있는지 전혀 의식하지 않고도 감정에 휩쓸릴 수 있다는 것을 밝혔다. 베리지와 윙킬맨은 이 현상을 '무의식 감정'이라고 부른다. 이 감정이 어떻게 작동하는지 그들의 실험 중 하나를 살펴보자. 실험의 내용은 목마른 사람이 음료 한 잔에 얼마를 지불할지 결정하는 것이다. 평균적으로 한 그룹은 10센트만 지불한 반면 다른 그룹은 38센트를 기꺼이 지불했다. 두 그룹 간의 유일한 차이점은 다음과 같다. 10센트 그룹은 화난 표정의 얼굴 사진을, 38센트 그룹은 행복한 표정의 얼굴 사진을 각각 5분의 1초 동안 보여주었다. 아무도 의식하지 못할 정도로 짧게 시각적으로 노출시킨 것이다. 참가자 중 누구도 행복하다거나 불안하다는 것을 느끼지 못했다. 그러나 그들의 행동은 잠재의식이 인식한 이미지로 생성된 무의식 감정에 1분여 동안 지배되었다. 윙킬맨은 이렇게 말한다. "아주 짧은 시간의 자극이 오랜 시간의 자극보다 더 큰 효과를 낸다. 자신의 기분이나 믿음을 일으킨 원인을 알아차리지 못하기 때문에 그런 기분이나 믿음에 맹목적으로 따르려는 마음이 강해진다."[32]

미시간 대학의 심리학자인 노르베르트 슈바르츠Norbert Schwarz 박사는 이렇게 말한다. "반사 시스템은 현재 상황에 동조하여 반응한다. 기분은 순간의 행동에 영향을 미치지만 그 결과는 훨씬 길게 여운을 남긴다." 당신이 유난히 낙관적일 때는 보통 때라면 피했을 금융 위험을 기꺼이 받아들인다. 반대로 불안감을 느낄 때는 보통 때라면 쉽게 받아들였을 위험도 피한다.

사람은 흐린 날보다 맑은 날에 기분이 좋음을 느낀다. 아니나 다를까. 흐린 날보다 맑은 날 주식 수익률이 좀더 높다. 구름 낀 하늘이 합리적인 경제적 의미와 무관함에도 말이다. 심지어 어떤 연구는 초승달보다 보름달일 때 주식 수익이 절반에 그치는 '늑대인간 효과'를 보이기도 했다. 그리고 월드컵 예선 탈락국의 증시는 경기에 진 다음 날 세계 증시보다 평균 0.4%포인트 낮았다.[33]

기업은 자사의 매력적인 약자(미국 주식은 회사명 대신 약자를 사용해 매매한다, 예를 들어 구글은 GOOGL, 애플은 APPL-옮긴이)를 주식 시세표에 표시함으로써 사람들의 반사 시스템을 이용할 수 있다. MOO, GEEK, KAR 등의 낯익은 단어와 비슷한 약자의 주식은 적어도 단기적으로 LXK, CINF, PHM과 같은 불분명한 글자 조합을 가진 주식보다 수익이 높은 경향이 있다. 그러나 장기적으로는 보기 좋은 약자를 가진 주식이 더 많이 파산하는 당혹스런 경향을 보이기도 한다.[34]

따라서 당신이 순간적인 기분 변화로 투자를 결정하면 결코 장기적으로 투자에 성공할 수 없다. 노르베르트 슈바르츠는 "심사숙고하기 전에는 절대로 중요한 결정을 내리지 마라."고 경고한다. 그는 상투적인 말을 반복한 것이 아니라 최근의 과학 연구로 확인된 근본 지혜를 말한 것이다. 최초의 충동에 따라 행동하기보다는 심사숙고할 경우 항상 더 나은 투자 결정을 내리게 된다.[35]

매튜 리버먼이 말하는 또 다른 방법은 '당신의 관점에 동의하지 않는 사람에게 다른 의견을 듣는 것'이다. 친하지만 당신의 의견에 무조건 동의하지 않는 사람에게 당신의 투자 아이디어를 말하고 자문을 구하라.

이런 목적에 당신의 배우자가 이상적으로 보이겠지만 가장 적합한 사람은 좋은 사업 파트너이다. 가장 혁신적이고 성공적인 대다수 미국 기업은 서로의 생각을 확인하고 균형을 맞추는 두 사람의 리더가 경영한다는 사실에 주목할 필요가 있다. 버크셔 해서웨이에는 워런 버핏과 찰리 멍거, 야후에는 데이비드 필로와 제리 양, 구글에는 래리 페이지와 세르게이 브린이 있다. 당신에게 엄격하지만 믿음직한 사람이 옆에 있다면 다른 어떤 일을 하기 전에 그에게 투자 아이디어를 검증받는 습관을 들여라.

마지막 접근법은 당신의 생각을 '구체적인 형태로 표현하거나 실현하도록 노력하는 것'이다. 슈바르츠 교수는 "생각을 구체적으로 표현하거나 실현하려고 노력하면 신체 반응이 신경 활동과 상호 작용한다."고 설명한다. 이상하게 들릴지 모르지만 팔뚝으로 단단한 표면을 밀어내는 동작은 훨씬 사고적이고 덜 감정적으로 생각하게 만든다. 예를 들어 컴퓨터나 책상을 밀어내는 행동은 당신의 결정을 감정적 측면에서 떼어놓을 수 있다. 다음에는 이 밀어내기 동작을 회상의 수단으로 사용하라. '밀어내기'와 더불어 〈부록 1〉에 있는 투자 십계명을 참고해 '다시 생각하라'를 기억하라. 당신은 시장에서 행동하기 전에 "내가 밀어내기를 하며 다시 생각해봤는가?"와 같은 조언을 스마트폰 등을 이용해 자동으로 자신에게 보낼 수 있다.

이 모든 정신적 방법은 산타클라라 대학의 메어 스탯맨Meir Statman 행동재무학 교수가 말하는 '냉수 샤워' 효과를 낼 수 있다. '냉수 샤워'는 당신이 순간의 흥분에 휘말리지 않도록 도와준다.

시장이 블링크하면 블링크로 대응하라.

나쁜 뉴스에 주가가 폭락하면 영구적인 손실을 입든가 일시적인 과민 반응으로 손실을 볼 가능성이 있다. 미리 투자 공부를 해두면 그런 사태에 즉시 대응할 수 있다. 당신이 진지한 주식 투자자일 경우 평소 잘 아는 회사의 주식이 갑자기 헐값이 되면 바로 살 준비가 되어 있어야 한다. 이것은 '레그 메이슨 밸류Legg Mason Value'와 '레그 메이슨 오퍼튜니티Legg Mason Opportunity' 펀드의 유명한 펀드 매니저 빌 밀러Bill Miller가 사용하는 방법이다. 2004년 여름 감독당국이 '커리어 에듀케이션Career Education' 사의 회계와 사업 관행을 조사한다는 뉴스에 놀란 투자자들이 주식을 매도하면서 회사 주가는 70달러에서 27달러로 폭락했다. 그러나 밀러는 이 회사가 확실히 이익을 내고 있다는 것을 알았고 지속 가능성이 있다고 생각했다. 그래서 시장이 '블링크(직관에 따른 순간적인 판단-옮긴이)' 할 때 밀러는 블링크로 대응해 깜짝 놀란 매도자로부터 200만 주의 주식을 헐값에 사들였다.[36] 2004년 연말 주가는 여름 폭락 때의 최저치에서 50% 올랐다.

이처럼 미리 공부를 해두면 문제의 첫 신호에 공포를 느끼는 투자자의 '블링크'적인 사고를 활용할 수 있다. 워런 버핏은 25년 동안 매년 '앤호이저-부쉬Anheuser-Busch'사의 연례 보고서를 읽으며 회사의 사정을 잘 파악하고 있었다. 그 회사 주식이 사고 싶을 정도로 가격이 떨어지기를 인내심을 갖고 기다리면서 말이다. 마침내 2005년 초 주가가 하락했고 그 회사를 잘 알고 있던 버핏은 주식을 대량 매수했다.

주식에는 가격이, 기업에는 가치가 있다.

단기적으로 주가는 누군가가 사고 팔기를 원할 때, 그리고 뉴스로 보이는 사건이 일어날 때 변동한다. 때때로 뉴스는 터무니없는 경우로 판명되곤 한다. 예를 들어 1997년 10월 1일 매스뮤추얼 코퍼레이트 인베스터즈Massmutual Corporate Investors의 주식은 거래량이 평소보다 11배 증가했고 가격은 2.4%나 올랐다. 그날 '월드컴WorldCom'은 'MCI커뮤니케이션즈MCI Communications'의 인수 입찰을 발표했다. 뉴욕 증권거래소에서 '매스뮤추얼 코퍼레이트 인베스터즈'의 약자는 'MCI'였다. 월드컴의 인수 제안 이후 주가가 오를 것이라고 믿은 수백 명의 투자자는 'MCI커뮤니케이션즈' 주식을 사려고 난리법석이었다. 그러나 'MCI커뮤니케이션즈'는 나스닥 시장에서 'MCIC'라는 약자로 거래되었다. 결국 '매스뮤추얼'사의 주가는 황당한 회사명 오해로 상승했던 것이다. 마찬가지로 1999년 초 IT 주식의 광팬들이 '매나테크Mannatech'를 기술주로 오인한 덕분에 이 회사 주식은 거래 첫 이틀 만에 368%나 치솟았다. 사실 '매나테크'는 이완제와 영양 보충제를 판매하는 회사였다.[37]

장기적으로 주식은 자체로 생명이 없다. 주식은 단지 해당 기업의 지분을 교환할 수 있는 일부일 뿐이다. 기업이 장기적으로 수익을 내면 가치가 상승하고 주가는 오를 것이다. 하루 동안 주가가 천 번씩 바뀌는 것은 흔한 일이지만, 실제 상거래 세계에서 기업 가치가 하루 만에 변하는 일은 없다. 기업의 가치는 시간이 지남에 따라 변하지만 항상 바뀌지 않는다. 주가는 날씨처럼 예고 없이 계속 변한다. 반면 기업은 기후와 같아서 훨씬 점진적이고 예측 가능하게 변한다. 단기적으로 사람들의 주목을 끄는 것은 날씨다. 날씨가 환경을 결정하는 것처럼 보이지만 장기적으로 정말로 중요한 것은 기후다.

주가의 변화는 사람들의 주의를 너무 산만하게 만든다. 워런 버핏은 "나는 항상 가격을 보지 않고 투자 대상을 보려고 한다. 왜냐하면 가격을 보면 자동적으로 어떤 영향을 받기 때문이다."라고 말했다. 오케스트라 지휘자도 마찬가지다. 오디션 심사를 할 때 연주자가 스크린 뒤에서 연주할 때 더 객관적으로 평가할 수 있다는 것을 지휘자는 안다. 연주자의 외모에서 오는 선입견이 연주 실력 파악에 영향을 미칠 수 있기 때문이다.

따라서 당신이 어떤 회사에 관심이 생기면 2주 동안은 주가를 확인하지 않는 것이 좋다. 그 기간이 끝날 때쯤이면 주식이 얼마에 거래되는지 수준을 모를 테니 주가를 무시하고 오로지 기업 가치에만 초점을 맞춰 직접 평가하라. 다음과 같은 질문으로 시작하라. 내가 이 회사의 제품과 서비스를 이해하고 있는가? 만약 그 주식이 공개적으로 거래되지 않았더라도 여전히 이 기업에 투자하기를 원했을까? 최근 기업 인수에서 유사 기업이 어떻게 평가되었는가? 장차 무엇이 이 기업의 가치를 높일 것인가? '위험 요인 명세서'와 회사의 약점이 종종 드러나는 각주를 포함한 회사의 재무제표를 읽었는가?

버핏은 이 모든 연구를 통해서 한 가지 중요한 문제를 체크할 수 있다고 말한다. "나의 첫 번째 질문과 마지막 질문은 '내가 그 기업을 이해하고 있는가'이다. 기업을 이해한다는 것은 경제적인 관점에서 5년 내지 10년 뒤에 그 기업이 어떤 모습일지 합리적으로 판단하고 있음을 의미한다." 당신이 이 기본 질문에 답할 수 없다면 주식을 사서는 안 된다.

무엇이 중요한지 생각하라.

증권사나 펀드사가 보내는 계좌명세서는 종종 반사 시스템이 작동되도록 디자인된다. 계좌명세서는 총재산의 수준이 아니라 개별 투자의 단기 가격 변동을 강조한다. 이런 디자인은 계좌명세서를 읽을 때 덜 지루하게 만든다. 특히 시장이 심하게 요동칠 때는 더욱 그렇다. 문제는 이런 디자인이 당신을 첫 번째 직관에 따르게 할 가능성이 높다는 것이다. 그렇게 되면 종종 비싸게 사서 싸게 팔 가능성이 커진다. 대니얼 카너먼은 "가장 자연스럽게 결정을 내렸다고 해서 그것이 항상 최선이라고 할 수 없다."고 경고한다.

당신의 재정 상태 점검을 재무설계사나 금융회사에 맡길 수 없다면 직접 수행하면 된다. 엑셀이나 유사한 소프트웨어에 스프레드시트를 준비하라. 매 분기 말에 개별 투자 항목의 투자 금액을 입력하라. 여기에는 작고 평범한 글씨체를 사용하라. 엑셀의 '자동합계autosum' 기능을 활용하여 보유 자산의 총계를 계산하라. 총계를 크고 굵은 글씨체로 강조하라. (엑셀을 사용할 수 없는 경우 줄이 쳐진 노트로도 충분하다. 총계를 더 크고 굵은 숫자로 기록하라.) 포트폴리오의 실적을 하나하나 행별로 읽지 마라. 대신 이번 분기의 총액을 전 분기와 1년, 3년, 5년 전과 비교하라. 이제 당신은 보유 자산 가운데 어떤 주식의 변동이 전체 포트폴리오에 중요한 영향을 미쳤는지 알 수 있다. 카너먼이 '전체적 관점 취하기'라고 부르는 이런 면밀한 비교는 당신의 사고 시스템을 작동시킨다. 다시 말해 단일 투자의 손실이나 이득이 반사 시스템을 작동시켜 후회할 행동을 막아준다. 예를 들어 저가 매도나 고가 매수 같은 것 말이다.[38]

개별 주식에 투자하든, 401(K) 퇴직연금 계좌에 돈을 넣든 전체적 관점을 취하면 단기 변동성보다는 전체 자산의 장기 성장과 안정성에 초점을 맞출 수 있다. 이렇게 하면 당신은 더 부유해지고 평온해질 것이다.

YOUR
MONEY
&
YOUR
BRAIN

CHAPTER 3

돈을 사랑하는 사람 치고
돈에 만족하는 사람은 없다.[39]

_ 전도서

YOUR MONEY & YOUR BRAIN

얼마나 기분이 좋을지 안다

로리 징크는 복권 구입을 멈출 수 없다. 그녀는 캘리포니아의 슈퍼로또 플러스에 당첨될 확률이 41,416,353분의 1이라는 것을 잘 알고 있지만 개의치 않는다. 그녀는 이렇게 말한다. "확률이 터무니없이 낮다는 것을 알아요. 하지만 당첨 확률의 현실과 당첨되면 기분이 아주 좋을 것이라는 인식이 연결되지 않아요." 밴더빌트 대학에서 인류학을 전공한 그녀는 밝고 열심히 일하는 TV 프로듀서이다. 하지만 그녀는 도박 벌레에 물렸고 그녀의 몸에서 그 달콤한 독소를 빼낼 수 없었다. 대학 졸업 3개월 뒤인 2001년 그녀는 NBC 리얼리티 쇼 '로스트'에 참가했다. 그녀와 동료 참가자는 눈가리개를 하고 볼리비아의 외딴 산꼭대기에 버려졌다. 그들에게는 100달러와 며칠 분의 음식과 물, 구급상자 1개, 텐트 1개만 제공되었다. 3주 뒤 그녀와 동료는 뉴욕 항의 자유의 여신상에 마침내 돌아왔고, 각각 10만 달러의 상금을 받는다는 사실에 놀랐다.[40]

이후로 대박의 스릴은 그녀의 뇌리에 새겨졌다. 그리고 지금 캘리포니아 복권 당첨금이 올라갈 때마다 그녀는 복권을 산다. 1년에 몇 번 복권을 사는 그녀를 복권 중독자라고 할 수는 없다. 하지만 복권을 사고 싶은 기분은 강박증과 비슷하다. 그녀는 이렇게 말한다. "나는 '만약'이라는 기대가 완전히 비합리적이라는 것을 알아요. 하지만 그 기대감은 나를 복권 판매점으로 이끌어서 지갑을 꺼내게 하죠. 이성적으로는 당첨되지 않으리라는 걸 알아요. 하지만 사람들은 '근데 당첨될지 누가 알아?'라고 말하곤 하죠. 그리고 만약 그런 일이 일어난다면 얼마나 기분이 좋을지 잘 알고 있거든요." 불꽃으로 날아드는 불나방처럼 복권을 다시 사는 경우는 많다. 로리 징크도 그런 사례의 전형이다. 오하이오 주에서 100만 달러의 복권에 당첨된 사람들을 조사한 결과 82%가 복권을 정기적으로 구입하는 것으로 나타났다.

로리 징크처럼 대박을 터뜨린 적이 있든 없든 돈을 벌면 기분이 좋아진다는 건 이미 다들 알고 있다. 당신이 모르는 것은 돈을 벌 수 있으리라는 기대가 실제로 돈을 버는 것보다 더 기분 좋을 수 있다는 사실이다.

물론 금전적 보상에 특별히 반응하는 금전 측정기가 두뇌에 있는 것은 아니다. 대신 두뇌는 잠재적인 투자나 도박의 수익을 넓은 범위의 기본 보상으로 취급한다. 또 다른 기본 보상으로는 음식, 음료, 쉼터, 안전, 섹스, 마약, 음악, 향기, 미모 등이 있다. 심지어 신뢰하는 법을 배우거나 어머니를 기쁘게 하는 것과 같은 사회적 상호작용도 포함된다. 금전 이득은 고대로부터 이어져온 '기분 좋은 경험 그룹'의 가장 현대적인 형태다. 인간은 돈이 다양한 쾌락을 제공하는 필수품이라는 것을 일찍부터 알았기 때문에 두뇌의 '반사' 부분은 더욱 근본적인 여러 가지 보상을 얻을 전망과 동일하게 잠재적인 금전 이득에 반응한다. 독일 기센에 있는 유스투스 리비히 대학의 신경과학자인 페터 키르슈는 이렇게 설명한다. "돈으로는 식사나 짝짓기 같은 기본적인 욕구를 충족시킬 수 없지만 돈과 보상의 연관성은 매우 높다."[41]

투자 두뇌의 '반사' 영역은 금전 이득을 예상하면 적색 경보를 울리며 당면 과제에 주의를 집중시킨다. 예를 들어 주식을 산 사람은 주가가 계속 오를 가능성에 관심을 집중한다. 그러면 스릴의 크기는 당신의 상상력에 따라 무한대로 커질 수 있다. 주가가 오른다고 해도 결과 자체는 덜 흥미로워진다. 특히 당신이 처음부터 기대하고 있었다면 더욱 그렇다. 주식을 매도해 현금화할 때면 탐욕의 스릴은 신경학적으로 하품 나는 일처럼 되어 버린다. 원하는 이득을 얻었음에도 말이다. 돈을 벌면 기분이 좋다. 하지만 돈을 벌 수 있다는 기대만큼 강렬한 느낌은 아니다. 당신의 투자 두뇌는 실제로 이득을 취할 때보다 이득을 예상할 때 더욱 흥분하는 생물학적 메커니즘을 갖고 있다. 이것은 금융 활동에 엄청난 영향을 미치는 잔인한 역설이다.

마크 트웨인의 횡재

신경경제학자가 두뇌의 내부 활동을 추적할 수 있기 훨씬 전에 마크 트웨인은 대박을 예상하는 것이 대박을 치는 것보다 훨씬 기분 좋은 일이라는 것을 알았다. 트웨인은 그의 초기 회고록인 〈서부 유랑기Roughing It〉에서 자신과 파트너가 1862년 네바다에서 은 광맥을 발견했을 때의 일을 회상한다. 트웨인은 '전기 배터리에 몸이 연결된 것처럼' 밤을 지새웠다. 그는 밤새 샌프란시스코의 중심부 2에이커 땅에 지을 저택과 3년짜리 유럽 여행 계획을 너무나 생생하게 그렸다. "미래의 환상이 나를 침대에서 몸서리치게 했다." 10일 동안 트웨인은 서류상 백만장자였다. 그러던 중 트웨인과 파트너의 은 광맥 소유권 주장이 법적 절차로 갑자기 무효가 되었다. '울화가 치밀고 비통하고 가슴이 아팠던' 트웨인은 자신이 횡재했다는 의기양양한 기분을 결코 잊을 수 없었다.[42]

말년에 쓴 눈부신 우화 작품 〈3만 달러의 유산The $30,000 Bequest〉에서 트웨인은 같은 주제를 희화화했다. 작품 속 살라딘과 엘렉트라 포스터 부부는 3만 달러의 거액(현재 가치로 약 60만 달러)을 상속받는다는 사실을 알고 상상의 집을 지으며 신이 났다. 엘렉트라는 아직 받지도 않은 유산을 투자했다. '상상 속의 주식 중개인에게 가상의 매매를 지시한' 부부는 부자가 되었고 그들의 상상 속 포트폴리오는 24억 달러(현재 가치로 세계 부자 1위인 빌 게이츠의 재산과 맞먹는 규모)에 이르렀다. '행복에 도취된 소박한 점원과 그의 아내는 크고 화려한 궁전에 살면서 개인 요트로 유람하는' 백일몽을 꾼다. 그러나 유산은 잔인한 장난이었고 어떤 횡재도 없었다. 망연자실한 포스터 부부는 슬픔으로 죽는다.

궁극적인 아이러니는 다음과 같다. 트웨인은 자신과 타인의 극단적 탐욕을 조롱할 수 있음에도 자신의 돈을 고수익의 희망을 제시하는 위험한 모험 사업에 계속 투자했다. 실제로 수익은 전혀 실현되지 않았다. 수년간 트웨인은 현기증이 날 정도로 다양한 투기성 사업에 돈과 꿈을 쏟아부었다. 분필을 이용한 인쇄기, 사진을 비단에 복사할 수 있는 기계, 분말 영양 보충제, 복잡한 기계식 식자 기계, 나선형 모자 고정 핀, 기능을 개선한 포도 가위 등이었다.

총명하고 회의적이며 이미 부자인 사람이 황당한 벼락부자의 꿈에 어떻게 그렇게 자주 굴복했을까? 트웨인도 아마 어쩔 수 없었을 것이다. 로리 징크가 리얼리티 쇼에서 대박의 스릴을 되찾기 위해 복권을 사는 것과 마찬가지다. 트웨인은 1862년 버지니아 시티에서 거대한 은 광맥을 발견했을 때 느꼈던 본능적인 흥분을 다시 느끼고 싶은 욕망에 내몰렸음에 틀림없다. 그 기억은 그가 돈에 대해 생각할 때마다 그의 기대 회로를 지나치게 자극했다. 그 결과 트웨인은 부자에서 채무자, 파산, 다시 부자가 되는 험난한 인생을 살았다.

두뇌의 와이파이 네트워크

나는 스탠포드 대학의 브라이언 넛슨의 신경과학 연구실 실험에서 탐욕이 발작하는 느낌을 체험했다. 비교종교학을 전공한 넛슨은 다부진 체구에 쾌활하며 전염성이 강한 미소를 가진 남자로, 두뇌에서 감정이 어떻게 생성되는지 연구한다. 넛슨은 기능자기공명영상fMRI 스캐너로 그가 디자인한 투자 비디오 게임을 하는 나의 두뇌 활동을 추적했다. 거대한 자석과 무선 신호를 결합한 fMRI 스캐너는 두뇌에서 혈액이 증감할 때 산소의 순간적인 변화를 정확히 찾아낸다. 이를 통해 연구자는 특정 작업에 관여하는 신경 영역을 지도화할 수 있다.[43]

스캐너 내부는 믿을 수 없을 정도로 시끄럽다. 마치 철판으로 된 욕조를 뒤집어놓고 도깨비가 철봉으로 두드리고, 치과용 드릴로 뚫어대고, 볼 베어링을 양동이로 쏟아붓는 상황을 상상하면 된다. 하지만 나는 모든 소음에 놀라울 정도로 빨리 익숙해졌다. 몇 분 뒤 모니터 화면에 다른 단계의 수익과 손실을 제공하는 도형이 깜박이기 시작했다.

스캐너 안에 설치된 모니터 화면에서는 여러 가지 기호가 나타났다. 원은 내가 돈을 딸 수 있음을, 사각형은 잃을 수 있음을 의미했다. 원과 사각형 안에는 수직선과 수평선이 그어져 있다. 수직선의 위치(왼쪽 0달러, 중앙 1달러, 오른쪽 5달러)는 돈의 액수를, 수평선의 위치(아래, 중앙, 위)는 수익을 얻거나 손실을 피하는 난이도를 나타낸다. 오른쪽에 수직선이 있고 위쪽에 수평선이 있는 원은 내가 5달러를 딸 수 있음을 뜻하지만 확률이 낮았다. 중앙에 수직선이 있고 아래쪽에 수평선이 있는 사각형은 내가 1달러를 잃을 수 있음을 뜻하지만 내가 그 손실을 피하기는 비교적 쉽다.

각각의 도형이 나타나고 2초에서 2초 반의 시간 틈이 있다. 그 시간 틈은 내가 따거나 잃을 기회를 기다리며 초조해하는 단계였다. 그런 다음 흰색 사각형이 아주 짧게 나타난다. 나는 신호가 나타나는 정확한 순간에 손가락으로 버튼을 눌러야 한다. 조금이라도 늦거나 빨리 누르면 딸 기회를 잃거나 손실을 본다. 3단계 난이도 중 가장 어려운 단계는 버튼을 누를 시간이 5분의 1초도 되지 않아 성공 확률이 20%밖에 되지 않았다. 모니터 화면에는 매번 내가 얼마나 따거나 잃었는지 결과를 보여주고 누적 점수를 갱신했다.

보상이나 작은 벌칙을 알리는 도형이 나타날 때는 큰 변화가 없어 보였다. 나는 침착하게 버튼을 눌러 따기도 하고 잃기도 했다. 그러나 큰 보상을 나타내는 상징의 원이 올라오면 그때는 아무리 침착하게 주의를 집중하려고 해도 기대가 파도처럼 물결치는 것을 느낄 수 있었다. (마지막 몇 번의 시도에서 아무것도 따지 못했거나 계속 잃었을 경우 탐욕의 강도는 더욱 컸다.) 스포츠 중계 아나운서가 바스켓을 스치며 내려가는 원거리 점프 슛을 알리듯이 강렬한 희망의 목소리가 머릿속에서 '그래, 예스!' 혹은 '드디어 기회가 왔어!'라고 속삭였다. 그 순간 fMRI 스캐너는 두뇌의 측위신경핵이라고 불리는 반사 영역의 뉴런이 마치 야생마처럼 날뛰는 모습을 나타냈다. 이후 넛슨은 fMRI 스캐너로 두뇌 활동을 측정했을 때 5달러의 보상을 얻을 가능성이 1달러를 얻을 가능성보다 두 배나 강력

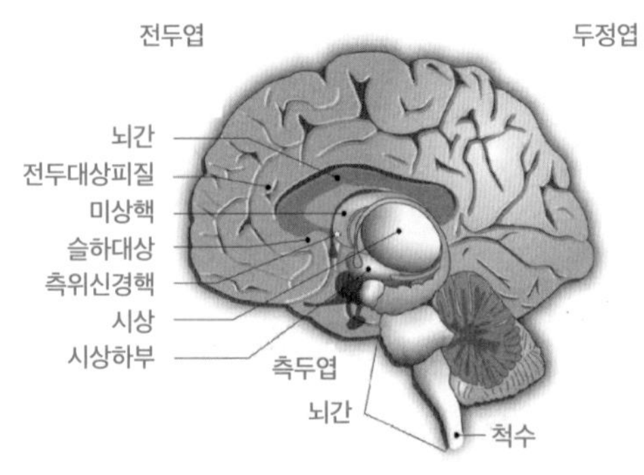
전두엽
두정엽
뇌간
전두대상피질
미상핵
슬하대상
측위신경핵
시상
시상하부
측두엽
뇌간
척수

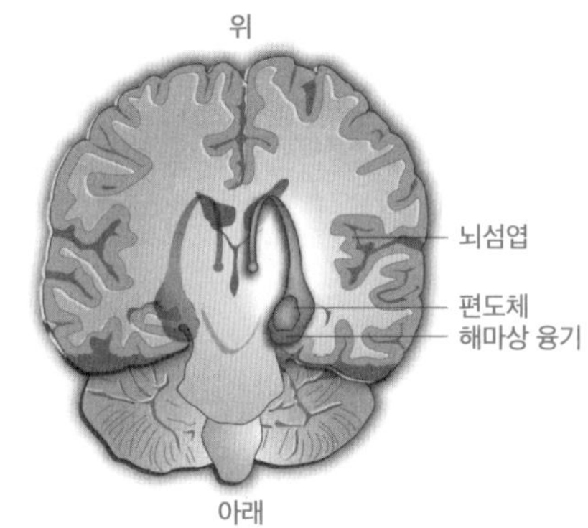
위
뇌섬엽
편도체
해마상 융기
아래

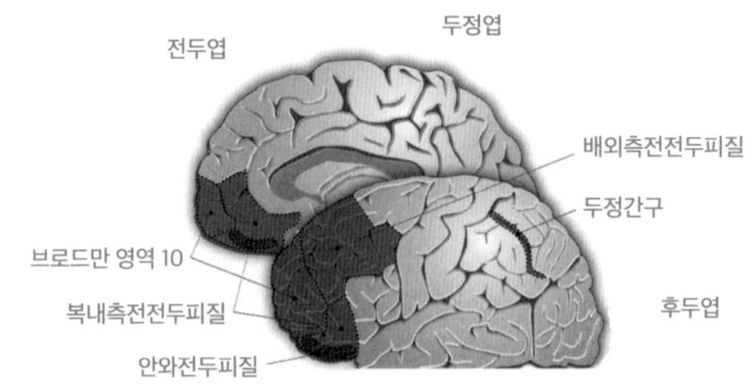
두정엽
전두엽
배외측전전두피질
두정간구
브로드만 영역 10
복내측전전두피질
후두엽
안와전두피질

한 신호를 발산한다는 것을 발견했다.

측위신경핵은 두 눈 바로 뒤 대뇌의 전두엽에서 가장 깊숙이 자리하고 있는데 머리 중심부를 향해 뒤로 굽어 있다. (보상을 예상하도록 돕는 측위신경핵이 성적 쾌감에도 관여한다는 사실은 놀라운 일이 아니다.) 다른 많은 영역은 기대 회로의 일부분인데, 대도시 중심부에 와이파이 핫스팟 네트워크가 뿌려지는 방식처럼 반사 두뇌 전체에 널리 분포되어 있다. (사고 두뇌의 한 부분인 안와전두피질 역시 이런 기대 회로와 연결되어 있는 것으로 보인다.) 어쨌든 측위신경핵은 보상 네트워크의 중심 스위치 중 하나다.

이와 대조적으로 내 행동의 결과를 알게 된 것은 그다지 중요하지 않았다. 적절한 순간에 버튼을 눌러 보상을 획득했다는 사실이 밝혀질 때마다 나는 결과를 알기 전에 느꼈던 솟구치는 강렬한 기대감보다 훨씬 약한 만족감만 느꼈다. 실제로 넛슨의 스캐너는 측위신경핵의 뉴런이 기대할 때보다 보상을 받았을 때 훨씬 낮은 강도로 움직인다는 것을 발견했다. 넛슨이 수십 명을 대상으로 한 연구 결과를 보면 당신의 두뇌도 똑같이 반응할 가능성이 아주 높다.

하버드 의대의 신경과학자 한스 브라이터는 이렇게 말한다. "보상은 두 가지 근본적인 방법으로 경험된다. 좋은 예가 섹스다. 장시간의 흥분 과정과 만족을 느끼며 끝나는 시점이 존재한다. 또는 정말로 배가 고파서 식사를 준비하는 과정에서 흥분이 고조되는데 막상 먹을 때는 그렇게 행복하지 않을 수 있다. 흥분하는 단계가 사실상 행복의 핵심 요인이며, 그런 흥분을 유발하는 것은 대부분 만족감이 아니라 기대감이다."[44]

성적인 기대감과 fMRI 스캐너 내부에서 느낀 만족감의 차이를 테스트하는 것은 불편하고 힘든 일일 것이다. 그러나 음식 맛을 기대하는 것과 실제로 맛보는 것의 차이점은 실험되었다. 사람들이 특정 도형을 본 다음 설탕물을 한 모금 마시게 된다는 것을 알면 측위신경핵은 설탕물을 받았을 때보다 그 도형을 보았을 때 훨씬 강하게 반응했다. 이는 맛있는 식사를 상상하는 것이 실제로 먹는 것보다 사람을 흥분시킨다는 브라이터의 견해를 뒷받침한다. 돈도 같은 방식으로 작용한다. '받을 때보다 바랄 때가 더 좋다'는 옛 속담이 이를 설명해준다.

기다리지 못하는 쥐

투자 두뇌의 반사 영역은 왜 우리가 얻은 것보다 얻을 가능성을 더 중요시하는 걸까? 이 기능은 넛슨의 스승인 오하이오 볼링그린 주립대학의 자크 판크세프가 말하는 '탐색 시스템'의 일부분이다.[45] 수백만 년에 걸친 진화 과정에서 인간의 감각을 고도의 자각 상태로 만들어 불확실한 보상을 포착하도록 우리를 긴장시키는 것은 기대로 인한 설렘이었다. 오리건 대학의 폴 슬로비치는 두뇌의 기대 회로가 '인센티브의 신호등' 역할을 한다고 말한다. 이를 통해 인내와 헌신으로만 얻을 수 있는 장기 보상을 추구할 수 있다는 것이다. 만약 부자가 되는 상상으로 희열을 느끼지 못한다면 돈을 벌기 위해 오래 버틸 동기가 사라진다. 대신 바로 눈앞에 나타난 소득만을 취하려고 할 것이다.

프랑스의 수필가 몽테뉴가 썼듯이 "우리가 음주와 식욕이 대등한 상태에서 병과 햄 사이에 놓인다면 무엇을 선택할지 결정하지 못해 갈증과 배고픔으로 죽고 말 것이다." 존 바스의 1958년 소설 〈길의 끝The End of the Road〉에 나오는 제이콥 호너는 미래의 쾌락을 상상할 수 없어 선택의 순간마다 마비된다. 호너를 치료하는 닥키 박사는 그에게 '왼쪽부터, 나타난 순서대로, 알파벳 순서대로'라는 간단한 규칙을 알려준다. 선택의 기로에서 왼쪽에 있는 것, 먼저 나타나는 것, 첫 글자의 알파벳 순서로 하라는 것이다. 터무니없어 보이지만 적어도 이 규칙은 호너가 행동을 시작할 수 있게 해준다. 만약 '탐색 시스템'이 작동하지 않는다면 우리는 선택의 순간마다 우유부단함으로 얼어붙는 호너처럼 될 것이다. 닥키 박사가 호너에게 말한 것처럼 말이다. "선택은 존재다. 선택하지 않는 한 당신은 존재하지 않는다."[46]

기대가 다른 동물에서는 어떻게 작용할까? 일본 도야마 의과대학 오노 다케토시가 이끄는 연구진은 쥐가 어떻게 보상을 기대하는지 연구했다.[47] 연구진이 밝혀낸 바에 따르면 물과 설탕, 또는 전기 자극과 같은 보상 전망은 감각시상이라고 불리는 쥐의 두뇌 영역을 활성화시킨다. 이중으로 작동되는 회전식 스위치처럼 이 회로는 두 가지 단계를 거친다. 첫 번째 단계는 100분의 1초도 안 되는 짧은 시간에 두뇌의 나머지 영역에 보상이 나타날 가능성이 있다는 신호를 보낸다. (실제로 보상을 예상하는 신호가 울리면 쥐의 두뇌는 '들어온다!'라고 비명을 지른다.) 이어서 일련의 뉴런이 계속 빛을 내는 가운데 보상이 전달될 때까지 지속적으로 반응이 고조된다. 잠재적인 보상이 좋을수록 뉴런은 더 맹렬하게 빛을 내며, 마침내 보상이 나타날 때 쥐는 재빨리 달려든다. 이 단계가 지속되는 동안 쥐는 보상이 어떤 형태를 취할 가능성이 가장 높은지 알아내는 것처럼 보인다.

기대의 첫 번째 단계는 과거를 회상하는 형식이다. 쥐들은 과거 실험에서 주어진 소리나 빛이 보상 제공과 연관되어 있다는 것을 알고 있다. 따라서 신호는 즉시 쥐를 긴장시킨다. 두 번째 단계는 기대하는 형식이다.

쥐는 신호와 보상이 오는 시간 동안 어떤 특정 종류의 보상이 오는지 알아보려고 애쓴다. 보상 예측이 정확할수록 쥐의 두뇌는 고도의 준비 상태에 돌입하도록 만든다. (오노의 연구진은 쥐가 물 한 모금 마시는 데 4분의 1초가 걸리지만 설탕물을 먹을 때는 20분의 1초도 걸리지 않는다는 사실을 알아냈다.) 오노의 표현대로 기대의 두 단계는 '학습된 경험'을 '미래의 결과'와 비교하는 방법으로 보인다. 에밀리 디킨슨Emily Dickinson은 이 개념을 완벽하게 표현했다. "회상은 기대의 절반이자 때로는 그 이상이다."

심리학자들은 기대 회로가 손상되면 어떤 일이 일어나는지 연구하고 있다. 영국 케임브리지 대학의 한 실험실에서는 두 개의 버튼이 있는 통안에 쥐를 넣었다. 한 버튼을 누르면 보상으로 즉시 각설탕 하나를 받는다. 다른 버튼을 누르면 각설탕 4개를 받는데 단 10초에서 60초 뒤에 나온다. 온전한 두뇌의 쥐는 매우 참을성이 없다. 하지만 버튼 누르기의 절반은 지연된 뒤에 더 큰 보상이 나오는 버튼을 선택한다.

그러나 측위신경핵에 손상을 입은 쥐는 주의력 결핍 장애ADD, attention deficit disorder가 아닌 기대 결핍 장애anticipation deficit disorder를 겪는다. 측위신경핵이 제대로 기능하지 못하기 때문에 이런 쥐는 만족을 늦출 능력이 거의 없다. 버튼 누르기의 80퍼센트 이상은 즉시 나오는 작은 보상을 선택한다. 미래의 보상을 기대하는 능력을 잃어버린 쥐는 케임브리지 대학의 심리학자 루돌프 카디널이 말하는 '충동적 선택'을 할 수밖에 없다. 카디널의 말처럼 기대 회로는 정상 쥐가 수평선 너머에 있는 보상에 인지 기능을 집중할 수 있게 해준다. 그러나 측위신경핵이 손상된 쥐는 눈앞의 현실이 전부이기 때문에 미래는 전혀 신경 쓰지 않는다.[48]

그래서 두뇌의 탐색 시스템은 부분적으로 축복과 저주의 기능을 발휘한다. 기대 회로는 보상이 주어질 가능성에 세심한 주의를 기울이지만 일단 실현된 것보다 미래가 훨씬 좋아질 것이라고 예상하게 만든다. 사람들이 '돈으로 행복을 사지 못한다'는 옛말이 옳다는 것을 받아들이기 힘든 이유가 여기에 있다. 결국 돈으로 행복을 살 수 있을 것 같다는 생각을 멈출 수 없다.

좋은 소식이 그렇게 나빠질 수 있는 이유

월가의 오래된 격언 중 하나는 '소문에 사서 뉴스에 팔아라'이다. 이 진부한 문장의 근거는 이렇다. '똑똑한 투자자smart money'들 사이에서 큰일이 날 것이라는 소문이 조용히 퍼지면서 주가는 오르기 시작한다. 그러다가 일반인이 뉴스를 통해 그 소식을 듣고 투자하는 순간 고점에서 매도가 시작되면서 주가는 바닥으로 떨어진다.

여기에는 중요한 의미가 담겨 있다. 이런 현상의 발생은 소수의 큰손 투자자의 지적 능력의 우월성보다 일반인의 두뇌 속 기대 회로와 관련이 깊어 보인다. 희망으로 주가가 올랐다가 현실에서 폭락한 주식의 대표적인 사례는 셀레라 제노믹스 그룹Celera Genomics Group이다. 1999년 9월 8일 셀레라는 인간 게놈의 염기서열을 분석하기 시작했다. 인간의 DNA를 구성하는 30억 개의 분자쌍을 확인함으로써 이 회사는 생명공학 역사상 가장 큰 도약을 할 수 있었다. 셀레라의 눈부신 사업이 주목을 받자 투자자는 기대에 부풀어 열광했다. 1999년 12월 SG코웬증권의 생명공학 분야 애널리스트인 에릭 슈미트는 시장의 심리 상태를 다음과 같이 요약했다. "투자자는 이 분야에 큰 기대를 걸었다. 그들은 내일의 경제를 이

끌어갈 오늘의 이야기를 원한다." 셀레라의 주가는 시퀀싱 프로젝트 시작 당시 17.41달러에서 2000년 초 최고치인 244달러까지 치솟았다.[49]

2000년 6월 26일 백악관에서 거창한 기자회견도 열었다. 조지 부시 대통령과 토니 블레어 영국 총리가 참석한 가운데 셀레라의 수석 과학자 크레이그 벤터는 '10만 년의 인류 역사에 길이 남을 기록적인 순간'이라고 발표했다. 셀레라가 인간의 유전 암호를 완전히 해독했다고 공식 발표했을 때 주가는 어떻게 반응했을까? 주가는 그날 10.2%, 다음 날 또 12.7% 하락했다.

회사의 운명을 나쁘게 할 만한 일은 아무것도 없었다. 이와는 정반대로 셀레라는 과학적으로 기적에 가까운 성과를 이뤄냈다. 그런데 왜 주가가 폭락했을까? 가장 유력한 설명은 기대의 불꽃이 현실의 찬물로 너무나 쉽게 꺼졌다는 것이다. 투자자가 그토록 오래 기다려온 희소식이 발표되자 흥분은 사라졌다. 그 결과 감정의 공백이 생겼고 미래가 과거만큼 흥미롭지 않을 것이라는 고통스러운 자각이 그 공백을 즉시 채웠다. (요기 베라의 유명한 말처럼 '미래는 예전의 미래가 아니다.') 원했던 것을 얻은 투자자는 더 이상 기대할 것이 없으니 떠났고 주가는 폭락했다.

2006년 말 셀레라의 주가는 최고치보다 90% 이상 떨어진 14달러대를 기록했다. 이 사건은 단일 회사에 너무 많은 자금을 투자하는 것이 얼마나 위험한지 보여준다.

기억은 돈으로 만들어진다

최근 독일의 연구진은 금전 이득을 기대하는 것이 기억력을 향상시킬 수 있는지 실험했다. 신경과 전문의들이 망치, 자동차, 포도송이 같은 물체의 사진을 보여주면서 MRI 스캐너로 실험 참가자의 두뇌를 촬영했다. 한 사진은 0.5유로를 벌 수 있는 기회를 제공하고 다른 사진은 보상이 없었다. 참가자는 곧 어떤 사진이 돈을 벌 수 있는지 배웠다. MRI 촬영 결과 돈과 연관된 사진이 나타나면 참가자의 기대 회로는 격렬하게 반응했다.

실험 직후 전문의들은 참가자에게 여러 장의 사진을 보여주었는데 그 중에는 MRI 스캐너 안에서 보여주지 않았던 사진도 섞여 있었다. 참가자는 실험 때 본 사진을 매우 정확하게 골라냈다. 그리고 어느 사진이 금전 이득과 관련이 있는지 즉시 알아보았다.

3주 뒤 참가자에게 다시 사진을 보여주었다. 이번에는 더 놀라운 일이 벌어졌다. 참가자들은 금전 이득을 나타내는 사진과 그렇지 않은 사진을 훨씬 쉽게 구별해냈다. 무려 21일 동안 그 사진을 보지 못했는데도 말이다. 이 발견에 놀란 전문의들은 3주 전에 촬영한 fMRI 영상을 다시 검토했다. 잠재적으로 보상을 얻을 가능성이 있는 사진은 '기대 회로'뿐 아니라 장기 기억이 저장되는 두뇌 영역인 '해마상 융기'도 강력히 활성화시키는 것으로 나타났다.

기대에 의해 촉발된 본래의 발광 현상이 잠재적 보상의 기억을 두뇌에 더 깊이 새기는 것 같다. 신경과 전문의 엠라 뒤첼은 "보상의 기대는 보상을 실제로 받는 것보다 기억 형성에 더 중요하다."고 말한다. 일단 도박에서 돈을 딸 수 있다는 사실을 알면 당신은 그 상황과 대박을 기대한 스릴을 돈을 잃었을 때보다 훨씬 오랫동안 좋게 기억한다. 화가가 물감을 고착시키기 위해 파스텔 위에 뿌리는 스프레이처럼 기대는 보상을 어떻게 얻는지 기억하게 하는 고정제 역할을 한다.[50]

몬트리올 콩코르디아 대학의 신경과학자인 피터 쉬즈갈Peter Shizgal은 “어떤 사람에게는 그런 즐거운 기억이 금전적으로 더 중요한 정보들을 밀어낼 수 있다.”고 말한다. 쉬즈갈의 이야기를 들어보자. “내가 아는 심리학자는 강박적인 도박 환자를 치료하고 있었습니다. 어느 주말 그 환자는 10만 달러쯤 땄습니다. 심리학자는 그에게 전체 순이익이나 순손실이 얼마인지 물었어요. 그는 마이너스 190만 달러라고 대답했죠. 원래는 마이너스 200만 달러였는데 이번에 10만 달러를 땄다고 말한 거죠.” 쉬즈갈은 이렇게 설명한다. “환자의 첫 마디에는 아무런 감정이 없었습니다. 마치 그 정보는 객관적인 것이어서 아무런 영향도 주지 않는 듯했죠. 실제로 환자의 기억에 남은 것은 횡재한 사실뿐이었고, 그 기억만이 환자의 행동을 계속 통제했습니다.”

많은 사람의 실제 투자 실적을 돌아보면 기록을 잘못했거나 손실 난 경우가 허다하다. 그럼에도 자신이 워런 버핏에 견줄 만한 성과를 냈다고 생각하는 것도 놀랍지 않다.

오노 다케토시의 쥐 실험이 시사한 바와 같이 기대는 2단계 과정으로 나타난다. 첫 번째 단계는 기억을 되살리고, 두 번째 단계는 희망을 가지고 앞을 바라본다. 리얼리티 쇼에서 우승하기 전에는 복권을 한 번도 사지 않았던 로리 징크가 현재 로또를 좋아하는 이유와 마크 트웨인이 많은 재산을 가지고 있음에도 대박을 노리는 투자를 계속한 이유다.

기대에 대한 기대

실험에 따르면 쥐의 측위신경핵에 있는 뉴런은 보상이 예측되는 상징을 발견하면 10분의 1초 만에 신호를 발산한다.[51] 신호는 다음 5초에서 15초 동안 쥐를 자극해 어떤 보상을 예측했는지 알아보게 만든다. 보상과 보상을 예측하는 신호 사이에는 이런 정신적 도약이 발생한다. 이것이 주사기를 본 마약 중독자가 투약을 거부할 수 없는 이유다. 카지노 바닥의 쨍그랑거리는 동전 소리와 반짝임이 강박적인 도박꾼으로 하여금 지갑을 열게 만드는 것도 이 때문이다. 도스토예프스키는 소설 〈도박사The Gambler〉에서 이렇게 썼다. "도박장으로 가는 도중 두 칸이나 떨어진 방에서 짤랑대며 떨어지는 동전 소리를 듣자마자 나는 경련을 일으킬 뻔했다." 단순히 예측 신호를 보기만 해도 충동이 일어날 수 있기 때문에 편의점에서는 로또 판매기를 현금인출기 바로 옆에 설치한다. 또한 증권사는 입구 바로 안쪽에 신속하게 변화하는 주식 시세 현황판을 설치하고 대기실 TV의 채널을 CNBC(미국의 증권 전문 방송사-옮긴이)에 고정시킨다.

보상이 가까워지면 두뇌는 기다리는 것을 싫어한다. 영장류 두뇌의 중심부에 있는 미상핵의 뉴런은 예측 신호가 나타나기도 전에 활성화된다. 원숭이는 특정 모양에 시선을 돌리면 물 한 모금을 마실 수 있다는 것을 배웠다. 게다가 원숭이는 다음 신호가 언제 올지도 대충 알았다. 놀랍게도 원숭이의 미상핵 뉴런은 신호가 나타나기 1.5초 전에 활성화하기 시작했다. 다시 말해 일단 보상이 가까워졌음을 알면 우리의 관심은 이득이나 이득이 올 수 있다는 신호뿐 아니라 신호가 올지도 모른다는 암시에도 집중한다. 리켄 뇌과학연구소의 나카하라 히로유키 교수는 이 조기 경보 발동을 '보상의 기대에 대한 기대'라고 부른다. 마치 파블로프의 개가 종소리가 울렸을 때가 아니라 파블로프가 종을 향해 걸어가기만 해도

침을 흘리는 것과 같다.[52]

1990년대 후반 데이트레이더는 전날 매매로 수익이 났을 경우 컴퓨터 앞에 앉는 것만으로도 흥분을 느꼈다. '시스코 시스템즈'사가 연속 10분기 동안 정확히 1주당 1페니씩으로 월가의 이익 전망치를 이겼을 때 시스코의 다음 이익 전망치 발표가 임박한 사실만으로도 투자자는 희열을 느꼈다. 2000년 2월 실적 발표를 앞둔 5일 동안 시스코의 주식은 평상시보다 거래량이 3분의 1이나 증가한 가운데 10.5% 급등했다. 이 파블로프의 개와 같은 조건반사적 가격 상승은 투자자가 예상하는 이익 발표에 침을 흘린 덕분이다. (결국 시스코는 예상대로 전망치를 1페니 차이로 제쳤고 이후 3분기 연속해서 이겼다. 하지만 시스코는 2002년까지 약 4,000억 달러의 주식 가치를 잃었다. 금융 역사상 단일 주식으로는 가장 큰 규모의 하락세였다.)

명확하지 않은 확률

기대는 또 다른 특이한 신경상의 결점을 가지고 있다. 브라이언 넛슨은 반사 두뇌가 보상액의 변화에는 매우 민감하지만 보상받을 확률의 변화에는 덜 민감하다는 것을 발견했다. 실제로 투자 두뇌는 '가능성이 어느 정도인가'보다 '얼마나 보상이 큰가'라고 묻는 데 능숙하다. 따라서 잠재적 이득이 클수록 탐욕은 더욱 커진다. 이득을 얻을 확률이 얼마나 낮은지에 상관없이 말이다.

복권 당첨금이 1억 달러이고 당첨 확률이 1천만 분의 1에서 1억 분의 1로 낮아질 경우 당신이 복권을 살 가능성은 10분의 1로 줄어들까? 당신이 보통 사람이라면 "어차피 확률이 낮은 건 매한가지야."라며 어깨를 으쓱하고는 예전처럼 기분 좋게 복권을 살 것이다. 카네기 멜론 대학의 경제학자 조지 뢰벤슈타인은 1억 달러의 '정신적 이미지'가 두뇌의 반사 영역에 폭발적인 기대를 불러일으키기 때문이라고 설명한다. 나중에야 사고 영역은 당신의 당첨 확률이 오지 오스번(영국의 헤비메탈 밴드 블랙 사바스의 리드 보컬-옮긴이)이 차기 교황으로 선출될 확률만큼 낮다고 계산할 것이다.[53]

뢰벤슈타인은 이렇게 설명한다. "돈은 반사 시스템 안에서 빠르게 처리되는 보상의 기본 형태다. 당신은 돈이 쌓여 있는 생생한 이미지와 그 돈을 어떻게 쓸 것인지의 환상을 가지고 있을 것이다. 문제는 두뇌가 확률을 정신적 이미지로 구성하지 못한다는 점이다. 당신이 돈을 딸 때 느낄 것으로 예상하는 기쁨은 당첨금을 10배, 100배, 1,000배로 곱하거나 나눌 경우 확연히 변한다. 하지만 당첨 확률의 변화에는 감정 변화가 거의 일어나지 않는다." 기대가 '반사'적으로 처리되는 반면 확률은 '사고'적으로 처리된다. 따라서 1억 달러를 받는 정신적 이미지는 당첨 확률이 얼마나 낮은지를 생각하지 않는다. 간단히 말해서 가능성만 있다면 확률은 무시하고 돈을 넣는다.

영화 〈덤 앤 더머Dumb & Dumber〉에서 짐 캐리의 캐릭터인 로이드는 사랑하는 여자에게 그를 사랑할 확률이 얼마나 되느냐고 묻는다. "별로 없어요."라고 메리 스완슨이 대답한다. 로이드가 "100분의 1 정도로 별로인가요?"라고 더듬거리며 묻는다. 메리는 "100만 분의 1 정도라고나 할까요."라고 대답한다. 로이드가 이렇게 외쳤다. "그렇다면 가능성이 있다는 거네요."

주식이나 액티브 펀드를 살 때도 다르지 않다. 큰 수익에 대한 기대는 수익 발생 확률이 얼마인지 평가하는 능력을 밀어낸다. 다시 말해 큰 수익이 기대되는 기회와 마주할 때마다 두뇌가 당신을 곤경에 빠뜨린다.

감수하지 않은 위험

기대 회로에 대해 알아야 할 것이 또 있다. 기대 회로는 잠재적인 이득을 따로 평가하지 않는다. 이론적으로는 적은 돈보다 많은 돈을 버는 것을 선호해야 한다. 그러나 실제로는 그렇게 진행되지 않는 경우가 많다. 버클리 캘리포니아 대학의 심리학자 바바라 멜러스는 사람들이 단지 따기만 하는 도박보다 돈을 벌거나 잃을 가능성이 있는 도박에서 더 많은 '상대적 쾌감'을 얻는다는 것을 밝혔다. 멜러스는 "우리는 변화에 반응하도록 맞춰져 있기 때문에 실제로 일어난 사실뿐 아니라 일어날지도 모르는 가능성의 잠재적 결과를 감안해 평가한다."고 말한다.[54] 우리가 잃을 수도 있다는 가능성이 돈 버는 것을 달콤하게 만든다.

한스 브라이터가 이끄는 신경과학 연구진은 심리학자 대니얼 카너먼과 공동으로 손실 가능성이 수익을 기대하는 강도에 어떻게 영향을 미치는지 실험했다. 연구진은 확률이 같은 세 가지 결과가 나오는 행운의 바퀴를 만들었다. 각 바퀴는 3가지 경우를 제공한다. 첫 번째 바퀴를 돌리면 10달러 혹은 2.5달러를 따거나 손익이 없다. 두 번째 바퀴를 돌리면 2.5달러를 따거나 손익이 없거나 1.5달러를 잃는다. 세 번째 바퀴를 돌리면 손익이 없거나 1.5달러 혹은 6달러를 잃는다. '좋은' 바퀴와 '중간' 바퀴, '나쁜' 바퀴는 무작위로 나타난다.

이 실험에서 두뇌는 잠재적 이득을 개별적으로 보지 않고 다른 가능한 결과와 비교했다. 좋은 바퀴가 나오면 10달러를 벌 수 있고 손실 위험도 없다. 한편 중간 바퀴는 기껏해야 2.5달러밖에 벌지 못하면서 1.5달러의 손실 위험도 있다. 그런데 투자 두뇌가 중간 바퀴에도 동등한 관심을 기울이는 이유는 수익 가능성은 작지만 손실 위험과 결합되어 있기 때문이다. 브라이터와 연구진은 측위신경핵을 포함한 두뇌의 몇몇 영역의 뉴런이 좋은 바퀴의 수익을 기대하는 것과 마찬가지로 중간 바퀴의 결과를 적극적으로 기대한다는 것을 증명했다. (전혀 돈을 벌 기회가 없는 나쁜 바퀴는 두뇌의 공포 중추인 편도체를 활성화시킨다.)

손실 가능성은 수익의 희망을 더욱 간절하게 만든다. 생각해보면 이것은 완벽하게 들어맞는다. 진화는 인간이 위험에 둘러싸여 있을 때 보상에 더 많은 주의를 기울이도록 우리를 설계했다. 데이지보다 장미를 꺾을 때 더 신경을 써야 한다는 것을 누구나 아는 것과 같은 이치다.

기대 게임

당신의 돈을 빼앗고 싶어하는 마케터와 사람들은 두뇌에서 기대 회로가 어떻게 작용하는지 잘 알고 있다. 카지노에서 슬롯머신은 정문 바로 안쪽에 설치되어 있는데 걸어 들어오는 고객이 가장 먼저 딸랑거리는 종소리와 동전이 쏟아져 나오는 금속성 소리를 듣게 한다. 이 소리는 고객이 돈을 딸 가능성을 생각하며 스릴을 잔뜩 느끼도록 설계되었다. 일확천금을 벌 수 있다고 선전하는 사기꾼은 '현찰 과시' 수법으로 인간의 감정을 오래전부터 이용해왔다. 현찰을 마구 흔들어 보이며 잠재적 이익을 부풀려 선전한 다음 그 말에 속은 희생자가 알아차리기 전에 서둘러

떠나는 수법이다.

주식 중개인이 큰 수익을 보장한다고 말하는 것은 가장 오래된 속임수다. 1720년 '남해회사South Sea Co.'는 앞으로 배당을 늘리겠다고 발표함으로써 주가를 끌어올렸다. 당시 목격자의 말을 빌려보자. "아마도 다른 어떤 것보다 사람의 마음을 혹하게 했다." 1990년대 후반 월가의 냉소적인 투자 은행가는 기업공개IPO 때 주가를 고의적으로 낮게 책정해서 거래 첫날 주가가 697%나 급등하도록 조작했다. 그 결과 투자자가 다음 기업공개에 필사적으로 참여하도록 만들었다. 기업공개의 공시 문건은 '투자설명서prospectus'라고 불리는데, 이 말이 라틴어로 '기대하다looking forward'라는 뜻인 것은 우연이 아니다.[55]

시장 전체가 하락할 때도 일부 주식은 상승한다. 2000년 윌셔 5000 지수(미국 주식을 가장 많이 포함한 지수)가 10.7% 하락할 때도 185개 종목은 3배, 23개 종목이 10배 이상 올랐다. 이듬해 지수가 11% 하락했지만 231개 종목은 3배, 16개 종목이 10배 이상 올랐다. 2002년에는 지수가 20.8% 폭락했음에도 58개 종목은 최소 3배, 3개 종목이 최소 10배 이상 올랐다. 누군가를 부자로 만들어주는 주식은 항상 있다. 따라서 당신은 그런 주식을 찾아내는 것이 아주 쉬워 보인다. 하지만 당신의 탐색 시스템은 어떤 일이 벌어지고 있느냐가 아니라 어떤 일이 벌어질 가능성이 있느냐를 중시하기 때문에 한 해 동안 오른 많은 주식이 다음 해 처참하게 떨어진다는 것을 기억하지 못한다. 그래서 너무나 많은 사람이 최근 핫한 주식이나 펀드를 쫓으며 몇 년을 소비하지만 돈을 벌 수 있을 것 같은 바로 그 순간에 하락하여 가슴 쓰라린 경험을 한다.

개인투자자만 탐욕에 도취되는 것은 아니다. 백만장자나 연기금, 기부

재단 같은 기관들만 접근 가능한 헤지펀드는 독점과 비밀 전략으로 투자하는 특권을 고객에게 제공한다. 큰손 투자자는 기존 액티브 펀드에 1% 이상의 수수료를 지불하는 것에 화를 낸다. 그런데 자신의 돈으로 무엇을 하는지 아무런 정보도 제공하지 않는 헤지펀드에는 높은 수수료를 기꺼이 지불한다. 최소한 투자금의 2%에 수익의 20%가 수수료다. (헤지펀드는 투자 방법이 너무 불투명해서 '블랙박스'로 불린다.) 사실 많은 헤지펀드가 그렇게 높은 수수료를 부과하고도 무사할 수 있는 것은 그들의 전략을 비밀에 부치기 때문이다. 내막을 전혀 모르는 고객은 높은 수익 전망 앞에 더 이상 저항하지 못한다. 생일 선물을 투명 비닐로 포장한다면 생일날의 재미가 훨씬 덜하지 않겠는가.

탐욕 자제하기

그렇다면 어떻게 하면 탐색 시스템이 당신을 금전적 어려움에 빠뜨리지 않게 할 수 있을까? 가장 먼저 당신의 기대 회로가 흥분에 빠질 수 있다는 점을 알아야 한다. 흥분은 기대 회로가 하는 일이다. 그래서 만약 두뇌의 나머지 부분이 견제와 균형을 강제로 실행하지 않는다면 당신은 모든 핫한 수익을 쫓아다니다 결국 장기적으로 아무 소득도 없이 위험과 손실만 겪는다. 탐색 시스템을 좋게 만드는 방법을 소개한다.

월가에는 단 하나 확실한 것이 있다.

확실한 것이 없다는 것이 그것이다. 당신의 탐색 시스템은 특히 큰 수익 전망에 의해 작동된다는 점을 기억하라. 그리고 이런 흥분은 현실적으로 확률을 계산하는 당신의 능력을 방해한다는 점을 기억하라. "두 배로 불려드립니다." "상한이 없다." "이 종목은 정말 확실하다."와 같은 대박 용어로 당신을 유혹하는 사람을 경계하라. 예상 수익률이 높을수록 질문을 많이 해야 한다. 다음의 질문에서 시작하라. "이런 엄청난 투자처를 아는 사람이 왜 비밀을 알려주려고 하는 걸까?" 그런 다음 이렇게 질문하라. "어째서 이런 좋은 특권을 나에게 제안한 거지?" 특히나 본 적도 없는 사람에게서 걸려온 전화를 받고 투자를 결정하면 안 된다. 절대로. 반복한다. 절대로 안 된다. 투자를 권유하는 홍보 이메일에 응답하지 마라. 열지 말고 바로 삭제하라.

벼락은 좀처럼 같은 곳에 떨어지지 않는다.

당신이 과거에 큰 이익을 본 적이 있다면 남은 생애 동안 그 기분을 다시 느끼고 싶은 유혹에 빠지기 쉽다. 가격이 상승한 종목을 발견하기는 쉽지만 계속 상승할 종목을 찾아내기는 매우 어렵다. 오래전에 큰 수익이 났던 주식을 생각나게 하는 종목에 투자할 때는 특히 주의해야 한다. 수익과 상관없이 주식들 간의 유사점은 순전히 우연일 가능성이 높다. 해당 기업의 사업을 꼼꼼히 공부한 뒤 주식시장이 향후 5년간 폐장한다고 해도 기꺼이 소유하고 싶은 주식이 있을 때에만 그 한 종목에 거액을 투자하라.

탐욕의 자금을 서랍에 넣어 잠그고 열쇠를 버려라.

당신이 시장에서 도박하는 걸 멈출 수 없다면 최소한 위험 종목에 투자하는 자금을 제한하라. 호텔 금고에 지갑을 넣어두고 도박장에는 200

달러만 가져와서 잠재적 손실에 한계를 두는 카지노 도박사처럼 투기 거래에 자금의 상한선을 두어야 한다. 자본금의 90% 이상을 저비용의 다양한 인덱스 펀드에 투자하라. 투기성 매매 자금은 10%를 넘지 않도록 하라. 이 '탐욕의 자금mad money'은 당신의 장기투자 자금과 완전히 다른 계좌에 넣어두도록 하라. 절대로 섞지 마라. 아무리 투자 수익이 오르내려도 투기성 계좌에 돈을 추가해서는 절대 안 된다. (특히 투자 수익이 좋을 때 돈을 더 넣고 싶은 유혹에 빠지지 않는 것이 중요하다.) 돈이 떨어지면 계좌를 폐쇄하라.

신호를 통제하라.

파블로프 실험실의 개가 음식이 온다는 신호에 침을 흘리는 것처럼, 홀 건너편에서 맥주를 따르는 소리가 알코올 중독자의 음주 욕구를 촉발하는 것처럼 주식시장은 당신을 매매에 끌어들이기 위해 신호를 끊임없이 만들어 보낸다. 뉴욕 주립대학의 심리학자 하워드 라클린은 담배를 끊는 첫 단계는 매일 같은 양의 담배를 피우는 것임을 증명했다.[56] 이 사실은 우리에게 시사하는 바가 크다. 탐욕의 기회와 기대할 수 있는 만족도의 변동성이 줄어들면 자기 통제력이 커진다. 브라이언 넛슨은 이런 견해를 제시한다. "자신에게 물어보라. 주위 환경을 어떻게 정리할 수 있을까? (재떨이를 숨기는 흡연자를 생각해보라.) 어떻게 하면 자신을 신호에 적게 노출시키고 신호의 다양성을 줄일 수 있을까?" 소리를 끈 채로 CNBC를 시청해보라. 그러면 장세를 설명하는 어떤 소란스러운 뉴스도 당신의 장기 금융 목표로부터 당신을 흐트러뜨릴 수 없다. 당신이 매일 증권사 앞을 지나다 창문으로 시세판을 보고 있었다면 다른 길로 돌아가라. 당신이 강박적으로 온라인 주가를 확인하고 있었다면 웹 브라우저의 히스토리 메뉴를 통해 얼마나 자주 확인했는지 알 수 있다. 조회수는 당신을 놀라게 할 것이다. 당신이 얼마나 자주 확인했는지 아는 것이 조회수를 줄이는 첫 단계다.

당신의 신호를 통제하는 또 다른 간단하고 강력한 방법은 매매하기 전에 점검할 표준 체크리스트를 만드는 것이다. 매년 발간되는 '버크셔 해서웨이'의 연례 보고서(www.berkshirehathaway.com에서 구할 수 있다.)에는 워런 버핏 회장과 찰스 멍거 부회장이 매입을 고려 중인 모든 사업에 적용하는 6가지 '매입 기준'이 수록되어 있다. 자신의 체크리스트에 당신이 고려하고 싶지 않은 것도 포함시켜라. 그렇게 함으로써 당신을 유혹하는 많은 나쁜 발상을 빨리 제거할 수 있다. 투자의 실천과 금지 체크리스트는 〈부록 2〉를 참조하라.

다시 생각하라.

적어도 투자에 관한 한 말콤 글래드웰의 '생각하지 않고 생각하라 thinking without thinking'는 주장을 옹호하는 것은 재앙을 부를지 모른다. 오히려 다시 생각해볼 필요가 있다.

넛슨은 이렇게 말한다. "낮은 확률보다 보상의 크기가 행동을 이끌어낼 가능성이 높다. 당신이 그 점을 인식한다면 '한 시간쯤 아이들과 놀고 나서 생각해봐야지' 하고 스스로에게 말할 수 있어야 한다." 큰 수익을 전망하고 있는 흥분 상태에서 투자 결정을 내려서는 안 된다. 당신의 주의를 분산시킬 아이들이 없다면 동네를 산책하거나 체육관에 가서 흥분을 가라앉혀라. 순간의 열기가 지나가고 당신의 기대 회로가 냉정을 되찾았을 때 다시 생각하라. 절대 순간적으로 판단하지 마라. 다시 생각하라.

CHAPTER 4

금전상의 동기는
전혀 활성화되지 않거나
마약으로만 활성화되는
그런 종류의 자극제다.[57]

_ 새뮤얼 테일러 콜리지

예
측

바벨에서 버블까지

런던 대영박물관의 메소포타미아 미술관에는 고대 세계의 가장 놀라운 유물이 있다. 양의 간을 실물 크기로 만든 점토 모형으로, 바빌로니아의 예언자인 바루baru를 훈련시키는 도구 역할을 했다. 바루들은 갓 도살한 양의 내장으로 미래를 점쳤다. 모형은 진짜 양의 간에서 볼 수 있는 홈, 색깔, 크기나 모양의 차이 등을 일목요연하게 보여준다. 바루와 추종자들은 이런 변수가 앞일을 예언한다고 믿었다. 그들의 노력으로 점토 모형은 63개 구역으로 세분화되어 있는데 각 구역에는 예언의 힘을 나타내는 설형문자와 기호가 표시되어 있다.[58]

이 유물이 놀라운 점은 오늘날 금융 뉴스만큼이나 현대적이기 때문이다. 이 점토 모형이 메소포타미아에서 처음 구워진 지 3,700여 년이 지난 지금도 양의 간을 읽어내는 바빌로니아의 바루는 여전히 우리와 함께 살고 있다. 다만 지금은 시장 전략가, 금융 분석가, 투자 전문가로 다르게 불릴 뿐이다. 이번 실업률 보고서는 금리가 오른다는 '명확한 신호'다. 이번 달 물가 상승 뉴스는 증시 하락이 '확실하다'는 뜻이다. 신제품과 새로 취임한 대표는 회사 주가에 '좋은 징조'다.

피투성이의 간에서 의미를 조작하던 고대의 바루처럼 오늘날의 시장 예측자는 때때로 미래를 맞춘다. 물론 순전히 운이 좋아서다. 그러니 전문가가 틀리는 상황이 동전 뒤집히듯 자주 나타난다. 그들의 예측은 거짓말 목록을 보는 것 같다.

◎ 매년 12월 〈비즈니스위크〉지는 월가의 주요 전략가를 조사하면서 내년 증시 방향을 묻는다. 지난 10년간 이런 전문가 예측이 틀린 비율은 평균 16%였다.

◎ 1982년 8월 13일 금요일 〈월스트리트 저널〉지와 〈뉴욕타임스〉지는 애널리스트와 트레이더의 발언을 연달아 인용했다. 그들은 모두 암울하고 불길한 분위기를 내뿜었다. "약세장을 끝내기 위해서는 대규모 매도가 필요하다." "투자자는 딜레마에 빠져 있다." "시장은 완전히 두 손 들었고 공황매도가 일어나고 있다." 바로 그날 한 세대 만에 최대 상승장이 시작되었다. 대다수 '전문가'는 반등세가 지속되고 있어도 하락 전망을 계속 고집했다.

◎ 2000년 4월 14일 나스닥 증시는 9.7% 하락한 3321.29로 마감했다. 켐퍼 펀드의 로버트 프뢸리히Robert Froelich는 '오랜만에 찾아온 개인투자자에게 가장 좋은 기회'라고 말했다. '도날드슨, 러프킨&제리트'의 토머스 갤빈Thomas Galvin은 "나스닥은 200~300포인트 하락할 수 있으나 상승은 2,000포인트까지 가능하다."고 주장했다. 2002년 10월 나스닥은 1114.11까지 하락했고 상승은 없었다. 하락 폭은 2,200포인트 이상이었다.

◎ 1980년 1월 온스당 850달러라는 기록적인 금 가격에 미국 재무장관 윌리엄 밀러는 다음과 같이 발표했다. "당분간은 정부의 금을 매각하기에 좋은 때가 아닌 것 같다." 다음 날 금값은 17% 하락했다. 이후 5년간 금은 가치의 3분의 2를 잃었다.

◎ 소수의 주식을 면밀하게 공부하는 월가의 애널리스트도 가위바위보를 하는 편이 나을 수 있다. 펀드 매니저 데이비드 드레먼David Dreman에 따르면 지난 30년간 애널리스트가 추정한 다음 분기 기업 수익은 평균 41%가 틀렸다. 기상 예보관이 어제 섭씨 16도가 될 것이라고 말했는데 2도가 되었다고 상상해보라. 이것도 41%의 오차다. 예보관의 정확도가 대략 이 정도라면 당신은 앞으로 계속 그의 예보에 귀를 기울이겠는가.

이 모든 예측에는 동일한 두 가지 문제가 있다. 첫째, 그들은 과거에 일어난 일이 일어날 수 있었던 유일한 경우라고 가정한다. 둘째, 그들은 장기 예측을 위해 단기 과거에 너무 많이 의존한다. 투자의 현자인 피터 번스타인은 이런 실수를 '사후예측postcasting'이라고 부른다. 간단히 말해 전문가는 창고 안에서 총을 쏴도 창고의 벽도 맞히지 못한다.[59]

금리, 인플레이션, 경제 성장, 유가, 실업, 국가 예산 적자, 미국 달러 혹은 다른 통화의 가치 등 어떤 경제 변수를 보든 이 세 가지만은 확신할 수 있다. 첫째, 누군가는 예측을 함으로써 거액의 돈을 받는다. 둘째, 그는 시간이 지나도 자신의 예측이 얼마나 정확했는지 말하지 않을 것이고 심지어 그 자신도 모를 수 있다. 셋째, 그런 예측에 근거해 투자한다면 후회할 가능성이 높다. 왜냐하면 바빌로니아 바루의 중얼거림보다 나을 것이 없기 때문이다.

금융의 세계에서는 예측이 무용지물로 드러날 경우 더욱 실망스럽다. 왜냐하면 당연히 분석이 효과적일 것이라고 생각했기 때문이다. 사전 공부가 점수를 올리는 좋은 방법이라는 것은 누구나 안다. 골프나 농구, 테니스의 경우 연습을 많이 할수록 좋은 선수가 된다. 투자는 이와 달라야 할까? 가장 많이 공부하는 투자자가 반드시 가장 수익을 많이 내는 것은 아니다. 그 이유는 크게 세 가지다.

① 시장은 대체로 옳다.

수천만 투자자의 집단 지성은 이미 당신이 거래하는 모든 종목에 가격을 매겼다. 그렇다고 해서 시세가 항상 맞는 건 아니지만 잘못된 경우보다 맞는 경우가 더 많다. 1990년대 말의 인터넷 주식처럼 시장이 엄청나게 잘못되었을 때 그에 맞서 투자하는 것은 해일 속으로 헤엄쳐 들어가려는 것과 같다.

② 돈을 움직이는 데는 돈이 든다.

주식을 사고 팔 때 발생하는 비용은 투자금의 2%를 가볍게 넘기곤 한다. 당신이 너무 자주 거래하면 수익의 35%까지도 세금으로 나갈 수 있다. 이런 비용은 수익성 있는 아이디어를 사포처럼 마모시킨다.

③ 무작위성이 있다.

아무리 신중하게 투자를 공부해도 예상치 못한 이유로 손실이 날 수 있다. 신제품 실패, CEO 이탈, 금리 상승, 정부 규제 변화, 전쟁, 테러 등이 그런 이유다. 누구도 예상할 수 없는 것을 예측할 수는 없다.

그들의 노력이 헛된 것이라는 많은 증거가 있음에도 금융업계의 현대판 바루들은 왜 예측을 계속할까? 투자자는 왜 자꾸 그들의 말을 듣는 것일까? 가장 중요한 것은 다음 질문이다. 만약 누구도 금융의 미래를 정확하게 예측할 수 없다면 현명한 투자 결정을 내릴 수 있는 어떤 현실적인 규칙을 사용할 수 있는가? 4장은 이 질문을 다룬다.

확률은 얼마인가?

사람들이 항상 '합리적'이라는 전통적 관점에 치명타를 날리기 위해서는 대니얼 카너먼과 아모스 트버스키의 도움이 필요하다. 경제 이론상 인간은 위험과 수익 사이의 최고의 절충안을 찾아내기 위해 모든 관련 정보를 논리적으로 처리한다. 카너먼과 트버스키가 증명한 바에 따르면 실제로는 사람들이 놀랄 만큼 단기 자료나 무관한 요소로 장기 추세를 예측한다는 것이다.[60] 다음 사례를 보자.

1. 안이 보이지 않는 두 그릇에 각기 색깔이 다른 공이 섞여 있다. 3분의 2는 한 가지 색이고 나머지 3분의 1은 다른 색이다. 한 사람이 A그릇에서 5개의 공을 꺼냈다. 흰색 4개와 빨간색 1개였다. 다음 사람이 B그릇에서 20개의 공을 꺼냈다. 빨간색 12개와 흰색 8개였다. 이제 당신이 공을 꺼낼 차례다. 공은 하나만 꺼낼 수 있다. 미리 말한 색깔의 공을 꺼내면 5달러를 받는다. 당신은 A그릇에서 흰색 공을 꺼낼 것인가, B그릇에서 빨간색 공을 꺼낼 것인가?

많은 사람이 흰색 공을 선택한다. 왜냐하면 첫 번째 사람이 A그릇에서 꺼낸 공의 80%가 흰색이었던 반면, 두 번째 사람이 B그릇에서 꺼낸 공의 60%가 빨간색이었기 때문이다. 그런데 B그릇에서 꺼낸 공의 개수가 A그릇의 2배다. 이는 A그릇의 3분의 2가 흰색 공일 가능성보다 B그릇의 3분의 2가 빨간색 공일 가능성이 높다는 것을 의미한다. 우리는 데이터 표본이 클수록 신뢰도가 높다는 것을 안다. 그럼에도 작은 표본에 판단력이 흐트러진다. 왜 그럴까?

2. 100명의 젊은 여성의 성격 자료를 입수했다. 100명 중 90명은 프로 운동선수, 10명은 사서이다. 이 100명의 그룹에서 뽑은 두 가지 성격의 소개를 제시한다.

리사는 외향적인 성격으로 활달하다. 긴 머리에 황갈색 피부다. 그녀는 때때로 무절제하고 엉망으로 지내지만 사회 생활에 적극적이다. 결혼은 했지만 아직 아이가 없다.

밀드레드는 차분한 성격으로 자주 웃지만 크게 웃지 않는다. 짧은 머리에 안경을 썼다. 그녀는 열심히 일하며 정리정돈을 잘한다. 독신으로 친구는 많지 않다.

- 리사가 사서일 가능성은?
- 밀드레드가 프로 운동선수일 가능성은?

대다수 사람은 리사가 운동선수고 밀드레드가 사서라고 생각한다. 성격 묘사에 따르면 리사가 운동선수일 가능성이 높아 보인다. 하지만 밀드레드 역시 운동선수일 가능성은 있다. 우리는 여성 중 90%가 운동선수라고 이미 들었다. 종종 사안의 가능성이 얼마나 되는지 판단하라는 요청을 받으면 우리는 사안이 얼마나 비슷한지를 판정한다. 왜 그럴까?

3. 당신과 내가 동전 던지기를 한다고 가정하자. (6번 던져서 앞면은 H로, 뒷면은 T로 기록하여 결과를 종합한다.) 당신이 먼저 던져서 H, T, T, H, T, H가 나왔다. 50 대 50의 결과로 무작위로 우연히 생기는 확률과 정확히 일치한다. 다음 내가 던지셔 H, H, H, H, H, H가 나왔다. 전부 앞면만 나오니 정말 놀랍다. 내가 동전 던지기 천재인 것처럼 느껴진다.

그러나 진실은 훨씬 평범하다. 6번의 동전 던지기에서 H, H, H, H, H, H가 나올 확률은 H, T, T, H, T, H가 나올 확률과 같다. 두 결과 모두 발생 확률이 64분의 1(1.6%)이다. 하지만 H, H, H, H, H, H가 나오면 놀라는 반면 H, T, T, H, T, H가 나오면 특별한 생각이 들지 않는다. 왜 그럴까?

비둘기, 쥐, 무작위

이런 무작위성에 대한 수수께끼의 해답은 우리의 두뇌 깊숙한 영역에도 있고 인류 역사 속 먼 과거에도 있다. 인간은 단순한 패턴을 감지하고 해석하는 경이적인 능력을 가지고 있다. 그 능력 덕분에 우리의 조상은 위험한 원시 세계에서 살아남을 수 있었다. 포식자를 피할 수 있었고, 음식과 은신처를 찾을 수 있었고, 적절한 시기를 골라 적당한 장소에 농작물을 심을 수도 있었다. 오늘날 패턴을 찾고 완성하는 우리의 기술은 우리가 일상생활의 많은 기본 과제를 헤쳐 나가는 데 도움을 준다. (예를 들면 이런 과제다. "내가 타야 할 기차가 온다." "아기가 배고프다." "월요일마다 상사가 꼴 보기 싫다.")

그러나 투자의 경우 패턴을 찾는 우리의 뿌리 깊은 습성은 종종 질서가 없는 곳에 질서가 존재한다고 가정한다. 증시의 향방을 안다고 생각하는 사람은 월가의 바루들만이 아니다. 대다수 투자자는 다우지수가 오를지 내릴지, 특정 종목이 계속 오를 것인지에 관한 의견을 가지고 있다. 그리고 누구나 금융의 미래를 예측할 수 있다고 믿고 싶어한다.

무작위 데이터에서 패턴을 찾는 것은 인간의 근본 기능이다. 아주 기본적인 인간 본성이기 때문에 인류는 '생각하는 사람'을 뜻하는 호모 사피엔스로만 불려서는 안 된다. 인류는 호모 포르마페텐스Homo formapetens(패턴을 추종하는 인간)로 불려야 한다.[61] 많은 동물이 패턴을 식별하는 능력을 가지고 있지만 인간은 특이하게 패턴에 집착한다. 심지어 아무것도 없는 곳에서도 질서를 지각하는 인간의 버릇을 천문학자 칼 세이건Carl Sagan은 '인간 종의 특징적인 자만'이라고 불렀다. 어떤 사람은 이를 파레이돌리아pareidolia라고 부르는데, 이 단어는 부정확하거나 왜곡된 이미지를 말하는 그리스어에서 비롯되었다. 어떤 이는 10년 된 구운 치즈 샌드위치의 누런 자국에서 성모 마리아의 모습을 본다. 더군다나 이 샌드위치는 이베이eBay에서 28,000달러에 팔리기까지 했다. 어떤 이는 시장을 이기는 '예측 가능한 패턴'을 찾기 위해 산더미 같은 증시 자료를 분석한다.[62]

◎ 미국 주식은 금요일에 상승하고 월요일에 하락하는 경향이 있다. 이 믿음은 과거 숫자에 근거해 일반화되었다. 하지만 1990년대는 그 반대였다.
◎ 10월(1987년 시장 폭락의 달)은 주식을 소유하기에 가장 나쁜 달이다. 하지만 오랜 역사를 통틀어 실제로는 5번째로 높은 수익률을 기록한 달이었다.
◎ 수백만 투자자가 과거의 주가를 기준으로 미래의 가격을 예측하는 기술적 분석과 주가의 가격 변동에 따라 매매하는 시장 타이밍을 믿는다. 이 두 가지 전술이 장기적으로 통한다는 객관적인 증거는 어디에도 없다.

◎ 매년 많은 월가의 종사자는 미식축구에서 과거 내셔널 컨퍼런스 출신 팀이 우승하면 다음 해 증시가 상승한다는 믿음으로 슈퍼볼을 응원한다.

무엇이 이런 행동을 유발하는가?

수십 년간 심리학자들은 쥐나 비둘기가 주식시장을 안다면 대다수 일반인보다 나은 투자자가 될 수 있음을 증명했다. 설치류와 조류는 패턴을 인식하는 데 있어서 무작위 상황에 직면하면 겸허하게 순응함으로써 패턴을 인식하는 자기 능력의 한계를 지키는 것으로 보이기 때문이다. 그러나 사람은 이야기가 다르다.

연구진은 초록색과 빨간색 조명을 하나씩 스크린에 비추는 전형적인 실험을 했다. 5번 중 4번은 초록색 등이 깜박이고 나머지 20%는 빨간색 등이 들어온다. 그러나 정확히 말하면 순서는 무작위다. (20번 비추었을 때 다음과 같을 수 있다. RGRGGGGRGGGGRGGGGGG. 다른 경우는 이럴 수 있다. GGGGRGGGGGGGRRGGGGGR.) 다음에 어떤 빛이 깜박일지 예상하는 가장 좋은 전략은 매번 초록색으로 예측하는 것이다. 왜냐하면 당신이 맞을 확률이 80%에 달하기 때문이다. 음식을 보상으로 주는 실험에서 쥐와 비둘기는 일반적으로 그렇게 한다.

그러나 인간은 이런 실험에서 나쁜 성적을 거두는 경향이 있다. 항상 초록색만 골라 80%의 승률을 얻는 대신 사람들은 보통 5번 중 4번 초록색을 고르고, 다음 빨간색이 언제 나타날지 추측하는 게임에 몰입한다. 이런 잘못된 자신감 때문에 평균적으로 68%의 사람만이 실험에 성공한다. 신기하게도 연구진이 불빛의 깜박임은 무작위라고 분명히 알려줘도 이런 행동을 고집한다.(쥐나 비둘기에게는 말해줄 수가 없다.) 그리고 설치류와 조류는 점수를 최대화하는 방법을 아주 빨리 배우는 반면, 사람은 방법을 알아내기 위해 노력할수록 더 나쁜 성적을 낸다. 추측하는 데 시간을 많이 보낼수록 사람들은 드디어 무작위 불빛의 '패턴'을 알아내는 요령을 발견했다고 확신한다.

다른 동물과 달리 사람은 예측할 수 없다는 말을 분명히 듣고도 자신이 미래를 예측할 수 있을 만큼 똑똑하다고 믿는다. 사람이 이런 과제에서 쥐나 비둘기보다 낮은 점수를 받는 것이 바로 우리의 높은 지능 때문이라는 사실은 진화의 심오한 역설이다. (다음에 누군가를 '새머리'라고 부를 때는 위의 사실을 기억하라.)

심리학 교수 조지 울포드가 이끄는 다트머스 대학의 연구진은 왜 인간이 패턴이 없는 곳에서 패턴을 발견할 수 있다고 생각하는지 연구했다. 연구진은 중증 간질 치료 방법의 하나로 두뇌의 좌우 반구를 연결하는 신경을 외과적으로 절단한 '분할 뇌 환자'에게 색을 비추는 실험을 했다. 간질병 환자는 오른쪽 뇌만이 처리할 수 있는 일련의 색을 보았을 때 쥐나 비둘기가 하는 것처럼 항상 가장 빈번한 선택지가 어딘지 추측하는 법을 점차 배워 나갔다. 그러나 그 신호가 왼쪽 뇌에 나타나자 간질병 환자는 정확한 순서를 예측하려고 애썼는데 전반적으로 정확도가 매우 낮았다.[63]

울포드는 "왼쪽 뇌의 반구에는 패턴을 찾고 인과 관계를 인식하도록 유도하는 모듈이 있는 것 같다."고 말한다. 공동 연구자인 마이클 가자니가Michael Gazzaniga는 뇌의 이 부분에 '해석자interpreter'라는 별명을 붙였다. 울포드는 이렇게 경고한다. "해석자는 '내가 이것을 알아낼 수 있다'고 우리를 믿게 만든다. 이 기능은 데이터에 패턴이 있을 경우 유리하다. 하지만 패턴이 없을 경우 이 기능은 혼란만 가중시킨다. 따라서 무작위이거나 복잡한 데이터에서 설명이나 패턴을 계속해서 찾는 것은 좋지 않다."

이 표현은 아주 절제한 것이다. 금융시장은 색을 보여주는 것처럼 무작위적이며 엄청나게 복잡한 방식으로 움직인다. 아직 해석자가 두뇌의 어디에 위치하는지 알지 못하지만 그 존재는 왜 '전문가'가 예측 불가능한 미래를 예측하려고 애쓰는지를 설명하는 데 도움이 된다. 마구잡이로 뒤섞인 데이터 앞에서도 전문가는 자신이 이해 못한다는 것을 인정하려 들지 않는다. 대신 자신의 해석자로 인해서 예측 패턴을 발견했다고 굳게 믿는다.

한편 나머지 사람들은 이 예언자들의 입증된 기록보다 예언을 더 진지하게 받아들여 종종 비극으로 끝난다. 버클리 경제학자 매튜 래빈이 지적하듯이 CNBC가 몇 가지만 정확히 예측해도 애널리스트를 천재로 보이게 할 수 있다.[64] 왜냐하면 시청자는 그 애널리스트의 전체 예측 기록을 확인할 방법이 현실적으로 없기 때문이다. 전체 기록이 없기 때문에 몇 번만 잘 맞춰도 시청자는 그의 예측력이 장기적으로도 좋아 보인다. 운 좋게 두세 차례 예측이 적중한 전문가의 말에 귀를 기울이는 것은 투자자가 서둘러 불운에 빠져드는 확실한 방법이다.

당신의 투자 두뇌 속 패턴 인식의 기본 현실을 파악하는 것이 중요하다.

- 성급한 결론을 내린다. 주가나 펀드가 두 번 연속 상승하거나 하락하면 세 번째도 그렇게 되리라 기대하게 만든다.

• 무의식적이다. 아주 복잡한 분석을 충분히 했다고 생각해도 당신의 패턴 찾는 기계는 훨씬 본능적인 해결책으로 당신을 안내하곤 한다.

• 자동적이다. 무작위성에 직면할 때마다 당신은 내재해 있는 패턴을 찾으려고 한다. 두뇌의 타고난 구조가 그렇다.

• 통제 불능이다. 이런 종류의 처리 방식을 외면하거나 없앨 수가 없다. (다행히도 앞으로 알게 되겠지만 단계적으로 대응 조치는 취할 수 있다.)

두뇌의 진화

왜 우리는 무작위 데이터에서 억지로 패턴을 찾는 이런 저주의 축복을 받았을까? 뉴욕 대학 신경과학센터의 신경생물학자 폴 글림셔는 다음과 같이 말한다. "정말 기이한 현상입니다. 얼마 전에 내가 만난 경제학자는 금융 관련 결정을 내릴 때 플라톤의 추리 문제라도 푸는 듯이 분석하더군요. 생물학적 문제라는 사실을 전혀 모르는 거죠. 인간은 영장류로 수백만 년 동안 진화해왔고 생물학적 유기체로 당연히 진화가 계속되고 있습니다. 인간이 맞닥뜨려 발달해온 그런 상황과 마주할 때 진화가 우리의 결정을 유도하는 것이 틀림없습니다."[65]

한 종으로서 살아온 역사를 통틀어 인류는 사냥꾼이자 채집자였다. 작은 무리를 지어 살면서 짝과 은신처를 구하고 포식자를 피해 먹잇감을 쫓고 먹을 수 있는 과일과 씨앗, 뿌리를 찾았다. 원시 조상의 결정은 덜 복잡했다. 표범이 숨어 있는 곳을 피하고, 비가 내릴 징조를 알아내고, 저 너머 영양이 있을 만한 단서를 찾고, 신선한 물이 있는 징후를 찾는 수준에 그쳤다. 우리는 신뢰할 수 있는 사람을 알아보고, 그들과 협력하는 방법을 찾고, 믿을 수 없는 사람을 지혜로 이기는 방법을 배운다. 인간의 두뇌는 이런 과제를 해결하기 위해 진화했다.

에모리 대학의 인류학자 토드 프로이스Todd Preuss는 이렇게 설명한다. "인간과 원숭이의 가장 큰 차이는 두뇌에 새로운 영역을 추가하는 것이 아니라, 기존의 영역을 확대하고 내부 시스템을 수정하는 데 있는 것 같다. '만약 ~일 경우?', '이런 때 어떤 일이 생길까?', X나 Y를 할 때의 단기 및 장기 결과와 같은 문제를 처리하는 두뇌 영역은 인간이 원숭이보다 훨씬 크다." 인간은 도구를 만들고 통찰력을 지니고 미래를 계획하는 동물에 그치지 않는다. 인간처럼 기존의 자료로 예측과 추론을 하고, 원인과 결과의 상관관계를 파악하는 경이로운 능력을 갖고 있는 동물은 없다.[66]

가장 진화한 현생 인류인 호모 사피엔스가 출현한 지 20만 년도 채 되지 않았다. 그 이후로 인간의 두뇌는 거의 커지지 않았다. 1997년 원시 인류학자는 에티오피아에서 154,000년 된 호모 사피엔스의 두개골을 발견했다. 두개골 안의 뇌의 부피는 약 1,450세제곱센티미터로 추정된다. 이는 고릴라나 침팬지의 세 배로 현생 인류의 평균 두뇌 크기보다 작지 않다. 우리의 두뇌는 호모 사피엔스가 나타나기 훨씬 전 원시 조상이 진화한 원시 환경에 깊이 뿌리박고 있다. 진화가 멈춘 것은 아니지만 전전두피질과 같은 두뇌의 '현대적인' 영역은 대부분 석기 시대에 발달했다.

고대의 동부 아프리카 평원을 상상하는 건 어렵지 않다. 매우 다양하고 몸을 숨기기 좋은 환경에 양지와 음지가 섞여 있고, 울창한 초목이 군락을 이루고, 굴곡이 심한 제방으로 둘러싸인 강 사이로 완만한 구릉지

대가 있다. 이런 반복되는 환경에서 단순한 시각적 단서의 패턴을 완성할 다음 고리를 찾는 추측은 생존의 필수 적응 활동이 되었다. 정보 샘플이 풍부한 식량과 안전한 피난처 같은 정답을 제시했다면 초기 인류는 올바른 결정을 내렸다는 추가 증거를 찾아볼 생각을 하지 않았을 것이다. 따라서 우리의 조상은 작은 데이터 표본을 최대한 활용하는 법을 배웠고 오늘날 우리의 투자 두뇌는 여전히 '알았어!'라는 식의 행동에 익숙해져 있다. 그 결과 여기저기서 패턴을 인식하고, 단편적인 증거로 결론을 내리고, 장기 미래 계획을 세울 때 단기 자료에 지나치게 의존한다.[67]

우리는 기술 진보의 역사가 오래되었다고 생각한다. 하지만 작물 재배와 최초의 도시는 겨우 11,000년 전에 시작됐다. 보리, 밀, 기장, 병아리콩, 은과 같은 상품이 산발적으로 거래되었던 가장 오래된 금융시장은 기원전 2,500년경에 메소포타미아에서 출현했다. 주식과 채권이 정기적으로 거래된 공식 증권시장은 불과 4세기 전에 생겨났다. 인류의 진화가 시작된 지 6백만 년 만의 일이다. 인류의 역사를 1.6킬로미터 길이의 두루마리에 기록한다면 최초의 주식 거래는 뒤쪽 끝에서 10센티미터가 될 때까지 나타나지 않을 것이다.

우리의 원시 두뇌가 투자라는 현대의 과제를 처리하는 데 어려움을 느끼는 것은 당연하다. 베일러 의과대학 신경과학자 리드 몬테규는 "인간의 정신이 단순한 패턴을 인식하거나 빛의 속도로 일어나는 감정의 반응과 같은 원시시대의 문제를 해결할 때는 '마세라티(최고급 스포츠카)'에 필적하는 고성능 기계다."라고 말한다. 그러나 장기 추세를 파악하거나, 결과가 실제로 무작위라는 것을 인식하거나, 동시에 여러 가지를 하는 것은 잘하지 못한다. 이런 과제를 원시 조상은 거의 직면하지 않았다. 그러나 금융 웹사이트에 접속하거나, CNBC를 보거나, 투자 상담사와 대화하거나 〈월스트리트 저널〉을 펼 때마다 당신의 투자 두뇌는 그런 과제에 부딪힌다.[68]

그들이 그것을 도파민이라고 부르는 이유

영국 케임브리지 대학의 신경생리학자 볼프람 슐츠는 짧은 회색 머리에 은색 콧수염을 멋지게 길렀다. 그는 매우 깐깐해서 사무실 찻잔에 먼지가 날리지 않도록 수건으로 덮어놓을 정도다. 내가 그를 방문한 날 그의 사무실에서 유일하게 눈에 띄는 장식은 로제타 스톤 포스터였다. 그 포스터는 우리가 어떻게 결정을 내리는지 생물학적 기반까지 파헤치려 할 때 신경과학자가 얼마나 엄청난 과제에 직면해 있는지를 상기시켜 준다. 스위스에서 수년간 학생들을 가르친 슐츠는 여러 뉴런의 전기화학적 활동을 한번에 관찰한다. 두뇌의 미세 구조를 탐색하는 재능을 타고난 것 같다.[69]

그는 두뇌의 화학물질인 도파민 연구를 전문으로 한다. 도파민은 인간을 포함한 동물이 적절한 시기에 보상받을 수 있는 행동을 어떻게 취하는지 방법을 알아내도록 돕는다. 도파민 신호는 뇌수와 척수가 연결되는 두뇌 깊숙한 곳에서 나온다. 두뇌에 있는 대략 1,000억 개의 뉴런 중 1%인 1,000분의 1도 안 되는 뉴런만이 도파민을 생성한다. 이 극소수의 신경 단위는 인간의 투자 결정에 엄청난 영향력을 행사한다.

서던캘리포니아 대학의 신경과학자인 앙투안 베카라는 "도파민은 두뇌 전체에 촉수를 뻗는다."고 설명한다.[70] 도파민 뉴런이 활동을 시작하면 신경 연결망은 고정된 목표물을 비추는 손전등처럼 신호를 집중시키는 것이 아니라 불꽃놀이처럼 신호를 발산한다. 발산된 신호는 동기를 결정으로 바꾸고 결정을 행동으로 옮기게 만드는 두뇌의 여러 영역에 거대한 에너지를 보낸다. 이때 전기화학적 파동이 두뇌의 기저부에서 의사결정 센터로 올라가는 데는 20분의 1초도 걸리지 않는다.

일반인은 도파민을 쾌락을 느끼게 하는 천연 마약으로 알고 있다. 원하는 것을 얻을 때마다 가벼운 도취감으로 두뇌를 가득 채우는 몸속의 닥터 필굿Dr. Feelgood(각성제를 정기적으로 처방하여 환자를 기분 좋게 만드는 의사, 기분 좋게 해주는 사람-옮긴이)이라고 생각한다. 도파민에는 또 다른 기능이 있다. 당신은 보상의 가치를 추정하는 것 외에도 보상을 얻기 위해 행동할 필요가 있다. 미시간 대학의 심리학자 켄트 베리지는 이렇게 말한다. "보상이 생길 수 있다는 사실을 안다면 당신은 지식을 얻은 것이다. 그냥 앉아 있을 수만은 없다. 무엇인가 행동에 나서야 함을 깨닫는다면 지식에 힘과 동기부여 가치가 추가된다. 왜냐하면 수동적으로 미래를 아는 것만으로는 충분하지 않기 때문이다. 우리는 그렇게 진화해왔다."

슐츠와 리드 몬테규는 런던 대학의 피터 다얀Peter Dayan과 함께 도파민과 보상에 관한 세 가지 중요한 발견을 했다.[71]

1. 기대한 것을 얻으면 도파민이 생성되지 않는다. 기대에 부합하는 보상은 도파민 뉴런을 일상적인 만족 상태로 만들어 전기화학적 파동을 초당 세 번 정도 발생시킨다. 이는 휴식 때의 횟수와 비슷한 수준이다. 보상은 동기부여를 위한 것이다. 하지만 당신이 기대한 것을 정확히 얻는다면 신경 계통에서 흥분을 일으키지 않는다.

이는 왜 마약 중독자가 같은 흥분을 얻기 위해 점점 더 많은 '약물'을 갈망하는지, 투자자가 '상승 모멘텀'이나 '빠른 수익 증가'를 보이는 급등주를 왜 그토록 열망하는지를 설명해준다. 신경 활동을 동일 수준으로 지속하기 위해서는 매번 더 큰 충격이 필요하다.

2. 뜻하지 않은 이득이 두뇌를 흥분시킨다. 슐츠는 주스나 과일 같은 작은 '이득'을 얻는 원숭이의 두뇌를 연구했다. 연구 결과 도파민 뉴런은 미리 신호가 전달된 보상에 반응할 때보다 뜻밖의 보상이 생길 때 더 길고 강하게 빛난다는 사실을 발견했다. 뉴런은 초당 3회의 빛을 발산하다가 순식간에 초당 40번으로 늘어났다. 뉴런이 빛을 발산하는 속도가 빠를수록 보상의 신호가 빠르게 전달된다.

슐츠는 "도파민 시스템은 익숙한 자극보다 새로운 자극에 관심이 많다."고 설명한다. 만약 당신이 예상 밖의 금전 이득을 얻는다면 도파민 뉴런은 두뇌의 나머지 영역에 동기부여 충격파를 퍼부을 것이다. 고위험의 신규 바이오 주식으로 대박이 나거나 부동산을 굴려서 큰 수익이 나거나 하는 경우에는 더욱 그렇다. 슐츠는 이렇게 말한다. "이런 고수익 경험은 보상에 전념하게 하는 특별한 관심을 불러일으킨다. 보상은 당신이 더 많은 것을 얻기 위해 다시 투자하도록 만드는 요인이다."

위험을 감수하는 것은 두려운 일이다. 뜻밖의 보상을 받은 이후의 도파민 분비는 무엇보다 우리가 위험 부담을 감수하도록 만든다. 만약 모험을 건 승부에서 크게 이겼는데도 기분이 좋지 않았다면 다시는 내기를 하지 않을 것이다. 몬테규는 이렇게 말한다. "도파민의 폭발적인 분비가 없었다면 원시 조상은 동굴에서 웅크린 채 굶어 죽었을지도 모른다. 그리고 현대의 투자자는 모든 돈을 매트리스 밑에 보관할 것이다."

3. 기대한 보상이 실현되지 않으면 도파민은 고갈된다. 보상이 올지도 모른다는 신호를 포착하면 도파민 뉴런이 활성화되는데, 이때 수익을 보지 못하면 도파민 뉴런은 즉각 활동을 중지하고 예상되던 도파민 분비가 중지된다. '알았어!'라는 반응 대신 두뇌는 동기부여의 공백으로 왜곡된 진폭을 경험할 것이다. 마치 마약 중독자가 정기 투약을 하려는 찰나 그에게서 바늘을 빼앗는 것과 같다.

예측 중독

자연이 진공 상태를 싫어하듯이 사람은 무작위를 싫어한다. 예측할 수 없는 것을 예측하려는 인간의 강박증은 반사 두뇌의 도파민 중추에서 비롯된다. 나는 이런 인간의 경향을 '예측 중독'이라고 부른다.

여기에는 은유 이상의 의미가 있다. 파킨슨병 환자가 도파민에 민감하게 반응하는 약물로 두뇌를 치료받을 때 일부 환자는 도박을 하고 싶은 끝없는 충동을 느낀다. 도파민 분비를 촉진하는 치료제 투약을 중단하면 이 강박적인 도박 욕구는 '전등 스위치를 내린 것처럼' 즉시 사라진다. 알코올, 니코틴, 마리화나, 코카인, 모르핀은 다양한 방법으로 두뇌의 도파민 분비를 촉진하는 영역에 영향을 미침으로써 사용자를 중독시킨다. 예를 들어 코카인을 투여하면 두뇌가 자극을 받아 약 15배 빠르게 도파민을 분비하는데, 이는 도파민이 코카인으로 인한 황홀감을 전달하는 데 도움이 된다는 것을 시사한다.[72]

실험용 쥐가 버튼을 누르면 두뇌의 도파민 중심부에서 미세한 전기 자극을 받도록 하자 쥐는 버튼을 쉬지 않고 누르기 시작한다. 쥐는 먹고 마시는 것은 물론 일체의 활동을 하지 않는다. 아마도 두뇌의 도파민 분비 없이 사는 것보다 차라리 굶어 죽는 것을 선택할 것이다. 두뇌의 유사 영역에 전기나 자기 자극을 받은 사람은 강렬한 황홀감까지도 느낀다고 한다. 일부 연구원은 이것이 도파민 분비와 관련이 있다고 말한다.[73]

신경과학자는 두뇌에서 쾌감이 어떤 경로로 전달되는지, 왜 보상에 보람을 느끼는지 정확히 알지는 못한다. 확실한 것은 도파민 회로의 작동 없이는 인간을 포함한 동물이 보상을 얻는 데 필요한 조치를 취할 수 없다는 점이다.[74]

하버드 의대의 신경과학자 한스 브라이터는 코카인 중독자와 투기꾼의 두뇌 활동을 비교했다. 이 둘의 유사성은 소름 끼칠 정도로 높다. 코카인 중독자와 투기꾼의 MRI 두뇌 스캔 이미지를 보면 빛을 발산하는 뉴런의 패턴이 정말 똑같다. 브라이터는 다음의 의문을 제기한다. "화학 물질에 중독 과정이 있고 돈으로 화학 물질을 살 수 있다면 같은 과정이 돈에도 적용될 수 있을까? 답하기는 어렵지만 아주 좋은 질문이다. 그럴 수 있음을 시사하는 자료가 속속 나오고 있다."[75] 다시 말해 당신이 몇 번의 투자로 계속해서 큰 수익을 얻었다면 당신은 기능적으로 마약 중독자와 같다. 단지 당신을 중독시킨 물질이 알코올이나 코카인이 아니라 돈이라는 것만 다를 뿐이다.

두뇌에서 예측 중독을 일으키는 근본적인 힘은 무엇일까? 몬테규와 슐츠가 이끄는 도파민 연구진은 파블로프의 개를 연상시키는 발견을 했다.[76] 일단 어떤 종류의 신호가 보상 신호인지 알면 도파민 뉴런은 더 이상 보상 획득 자체에 반응하여 빛을 내지 않는다. 대신 뉴런은 신호의 출현에 반응해 작동된다.

보상이 충분히 크다면 도파민은 그 신호를 장기적으로 '기억'하는 것 같다. 특정한 소리가 보상 전달이 임박한 신호임을 안 쥐는 마지막으로 들었거나 보상을 받은 지 4주가 지난 뒤에도 신호를 들으면 측위신경핵 뉴런이 빛을 냈다.[77] (쥐에게 4주는 인간 기준으로 80~100주다.)

이는 매우 중요한 발견이다. 돈을 버는 패턴이나 일련의 상황을 인지한 경우 두뇌의 도파민 분비는 실제로 돈을 벌었던 과정이 아니라 관련된 자극으로 촉발된다. 기술적 분석 같은 종목 선정 '시스템'을 사용하는 사람은 누구나 이 문제의 희생양이 되었다. 과거에 돈을 벌었던 패턴과 일치하는 종목을 보자마자 '알았어!' 효과가 나타난다. 이때 투자자는 객관적인 사실 유무와 상관없이 다음에 무슨 일이 일어날지 확신한다.

이 효과는 반복에 의해 강화된다. 경험이 쌓일수록 돈을 벌 때 느끼는 행복감은 실제로 돈을 버는 순간에서 돈을 벌 수 있을 것 같다고 생각할 때로 옮겨갈 가능성이 높다.

무의식적 학습

리드 몬테규와 에모리 대학의 신경정신과 의사 그레고리 번스는 나를 놀라운 실험으로 이끌었다.[78] 나는 번스의 실험실에서 두뇌가 어떻게 자동으로 예측하는지 알았다. 그들은 두뇌 연구 분야의 독특한 한 쌍이다. 조지아 출신인 몬테규는 옷이 터질 듯한 근육질의 남자로 외향적이고 흥분을 잘한다. 미식축구장에서 방금 걸어나온 사람처럼 보인다. 서던캘리포니아에서 자란 번스는 작은 체구에 내성적이고 말수가 적다. 전 직장에서 마약 중독자를 상대로 정신과 상담을 했을 정도로 그에게서 사람을 진정시키는 분위기를 느낄 수 있다. 둘이 함께 있으면 마치 네 자릿수 지능의 사람과 마주한 느낌이 든다.

애틀랜타의 무더운 날씨에 번스는 환자용 바퀴 달린 침대에 나를 묶고 MRI 스캐너 안으로 밀어넣었다. 머리는 고정되어 있었지만 집게손가락으로 몸 양쪽에 있는 터치패드를 누를 수 있었다. 두 사람은 내 얼굴 위에 설치된 모니터를 보며 간단한 실험을 했다. 왼쪽 집게손가락으로 왼쪽의 빨간 사각형을 선택하거나 오른쪽 집게손가락으로 오른쪽의 파란 사각형을 선택할 수 있었다. 사각형 사이에 있는 '슬라이더 막대'가 오르내리면서 내 선택이 성공인지 실패인지 보여줬다. 나의 목표는 슬라이더 막대를 올려 최대 40달러를 버는 것이었다. MRI 스캐너의 자기장은 내 두뇌의 혈중 산소량의 변화를 측정했다. 이를 통해 실험 과정에서 내가 생각하는 것에 따라 빛을 내는 지점을 도표로 만들었다.

MRI 스캐너 속에 누워 있는 동안 나는 유아용 젖꼭지를 물었다. 어머니가 그리워서 그런 게 아니라 실험 과정의 일부였다. 내가 왼쪽이나 오른쪽 사각형 중 하나를 선택하며 어떤 순서가 수익이 클지 알아내려고 노력하는 동안 젖꼭지에 연결된 관을 통해 소량의 액체가 입안으로 흘러들어왔다. 한쪽 관은 쿨에이드(열대과일 맛), 다른 쪽 관은 물이었으나 내가 버튼을 누를 때마다 나오지는 않았다.

액체가 나오는 것만큼이나 사각형도 지루할 정도로 무작위로 나왔다. 왼쪽 사각형을 고르면 가끔 이익 혹은 손해가 났다. 오른쪽 사각형도 마찬가지였다. 사각형이 연속해서 두세 개 나타나거나 그렇지 않을 경우에도 마찬가지로 이익 혹은 손해가 났다. 답답하고 미칠 노릇이었다. 아무리 애를 써도 다음에 어떤 사각형을 골라야 할지 알 수 없었고, 모니터에 나오는 슬라이더 막대는 오르기는커녕 중간 지점 부근에서 어지럽게 요동치기만 했다.

그러다가 문득 놀라서 쳐다보니 슬라이더 막대가 위로 치솟고 있었다. 충격적인 깨달음과 함께 오른손은 가만히 있는데 왼손 집게손가락이 미친 듯이 버튼을 누르고 있다는 사실을 알았다. 그리고 입안이 쿨에이드로 가득 차는 것을 느꼈다.

도대체 무슨 일이 벌어진 걸까? 간단히 말해서 두뇌의 사고 영역은 상황을 분석하기 위해 애쓰는 동안 반사 영역이 패턴을 직관적으로 알아낸 것이었다. 액체의 분출은 무작위로 보였지만 오른쪽 사각형을 고르면 물이, 왼쪽을 고르면 쿨에이드가 나왔다. (평균적으로 액체는 세 번에 한 번 정도만 제공됐기 때문에 패턴이 무작위로 보인 것이다.) 사고 두뇌가 가장 좋은 결과가 나오는 순서를 알아내려고 애쓰는 동안 반사 두뇌의 측위신경핵은 왼쪽 사각형을 선택해야 달콤한 액체가 나온다는 것을 어느 순간 알아차렸다. 나는 무의식중에 매번 왼쪽 사각형을 선택하기 시작했다. 알고 보니 그것이 슬라이더를 위로 밀어올려 수익을 내는 유일한 반응이었다.

몬테규는 이렇게 말한다. "99.9%의 사람은 도파민이 분비된다는 사실을 모를 것이다. 그런데 사람 움직임의 99.9%는 도파민이 두뇌의 다른 영역에 전달하는 정보에 따른 것이다. 나는 사람들이 이런 과정의 대부분을 알아차리지 못하는 것이 중요하다고 생각한다. 만일 의식적으로 기분을 좋게 하는 대상만 기다린다면 죽을 때까지 올바르게 행동하지 못할 것이기 때문이다." 두뇌의 기저에서 위로 분출되는 도파민 신호로 연료가 공급되는 측위신경핵은 번개같이 빠른 패턴 인식에 특화되어 있다. 번스는 이를 '무의식적 학습learning without awareness'이라 부른다. 당신은 이런 과정을 전혀 모르지만 이 생물학적이며 피할 수 없는 명령이 당신의 투자 두뇌가 예측하도록 강요한다.

3의 친구들

예측 회로를 작동시키는 것은 정말 쉽다. 듀크 대학의 신경경제학자 스콧 휴텔은 두뇌에 자극이 두 번 연속 일어나면 다음 자극의 반복을 기대하기 시작한다는 것을 입증했다.[79] 휴텔과 연구진은 사람들에게 나열된 원과 네모를 보여주면서 각 도형이 무작위로 나타난다고 분명하게 알려주었다. (예를 들어 10회 시도의 결과는 다음과 같을 수 있다: ●■●●●■■●■■ 혹은 ■■■●■●●■●■) 연구진은 간단하지만 놀라운 발견을 했다. 사람들이 네모(■) 하나 혹은 원(●) 하나를 보았을 때는 다음에 무엇이 나올지 예상하지 못했다. 그러나 네모가 연달아 2개(■■) 나온 다음에는 자동으로 세 번째 네모(■)를, 원이 연달아 2개(●●) 나온 다음에는 무의식적으로 다음 원(●)을 기대했다.

우리 주위에 어떤 추세도 없는데도 '3은 추세다' 혹은 '삼세번에 행운이 찾아온다'와 같은 말에는 신경경제학적 실체가 있다. 두 번 연속 나타나는 것은 당신의 투자 두뇌 속 스위치를 켜서 세 번째가 연이어 나타날 것이라는 기대를 품게 한다. 슬롯머신의 손잡이를 당기거나 버튼을 누르면 대개 처음 두 개의 회전 바퀴에 대박 모양 한 쌍이 이미 나타나 있는

데 도박꾼이 세 번째 바퀴에 같은 모양이 나타나기를 숨죽여 지켜보도록 설계된 것도 같은 이유에서다. 마찬가지로 즉석복권에는 이미 같은 기호 두 개가 노출된 상태로 인쇄되어 있어 구매자가 마지막 기호의 코팅 부분을 긁어내면 세 번째 당첨 기호가 나오리라는 기대를 갖게 한다. 벤저민 그레이엄은 투자자가 두 번 연속 상승한 주식을 덤벼들어 사는 것을 이렇게 비판했다. "투기하는 대중은 구제받지 못한다. 투자의 세계에서 삼세번은 없다." 이제 우리는 그 이유를 이해할 수 있다.

휴텔은 다음과 같이 설명한다. "자연 현상은 규칙적인 패턴을 따르기 때문에 두뇌는 패턴을 기대한다. 번개가 치면 천둥이 뒤따른다. 이런 규칙성을 빠르게 식별함으로써 두뇌는 제한된 자원을 효율적으로 사용한다. 두뇌는 보상이 제공되기 전이라도 보상을 기대할 수 있다. 인간의 두뇌는 자연의 물리 법칙을 해석하기 위해 진화해왔다. 하지만 문제는 현대 세계의 많은 사건이 두뇌가 진화해온 환경과 다르다는 것이다. 두뇌가 해석하는 현대의 패턴은 종종 허상이다. 도박꾼이 '핫한' 주사위에 돈을 걸거나 투자자가 '핫한' 주식을 선택하는 것이 그렇다."

휴텔의 연구 덕분에 투자 행위의 오랜 습관을 새롭게 이해하는 계기가 되었다. 어느 때든 주식 투자자의 절반은 평균보다 성과가 좋을 것이고, 나머지 절반은 평균 이하일 것이다. 평균의 정의상 분명하다. 따라서 버턴 말킬의 책 〈랜덤워크 투자 수업A Random Walk Down Wall Street〉[80]이 유행시킨 말처럼 '눈을 가리고 다트를 던져서 주식을 고르는 침팬지'도 어느 해든 시장을 이길 확률이 50%는 된다. 다트를 던져서 투자하는 침팬지가 3년 연속 시장 평균보다 높은 수익을 올릴 확률은 12.5%이다. 그런데 투자자는 3년 연속 시장을 이기는 펀드 매니저가 주식 투자의 천재임에 틀림없다고 생각한다. 대중은 자주 '주식 천재'에게 돈을 맡기지만 결국 그가 침팬지라는 것을 알 뿐이다.

◎ 카리스마 넘치는 독일인 하이코 티메Heiko Thieme가 1991년부터 1993년까지 운영한 '아메리칸 헤리티지 펀드'는 연평균 48.9%의 놀라운 수익률을 기록해 미국 최고의 펀드가 됐다. 투자자들은 이 펀드에 약 1억 달러를 넣었다. 그러나 이 펀드는 1994년 35%, 1995년 다시 31%의 손실이 났다. 1996년과 1997년에는 상당한 수익을 냈으나 1998년부터 2002년까지 매년 12~60%의 손실이 났다.

◎ 2000년 그랑프리 펀드의 매니저인 로버트 주카로Robert Zuccaro는 '그랑프리가 5년 내지 10년 안에 큰 수익을 올릴 것'이라고 자랑했다. 그의 펀드는 1998년 112%, 1999년 148%라는 놀라운 연간 수익률을 올렸다. 2000년에는 첫 3개월 만에 이미 33%의 수익을 올리고 있었다. 투자자들은 이 펀드에 약 4억 달러를 넣었다. 하지만 3년 연속 효과는 나타나지 않았다. 2000년 초 그랑프리에 투자한 1,000달러가 2004년 말에 180달러가 되어 투자자들은 망연자실했다.

◎ 주식 투자자도 종종 같은 실수를 저지른다. 경찰이 사용하는 전기 충격총을 만드는 테이저인터내셔널의 주가는 2003년 1,937%의 수익률로 시장을 놀라게 했다. 다음 해인 2004년에는 또다시 361%가 올라 시장에 충격을 주었다. 2005년 초 투자자들은 3년 연속 상승을 확신하고 투자에 나섰다. 하루 1,000만 주 이상이 거래

> 되면서 주식의 주인이 바뀌고 있었다. 테이저는 2005년 처음 6개월 동안 주식 가치의 3분의 2를 잃으면서 신규 투자자들에게 심각한 타격을 입혔다.

세계 최대의 투자자들 역시 '3은 추세다'라는 오류에 빠진다. 최근 연기금과 기부금 재단의 펀드 매니저 채용 및 해고 실태를 조사한 결과 이들 노련한 기관투자자는 3년 연속 상승세를 보이는 펀드 매니저를 일관되게 채용했다는 사실이 드러났다. 그들은 또한 3년 연속 수익이 나쁜 펀드 매니저를 해고했다. 역설적이게도 그들이 고용한 펀드 매니저는 계속해서 시장보다 낮은 실적을 보인 반면 그들이 해고한 펀드 매니저는 시장보다 높은 수익률을 기록했다. 세계 최대 규모의 투자 자금을 운용하는 소위 전문가라는 사람들이 '3은 추세다'라는 오류를 범하는 대신 기존 포트폴리오를 동결하고 아무것도 하지 않았다면 훨씬 나은 수익을 올렸을 것이다.

나를 위해서 얻는 수익은?

계속 상승하는 주식이나 펀드를 찾아내는 것만이 투자의 전부는 아니다. 현실 세계에서 투자가 순조롭고 지속적으로 수익을 내기는 어렵다. 오히려 들쭉날쭉하며 오락가락한다. 뚜렷한 방향성이 없어 보이는 이런 단기 움직임을 두뇌는 어떻게 이해할까? 붉은털원숭이를 대상으로 기발한 실험을 한 연구진은 도파민 신호가 과거의 이동 평균을 계산함으로써 미래 예측을 한다는 것을 입증했다.[81]

뉴욕 대학의 신경생물학자 폴 글림처는 실험 내용을 설명할 때면 지적인 에너지가 흘러 넘친다. “당신이 보상을 바란다고 상상해보라. 예를 들어 답답한 지하철 안에 서 있을 필요 없이 택시를 탄다고 상상하자. 이제 예측이 시작된다. ‘지금 당장 브로드웨이로 나가서 택시를 타려면 5분 정도 기다려야 할 것 같아.’ 뒤이어 예전의 경험이 떠오른다. ‘사실 그때 7분을 기다렸어.’ 예측이 정확하지 않을 때 예측과 경험 사이에 차이가 존재한다. 우리는 그것을 예측 오류라고 부른다.” 이제 택시는 금융시장을 괴롭히는 동일한 문제에 시달린다. 그것은 예측 불가능성이다. 다음에 당신이 택시를 타려고 할 때 5분, 7분, 20분이 걸릴 수도 있고 아예 택시가 없을 수도 있다. 당신의 두뇌는 택시를 기다리는 평균 시간을 알아낼 방법이 필요하다. 아주 오래 기다리거나 택시가 금세 오는 것과 같은 드문 결과나 오늘날 관련이 덜해 보이는 먼 과거의 결과에 지나치게 영향을 받지 않고 말이다. 두뇌가 변화하는 환경에 적응하기 위해서는 평균을 현실에 맞춰 빨리 수정해야 한다.

도파민 뉴런은 어떻게 그 일을 하고 있을까? 도파민 뉴런은 가장 최근의 예측 오류(예상과 결과 사이의 불일치)에만 반응하는 것이 아니라 과거의 모든 예측과 보상의 이동 평균을 계산한다. 글림처는 이렇게 말한다. “이 계산은 당신이 지금까지 탔던 모든 택시에서 영향을 받은 것이다.” 그러나 예측과 보상이 과거로 올라갈수록 도파민 뉴런의 반응은 작아진다. 반면 최근에 긍정적인 놀라운 일을 많이 겪으면 이 뉴런은 더 빠르게 빛을 내고 나머지 영역에 더욱 기대하도록 신호를 보내는 도파민을 다량 분비한다.

이 뉴런은 가장 최근의 경험을 중요시하기 때문에 투자에서도 주로 최근 5~8번의 결과를 보고 수익의 가능성을 평가한다. 이때 최근 3~4번의 결과가 평가에 더 많은 영향을 미친다. 글림처는 다음과 같이 말한다. "프레드가 거실에 앉아 아메리트레이드의 시세표를 보며 주식을 사고 팔지 결정할 때나 누군가가 최근의 증시 데이터를 활용하여 투자 여부를 결정할 때 바로 그런 일이 일어난다."

이는 심리학자가 '최근성'이라고 부르는 현상의 최초의 생물학적 설명이다. 최근성이란 장기 경험이 아닌 최근의 몇몇 결과에 근거하여 확률을 추정하려는 인간의 경향을 말한다. 글림처의 연구에서 알 수 있듯이 최근에 일어난 일이 미래 예측에 가장 크게 영향을 미친다. 실제로 최근 사례가 미래에 영향을 미친다고 가정할 만한 논리적인 이유는 없다. (3장의 '마크 트웨인의 횡재'에서 보았듯이 보상이 이례적으로 큰 경우에만 먼 과거가 중요성을 갖는다.)

인간이 붉은털원숭이처럼 생각한다는 데 의문을 갖는 사람이 있을지 모르겠지만 적어도 이런 종류의 결정에서 인간과 원숭이가 비슷하다는 것은 의심의 여지가 없다. 버클리 캘리포니아 대학의 금융학 교수인 테런스 오딘은 75,000여 미국 가구의 주식 거래 3백만 건을 연구했다. 오딘은 이렇게 말한다. "일반인은 최근의 가격 상승에 반응하며 더욱 적극적으로 매수하지만 과거의 큰 상승 때문만은 아니다. 사람들의 주식 매수는 그들이 인지할 수 있는 최근의 상승과 가격 상승의 장기 '추세'의 결합으로 결정된다."[82] (오딘은 역설적인 의미로 '추세(trend)'라는 단어를 사용한다. 왜냐하면 패턴처럼 보이는 대부분의 주가 현상이 무작위 변화일 뿐임을 알기 때문이다.) 수백 명의 개인투자자가 내놓은 향후 6개월의 주가 수익률 전망치를 조사한 결과, 지난 몇 달간의 성과보다 지난 주

성과에 두 배 더 의존한다고 나왔다.

5년 연속 미국 증시가 20% 이상 상승한 1999년 12월 투자자는 향후 1년간 증시 수익률이 18.4%에 이를 것으로 예상했다. 그러나 2000년, 2001년, 2002년 증시는 연속 하락했다. 2003년 3월 투자자는 이듬해까지 주식시장 수익률이 6.3% 상승할 것으로 예상했다. 투자자는 직전 과거에 의존하기 때문에 최근의 성과를 미래의 예측 값으로 사용했다. 2000년 주가는 18.4% 상승하기는커녕 9% 하락했었다. 2003년 3월 이후 12개월간 미국 증시는 6.3%의 소폭 상승이 아닌 35.1%로 대폭 상승했다.

마찬가지로 투자자는 최근에 가장 인기 있는 액티브 펀드를 쫓아다닌다. 그렇게 함으로써 투자자는 금융 물리학의 기본 법칙을 무시한다. 오른 것은 반드시 내려가고, 가장 많이 오른 것이 대개 가장 많이 내려간다. 예를 들어 '퍼스트핸드 테크놀로지 가치 펀드'는 1996년 61%, 1997년 6%, 1998년 24%, 1999년 190%의 놀라운 상승을 보였다. 2000년 초 사람들은 이 펀드에 단순히 투자만 한 것이 아니었다. 그들은 이 펀드를 공격했다. 불과 3개월 만에 21억 달러의 신규 자금이 한 포트폴리오에 쏟아져 들어왔다. 1년 전 만해도 이 포트폴리오의 총자산은 2억 5천만 달러가 되지 않았다. 하지만 곧바로 기술주가 폭락했고 이 펀드 투자자는 이후 3년 동안 수십억 달러를 손해 봤다.[83]

2003년과 2004년의 높은 수익률을 믿고 2005년 첫 5개월 동안 여러 에너지 펀드에 20억 달러를 쏟아부은 투자자도 속이 시커멓게 타버렸을 것이 확실하다. 안타깝게도 연속해서 펀드가 높은 수익률을 보이면 투자자는 정점 직전에 들어가는 경향이 있다. 그런 뒤 그 열기가 식으면 다수의 투자자가 저점에서 빠져나간다.

전문가는 '최근성'에 잘 저항할까? 많은 투자 뉴스레터 편집자는 증시가 4주 동안만 상승해도 강세론자로 돌아선다. 액티브 펀드 매니저가 보이는 가장 확실한 강세 신호는 낮은 현금 비중이다. 수십 년간의 자료에 따르면 펀드 매니저는 단 몇 주만 증시가 상승해도 현금 비중을 줄인다. 주가가 오르면 팔지 않고 더욱 사는 것이다.

결론은 이렇다. 초보든 전문가든 대다수 투자자는 싸게 사서 비싸게 파는 게 아니라 비싸게 사서 싸게 판다. 뉴욕 대학의 폴 글림처 신경경제학 연구실의 원숭이처럼 최근 결과에 너무 많은 영향을 받기 때문이다. 오래전 조상의 번영을 도왔던 몇몇 심리 장치는 현대의 투자 생활에 쓸모가 없다.

예측을 수정하는 방법

예측에 대해 배운 결과 당신은 두 가지 의문이 들 수 있다. "투자는 바보짓인가? 혹은 우리 모두 어리석음으로 재산을 탕진할 운명인가?" 하지만 둘 다 사실이 아니다. 최신 신경경제학의 지식을 활용하면 예전보다 나은 투자 결과를 보장받을 수 있다.

첫 번째 단계는 당신이 직관과 반사 행동의 지배를 얼마나 받고 있는지 깨닫는 것이다. 미래의 보상을 예측할 때 전전두피질과 같은 두뇌의 '사고' 영역도 중요하지만 당신은 보다 감정적인 '반사' 영역을 주로 이용한다. 컬럼비아 경영대학원의 심리학 교수인 에릭 존슨은 이렇게 말한다. "우리는 확률을 추정할 때 머릿속에서 '사고한다'고 생각하기를 좋아하지만 놀랍게도 많은 부분이 무의식에서 자동적으로 일어나는 것으로 보인다."[84] 그렇기 때문에 당신의 투자 결정이 순간의 변덕에 제압당하기 전에 건전한 습관을 기르는 것이 중요하다. 두뇌가 당신에게 유리하게 작용하도록 하는 몇 가지 입증된 방법을 소개한다.

통제 가능한 것을 통제하라.

제2의 구글을 찾으려 하거나 제2의 피터 린치가 될 펀드 매니저를 알아내려는 헛된 시도에 시간과 열정을 쏟지 말고, 내가 '통제 가능한 통제'라고 부르는 것에 집중해야 한다. 당신이 선택한 주식과 펀드가 평균보다 높은 수익을 얻을지는 당신이 통제할 수 없다. 하지만 당신은 다음의 내용을 통제할 수 있다.

- **기대치** | 과거의 증거를 바탕으로 현실적인 성과 목표를 설정함으로써 기대치를 통제할 수 있다. 예를 들어 미국 주식으로 연평균 10% 이상 벌 수 있다고 생각한다면 당신은 스스로를 속이는 것이다. 실패는 거의 보장된 것이나 다름없다.
- **위험** | 스스로에게 항상 얼마나 벌 수 있을지뿐 아니라 얼마나 잃을 수 있는지도 질문함으로써 위험을 통제할 수 있다. 위대한 투자자도 시도의 절반은 틀린다고 말한다. 따라서 당신의 분석이 잘못되었을 경우 어떤 조치를 취할지 미리 생각해둘 필요가 있다.
- **준비 상태** | 〈부록 1〉의 '다시 생각하라THINK TWICE' 가이드와 같은 투자 체크리스트를 사용함으로써 준비 상태를 통제할 수 있다. 직관에 따라 순간적으로 결정을 내리기보다 한 번 더 생각하는 것이 예측 중독에 빠져들지 않는 가장 좋은 방법이다.
- **비용** | 고비용의 액티브 펀드를 구매하지 않음으로써 비용을 통제할

수 있다. 고수익을 얻지 못할 수도 있다. 하지만 비용은 계속 발생한다. 따라서 헤지펀드는 당연히 손대지 말아야 한다. 연간 비용이 다음 기준보다 높은 액티브 펀드는 피하라.

- 국채 펀드 : 0.75%
- 미국 주식형 펀드 : 1.00%
- 소형주 펀드 또는 하이일드 채권 펀드 : 1.25%
- 국제 주식형 펀드 1.50%

- **수수료** | 저비용 증권사를 이용하고 자주 매매하지 않음으로써 수수료를 통제할 수 있다. 주식을 매수할 때 2%, 매도할 때 2%의 수수료가 들 수 있다. 그래서 수수료 지급 후 수익이 나려면 주식이 4% 이상 올라야 한다. 수수료를 아낄수록 수익이 커진다.
- **세금** | 투자 자산을 최소 1년 이상 보유함으로써 세금을 통제할 수 있다. 주식이나 펀드를 1년 미만으로 보유할 경우 미국에서는 최대 35%의 과세 대상이 될 수 있다. 하지만 장기 보유할 경우 세율이 10%까지 낮아진다.
- **행동** | 예측 중독의 희생자가 되기 전에 자신을 억제함으로써 행동을 통제할 수 있다.

예측을 중지하고 통제를 시작하라.

어떤 데이터가 제공되면 두뇌는 무슨 일이 생길지 안다고 느낀다. 하지만 그런 예감은 대체로 틀린 경우가 많다. 따라서 최선의 선택은 당신이 너무 자주 내기를 시도하지 않도록 제한하는 것이다. 이상적인 제한 방법 중 하나는 '정액분할매수dollar-cost averaging'다. 많은 펀드가 제공하는 이 방법으로 매달 일정 금액을 투자할 수 있고, 투자금은 당신의 은행 계좌에서 안전하게 자동 이체된다. 이렇게 함으로써 당신이 주가 하락을 예상하고 시장에서 빠져나가거나 주가 폭등을 예상하고 전 재산을 투자하는 것을 피할 수 있다. 매달 소액으로 투자한다면 반사 두뇌의 변덕에 따라 행동하는 것을 막을 수 있고, 이로 인해 당신은 장기적으로 부를 축적할 수 있다. 당신의 돈이 자동으로 운영됨으로써 순간의 흥분이 의지를 이기지 못하게 한다.[85]

증거를 요구하라.

고대 스키타이인은 예언이 실현되지 못한 주술사를 화형시킴으로써 경박한 예언을 삼가도록 했다. 성경은 '주님께 혐오스러운 행위'라며 명시적으로 '점치는 것'을 금지했다. 시장과 수익 예측 같은 현대판 예언이 성서의 정의 기준을 따른다면 투자자는 더 부자가 될 것이다.

와튼 경영대학원의 마케팅 담당 교수인 스콧 암스트롱은 "예언자-속는 자 이론: 모든 예언자에게는 속는 자가 있다."라는 말을 즐겨 인용한다. 암스트롱 이론의 분명한 핵심은 "예언자도 속는 자도 되지 마라."는 것이다. 일부 분석가가 방송에서 자신의 예측력을 자랑할 때는 그가 범한 큰 실수를 포함한 과거 전망 전체를 언급하는 경우가 없다는 사실을 기억하라. 그가 전망한 전체 기록이 없으면 그의 말이 진실인지 알 길이 없다. 그러니 당신은 그가 정확하게 전망하지 못한다고 가정해야 한다.

서던캘리포니아에 사는 기계 공학자인 밥 빌레트는 예언자에게 속는 바보가 되지 않는 방법을 배웠다. 1990년대 중반 빌레트는 자신의 포트폴리오를 '빠르게 조정할 해결책을 찾고 있을 때' 작은 지방 증권사의 중개인이 전화를 걸어와서 자기 회사의 과거 주식 성과가 얼마나 좋았는지 자랑했다. 덥석 미끼를 문 빌레트는 5개 종목의 주식을 샀는데 폭삭 망했다. 수상한 중개인이 여전히 그에게 전화를 걸어오지만 빌레트는 이렇게 말한다. "나는 조금씩 계속 기록하고 있습니다. 누가 언제 어디서 전화했는지 기록하죠. 그러다 그들이 '세 달 전에 전화해서 ABC가 두 배로 오르기 전에 추천했었다'고 말하면 기록을 찾아봅니다. 나는 중개인이 그런 말을 한 적이 없거나 다른 종목을 추천했다는 것을 발견합니다." 이후 빌레트는 미심쩍은 주식은 사지 않았지만 의심스러운 중개인을 공짜로 상대하는 재미를 봤다.

뉴저지의 은퇴한 의사인 셔우드 바인은 재정 고문이 그가 투자한 액티브 펀드 2개를 팔고 '좀더 나은 다른 펀드 2개를 사라며 비용은 하나도 안 든다'고 말했을 때 그의 말을 의심했다. 그래서 바인은 두 가지를 요구했다. 기존 펀드를 판 뒤 그가 내야 할 양도소득세를 상쇄하기 위해서는 새 펀드가 얼마의 수익을 내야 하는지 계산해달라고 요구했다. 또한 그가 1년, 2년, 3년, 5년 전에 '좀더 낫다'고 추천한 모든 펀드의 목록을 요구했다. 그는 두 번 다시 연락하지 않았다. 바인은 아직 예전의 펀드를 가지고 있다.

아인슈타인이 경고했다. "권위에 대한 어리석은 믿음은 진리의 가장 나쁜 적이다." 빌레트와 바인이 배운 것처럼 투자자는 꼼꼼히 기록을 보관하고 스스로 생각함으로써 '어리석은 믿음'에서 벗어날 수 있다.[86]

연습하고, 연습하고, 또 연습하라.

두뇌는 무작위 데이터에서도 패턴을 탐지하도록 프로그램되어 있기 때문에 실제로 투자를 하기 전에 당신의 예감과 예측이 유효한지 알아보는 것이 중요하다. 하버드 대학의 경제학자 리처드 제크하우저는 이렇게 권고한다. "당신의 편견을 테스트할 수 있는 저비용의 상황을 찾아라. 가상 세계의 저비용 실험을 이용해라."

벤저민 그레이엄은 죽기 전 마지막 인터뷰에서 이렇게 권했다. "모든 투자자는 실제로 돈을 투자하기 전에 전략을 세우고 주식을 선정하고 성과를 점검하는 모의 포트폴리오를 운영하는 연습을 1년 동안 해야 한다." 그런 연습은 그레이엄이 사망한 1976년보다 오늘날 훨씬 쉽게 해볼 수 있다. '야후! 파이낸스'와 '모닝스타morningstar.com'는 '포트폴리오 추적기portfolio tracker'와 같은 소프트웨어를 제공하는데, 이 프로그램으로 모든 가상 투자에 쉽게 목록을 작성할 수 있다. 모든 매매 기록을 모니터링한 다음 S&P 500 지수와 같은 객관적인 기준 지표와 비교함으로써 실제로 투자하기 전에 자신의 선택이 어떤 성과를 냈는지 알 수 있다. 또한 온라인 포트폴리오 추적기는 당신의 기억이 착각을 일으키거나 실수를 선택적으로 '은폐'하지 못하게 함으로써 당신이 내린 결정의 완전하고 정확한 기록을 제공한다. 실전에 앞서 모의 투자를 해보는 것은 비행 시뮬레이터에서 비행기를 조종하는 방법을 배우는 것과 같다. 실제와 같은 정보를 제공하고 훨씬 안전하다. 포트폴리오의 잔고를 너무 자주 확인하는 습관이 들지 않도록 주의하라.[87]

기본 비율과 비교하라.

당신의 예측 능력을 향상시키는 최선의 방법은 "기본 비율은 얼마인가?"라고 묻도록 두뇌를 훈련시키는 것이다. 기본 비율은 장기 성과로 구성된 매우 큰 표본에서 논리적으로 기대할 수 있는 결과를 말하는 기술 용어다. 하지만 특이하거나 생생한 여러 현상으로 기본 비율을 소홀히 할 수 있다. 심리학자 하워드 래클린은 기본 비율을 이렇게 설명한다. "당신이 해안에 있는 사람의 직업을 추측한다고 상상해보라. 한 남자가 오리발을 신고 잠수복을 입은 채 물속에서 나왔다면 당신은 그를 전문 잠수부나 해군 잠수대원이라고 생각할 것이다. 왜냐하면 그들이 다른 직종의 사람보다 그렇게 입을 가능성이 높기 때문이다. 하지만 당신이 그를 변호사라고 추정한다면 내기에서 이길 가능성이 훨씬 높다. 왜냐하면 미국에는 전문 잠수부보다 변호사가 훨씬 많기 때문이다. 단지 우리가 스노클을 쓰고 잠수복을 입은 변호사를 생각하는 데 익숙하지 않을 뿐이다."[88]

만약 동전 던지기에서 31번 연속해서 동전의 앞면이 나오는 것을 본다면 당신은 더 이상 앞면이 나올 기본 비율이 50%여야 한다는 명백한 사실을 믿지 못할 수 있다. 당신이 응원하는 야구팀이 항상 지기만 하다가 최고 승률팀에 5연승하면 당신은 계속 승리하리라고 기대할 것이다. 그러나 장기 데이터를 기준으로 볼 때 야구에서 최약체팀이 최강팀을 순전히 운으로 5연속 이길 확률은 15%이다.

마찬가지로 주식시장에는 짧지만 확실한 성공이 연속되는 경우가 있다. 이 경우 성공의 지속 가능성이 얼마나 낮은지 간과하게 된다. 예를 들어 구글이 처음 상장되어 외부 투자자의 거래가 시작된 첫 12개월 동안 주가는 세 배로 올랐다. 이처럼 엄청난 수익은 수많은 투자자로 하여금 하이테크 상장사에 광분하여 제2의 구글을 찾도록 만들었다. 이런 투자자는 '기본 비율이 얼마인지' 묻는 것을 잊은 것이다. 신규 상장 주식을 살 때 당신은 제2의 구글을 사는 것이 아니다. 단지 다른 신규 상장 주식을 사는 것뿐이다. 결과는 구글의 성과를 따라가는 것이 아니라 신규 상장 주식의 장기 평균 수익과 비슷할 것이다. 플로리다 대학의 재무학 교수인 제이 리터Jay Ritter는 자신의 웹사이트에 신규 상장 주식의 장기 평균 실적을 주기적으로 업데이트한다. (웹사이트 주소: http://bear.cba.ufl.edu/ritter/ipodata.htm, 'Long-Run Returns on IPO'로 검색하면 된다.) 그의 자료에 따르면 1970년 이후 5년 단위로 보면 신규 상장 주식은 기존 상장 주식보다 연평균 2.2%포인트씩 낮은 성과를 보였다. 이 기본 비율은 신규 상장 주식을 사면 대박이 나기보다 시장보다 수익이 낮을 가능성이 크다는 것을 말해준다.

만약 금융 전문가나 웹사이트가 헤지펀드, 액티브 펀드, 혹은 '시장보다 높은 수익을 추구하는' 다른 투자 수단을 요란하게 선전한다면 다음의 간단한 질문을 던져라. 장기적으로 시장 평균을 능가하는 펀드 매니저의 비율은 몇 퍼센트인가? 답은 다음과 같다. "10여 년간 오직 3명 중 1명만이 시장을 이길 것이다." 만약 이 기본 비율이 매력적으로 들리지 않는다면 나처럼 해보라. 최저 비용으로 전체 시장의 성과를 따라잡는 인덱스 펀드에 투자하라.

마지막으로 월가의 오래된 격언처럼 절대로 투자 실력과 강세장을 혼동하지 마라. 누군가가 자신의 종목 선정 실력이 좋다고 자랑하면 그의 실적이 그가 투자한 부문의 시장보다 좋았는지 확인하는 것을 잊지 마라. (기술주를 고른 투자자가 2003년에 48%의 수익을 올렸다고 자랑할 수도 있지만 골드만삭스 기술주 지수는 그해 53% 올랐다.) 대다수 주식이 상승할 때는 누구나 천재처럼 보인다는 점을 기억하라. 대니얼 카너먼은 "상승장에서는 당신의 나쁜 아이디어도 충분히 성과를 낼 것이다. 그래서 당신은 아이디어를 더 줄여야 한다는 것을 결코 배우지 못한다."

상관관계는 인과 관계가 아니다.

월가의 리포트에 나오는 오래된 수법 중 하나는 주가 그래프를 만든 다음 그 위에 두 번째 그래프를 덧씌우는 것이다. 그래프를 제시한 사람은 한 그래프가 다른 그래프를 신기하게 예측한다고 말한다. 예를 들어 1990년대 증시 전문가인 해리 덴트Harry Dent는 매년 미국에 46.5세의 인구가 얼마나 되는지 계산했다. 그런 다음 그는 다우존스 산업평균 지수에 인플레이션을 반영한 결과를 보여줬다. 1953년 이후 다우지수의 가격은 46.5세 인구수에 의해 거의 완벽하게 예측됐다. (덴트는 그 이유가 해당 연령이 가장 소비가 많기 때문이라고 주장했다.) 덴트는 향후 미국 인구에서 46.5세가 차지할 것으로 예상되는 인구수를 바탕으로 다우지수가 2008년까지 41,000을 기록할 것으로 전망했다. 그는 심지어 자신의 이론에 근거해 주식을 고르는 액티브 펀드까지 탄생시켰다.[89]

하지만 마치 한 줄의 데이터가 다른 데이터의 추이를 예측하는 것처럼 보이는 과거의 그래프는 전혀 놀라울 것이 없다. 왜냐하면 수천 개의 주식, 수십 개의 시장 지표, 선택할 수 있는 거의 무제한의 기간이 있기 때문이다. 금융의 미래를 예측하는 듯한 통계적 변수를 찾지 못한다는 게 진정한 기적일 것이다. 1953년이 출발점으로 들어맞지 않았다면 1954년, 1981년, 1812년 등 잘 들어맞는 듯한 다른 해로 바꾸면 된다. 다우지수에서 원하는 결과가 나오지 않으면 S&P 500이나 다른 지수를 이용하면 된다.

펀드 매니저 데이비드 레인웨버David Leinweber는 1981년부터 1993년까지의 통계 중 어떤 것이 1997년 미국 증시의 실적을 가장 잘 예측했는지 의문이 생겼다. 그는 입수 가능한 수천 가지의 통계 수치를 검토했다. 그 결과 75%의 정확도로 미국 주식의 수익률을 예측한 통계 하나를 발견했다. 그 수치는 방글라데시에서 매년 생산되는 버터의 총량이었다. 레인웨버는 미국의 양sheep의 수를 포함한 다른 변수 몇 가지를 추가함으로써 자신의 예측 '모델'의 정확도를 높일 수 있었다. '수리수리 마수리!' 그는 이제 99%의 정확도로 과거의 주가 수익을 예측할 수 있었다. 그는 풍자용으로 이런 모델을 만들었으나 그의 주장은 진지했다. 금융시장의 마케터들은 무엇이든 분석할 수 있는 방대한 데이터를 가지고 있다. 그리고 그들은 자신이 테스트했거나 잘 맞지 않은 모든 이론과 데이터를 절대 공개하지 않는다. 왜냐하면 그들의 아이디어 대다수가 얼마나 위험하고 멍청했는지 고객이 알아차릴 수 있기 때문이다.

누군가가 시장을 예측하는 성배를 발견했다고 당신을 설득하려고 할 때마다 해야 할 질문을 소개한다.

- 시작과 종료 날짜를 앞뒤로 이동하면 결과는 어떻게 바뀌는가?
- 가정을 조금 바꾸면 결과는 어떻게 바뀌는가? (소비자 지출은 항상 46.5세에 정점을 찍는가? 미래에는 그 연령이 바뀔 수 있지 않을까?)
- 미래 수익 예측 요소가 시장을 주도한다고 기대하는 것이 합리적인가? (의료비나 기업 지출보다 소비자 지출이 더 중요한 이유는 무엇인가?)

이런 단계를 통해 상관관계는 인과 관계가 아니며, 대부분의 시장 예측은 우연의 일치라는 것을 기억하라. 1990년대 후반 '모틀리 풀Motley Fool' 웹사이트가 갖고 있던 문제가 바로 이런 것이었다. 이 웹사이트의 '풀리시 포Foolish Four 포트폴리오'는 주가의 제곱근에 대한 기업의 배당수익률과 같은 요인이 미래의 실적을 예측할 수 있다는 연구 결과에 바탕을 두었다. 그러나 장기적으로 기업의 주가는 기반 사업의 수익이 좋아져야 오를 수 있다. 주가의 제곱근을 배당수익률로 나누었을 때 얻은 숫자가 마음에 들어서 그 회사의 제품을 사거나 서비스를 이용하고자 하는 열의가 더욱 강해지는 것을 상상할 수 있는가? 자본주의 역사에서 어떤 고객도 이런 것을 좋아한 적이 없고 앞으로도 그럴 것이다.

'모틀리 풀'의 바보 같은 비율은 주가 상승의 원인이 될 수 없기 때문에 유일한 합리적인 결론은 예측 능력이 착각이라는 것이다. '풀리시 포 포트폴리오'가 2000년 한 해 동안 14% 손실이 났을 때 투자자는 바보가 된 느낌이었을 것이다. 한편 해리 덴트의 영감으로 나온 펀드는 6년 동안 시장보다 매년 2%의 저조한 실적을 보이다 2005년 중반 폐쇄되었다. 당시 다우존스는 해리 덴트의 전망치보다 한참 낮은 31,000포인트 수준이었다.

휴식을 취하라.

심리학자 조지 울포드는 패턴 탐색 실험('비둘기, 쥐, 무작위' 참조)에서 사람들이 최근에 본 숫자 배열을 기억하기 위해 노력하는 것처럼 '부차적인 과제'로 기분 전환할 때 확률을 더 잘 예측한다는 것을 발견했다.[90] 일시적 중단은 두뇌를 바쁘게 만들어 데이터에서 비논리적인 패턴을 찾을 수 없게 방해함으로써 두뇌의 성능을 향상시킬 수 있다.

두뇌의 기이한 특성 중 하나는 '도박사의 오류'다. 우리는 동전이 연속해서 여러 번 앞면이 나오면 이제 뒷면이 나올 '때가 되었다'고 믿는다. (사실 아무리 연속해서 앞면이 나왔다고 해도 다음에 뒷면이 나올 확률은 항상 50%이다.) 도박사의 오류는 동전 던지기나 룰렛 돌리기처럼 어떤 과정이 명백히 무작위로 보일 때도 우리의 마음을 사로잡는다. 행운의 연속이 역전될 수 있다고 우리를 믿게 만드는 것이다. (예를 들어 스포츠의 경우처럼 인간의 기술이 중요한 역할을 하는 것으로 보일 때 우리는 연승가도가 지속될 것이라고 믿는 경향이 있다.) 때로는 도박사의 오류가 비극적인 결과를 낳는다. 이탈리아에서 베네치아 복권의 당첨 번호에 53이라는 숫자가 2년 이상 나오지 않았다. 오랜 시간이 지나고 2005년 초에 마침내 53이 나타났다. 하지만 이미 53에 전 재산을 걸었다가 날린 한 여성은 물에 빠져 죽고, 한 남자는 아내와 아들을 총으로 살해하고 자살한 뒤였다.[91]

대다수 전문 투자자는 주식시장이 부분적으로 무작위적이라는 것을 인정하기 때문에 월가에서 도박사의 오류 믿음은 소파 밑의 먼지 덩어리만큼이나 보편화되어 있다. 한 전문가는 X라는 주식이 수년간 성과가 저조했기 때문에 반드시 반등할 것이라고 말한다. 반면 다른 전문가는 Y라는 주식이 너무 많이 올랐기 때문에 폭락할 것이라고 떠들어댄다.

도박사의 오류에서 벗어나는 간단한 방법이 있다. 20년 전 카네기 멜론 대학의 연구진이 밝힌 바에 따르면, 동전의 앞면이 연속해서 나오고 다시 던지기 전에 잠시 '휴식'을 갖지 않을 경우 사람들은 직관적으로 뒷면에 거는 경향이 있다는 것이다.[92] 반면 잠시 쉬고 나서 던질 경우 사람들은 시간의 흐름이 확률을 50 대 50으로 돌려놓은 듯이 앞면에 돈을 건다. 울포드의 연구 결과와 함께 이 실험은 다음의 사실을 말해준다. 당신의 두뇌가 존재하지 않는 패턴을 인식했다는 착각에 빠지지 않게 하는 가장 좋은 방법은 주식이나 시장 공부를 중단하고 잠시 휴식을 취하는 것이다. 20분쯤 다른 활동에 관심을 돌리는 것만으로도 효과는 크게 발휘된다.

집착하지 마라.

개인투자자가 증권사 직원에게 전화를 걸거나, 주식 시세표가 있는 증권사 지점을 방문하거나, 조간신문에서 주식 시세표를 보는 것으로 주가 흐름을 파악하던 시대는 지났다. 조간신문의 시세표는 하루 동안의 거래 움직임을 다음과 같이 한 줄로 요약할 것이다.

'40.43 +.15 47.63 30.00 0.6 23.5 18547.'

현대의 경이적인 기술 덕분에 주가의 움직임은 살아 있는 유기체처럼 역동적으로 시각화되었다. 모든 거래는 오르내리는 가격 변동에 따라 또 하나의 깜박 신호로 표시되는데 시세가 변할 때마다 '추세'가 검증되거나 바뀌는 것으로 보인다. 시각적 정보, 특히 변화를 전달하는 영상 정보는 당신의 반사 시스템을 작동시키고 사고 시스템을 밀어낸다. 컴퓨터 모니터에서 급격히 오르내리는 빨강, 파랑 색깔의 선과 막대는 두뇌의 감정 회로를 자극한다. 신문에서 보이는 단조로운 활자 줄에서는 일어나지 않던 자극이다.

새로운 기술은 투자를 일종의 '월스트리트 게임기'로 바꿔놓았다. 이 게임기에는 가격의 흐름이 밝은 화면에서 뱀처럼 요동치고 빨강과 파랑의 화살표가 선명하게 반짝인다. 이런 기술을 이용한 온라인 증권 거래는 두뇌에서 작동하는 근본적인 힘을 이용하게 되었다. 온라인 매매가 닌텐도나 플레이스테이션 게임기와의 유사성은 소름이 돋을 정도다. 연구진은 사람들이 비디오 게임에서 높은 점수를 얻을 때 두뇌의 도파민 분비량이 대략 두 배로 증가하는데, 이런 분비량 급증은 최소한 30분 동안 지속된다는 것을 발견했다.[93]

따라서 당신이 '가격 표시'를 자주 볼수록 두뇌는 숫자에서 예측 가능한 패턴을 발견했다고 착각하고, 두뇌의 도파민 시스템은 더욱 강력하게 작동한다. 지금까지 살펴본 것처럼 자신이 추세를 알아냈다고 생각하게 끔 하는 데는 세 차례 정도의 가격 변화로 충분하다. 신문에서 주가를 확인하던 과거에는 3일 걸릴 데이터를 오늘날 시장의 웹사이트는 60초도 안 되게 찾아준다. 1990년대 후반 '퀄컴, 베리사인, 퓨마 테크놀로지'와 같은 인기 기술주 투자자가 한번 매입한 주식의 보유 기간이 평균 8일 미만이라는 것은 놀랄 일이 아니다.

대니얼 카너먼은 이렇게 경고한다. "장기로 주식을 소유할 계획이라면 주가 변화를 계속 지켜봐서는 안 된다. 사람들은 단기 손실에 매우 민감하기 때문에 주가를 자주 보는 것은 최악의 행동일 수 있다." 보유 주식의 가격을 강박적으로 모니터링하면 분명한 추세를 보았다고 생각하거나 일시적 손실을 볼 확률이 높다. 사실 데이터에는 무작위적인 변동만 있는데도 말이다. 앞에서 배운 도파민 시스템의 작동 방법을 생각하면 이런 자극은 마치 모닥불에 휘발유를 끼얹는 것처럼 두뇌에 불을 지핀다. 카너먼과 몇몇 연구원의 실험은 사람들이 투자금의 증감을 자주 볼수록 단기 매매 가능성이 높고, 장기적으로 고수익을 얻을 가능성이 낮다는 사실을 입증했다.[94]

미국의 TV 시트콤 '사인필드Seinfeld'의 한 에피소드는 이런 비참한 심리 상태를 묘사한다. 제리는 '센드락스'라는 쓰레기 주식을 산 다음 밤늦도록 강박적으로 가격을 추적한다. 제리가 신문을 황급히 집어들자 그의 데이트 상대가 "주가는 아까 확인했을 때와 똑같아. 장이 마감된 뒤라 변화가 없어. 그 주식은 아직도 하락한 상태 그대로야." 제리가 답한다. "알고 있어. 그러나 이건 다른 신문이야. 다른 내용이 있을 것 같거든." 우리가 사인필드를 비웃는다면 아마도 자신도 그런 성향이 있다는 '자기 인식'에 따른 불안한 웃음일 것이다. 〈머니〉지의 최근 조사에 따르면 투자자의 22%는 매일 자신이 투자한 주식의 가격을 확인하며, 49%는 일주일에 한 번 이상 조회한다고 한다.

따라서 주식이나 펀드 잔고를 계속 확인하면서 스스로를 조급하게 하지 마라. 매 분기 말처럼 쉽게 기억할 수 있는 날짜를 골라 1년에 4번만 확인하라.

시간은 돈이다. 하지만 돈 또한 시간이다. 당신이 투자한 자산의 가격을 자주 확인하는 것은 자신의 금융 수익에 해를 끼칠 뿐 아니라 생활의 나머지 부분에서 귀중한 시간을 불필요하게 빼앗는 행위임을 알아라.

CHAPTER 5

교황이 되기 전에
나는 교황이 오류가 없다고 믿었다.
교황이 된 지금
나는 교황이 오류가 없다고 느낀다.[95]

_ 교황 비오 9세의 농담

YOUR MONEY & YOUR BRAIN

◎

확신

과신

1965년 워싱턴 대학의 두 정신과 의사 캐롤라인 프레스턴과 스탠리 해리스는 시애틀 지역의 50명의 운전자에게 마지막으로 운전대를 잡았을 때의 '기술, 능력, 주의력'을 평가하도록 요구한 연구 결과를 발표했다.[96] 운전자의 3분의 2 미만은 적어도 평소처럼 운전했다고 말했다. 대다수 운전자는 가장 최근의 운전을 '아주 좋았다' 또는 '100%'와 같은 용어로 설명했다. 그러나 이런 결과에는 놀랄 만큼 이상한 점이 있었다. 프레스턴과 해리스는 모든 인터뷰를 병원에서 실시했다. 왜냐하면 모든 조사 대상 운전자가 가장 최근의 운전을 자신의 차로 시작했다가 구급차로 끝냈기 때문이다.

시애틀 경찰에 따르면 운전자의 68%가 추돌 사고에 직접적인 책임이 있었고, 58%는 과거 교통 법규 위반이 2건 이상 있었으며, 56%는 자기 차가 폐차될 정도였고, 44%는 결국 형사 고발 대상이었다. (50명의 운전자 중 5명만이 프레스턴과 해리스에게 자신이 부분적으로 책임이 있다고 말했다.) 운전자들은 뇌진탕, 안면 외상, 골반 손상 등 다양한 골절상부터 심각한 척추 손상에 이르기까지 끔찍한 부상을 입었다. 승객 중 3명은 사망했다. 그들처럼 무모하고 부주의하고 멍청한 집단은 상상하기 어려울 정도다. 더구나 운전자들이 교통 사고를 일으킨 바로 그 순간에 운전을 잘했다고 주장할 수 있다는 것은 정말 믿기지 않는다.

이 운전자들이 미친 걸까? 전혀 아니다. 그들은 평범한 인간에 지나지 않았다. 인간 본성의 근본 특징 중 하나는 우리가 실제보다 더 낫다고 생각하는 것이다. 프레스턴과 해리스가 인터뷰한 한심한 사람들은 그들의 능력에 유별나게 환상을 갖고 있는 것 같지만, 운전 기록이 깨끗한 사람을 조사한 결과 역시 비슷했다. 조사 참여자의 93%가 자신의 운전 실력이 평균 이상이라고 믿는 것으로 나타났다.

스스로에게 물어보라. "나의 외모는 평균 이상인가?"

당신은 아니라고 답하지 않을 것이다. 그렇지 않은가?

아니라고 답하는 사람은 많지 않다. 100명의 집단에게 "여기 있는 다른 99명과 비교했을 때 당신은 X면에서 평균 이상인가?"라고 묻는다면 대략 75명은 X가 자동차 운전이든, 농구든, 농담이든, 지능 테스트이든 상관없이 손을 든다. 분명히 절반의 사람은 집단 내 평균 이하임에도 그런 결과가 나온다. 여러 그룹의 투자자를 대상으로 강연할 때면 나는 가끔 사람들에게 은퇴할 때까지 자신이 얼마를 모을 수 있을지, 그리고 이 강연장에 있는 사람들은 평균적으로 얼마나 모을 수 있을지 적어보라고 종이를 나눠준다. 사람들은 한결같이 자신이 평균보다 적어도 1.8배 더 모을 수 있을 것이라고 생각한다.[97]

이는 마치 우스꽝스러운 만화 캐릭터 호머 심슨이 거울에 비친 자신을 브래드 피트와 같다고 생각하는 것과 같다. 마찬가지로 심슨의 아내 마지가 거울 속에서 니콜 키드먼을 본다고 생각하는 것과 같다. 심리학자는 이런 삶의 관점을 '과신overconfidence'이라고 부르는데 이는 투자자를 곤경에 빠뜨릴 수 있다.

물론 과신이 반드시 나쁜 것만은 아니다. 대니얼 카너먼은 우리가 성공 가능성에 항상 현실적이라면 어떤 위험도 감수하지 않을 것이며 너무 의기소침할 것이라고 말한다. 최근 새로운 사업을 시작한 3,000명의 기업가를 대상으로 한 설문 조사는 그의 말이 얼마나 신빙성이 있는지 보여준다. '당신의 사업과 같은 일을 하는 기업의 성공 가능성을 평가해달라'는 질문에 39%만이 '10분의 7 이상'이라고 답했다. 그러나 자신의 사업이 성공할 확률을 추정해보라는 질문에 '10분의 7 이상'이라고 답한 기업가는 81%였다. 놀랍게도 응답자의 33%는 실패 가능성이 전혀 없다고 답했다.[98] (평균적으로 신규 사업의 50%가 창업 후 5년 안에 실패한다.)

이 기업인 대다수가 자신을 속였다는 것은 의심의 여지가 없다. 그렇지 않았다면 그들이 어떻게 새로운 사업을 시작할 용기를 냈을까? 평상시보다 강한 확신이 없다면 이 불확실한 세상에서 결정을 내리고 성공의 길을 가로막는 좌절감을 극복하기는 정말 어려울 것이다. 카너먼의 표현대로 '낙관주의와 과신의 결합은 자본주의의 생명을 존속시키는 주된 힘'이다.

긍정적인 사고는 유용할 수 있지만 지나친 낙관주의는 위험하다. 투자자의 과신이 저조한 실적으로 이어지는 몇 가지 상황이 있다.

◎ 우리는 보통 사람이 어떤 일에 성공할 확률을 상식선에서 추정할 수 있다. 하지만 자신의 성공 가능성을 가늠할 때는 보통 비현실적이 된다. 이것이 우리가 나중에 후회하게 될 위험을 감수하게 만든다.

◎ 우리는 친숙한 모든 것을 지나치게 신뢰한다. 이런 '자기 편향home bias'은 우리가 일하는 산업과 살고 있는 지역 이외의 분야나 지역의 투자를 소극적이게 만든다. 또한 사람들이 자기 회사 주식이나 자

국에 너무 많은 돈을 투자하도록 부추긴다.

◎ 우리는 자신이 주위 상황에 행사하는 영향력을 과장한다. 이런 '통제의 환상illusion of control'은 우리를 현실에 안주하게 만들어 미리 계획을 짜는 노력을 들이지 않게 하며, 투자가 실패할 경우 우리를 소스라치게 한다.

◎ 우리는 미래가 어떻게 변할지 전혀 몰랐음에도 사후에는 무슨 일이 일어날지 예견했다고 스스로에게 말한다. 이런 '사후확신 편향hindsight bias'은 자신에게 예측 능력이 있다고 믿게 만든다. 더 나쁜 점은 실패에서 교훈을 얻지 못하게 방해한다.

◎ 무엇보다도 우리는 뭔가를 모를 때 인정하는 것을 매우 싫어한다. 자연이 공백을 싫어하듯이 인간의 마음은 '나는 모른다'는 말을 경멸한다. 우리는 많이 알수록 실제로 아는 것보다 더 많이 안다고 생각한다. 심지어 자신의 과신을 극복하는 능력조차도 과신한다!

자신의 투자 성과를 개선하기 위해 할 수 있는 가장 큰 조치는 거울을 오래 그리고 정직하게 들여다보는 것이다. 그리고 이런 질문을 스스로에게 던져보라. "나는 정말 평균 이상의 투자자인가? 나의 결정이 수익의 주된 원인이 맞는가? 내가 아는 종목을 사는 것이 가장 좋은 투자 방법인가? 시장의 향방을 정말 예측한 건가? 내가 안다고 생각하는 것만큼 알고 있는가?"

나쁜 소식은 우리 대다수에게 이 질문의 대답이 '아니오'라는 것이다. 좋은 소식은 신경경제학이 당신의 자신감을 현실과 일치시켜 당신이 과거에 상상한 것보다 더 나은 투자자가 되도록 도울 수 있다는 것이다.

내가 가장 위대한 사람이다

1990년대 후반 '갤럽'사는 미국 전역의 1,000여 명의 투자자를 대상으로 매달 여론조사를 실시했다. 향후 12개월 동안의 증시와 자신의 포트폴리오가 얼마나 오를 것이라고 생각하는지를 투자자에게 물었다. 1998년 6월 투자자는 시장이 13.4% 상승하고 그들의 계좌가 15.2% 불어날 것으로 예상했다. 2000년 2월 강세장이 정점에 달했을 때 투자자는 시장이 15.2% 상승하고 그들이 고른 주식은 16.7% 상승할 것으로 생각했다. 2001년 9월 암흑기에 6.3%의 시장 상승을 예상할 때도 여전히 자신의 포트폴리오는 7.9% 상승할 것이라고 예상했다. 시장이 아무리 좋은 실적을 내도 투자자는 자신의 포트폴리오가 1.5%포인트 더 성과를 낼 것으로 생각했다.[99]

물론 패배자의 세계에서 자신만이 유일한 승리자라고 생각하는 곳이 주식시장만은 아니다. 비현실적인 낙관주의는 도처에 존재한다.

◎ 전국의 투자자 750명을 대상으로 실시한 설문 조사에 따르면 장기적으로 대다수 펀드가 S&P 500 지수를 넘어서지 못하고, 어떤 해에도 많은 펀드가 지수를 꺾지 못한다고 답했다. 그럼에도 투자자의 74%가 자신이 보유한 액티브 펀드는 '매년 꾸준히 S&P 500을 이길 것'으로 예상했다.

◎ 기업 경영자의 37%만이 기업 합병이 인수자에게 가치를 창출한다고 믿는다. 또한 겨우 21%만이 기업 합병이 인수자가 설정한 전략 목표에 부합한다고 생각한다. 그러나 자기 기업의 인수 합병에 대해서는 경험이 있는 경영자의 58%가 가치를 창출했다고 답했으며,

51%는 전략 목표를 달성했다고 생각한다.

◎ 대학생들에게 자신과 다른 학생의 삶에서 일어날 다양한 사건의 가능성을 물었다. 한 평범한 여학생은 첫 직장에서 만족할 가능성이 동료 학생보다 50% 높다고 말했다. 그녀는 또한 동료 학생보다 월급을 많이 받을 확률이 21%, 자기 집 가격이 5년 안에 두 배가 될 확률이 13%, 영리한 아기를 낳을 확률이 6% 더 높다고 생각했다. 게다가 그녀는 자신이 알코올 중독자가 될 가능성이 58%, 이혼할 가능성이 49%, 심장마비를 겪을 가능성이 38%, 심지어 불량품 자동차를 살 가능성이 10%나 낮다고 생각했다.

◎ 마지막으로 비현실적인 낙관주의의 궁극적인 형태는 이런 것이다. 미국인의 64%는 죽으면 천국에 간다고 믿는다. 지옥에 갈 것이라고 예상한 사람은 0.5%에 불과했다.

간단히 말해서 자신을 평가하는 것은 자신에게 거짓말을 하는 것이다. 자신과 보통 사람을 비교할 때는 특히 더 그렇다. 우리 안에는 사기꾼 한 명이 숨어 있다. 사기꾼은 영원히 우리를 속여서 우리의 능력을 과신하도록 만든다. 어떤 일에 기술이나 경험이 적을수록 내면의 사기꾼은 당신이 그 일에 뛰어나다고 정말 열심히 설득한다.

이런 현상은 어느 정도까지는 괜찮다. 우리는 자신에게 선의의 거짓말을 함으로써 자존감을 북돋울 필요가 있다. 결국 누구도 완벽하지 않고 일상생활에서 우리는 자신의 무능과 부족에 끊임없이 부딪친다. 만약 우리가 많은 부정적인 피드백을 무시하지 못하고 심리학자가 말하는 '긍정적 환상positive illusions'을 만들어 대처하지 못한다면 우리의 자존감은 바닥으로 떨어질 것이다. 자존감을 지키지 못한다면 어떻게 데이트를 신청하고 취업 면접을 보고 스포츠에서 경쟁할 용기를 낼 수 있겠는가!

자신들이 평균보다 낮다고 생각하는 단 하나의 집단이 있다. 우울증 진단을 받은 환자다. 이 만성 슬픔에 젖은 사람들은 자신의 능력을 매우 정확하게 평가한다. 물론 이것이 그들이 그렇게 슬퍼하는 주된 이유일 수도 있다. 그들은 우울증으로 자신을 속이는 능력을 잃었다. 심리학자 셸리 테일러와 조나단 브라운은 다음과 같이 말한다. "정신적으로 건강한 사람은 자부심을 높이는 방향으로 현실을 왜곡하고 미래를 낙관적으로 조장하는 부러운 능력을 갖고 있는 것 같다."[100]

자신에게 선의의 거짓말을 하는 것과 터무니없이 허풍을 떠는 것은 완전히 다르다. 스스로를 재능이 있는 훌륭한 농구 선수라고 상상하는 것은 큰 문제가 안 된다. 그러나 농구대에 사다리를 놓고도 득점하지 못했는데 르브론 제임스(미국 농구 국가 대표 선수-옮긴이)라고 생각한다면 치열한 경쟁 속에서 자존심이 망가지거나 부상을 입을 것이 분명하다.

투자도 마찬가지다. 약간의 자신감은 상식 수준에서 분별 있게 위험을 감수하도록 독려하며 모든 돈을 금고에만 넣어두게 하지 않는다. 하지만 당신이 워런 버핏이나 피터 린치라고 생각한다면 당신 내면의 사기꾼은 선의의 소소한 거짓말을 하는 게 아니다. 매우 악질적인 거짓말을 하고 있는 것이다. 당신이 실제 가진 것보다 훨씬 많은 잠재력을 가졌다고 생각한다면 결코 투자 잠재력을 최대한 활용하지 못한다. 자신이 할 수 있는 모든 것을 성취하는 유일한 방법은 자신이 할 수 없는 것을 인정하고 받아들이는 것이다.

그런 체념은 대다수 투자자에게 매우 어렵다. 최근 두 연구가 일반 투자자가 내면의 사기꾼 말을 들을 때 어떤 일이 일어나는지를 추적했다. 두 연구에서 낚시꾼이 두 팔을 벌려 잡은 물고기가 '이만큼 크다'고 자랑하는 것처럼 투자자는 자신의 실적을 과장했다.

첫 번째 연구에서 1999년 말 〈머니〉지는 500여 명의 투자자를 대상으로 설문 조사를 했다. 지난 12개월 동안 그들의 주식이나 주식형 펀드가 주식시장(다우지수)보다 좋은 성과를 냈는지 물었다. 응답자의 28%인 131명은 그들의 포트폴리오가 다우지수를 이겼다고 답했다. 실제 수익률을 계산해달라는 요구에 10분의 1은 자신의 포트폴리오 상승률이 12% 이하, 3분의 1은 13%에서 20%, 3분의 1은 21%에서 28%, 4분의 1은 적어도 29%를 달성했다고 말했다. 마지막으로 투자자의 4%는 자신의 포트폴리오가 얼마나 올랐는지 모르지만 어쨌든 시장을 이겼다고 확신했다! 그런데 조사 기간인 12개월 동안 다우지수는 46.1% 상승했는데, 이 수치는 시장을 이겼다고 주장한 투자자의 4분의 3보다 높은 수익률이었다.

두 번째 연구에서 80명의 투자자는 그들의 액티브 펀드가 S&P 500과 비교해 어떤 성과를 냈는지 명확한 정보를 받았다. 실험이 끝날 무렵 투자자에게 성과가 어땠는지 물었다. 3분의 1은 자신의 펀드가 시장을 5%, 6분의 1은 10% 이상 이겼다고 답했다. 그러나 연구진이 시장을 이겼다고 답한 사람의 포트폴리오를 확인해보니 88%가 수익률을 부풀린 것으로 나타났다. 시장을 이겼다고 답한 사람의 3분의 1 이상이 실제로는 5% 이상, 또 이들의 4분의 1은 S&P 500보다 15% 이상 뒤졌다.

하버드 경영대학원의 심리학자 맥스 베이저만은 이렇게 말한다. "이런 결과는 놀라운 학습 부족 상태를 보여준다. 당신은 시장을 이길 권리가 있다. 하지만 이길 확률을 먼저 배워야 한다. 그 확률은 당신이 바보 게임을 하고 있다는 것을 암시한다. 투자자가 자신의 최근 성과조차 파악하지 못한다면 미래의 환상을 갖기가 더 쉽다."

앞의 두 연구를 종합하면 대다수 사람은 시장을 이겼다고 주장하기 위해 자신을 속였다. 카네기 멜론 대학의 심리학자 돈 무어는 이렇게 말한다. "모든 사람은 자신이 특별하고 평균보다 우월하다고 믿고 싶어한다. 또한 자신만의 특별한 능력으로 시장을 이길 수 있다고 생각한다. 반대의 증거가 있음에도 어떻게 이런 환상이 지속되는지 주목할 만하다."[101]

이런 현상은 충분히 이해가 되기도 한다. 대다수 사람은 자신의 투자 성과를 정확히 측정하기보다 내면의 사기꾼의 허풍에 귀를 기울인다. 내면의 사기꾼은 결코 거슬리는 말을 하지 않는다.

이는 우리에게 큰 교훈을 준다. 경제 TV를 보거나, 투자 관련 웹사이트를 방문하거나, 금융 기사를 읽을 때 '실전'이라는 말을 들어봤을 것이다. 이 말은 투자가 경쟁, 싸움, 결투, 전투, 전쟁이며 적대적인 황야에서 벌이는 생존 투쟁이라는 뜻이다. 하지만 투자는 당신 대 '그들'의 대결이 아니다. 투자는 당신 대 '당신'의 싸움이다. 영화 〈어퓨굿맨A Few Good Men〉에서 잭 니콜슨은 톰 크루즈를 향해 "너는 진실을 감당할 수 없어!"라고 고함지른다. 실제로 투자자로서 당신이 직면하는 가장 큰 도전은 자신의 진실을 다루는 것이다.

집처럼 좋은 곳은 없다

엔론Enron사가 파산하고 석 달 뒤인 2002년 3월 나는 보스턴의 개인투자자 모임에서 강연을 했다. 나는 엔론이 파산했을 때 직원들은 단순히 직장만 잃는 것이 아니라 그들의 퇴직금 또한 전부 잃었다는 것을 말해주었다. 엔론의 직원들은 퇴직금의 60%를 자사주에 투자했다. 주가가 폭락하자 2만 명의 직원은 적어도 20억 달러의 손실을 보았다. 나는 이렇게 말했다. "여러분은 이미 자기 회사에서 일하고 있습니다. 여러분의 퇴직금까지 자기 회사에 넣어두면 리스크를 이중으로 떠안는 셈입니다." 결론적으로 나는 이렇게 경고했다. "우리가 다니는 회사가 언제라도 제2의 엔론이 되어 파산할지 모릅니다. 이런 사태에서 우리의 퇴직금을 보호하는 유일한 방법은 주식시장 전체를 소유하는 것입니다. 퇴직금의 10% 이상을 자사주에 투자해서는 안 됩니다."[102]

나는 다음에 일어날 상황을 예상하지 못했다. 한 남자가 벌떡 일어서더니 집게손가락으로 나를 가리키며 이렇게 소리쳤다. "나는 당신이 방금 한 말을 못 믿겠습니다. 어떤 회사라도 제2의 엔론이 될 수 있다는 데는 전적으로 동의합니다. 당신의 충고가 말이 안 되는 이유는 바로 그 때문입니다. 왜 내가 모든 것을 알고 있는 회사에서 내가 알지도 못하는 수백 개의 회사 주식으로 내 돈을 옮겨야 하나요? 투자 다변화는 제2의 엔론으로부터 나를 보호해주는 게 아니라 수많은 제2의 엔론에 투자금을 노출시키게 됩니다. 그리고 주식시장에는 제2의 엔론이 더 많습니다! 나는 안전하다고 알고 있는 곳에 내 돈을 투자하고 싶습니다. 내가 늘 일하며 가장 잘 이해하는 회사에 말입니다. 이것이 내가 위험을 통제하는 방법입니다."

나는 가급적 부드럽게 하지만 단호히 말했다. 대다수 엔론 직원은 파산할 때까지 그들의 회사가 세계에서 가장 위대하며 무엇 하나 잘못될

리 없다고 확신했다. 엔론은 〈포춘〉지 선정 500대 미국 기업 중 7위에 올랐고, 주가는 장기적으로 시장 평균을 넘어섰다. 대다수 엔론 직원은 회사의 공식 슬로건인 '세계 최고의 기업'이라는 말을 믿었다. 그들은 엔론이 무너진다고는 꿈에도 생각하지 못했다. 1999년 12월 수백 명의 직원이 모인 회의에서 엔론의 인사 담당 임원은 "우리의 퇴직연금 전부를 엔론 주식에 투자해도 되나요?"라는 질문을 받았다. 그 여자 임원의 대답은 "당연하죠!"였다.

나에게 질문한 사람은 엔론 직원과 마찬가지로 '자국 편향home bias'에 빠져 있었다. 자국 편향은 '우리 회사, 우리 나라'와 같이 자신이 가장 친숙한 투자 대상이 최선이라고 생각하는 경향이다. 세계적으로 아마추어와 전문 투자자 모두 고질적으로 자국 편향을 가지고 있다.[103]

◎ 1984년 'AT&T'가 8개의 지역 전화 회사로 분할되자 투자자는 다른 지역의 전화 회사를 모두 합친 것보다 3배 이상 자기 지역 전화 회사의 주식을 보유했다.

◎ 액티브 펀드 매니저는 자기 회사 가까이에 있는 기업에 투자하기를 좋아한다. 일반 펀드는 평균의 미국 회사보다 펀드 본사와 160킬로미터 더 가까운 회사의 주식을 보유하고 있다.

◎ 파리의 증시 규모는 세계 주식시장 가치의 4%에 불과하다. 그런데 프랑스 액티브 펀드 투자자는 자금의 55%를 자국 주식에 투자한다. 뉴질랜드 주식은 세계 증시의 1%도 안 되지만 뉴질랜드인은 자금의 75%를 자국 주식에 투자한다. 그리스 역시 세계 시가총액의 1% 미만이지만 그리스인 자금의 93%가 자국에 투자되어 있다. (더

나쁜 경우도 있었다. 15년 전 일본인은 세계 역사상 최악의 불황을 맞이하기 직전 자신들의 포트폴리오의 98%를 자국 기업에 투자했다.)

◎ 세계 주식의 절반을 해외 시장이 차지하고 있음에도 미국의 401(k) 퇴직연금 투자자는 주식 포트폴리오의 5%만을 해외 주식에 투자한다.

◎ 미국과 독일이 공동으로 실시한 조사에서 독일 투자자는 자국 증시가 미국 증시를 연간 2~4%포인트 이길 것으로 예상한 것으로 나타났다. 한편 미국 투자자는 다우지수가 독일 시장을 마찬가지로 2~4%포인트 이길 것으로 예상했다.

◎ 미국의 401(k) 퇴직연금 투자자 중 16.4%만이 자사주가 전체 증시보다 위험하다고 생각했다.

왜 우리는 집에서 안전하다고 느낄까? 친숙한 사람과 낯선 사람, 자신과 나머지 세계 사이의 경계는 믿을 수 없을 만큼 좁고 가깝기 때문이다. 예를 들어 입안의 침은 신체의 일부분이어서 당신은 그것을 당연시 여긴다. 이 유익한 액체는 소화를 돕고 갈증을 해소하며 입안의 청결 유지에 도움을 준다. 하지만 누군가가 깨끗한 컵에 침을 뱉은 다음 다섯까지 세고 나서 그 침을 다시 마시라고 하면 어떨까? 갑자기 자신의 침 한 모금도 역겨워 보일 것이다. 이제 그 침은 체내에 있는 것이 아니라 '바깥에' 있기 때문이다. 당신의 일부가 역겹게 바뀌는 데는 입 밖으로 나가는 아주 짧은 시간과 거리만으로 충분하다. 그만큼 친숙하고 편안한 안전지대와 외부 세계의 위험지대 사이에 존재하는 시간과 거리는 짧다.[104]

물론 일리 있는 말이다. 만약 우리의 원시 조상이 신체와 거주지 주위에 숨어 있는 세균, 포식자, 다른 위험을 피하는 법을 배우지 않았다면 그들은 살아남지 못했을 것이다. 지나친 호기심은 죽음을 불렀을 수도 있다. 오랜 세대를 거치면서 익숙한 것을 선호하고 미지의 것을 경계하는 태도는 인간의 생존 본능에 뿌리내렸다. 친숙함은 안전과 동의어가 되었다.

단순 노출의 불가사의한 힘

40년 전쯤 심리학자 로버트 자종크는 일련의 특이한 실험을 했다.[105] 자종크는 미국인에게 아프워르부afworbu, 카디르가kadirga, 딜리클리dilikli와 같은 단어를 들려주는 것으로 실험을 시작했다. 그런 다음 각각의 단어가 터키어로 좋은 뜻인지 나쁜 뜻인지 추측하라고 요구했다. 한 단어가 자주 반복될수록 듣는 사람은 그 단어가 뭔가 긍정적인 뜻이라고 느낄 가능성이 커졌다. (사실 이 단어들은 터키어나 영어로 의미가 없는 음절이었다.) 다시 자종크는 아시아 문자에 익숙하지 않은 사람에게 중국 한자를 한 글자씩 보여줬다. 이때 각 문자가 상징하는 좋고 나쁨의 여부는 단지 글자의 노출 빈도에 달려 있다는 사실을 발견했다.

자종크는 자신의 발견을 '단순 노출 효과mere-exposure effect'라고 불렀다. 그는 조명이 흐린 스크린에 20개의 불규칙한 팔각형 모양을 한 개당 1밀리초씩 노출시켰다. 1밀리초는 천 분의 1초로 눈을 깜박이는 속도의 300분의 1이다. 그런 속도라면 아무도 형체를 알아볼 수 없을 뿐만 아니라 대다수 사람은 무엇을 보았는지 확신조차 하지 못한다. 그런 다음 그는 밝은 스크린에 1초 동안 한 쌍의 팔각형을 보여주었다. 하나는 앞에서 보여준 것이고 다른 하나는 새로운 것이다. 자종크가 어떤 모양을 더 좋아하느냐고 물었을 때 사람들은 전에 본 기억이 없음에도 이미 본 적이 있는 도형을 압도적으로 선호했다.

다시 그는 한 그룹에게 한 세트의 중국 한자를 각각 5번씩 임의의 순서대로 보여주었다. 다른 그룹에게는 다른 한자를 1번만 보여주었다. 모든 한자는 겨우 4~5밀리초 동안만 화면에 비쳐졌다. 아주 짧은 시간이었기에 대다수 사람은 무의식적으로만 기억할 수 있을 정도였다. 이어서 그는 원래의 한자, 원래의 한자와 비슷하지만 새로운 한자, 전혀 관련이 없는 한자를 무작위로 섞은 다음 다시 사람들에게 보여줬다. 각 문자의 이미지를 볼 수 있을 만큼 충분한 시간을 준 다음 사람들에게 각 문자를 얼마나 좋아하느냐고 물었다. 사람들이 1번 노출된 문자보다 무의식적으로 5번 노출된 문자를 훨씬 좋아하는 것으로 나타났다.

이제 이야기가 더욱 묘하게 돌아간다. 각 한자를 한 번 본 사람에 비해 반복 노출된 사람은 이전의 한자만 좋아하지 않았다. 새로운 것, 심지어 관련이 없는 모양까지도 좋아했다. 그리고 무의식적으로 반복 노출된 사람은 한 번만 노출된 사람보다 측정할 수 있을 정도로 더 행복감을 느꼈다.

우리는 의식하지 않을 때라도 익숙한 것을 대하는 것만으로도 기분이 좋아진다. 자종크는 이렇게 말한다. "본질적으로 경험이 반복될수록 편안함을 느낀다. 기분을 좋게 하며 그 기분은 주위로 퍼져 나간다." 이솝은 "친하면 무례해지기 쉽다."고 말했는데 잘못된 생각이다. 사실 친숙함은 만족감을 느끼게 한다.

당신은 좋은 것과 나쁜 것을 의식적으로 선택한다고 생각할 수 있다. 또한 선호도는 증거를 검토한 뒤에 내린 추론이라고 생각할 수 있다. 하지만 자종크의 연구 결과는 다르다. 우리의 선호도는 의식과 상관없이 경험에서 나온다. 무엇이든 자주 많이 경험하는 것이 결국 좋아하게 될 가능성이 높다. (몇 안 되는 예외 중 하나는 추상 예술이다. 무의식적인 노출 횟수와 상관없이 사람은 추상 예술을 여전히 좋아하지 않는다.) 이런 현상은 투자자가 명품 브랜드 회사 주식에 지나치게 투자하는 이유를 설명해준다. 또한 많은 투자자가 돈을 잃으면서도 '당신이 아는 주식을 사라'는 피터 린치의 조언에 그처럼 공감하는 이유도 설명이 된다.

'단순 노출'이라는 단어를 듣고 오웰적Orwellian(전체주의적, 조지 오웰의 소설 〈1984년〉에서 유래한 말-옮긴이) 개념인 '무의식적 유혹subliminal seduction'을 떠올리는 사람도 있을 것이다. 이 용어는 1973년 출판된 동명의 책에서 윌슨 브라이언 키Wilson Bryan Key가 대중화시켰다. 그는 광고주들이 무의식적인 이미지를 끝없이 반복 노출시켜 우리의 소비 습관과 생활을 지배한다고 주장한다. 또한 그는 섹스라는 단어가 리츠 크래커에 은밀하게 각인되어 있고, 나체 여성의 모습이 주류 광고의 얼음 조각 안에 숨어 있다고 주장했다. (물론 사실이 아니었다.) 어떤 사람은 영화 스크린에 '팝콘을 더 사라'는 글이 잠깐 동안 깜박이면 관객이 팝콘을 더 열심히 먹을 것이라고 주장했다.

그러나 자종크는 무의식중에 문장을 이해할 수 없다고 지적한다. 섹스라는 단어에 반복적으로 노출되면 확실히 기분이 바뀔 수 있지만 짠 크래커를 먹고 싶은 욕망은 생기지 않는다. 무의식적 유혹이라는 대중적 개념은 헛소리에 불과하다.

반면에 단순 노출 효과는 사실이다. 달의 중력장이 보이지 않는 힘으로 조수를 움직이는 것처럼 당신의 행동을 지배하는 단순 노출을 감지할 수는 없지만 실제로 영향을 받는다. 자종크는 이렇게 설명한다. "진화론은 새롭거나 미지의 것에 많은 관심을 기울여야 한다고 암시한다. 당신이 반복해서 새로운 대상에 접했는데도 나쁜 영향이 나타나지 않는다면 당신은 그 대상 앞에서 안전하다. 당신은 그런 사실을 인식하지 못할 테지만 그 대상에 대한 당신의 태도는 더욱 긍정적이 된다."

익숙한 것에 순간적으로 노출되는 동안 두뇌에서는 어떤 현상이 일어날까? 신경과학자는 자종크의 한자 실험 중 하나를 실시하는 동안 두뇌를 스캔했다.[106] 그 결과 특정 한자를 이미 본 사실을 인식하지 못하는 경우에도 두뇌의 기억중추는 단순 노출만으로 자동으로 활성화되는 것으로 나타났다. 실제로 반복 노출된 이미지는 두뇌 깊숙이 자리잡는 것처럼 보인다. 당신은 깊숙이 자리잡은 기억의 존재를 전혀 알지 못하지만, 그 기억은 의식의 바다 밑바닥에서 떠오르기 위해 바깥세상의 긴 노출을 기다리며 그곳에 있다.

또 다른 연구에서 밝혀진 바에 따르면 펩시보다 코카콜라를 좋아한다고 말하는 사람이 눈을 가린 맛 테스트에서는 코카콜라를 확실히 구분하지 못했다. 그리고 코카콜라와 펩시 애호가의 두뇌는 어떤 브랜드인지 모르고 마시면 어느 콜라를 마시더라도 본질적으로 동일한 방식으로 반응했다. 콜라를 마시기 전에 펩시 상표를 보았을 때는 해마체 영역의 기억 영역과 반사 두뇌의 감정 회로가 약하게 활성화되었다. 그러나 코카콜라 캔의 불타는 빨간색 로고를 보았을 때는 두뇌의 기억중추와 감정 회로가 훨씬 강력하게 작동했다. 당신은 맛 때문에 코카콜라를 좋아한다고 생각할지 모르지만 사실은 코카콜라가 더 친숙하기 때문에 좋아하는 것이다. 마찬가지로 투자자가 유명 브랜드 주식에 돈을 투자하는 이유는 브랜드 이름이 그들을 기분 좋게 해주기 때문이다.

할리 베리 뉴런

친숙함이 한 번에 하나의 뇌세포를 구축할 수 있다는 여러 증거가 존재한다. 해마체는 초승달 모양으로 양쪽 귀에서 두뇌 중앙으로 약 2.5센티미터 거리에 위치해 있다. 반사 두뇌의 핵심 영역인 해마체는 감정 기억의 온상이다. 이 영역은 또한 사람이 특정한 환경을 지나거나 보거나 상상할 때 개별적으로 빛을 내는 뉴런으로 가득 차 있다. 이 뉴런은 각각의 환경의 특징을 구분하는 불가사의한 능력 때문에 '장소 세포'라고 불린다. 또한 이 뉴런은 외부 세계를 복사한 두뇌 내부의 지도로 놀라우리만치 자세하게 완성되고 아무 노력 없이 작동한다. 이 장소 세포 덕분에 당신은 어둠 속에서 아무 생각 없이 손을 뻗어 전등 스위치를 찾을 수 있다. 쥐를 대상으로 한 많은 실험은 장소 세포의 발광 현상이 두뇌가 목표 달성에 집중하도록 돕는다는 사실을 보여주었다.[107]

어떤 것이든 당신과 긴밀한 관계가 형성되고 맺어지면 해마체 속의 장소 세포는 그 사물과 만날 때마다 활성화된다. 정확도는 기적에 가까울 정도다. 두뇌는 주위 환경에서 감지되는 모든 요소에 세포 하나씩을 할당하는 것처럼 보인다. 특정 얼굴, 들은 이름, 특별한 건물, 회사 로고의 정확한 색상과 서체가 그런 환경 요소일 수 있다. 마치 하나의 뉴런이 꼬마 보초병처럼 각각의 사물을 인식하기 위해 배치된 것 같다. UCLA와 텔아비브 대학은 일련의 놀라운 실험을 통해 몇몇 사람이 시드니 오페라 하우스의 독특한 범선 모양의 외관을 인식하는 데 전념하는 단일 뉴런을 가지고 있음을 입증했다. 다른 사람들은 영화배우 할리 베리의 이미지가 나타날 때만 빛을 내는 장소 세포를 가지고 있었다. 이 세포는 할리 베리의 사진과 그림, 심지어 그녀의 이름에도 반응한다. 그러나 파멜라 앤더슨의 이미지에는 반응하지 않는다. 제니퍼 애니스톤, 줄리아 로버츠, 코비 브라이언트와 같은 다른 유명인의 이름과 얼굴 또한 각기 다른 독특한 반응을 일으키는데 각 반응은 해마체 내부나 주위의 뉴런 하나에 집중된다.

런던의 택시 운전사는 해마체 뒷부분이 유난히 크다. 끊임없이 도시의 지형지물을 인식하고 이동 경로를 외워야 하기 때문에 두뇌의 이 영역에서 장소 세포가 증가한 듯하다. 어떤 사람의 기억 중추에서는 아리엘 샤론이나 사담 후세인의 모습에 세포가 거의 반응하지 않지만 테레사 수녀의 사진을 보면 초당 최대 9차례나 발광한다.

만약 두뇌에 '할리 베리Halle Berry 뉴런'이 있다면 당신은 '자신이 일하는 회사'와 관련된 뉴런을 많이 가지고 있을 가능성이 높다. 회사의 각각의 개별적 특징은 두뇌에서 친숙함을 알리는 각기 다른 고유의 신호를 유발한다. 당신이 회사의 이곳저곳을 다니면 장소 세포는 빠르고 지속적으로 발광할 것이다. '주로 활동하는 장소'에 있을 때 장소 세포 여러 개가 조화를 이뤄 발광할 수 있다는 개념은 단순 노출의 불가사의한 효과를 설명하는 데 유효하다.

독일 뮌스터 대학의 피터 케닝 신경경제학 연구실의 두뇌 스캔 결과는 투자자가 해외시장에 자본 투자를 고려할 때 두뇌의 공포 중추 중 하나인 편도체가 작동된다는 사실을 보여준다.[108] 이 사실은 집처럼 편안한 곳에 자금을 두는 것이 근본적으로 안도감을 주는 반면, 낯선 해외주식에 투자하는 것은 본질적으로 두려움을 불러일으킨다는 것을 암시한다. 이것은 반사 두뇌의 생물학적 기반에서 유래한다. (내가 분산투자를 권유했을 때 보스턴의 한 남자가 그렇게 화를 낸 것은 당연한 일이었다.)

단순 노출 효과를 이해하면 401(k) 퇴직연금 보유자가 자사주에 많은 돈을 투자하는 이유를 쉽게 알 수 있다. 직원들은 매일 자기 회사의 이름과 로고, 제품과 서비스에 집중적으로 세뇌당한다. 신분증, 컴퓨터 화면, 펜과 연필, 메모장, 머그컵, 열쇠고리, 야구모자, 주차장, 구내식당, 안내데스크, 우편물실, 화장실 등을 통해서 말이다.[109]

폭풍우가 몰아칠 때 집 밖에 서 있는 사람이 몸에 떨어지는 빗방울 수를 셀 수 없듯이 하루 동안 회사 내부의 사물에 어떻게 노출되는지를 의식적으로 추적할 수는 없다. 하지만 그런 노출 모두가 당신의 장소 세포를 작동시켜 회사에 친근감을 준다.

최근 조사에서 100여 개 회사 직원의 55%는 "자사주 보유가 자신의 태도나 감정에 영향을 주지 않는다."고 말했다. 10명 중 4명은 자사주가 잘 분산투자된 펀드와 비슷한 수준의 위험일 것이라고 생각한다. 그러나 그 회사 주식은 지난 5년간 시장지수 대비 2배가량 손실을 입은 상태였다. 이런 맹목적인 태도를 설명하는 가장 좋은 방법은 단순 노출 효과가 지속적으로 강화되어 자사주를 '기분 좋은' 투자 대상으로 만들었다는 것이다. 직원들이 회사 내부의 여러 이미지에 계속 노출될 경우 자사주 보유는 무의식적인 즐거움을 만들어낸다. 이 즐거움은 '그 주식이 정말로 투자 가치가 있는가'와 같은 질문을 잊게 한다.

왜 그렇게 많은 직원이 자사주에 투자하는지는 명백해졌다. 500만 명에 달하는 미국 투자자가 퇴직금의 60% 이상을 자사주로 보유하고 있다. 자사주에 투자할 수 있는 401(k) 퇴직연금 보유자의 10분의 1이 최소한 퇴직연금의 90%를 자사주 펀드에 투자했다. 메릴린치의 중개인은 고객이 자사주에 너무 많은 돈을 투자하지 못하도록 하고 있다. 그런데 막상 메릴린치의 401(k) 퇴직연금에 들어 있는 돈의 27%는 메릴린치 주식에 투자되어 있다.

단순 노출 효과는 다른 종류의 투자 마인드 게임에서도 나타난다. 전문가라면 친숙한 주식이 생소한 주식만큼 손실이 날 수 있다는 사실을 잘 알 텐데 텔아비브 증권거래소의 금융 전문가는 '잘 아는 친숙한' 주식이 '잘 모르는 생소한' 주식보다 덜 위험하다고 평가했다. 증권가에서는 '잘 아는 친숙한' 주식이 투자자에게 인기가 많고 매매가 활발하다. 게다가 이들 주식이 그날의 '가장 거래가 많은 주식' 리스트에 오름으로써 재차 많은 관심을 끈다. 이런 과도한 노출로 거래량이 많은 주식의 경우 단기 수익률은 높지만 장기적으로 연간 2~5%포인트의 저조한 실적을 보이는 경향이 있다.[110]

많은 투자자가 자신이 애용하는 제품과 서비스를 생산하는 기업의 주식에 투자함으로써 '잘 아는 친숙한' 주식을 사는 것에 편안함을 느끼는지를 설명하는 데는 단순 노출이 도움이 된다. 팰로앨토에 사는 심리학자 로버트 자종크는 인근 마운틴뷰에 있는 구글 본사를 운전하면서 지나간다. 그는 구글의 주식을 갖고 있다. 그는 계면쩍은 듯이 이렇게 인정한다. "구글 본사가 눈앞에 있고 내가 구글을 많이 이용하기 때문에 구글 주식을 산 것 같아요." 단순 노출 효과를 발견한 사람은 자신의 포트폴리오가 단순 노출에 의해 구성되었다는 사실을 나중에 깨닫는다. 매일 구글 웹사이트를 수없이 클릭해보면 투자자가 구글 주식을 좋아하는 이유를 쉽게 알 수 있다. 구글의 서비스에 추가 노출될 때마다 사용자는 친숙함을 느끼고 그 회사를 더욱 좋아한다. 사람들이 이 웹사이트에서 얻는 만족감은 주가에 일종의 후광을 준다.

불행히도 역사는 좋은 기업이 항상 좋은 투자 대상이 아니라는 것을 보여준다. 한 주식이 특별히 헐값인지 아닌지의 여부는 회사의 잠재력뿐 아니라 그 잠재력을 얼마나 많은 사람이 알고 있느냐에 달려 있다. 당신이 한 회사의 제품과 서비스의 높은 품질과 올라가는 인기에 익숙해졌다면 다른 사람도 이미 그 사실을 알고 있는 것이다. 일단 많은 사람이 특정 회사를 좋아하면 '연예인celebrity 주식'이 된다. 어바인 캘리포니아 대학의 데이비드 허슐라이퍼 교수의 말이다.[111] 그 시점에서는 인기 연예인처럼 고평가된 가격과 과대 노출로 인기가 도를 지나치기 때문에 인기 폭락을 면하기 어렵다. 아무리 우량 기업이라도 투자자가 가격을 너무 올려놓으면 그 주식으로 지속적인 수익을 얻기가 힘들다. 따라서 친숙함은 장기적으로 실패를 낳는다.

이건 내가 통제할 수 있어

후아니타 에드워즈는 고등 교육을 받은 기업 디자이너인데 매년 여름 늦게 휴가를 떠난다. 그녀는 휴가 가기 전날 401(k) 퇴직연금에서 주식과 채권을 매도해 모두 현금으로 바꾼다. 2주의 휴가가 끝나고 사무실로 돌아온 그녀는 다시 주식과 채권을 매수한다. 그녀는 이렇게 말한다. "그렇게 하면 휴가 기간 동안 내가 통제하고 있다는 것을 확신할 수 있어서 손실 걱정 없이 마음 편히 지낼 수 있어요." 이는 그녀가 통제의 환상illusion of control에 빠져 있다는 증거다. 볼링 공을 던지고 나서 자신의 동작으로 공을 조정해 스트라이크를 칠 수 있다고 생각하는 볼링 선수처럼 그녀는 자신의 행동으로 결과를 조절할 수 있다고 생각한다. 하지만 그녀의 휴가 기간 동안 시장은 하락할 수도 있지만 상승할 가능성도 있다. 그녀는 손실을 피할 수 있지만 이득을 놓칠 가능성도 있다. 그녀가 실제로 시장을 통제할 수 있는 것이 아니다. 단지 자신이 통제한다는 환상을 만들었을 뿐이다.[112]

통제의 환상은 우리의 신체 행동으로 무작위적 확률에 영향력을 행사할 수 있다는 기이한 발상이다. 보드 게임이나 카지노 도박판에서 주사위를 굴리는 사람들이 좋은 예다. 사람들은 높은 숫자를 원할 때는 주사위를 오래 흔들어서 세게 던진다. 낮은 숫자를 원할 때는 주사위를 빨리 흔들어서 가볍게 던진다.

오래전에 심리학자 스키너는 실험실의 배고픈 비둘기 앞에 놓인 먹이 공급 장치를 정해진 간격으로 자동으로 움직이면 어떤 현상이 일어나는지 실험했다.[113] 첫 번째 '식사'가 예고 없이 나오기 전 비둘기는 공복에 먹을 것이 없을 때 우리가 하는 행동을 보였다. 비둘기는 안절부절못했다. 먹이가 나오기 전 마지막 순간 우연히 한 새는 왼쪽으로 머리를 돌렸고, 다른 새는 머리를 위아래로 흔들었고, 또 다른 새는 한쪽 발에서 다른 발로 뜀뛰기를 했다. 첫 번째 먹이를 먹고 난 뒤 비둘기는 먹이가 나왔을 때 하던 행동을 반복했다. 그들의 신체 행동이 먹이가 나오도록 만들었다고 생각하는 듯했다. 스키너가 먹이 공급을 중단했을 때도 비둘기는 같은 행동을 계속했다. 먹이가 나오지 않는데도 한 새는 1만 번 이상 뜀뛰기를 했다. 마침내 뜀뛰기가 먹이를 얻는 데 아무런 영향을 미치지 않는다는 것을 알자 뜀뛰기를 중단했다. 여러 행동을 한 직후 먹이가 제공됐으므로 비둘기는 직전의 행동이 보상의 원인이었다고 믿는 것이다. 그러나 여기에는 인과 관계가 없다. 스키너는 이를 '우발적 상관관계

accidental correlations'라고 부른다.

사람 역시 상관관계와 인과 관계를 혼동할 때 같은 실수를 저지른다. 어느 웹사이트가 추천했다는 이유로 주식을 샀는데 마침 주가가 올라갈 경우가 있다. 이때 우리는 그 웹사이트가 주식 정보를 얻기에 좋은 곳이라고 결론짓는다. 하지만 웹사이트에서 추천했기 때문에 주가가 오른 것은 아니다. 우리가 그 웹사이트의 모든 과거 추천 주식의 성과를 독자적으로 검토한 결과를 보지 않았다면 이 한 번의 추천이 행운의 결과인지 기술의 결과인지 알 수 없다. 주식시장에 통제력을 행사할 수 있는 방법을 찾았다고 생각할 수도 있겠지만 순전히 우연일 수도 있다.

우리가 통제의 환상에 얼마나 취약한지는 다음의 사례가 보여준다.[114]

A. 나는 〈월스트리트 저널〉의 주식 시세표에서 무작위로 한 종목을 고를 것이다. 당신은 이 주식이 내일 오를지 내릴지 어느 쪽이든 내기를 걸 수 있다. 맞으면 10달러를 벌고 틀리면 10달러를 잃는다.

B. 나는 〈월스트리트 저널〉의 주식 시세표에서 무작위로 한 종목을 고를 것이다. 당신은 그 주식이 어제 올랐는지 내렸는지 어느 쪽이든 내기를 걸 수 있다. (단 주가를 조회할 수는 없다.) 맞으면 10달러를 벌고 틀리면 10달러를 잃는다.

당신은 어느 쪽 내기가 더 좋은가?

스탠퍼드 대학 실험에서는 참가자의 3분의 2가 첫 번째를 선택했다. 참가자들은 두 가지 내기의 승률이 반반이라는 것을 알았다. 하지만 첫 번째 내기에 더 편안함을 느낀 것 같다. 왜냐하면 결과가 당신이 통제하고 있다는 느낌을 주기 때문이다. 이보다 앞선 한 연구에서는 사람들이

한 쌍의 주사위를 던진 후보다 던지기 전에 더 많은 돈을 걸고 더 낮은 확률을 감수한다는 것을 발견했다.

심리학자 엘렌 랭어는 30년 전의 고전적 실험에서 통제의 환상을 자세히 설명했다. 그녀는 두 회사의 직원에게 1달러짜리 복권을 살 수 있는 기회를 주었다. 한 그룹은 직접 복권을 선택하게 했다. 다른 그룹은 다른 사람이 대신 복권을 골라줬다. 추첨을 하기 전에 사람들에게 자신의 복권을 팔 것인지 물었다. 복권을 직접 고른 사람은 직접 고르지 않는 사람보다 가격을 평균 4배 높게 불렀다. 무작위로 상자 안에 들어 있는 복권을 뽑는다는 말을 들었음에도 그들은 직접 선택했다는 단순한 마법으로 당첨 확률을 높게 본 것이다.[115]

"이건 내가 통제할 수 있어."라는 생각 때문에 자신의 결정이 다른 사람의 선택보다 본질적으로 낫다고 믿는다. 스페인의 한 대학이 실험한 결과가 있다. 주사위를 자신이 던져서 돈을 딴 학생은 다른 사람이 대신 던져서 돈을 딴 학생보다 계속 돈을 딸 것이라는 확신이 강했다. 미국의 퇴직연금 투자자를 대상으로 액티브 펀드 선택을 직접 한 그룹과 다른 사람이 대신 한 그룹의 연구 결과는 두 그룹 모두 전년도 수익률을 부풀린 것으로 나타났다. 직접 펀드를 고르지 않은 사람은 2.4%포인트 과장했지만 스스로 선택한 사람은 실제 수익률보다 무려 8.6%포인트나 부풀렸다. 종합적으로 포트폴리오를 설계해주는 금융 전문가에게 최악의 고객은 자신이 직접 주식을 선택하는 사람이다. 왜냐하면 고객이 갖고 있는 통제의 환상 때문이다. 고객이 직접 고른 종목과 전문가가 고른 종목의 수익률이 같아도 고객은 본능적으로 '나의 수익률'이 '너의 수익률'보다 높다고 직관적으로 느낀다.

내기를 걸기 전과 후에 이길 확률이 얼마나 되는지 사람들에게 묻는 여러 연구가 있었다.[116] 돈을 거는 단순한 행위만으로 자신이 이긴다는 확신이 강해지는데 그런 확신이 생기는 데는 단 몇 초밖에 걸리지 않는다. 아주 소액의 내기라도 직접 돈을 거는 사람은 돈을 걸지 않은 사람보다 최대 3배나 더 자신감을 갖는다.

이길 확률이 변하지 않을 때조차도 '돈을 거는 행위'는 우리의 자신감을 높인다. 마치 자신이 물속으로 뛰어들면 물을 따뜻하게 만들 것이라고 생각하는 것과 같다. 선택은 우리가 선택하는 것을 좋아하게 만든다. 많은 투자자가 이미 보유하고 있는 주식을 '이 가격에 더 사지는 않더라도 이 가격에 팔지는 않을 것'이라고 말하는 것은 당연하다.

통제의 환상은 다음의 활동이 있을 때 더욱 강해진다.[117]

- 최소한 부분적으로는 무작위로 보인다.
- 다양한 선택권을 제공한다.
- 다른 사람과 경쟁한다.
- 장기간 행해진다.
- 노력이 필요하다.
- 익숙하게 느껴진다.

스포츠나 도박을 제외한 많은 다른 활동보다 투자는 이 모든 경우에 부합한다. 많은 투자자는 통제의 환상에 너무 심하게 시달린다. 모든 세부 사항을 철두철미하게 파악하고 있다고 생각하지만 자신의 주위에서 소용돌이치는 혼란은 잊고 있다.

401(k) 퇴직연금에 불과 몇 천 달러를 투자한 소액 투자자부터 세계 최대의 펀드 매니저에 이르기까지 모든 투자자는 통제의 환상에 시달린다.[118]

- ◎ '브린 머리앤코Brean Murray&Co.'사의 제임스 박은 2003년 기자에게 "나는 결코 빨간 펜으로 글씨를 쓰지 않습니다. 빨간색은 손실을 의미합니다."라고 말했다. 그는 이어서 "책상도 완벽하게 정리합니다. 깨끗할수록 주식 거래가 잘되는 것 같습니다."라고 덧붙였다.
- ◎ 듀크 대학의 인류학자 맥 오바르의 연구에 따르면 연기금의 많은 펀드 매니저는 사무실을 깨끗이 정리하면 수십억 달러의 손실을 마법의 힘으로 막을 수 있다고 생각하는 듯하다. '정리 강박증'을 가진 것처럼 보인다.
- ◎ 런던의 한 기관투자자는 동료를 이렇게 평했다. "증권가에는 미신이 많습니다. 성과가 좋지 않은 날에 입었던 양복은 다시는 입지 않을 것입니다. 아무리 새것이라도요. 또한 특정한 길로 출근하지 않습니다."
- ◎ 2001년 310억 달러의 야누스 펀드를 운용하는 펀드 매니저 블레인 롤린스는 전년도에 발생한 14.9%의 포트폴리오 손실이 자신의 휴가 때문이라고 생각하고 "내 펀드의 실적을 올리기 전까지 다시는 휴가를 안 갈 것이다."라고 발표했다.
- ◎ 온라인 주식 거래자는 시간당 10번 내지 20번 자신의 계좌 잔고를 조회한다. 마치 주식을 몇 분 이상 보지 않으면 주가가 떨어지기라도 하는 것처럼 말이다.

◎ 많은 401(k) 퇴직연금 투자자는 스스로 주가를 올릴 수 있다는 확고한 믿음으로 자사주에 돈을 넣는다. 광섬유 전화망 회사인 글로벌 크로싱Global Crossing의 한 직원은 2001년 "당신이 자사주를 많이 보유할 경우 더욱 열심히 일하게 되어 회사가 번창하고 당신도 잘될 수 있습니다."라고 말했다. (안타깝게도 그의 노고는 글로벌 크로싱의 파산과 퇴직연금의 손실을 막지 못했다.)

정말 안전한가?

신경경제학자는 통제의 환상이 일어나는 원인을 연구한다. 두뇌 중심부 깊숙이 위치한, 새끼손가락 크기와 모양의 쌍둥이 소용돌이 형태의 세포덩이인 미상핵이 원인과 결과의 관계를 감시할 가능성이 있다. 이 영역은 우연의 일치를 감지하는 검출기 역할을 한다. 반사적인 '감정 두뇌'에 속하는 이 영역은 자신의 행동과 주위 세계의 결과를 대조한다. 미국 국립보건원의 신경과학자 캐롤라인 징크는 이렇게 설명한다. "이 영역이 활성화되도록 만드는 것은 단지 돈을 받는 행위 자체가 아니라 돈을 받는 방법이다. 당신이 돈을 받기 위해 뭔가를 했다고 느끼는 것과는 별개의 즐거움이나 흥분이 있는 것 같다."[119] (당신이 낯선 사람을 신뢰하게 될 때나 열정적으로 사랑에 빠질 때 가장 강하게 활성화되는 두뇌 영역이 미상핵인 것은 아마도 우연이 아닐 것이다.)

최근의 한 실험에서는 참가자가 보상을 얻기 위해 몇 개의 버튼 가운데 하나를 누르도록 했다. 참가자가 '정확한 버튼을 추측'하면 1.5달러의 상금을 탔다. 어떤 버튼을 누르든 상관없이 1.5달러를 받는 경우도 있었다. 버튼을 눌러 1.5달러를 받을 때는 매번 최대 4초간 미상핵이 활성화되었다. 하지만 버튼과 보상 사이에 연관성이 없다는 걸 알고 나서는 미상핵이 활성화되지 않았다. 심리학자 모리시오 델가도Mauricio Delgado는 이렇게 설명한다. "통제하거나 최소한 통제하고 있다고 믿으면 우리는 행동과 결과에 훨씬 많은 열정을 기울인다."

위스콘신 대학의 연구진이 증명한 바에 따르면 실제로 통제하지 못하더라도 통제하고 있다는 상상만으로 고통, 불안, 갈등을 처리하는 두뇌의 신경 활동을 줄일 수 있다.[120] 통제의 환상은 두뇌의 고통 신경망을 완화시켜 실제로 위안을 준다.

이런 기능은 동물이 사고하는 기본 과정인 것 같다. 노벨상을 수상한 신경생물학자 에릭 캔들이 운영하는 컬럼비아 대학 연구실의 생쥐는 실험실에 있을 때면 발에 약간 불쾌한 전기 충격을 받을 수 있음을 알았다.[121] 캔들은 생쥐에게 다른 것을 배울 기회도 제공하는데, 연달아 경보음이 울리면 전기 충격을 받지 않는다는 신호다. 캔들이 '안전 조건 반사'라고 부르는 상황을 생쥐가 배우려면 약 10번의 반복이 필요하다. 이는 최근 마지막 거래에서 손익이 균형을 이루었거나 수익이 난 투자자가 시장 환경이 안전하다고 가정하기 시작하는 방식과 유사하다.

그런 다음 캔들이 안전 조건 반사를 배운 생쥐를 낯설고 개방된 공간에 집어넣자 놀라운 일이 벌어진다. 지하실이나 다락방을 기어다니는 쥐는 사람을 만나면 항상 벽 쪽으로 달아난다. 쥐의 본능이 벽 쪽이 포식자로부터 안전하다고 알려주기 때문이다. 하지만 캔들의 안전 조건 반사를 배운 생쥐는 경보음이 울리자 개방된 공간 한가운데로 불쑥 튀어나왔다. 생쥐는 그 소리가 즉각적인 위험과 상관없다고 배웠기 때문이다. 다른 쥐들이 한 마리도 가지 않은 곳으로 간 생쥐는 훨씬 먼 곳까지 돌아다닌다. 캔들은 이를 '모험적 탐험'이라고 부른다.

무엇이 이 생쥐를 강심장으로 만들었을까? 안전 조건 반사를 배운 생쥐가 경보음을 들으면 인간의 미상핵과 유사한 쥐 두뇌의 미상경막 내부 뉴런은 집중적으로 활동을 시작하여 정상 강도의 세 배 가까운 빛을 낸다. 이와 동시에 인간과 마찬가지로 쥐 두뇌의 공포 중추인 편도체 뉴런은 활동하지 않는다. 마치 안전하다는 인식이 환경을 통제했다는 느낌으로 이어져 공포를 느끼는 두뇌의 능력을 마비시킨 듯하다. 투자자는 수익이 나면 시장이 안전하다고 착각한다. 그리고 이때 더 많은 위험을 감수하려고 한다. 캔들의 생쥐와 마찬가지로 투자자는 인식 여부와 상관없이 안전 조건 반사 증세를 보일 수 있다. 연이은 매매로 수익이 나면 편도체의 공포 반응이 꺼지고 투자자는 거짓 안정감을 느낀다. 안전하다는 환상은 투자자를 곧바로 위험한 투자로 몰아넣는다.

나는 계속 이기고 있다

1999년 말과 2000년 초 뉴햄프셔의 항공 교통 관제사 브래드 러셀은 CMGI라는 인터넷 주식에 투자했다. 처음에 그는 몇 주씩 사서 야금야금 먹었다. 그러다 갑자기 주가가 수직 상승하자 그는 더 많이 샀다. 그리고 또 많이 올랐다. 러셀은 계속 주식에 뛰어들었고 이제 주당 150달러에 최소 10번은 매수했다. 투자가 정점에 달했을 때는 퇴직연금을 제외한 자금의 40%를 CMGI 주식에 투자했다. 이후 인터넷 거품이 꺼지고 CMGI의 주가는 마치 바위가 절벽에서 굴러떨어지듯이 무너져 내렸

다. 결국 러셀은 주당 1.5달러에 주식을 팔았고 99%라는 최악의 손실을 보았다.[122]

자살특공대와 같은 투자 행위를 돌이켜보면서 러셀은 바닥 칠 때까지 잃은 돈의 액수보다 자신이 고점에서 희열을 느낀 것에 놀랐다. 그는 이렇게 회상한다. "주가가 오른 뒤 나는 내 행동이 간단명료하다고 생각했습니다. 나는 광적인 마력에 저항할 수 없었어요."

러셀의 이야기에서 알 수 있듯이 연이은 수익은 헬륨이 열기구 안으로 빨려 들어가듯이 투자에 확신을 부추겨 모든 것이 터질 때까지 더 많은 위험을 떠안게 한다. 무엇이 '계속 이기고 있다'는 느낌을 불러일으키는 것일까?

첫째, 연이은 수익은 '하우스 머니house money로 놀고 있다'는 느낌을 준다. 하우스 머니는 도박꾼의 심리상 본전을 제외한 나머지 돈을 가리키는 용어다. 그들은 판돈을 도박장에 가지고 간 돈(본전)과 도박으로 딴 돈(하우스 머니)으로 구분한다.

예를 들어 주식에 1,000달러를 투자해 3배로 불었다고 가정해보자. 총액 3,000달러에서 2,000달러가 하우스 머니가 된다. 돈을 잃더라도 2,000달러 중 일부가 남아 있는 한 당신은 본전이 남아 있으니 잃은 것이 아니라 하우스 머니의 손실로 간주하여 가볍게 넘어갈 수 있다. 엄밀히 말하면 모든 판돈이 동일함에도 하우스 머니를 잃는 것은 '본전'을 잃는 것보다 덜 괴롭다. 러셀이 깨달은 바와 같이 이 '하우스 머니 효과'는 가진 것을 전부 잃을 때까지 계속 위험을 감수하도록 당신을 부추긴다.

둘째, 연이은 수익은 미래를 더 잘 예측할 수 있다는 느낌이 들도록 만든다. 많은 종류의 반복 패턴과 마찬가지로 투자에서 연이는 수익은 두뇌가 자동적으로 더 많이 기대하게 만든다. 에모리 대학의 신경경제학 교수 그레고리 번스는 참가자가 네 개의 사각형 중 어느 것이 다음에 파란색으로 변할지 추측하는 실험을 했다.[123] 색깔의 변화 순서는 무작위로 나오기도 하고 일정한 패턴으로 나오기도 하는데 참가자는 너무 복잡해서 예측 가능하다는 것을 의식하지 못했다. 파란색 사각형이 무작위로 나타나자 전전두피질과 두정엽이 활성화되었다. 이처럼 분석적이고 사고적인 두뇌 중추는 무슨 일이 일어나는지 알아내기 위해 의식적인 노력을 기울였다. 그러나 참가자가 일정한 패턴을 알았을 때는 두뇌의 미상핵이 활성화되었다. 반사적이고 감정적인 이 영역은 의식적으로 알아차리지 못한 가운데 반복 패턴을 인식했다. 번스는 이렇게 설명한다. "연속적인 수익처럼 뚜렷한 패턴은 주의를 기울이지 않고도 알 수 있다." 따라서 투자 두뇌는 무작위로 수익과 손실이 뒤섞인 복잡한 상태보다 연이은 수익을 처리하기가 더 쉽다. 일단 계속 이기면 미상핵과 같은 중추는 당신의 기대를 자동 조종 상태에 둔다. "같은 것이 반복될 것이다!"

셋째, 연이은 수익은 우연이 아닌 행운이 당신 편인 것처럼 느끼게 한다. 몇 년 전 심리학자들은 대학생에게 동전을 30번 던지게 한 다음 어느 면이 나올지 예측하는 실험을 했다.[124] 한 학생은 예측이 대부분 맞았다는 말을, 다른 학생은 대부분 틀렸다는 말을 들었다. 예측이 맞았다고 들은 학생은 동전을 100번 던질 기회가 생기면 54번을 맞출 수 있다고 믿었다. 게다가 그들 중 50%는 '연습'을 통해 점수를 높일 수 있다고 생각했다. 계속 이긴다는 흥분 때문에 그 대학생들은 당연한 사실을 잊었다. 동전의 앞면이 나올지 뒷면이 나올지 더 잘 예측할 수는 없다는 것을 말이다.

결론은 다음과 같다. 앞에서 거둔 연이은 성공으로 사람들은 무작위적 과정에 영향을 미칠 힘을 갑자기 가지게 되었다고 생각한다. '우연'의 결과라고 생각하는 게 아니라 적어도 일시적으로는 수호천사처럼 자신을 돌봐주는 힘인 '행운'을 믿는다. 행운이 계속되는 것처럼 보이는 한 사람들은 이를 최대한 활용해야 한다고 느낀다. 이로 인해 투자자는 무모한 위험을 감수한다.

'행운이 계속되고 있음'을 느끼고 걷잡을 수 없이 자제력을 잃는 것은 브래드 러셀 같은 소액 투자자만이 아니다. 주식 수익률을 4번 연속 맞춘 금융 전문가도 점점 위험한 예측을 하다 결국 평균보다 10% 낮은 실적을 거뒀다. 영국에서 일어난 4,000여 건의 기업 인수 합병을 조사한 결과에 따르면, 첫 인수 합병으로 수익이 발생할 기업의 경우는 향후의 인수 합병으로 기업의 자산 가치를 잃을 가능성이 더 높았다. 미국에서 첫 인수 합병으로 높은 수익을 올린 기업은 향후 5년 내에 최소한 하나 이상의 다른 기업을 추가로 인수 합병할 가능성이 높다. 하지만 인수 합병의 결과 회사 주가는 평균 2% 하락한다.

심지어 역대 최고 경영자로 알려진 제너럴 일렉트릭의 전 회장 잭 웰치조차도 연이은 거래에서 성공할 수 있다는 기분에 휩싸였음을 인정한다. 웰치는 월가의 증권사 키더 피바디Kidder Peabody를 매입할 당시 "솔직히 그 회사를 잘 몰랐다. 하지만 나는 계속 성공하고 있었다."고 나중에 시인했다. 작은 키에 머리가 벗겨진 웰치는 그때의 기분이 '머리카락도 풍성하고 키가 190센티미터가 된 듯이' 느껴졌다고 말했다. GE는 비밀 거래 계획이 무산된 뒤 키더 피바디 투자로 10억 달러 이상의 손실을 입었다.[125]

노벨 경제학상 수상자인 버논 스미스의 연구에 따르면 기업 중역과 전문 투자자는 주가에 버블이 생기면 큰 수익을 얻기도 하지만 주가가 폭락하면 투자금을 다 잃고도 바로 시장으로 돌아와서 그 과정을 되풀이한다. 스미스의 연구는 "한번 불에 데면 두 번 소심해진다."는 옛 속담이 틀렸음을 보여준다. 계속 이긴다는 것은 매우 짜릿한 흥분을 불러일으키기 때문에 소위 전문가라고 불리는 사람조차도 최소 두 번은 시장의 뜨거운 맛을 본 뒤에야 시장의 거품을 건드리지 않는 법을 배운다.

우리는 또한 '예측 중독'에 빠지기 쉽다. 캘리포니아 공과대학의 한 연구실에서는 최근 경험이 없는 도박꾼이 초반부터 수익을 얻었을 때 어떤 일이 일어나는지 실험했다. 도박꾼은 카드 두 벌 중 하나를 선택한다. 한 쪽은 작은 손실과 큰 수익을, 다른 쪽은 작은 수익과 큰 손실을 제공했다. 앞의 것은 흑자 더미, 뒤의 것은 적자 더미라고 하자. 그런데 실험 중간에 손익 구조를 바꿨다. 흑자 더미에서는 수익이 낮아졌고, 적자 더미에서는 수익이 높아졌다. 초반 수익을 얻은 흑자 더미의 도박꾼은 경기의 규칙이 바뀌었다는 것을 인식하지 못했다. 캘리포니아 공과대학의 신경과학자 존 올맨은 이렇게 말한다. "그들은 규칙이 바뀐 것을 알아차리지 못한다. 수익이 큰 사람일수록 선택을 바꾸는 데 어려움을 겪는다. 마치 오류를 바로잡는 능력이 마비된 것처럼 유리한 결과에 중독된 것 같다."[126]

전전두피질의 일부가 손상된 사람은 특히 연이은 수익 상황이 언제 사라졌는지 인식하는 데 서툴다. 이는 사고 두뇌가 손상되면 반사적이고 감정적인 두뇌 중추가 주도권을 잡는다는 것을 의미한다. 초기의 연이은 수익으로 작동된 미상 부위와 측위신경핵, 해마상 융기와 같은 반사 영역이 계속 활동하고 있어 규칙이 변한 사실을 빠르게 인식하지 못

한 것이다.[127]

일단 금전적인 이득이 이런 마약 같은 힘을 가지고 있다는 것을 이해하면 사람들이 금융 이슈에 그렇게 흥분하는 것이 놀랍지는 않다. 도박꾼은 물론 이것을 알고 있다. 엘비스 프레슬리의 전설적인 매니저인 톰 파커 대령은 슬롯머신 중독자였다. 그는 말년에 엘리베이터 사고로 어깨가 으스러지고서도 카지노에 개인 비서를 데려가서 자기 대신 슬롯머신 손잡이를 당기게 했다. 최근 일부 카지노 도박사는 특정 슬롯머신에 집착하기도 하는데 화장실에 다녀오는 동안 자신이 쓰던 기계를 다른 사람이 쓸까봐 성인용 기저귀를 차고 도박을 계속한다.[128]

연이은 수익으로 돈을 벌 때 두뇌는 어떤 모습일까? 행운이 계속되어 연속으로 돈을 벌면 반사 두뇌의 세 영역이 크리스마스 트리처럼 빛난다. 시상과 담창구, 슬하대상이 그 영역이다. 시상은 두개골 중심부에 있는 새의 모래주머니 모양의 덩어리인데 외부 세계의 감각적인 인상을 두뇌의 다른 부위로 중계하는 환승역 노릇을 한다. 담창구는 시상 가까이 있는 작은 흰색 덩어리로 보상과 처벌의 기록을 돕는다. 슬하대상은 전전두피질 안쪽에서 이마 쪽으로 구부러져 있는데 세 기관 가운데 가장 흥미롭다.[129]

슬하대상은 수면 조절을 돕는데 심각한 우울증 환자의 경우 상대적으로 작고 덜 활동적인 경향이 있다. 반면 조울증의 조증 장애를 겪는 환자의 경우는 이 영역이 과잉 반응하는 것으로 보인다. 조증 환자는 전형적으로 충동적이고 희열을 느끼며 불면증에 시달리는 경우가 많다. 또한 주위 사물에 내재된 의미를 모두 이해한다는 과대망상증을 지니고 있다. 조증이 심한 환자는 너무 경솔하고 무모해서 자해를 하기도 하며 타인과 함께 사는 게 불가능할 정도다. 조증은 너무 많은 도파민이 슬하대상 안으로 분비될 때 나타나는 결과로 보인다.

이 정신 질환의 근원인 두뇌 영역이 연이은 수익으로 활성화되는 두뇌 영역과 같다는 사실은 놀랍다. 이런 사실은 CNBC의 미치광이 제임스 크레이머 같은 시장 전문가의 행동을 설명할 수도 있다. 하지만 더욱 중요한 발견이 있다. '자신에게 행운이 계속된다'고 생각하거나, 미래를 예측할 수 있다고 믿거나, 어떤 것도 자신을 막을 수 없다는 믿음으로 충만할 때 투자자는 만성 조증 환자와 같은 실수를 저지를 수 있다. 연이은 수익으로 슬하대상이 활발히 작동하면 희열에 들뜨고 무모하고 위험에 무감각해지기 쉽다. 이런 상태가 되면 고수익이 예상되는 주식을 지나칠 수 없다. 그리고 대부분의 극단적 기분 변화처럼 폭발적인 조증은 나쁘게 끝나게 마련이다. CMGI 주식의 초기 수익에 도취된 브래드 러셀은 그 후유증을 완전히 극복하지 못했다. 그는 지금도 이렇게 말한다. "이 사람아, 그 네 글자 'CMGI'만 봐도 움찔하게 된다고!" 상승 추세가 가속화될 때 그 상황을 우리는 과열을 뜻하는 '마니아mania(정신의학 용어인 '조증'과 흥분하여 날뛴다는 '열광, 광기'의 뜻을 동시에 지닌다-옮긴이)'라고 부른다.

내 그럴 줄 알았지

구소련의 쇠퇴기에 역사 교과서는 이런저런 불명예를 덮기 위해 끊임없이 다시 쓰이고 있었다. 당시 동유럽의 지식인들은 과거가 미래만큼이나 예측하기 어렵다고 농담을 주고받곤 했다. 증권가에서도 그렇다. 2002

년의 조사에서 800여 명의 투자자가 1999년과 2000년의 강세장에 대한 질문에 답했다. 과거를 돌이켜본 이들 중 절반이 당시 기술주와 통신주의 상승이 '확실한 거품'이었다고 말했다. 그렇다면 그들이 그 기간에 투자하지 않고 있었을까? 전혀 그렇지 않다. 주가가 과대 평가되었다고 주장하던 바로 그 기간 동안 이들은 모두 미국 시장에서 가장 터무니없이 비싼 통신주에 열정적으로 투자했다.[130]

그들의 사후 판단이 다 맞는 것도 아니었다. 교정 렌즈가 없으면 사후 판단은 법적인 장님에 가깝다. 일단 무슨 일이 일어났는지 알면 이를 되돌아보며 우리가 그 일이 일어날 것을 예견했다고 믿는다. 물론 그 당시에는 전혀 예견하지 못했음에도 말이다. 이런 현상을 심리학자는 '사후 확신 편향hindsight bias'이라고 부른다.

중국이 공산화된 이후 미국 대통령이 처음으로 베이징을 방문하기 직전인 1972년 인간의 이런 기이한 행동이 처음으로 진단되었다. 무슨 일이 일어날지 아무도 몰랐다. 마오쩌둥이 닉슨과 만날 것인가, 아니면 거부할 것인가? 대만, 일본, 구소련이 소동을 일으킬까? 닉슨의 방문이 베트남 전쟁을 악화시킬 것인가?

실제로 무슨 일이 일어날지 예상한 사람은 아무도 없었다. 닉슨의 방문은 미국과 중국이 국교 정상화를 위해 노력한다는 공동성명에 서명할 정도로 잘 진행됐다. 닉슨의 방문 직전 이스라엘 대학생은 이번 방문의 성공 가능성을 예측해달라는 요구를 받았다. 닉슨의 방문 후 대학생에게 간격을 두고 두 차례에 걸쳐 무슨 일이 일어날지 초기 예측을 상기하도록 했다. 닉슨 방문 후 2주가 안 된 시점에서 71%의 대학생은 실제보다 성공 가능성을 더 높게 예측한 것으로 기억했다. 방문 4개월 뒤 81%의 대학생은 방문 당시보다 성공 가능성을 더 높게 예측했다고 주장했다.

카네기 멜론 대학의 심리학자 바루치 피쇼프는 위의 연구 논문의 공동 저자다. 그는 이렇게 설명한다. "무슨 얘기를 들으면 즉시 기존에 알고 있던 것과 통합하려고 한다. 그 지식이 증명된 뒤 사용하려고 기다리는 것보다 이런 통합 작업이 더 효율적이고 합리적인 것처럼 보인다. 그러나 당신이 과거를 회상하며 당시 실제 지식과 예측 능력을 비교할 경우 이런 지식 통합은 도움이 되지 않는다."[131]

심리학자 대니얼 카너먼은 이렇게 말한다. "사후확신 편향은 돌발 사건을 지워 버린다. 사람은 예전에 믿었던 것을 왜곡하고 잘못 기억한다. 실제 세상이 얼마나 불확실한지를 우리는 완전히 이해하지 못한다. 왜냐하면 무슨 일이 일어난 뒤에야 그 일의 발생 가능성을 이미 알고 있었다는 듯이 생각하게 되기 때문이다."

사후확신 편향은 인간 내면의 사기꾼이 우리에게 행하는 또 하나의 잔인한 속임수다. 사후확신 편향은 과거가 실제보다 더 예측 가능했다고 믿게 함으로써 미래도 예측 가능하다고 당신을 속인다. 이런 속임수 덕분에 당신은 과거를 돌아볼 때 바보가 된 듯한 기분을 느끼지 않는다. 문제는 이런 속임수가 당신을 지속적으로 바보처럼 행동하게 만든다는 것이다. 그렇다면 투자에서는 사후확신 편향이 어떻게 작용할까?

2001년 가을 9.11 테러 이후 사람들은 이렇게 생각했다. "어떤 것도 다시는 예전 같지 않을 거야. 미국은 더 이상 안전지대가 아니야. 테러리스트가 다음에 무슨 일을 벌일지 누가 알겠어? 아무리 주가가 싸도 누구도 투자할 배짱은 없을 거야." 이후 증시는 2003년 말까지 15% 상승했다. 그때 사람들은 이렇게 말했다. "9.11 테러 이후 주가가 싸다는 것을 알고 있었어!" 그리고 갑자기 자신이 앨런 그린스펀(1987년부터 2006년까지 미국 연방준비제도이사회 의장을 지냈다-옮긴이)보다 똑똑하다고 생각하게 된다.

이렇게도 작용한다. 구글은 2004년 8월 처음으로 주식을 일반에게 공개할 때 당신은 자신에게 이렇게 말했다. "흠, 좋은 웹사이트야. 내가 이 주식을 사야 할지도 모르겠군. 하지만 지난 몇 년 동안 다른 인터넷 주식으로 손해 본 금액이 너무 많아. 그래, 이번에는 그냥 지나치자." 이후 구글 주식은 2006년 말까지 85달러에서 460달러로 상승했다. 그때 당신은 이렇게 생각했을 것이다. "구글을 사야 한다는 걸 알았는데 말이야!" 내부의 사기꾼이 소리치는 '내 그럴 줄 알았어'라는 말 때문에 당신은 사기꾼이 그런 말을 한 적이 없다는 사실을 기억하지 못한다. 그리고 구글의 주가를 예측할 수 있었다고 자신을 속임으로써 당신은 위험 부담이 큰 하이테크 스타트업이 상장하면 기회를 잡으려고 더욱 무모하게 뛰어들 것이다. 물론 '제2의 구글'이라고 생각한 기업이 '제2의 엔론'이 될 가능성도 있다.

전문가도 같은 문제를 안고 있다. 금융 전문가 조지 길더는 2000년 기술주 거품이 꺼진 걸 보고 2002년 "나는 기술주 거품이 꺼질 줄 알았어."라고 말했다. 그러나 그는 자신의 뉴스레터에서 단 한 번도 주가 폭락을 경고한 적이 없다는 것을 인정했다.[132]

2000년 6월 〈머니〉지는 이렇게 썼다. "우리 모두 과열 장세였음을 알았다. 1999년 8월부터 2000년 3월까지 '아리바Ariba'나 '버티컬넷VerticalNet' 같은 기술주가 이익을 내지 못했음에도 800% 이상 급등했다. 이런 광란의 질주가 언제 끝날지 알 수 없었지만 청산 단계로 향하고 있다는 것은 어렵지 않게 알 수 있었다." 그러나 〈머니〉지는 1999년 12월 표지 기사에서 '웹의 눈부신 성장세에 올라타라'고 투자자에게 촉구했고, 아리바를 '지금 사야 할 최고의 주식' 중 하나로 추천했다.

사후확신 편향은 펀드 매니저를 보는 우리의 관점도 왜곡시킨다. 2006년이 끝날 무렵 당신의 증권 중개인이 흥미로운 뉴스로 전화를 했다고 상상해보라. 중개인은 10년 연속 시장(S&P 500 지수)보다 높은 수익을 올린 '넘버스 그로스 펀드'를 추천한다. 그 펀드의 매니저인 랜디 넘버스가 천재라고 단언한다. 왜냐하면 보통 1년간 모든 펀드의 절반 이상이 시장을 이기지 못하기 때문이라고 설명한다. 시장을 10년 연속 이긴다는 것은 기적처럼 들린다.[133]

넘버스가 정말로 천재인지 어떻게 판단해야 할까? 펀드 매니저가 시장에 이기거나 지는 확률은 50 대 50이다. (물론 비용과 세금을 제하기 전이다.) 앞으로 확률이 어떻게 전개될지 상상하는 가장 쉬운 방법은 동전을 던져보는 것이다. 앞면이 10번 연속으로 나올 확률은 1,024분의 1이다. 넘버스가 정말 천재로 보이는 확률이다. 이런 종류의 사후 판단은 너무 명확해서 두 가지 측면에서 당신의 눈을 멀게 할 수 있다. 한 가지는 과거의 수익이 미래의 수익을 담보하지 않는다는 점이다. 다른 한 가지는 과거 시점에서 그런 펀드를 고르는 것이 매우 어렵다는 점이다.

그 이유를 알아보기 위해 넘버스의 수익 행진이 시작된 1996년 말로 돌아가보자. 당시 미국의 주식형 펀드는 1,325개였다. 각 펀드별로 한 명의 매니저가 매년 동전을 던졌다고 상상해보자. 1,325명의 펀드 매니저 중 적어도 한 명이 매년 우연히 앞면이 나올 확률은 72.6%이다. 그렇다면 넘버스의 성과는 천재적인 능력일까, 아니면 순전히 운의 결과일까?

그가 단지 운이 좋았던 경우라면 그의 미래 성과는 그의 운이 다하는 순간 나빠질 것이다. 비록 그가 능력이 있다고 하더라도 당신이 그를 사전에 발견할 수 있었을까? 1996년에는 아무도 그의 이름을 들어본 적이 없었다. 그는 단지 1,325명의 펀드 매니저 중 한 명이었다. 그 많은 펀드 매니저 중에서 미래의 승리자를 골라내려는 시도는 출발 신호가 울리기 전 출발선에서 준비 중인 수많은 마라톤 선수를 헬리콥터에서 내려다보며 최종 우승자를 찾아내려는 것과 같다.

사후확신의 또 다른 관점을 보려면 [http://viscog.beckman.uiuc.edu/grafs/demos/15.html]에 접속하라.(인터넷에서 'selective attention test'나 '고릴라 실험'을 검색해도 볼 수 있다-옮긴이) 이 온라인 영화에는 대학생들이 농구공을 패스하는 장면이 나온다. 한 팀은 흰색 셔츠를, 다른 팀은 검정색 셔츠를 입었다. 두 팀 중 한 팀을 선택하고 선수들이 몇 번 공을 패스하는지 세어보라. 영화를 시작하려면 녹색 화살표를 클릭하라. 그 외에 다른 건 못 보았는가? 그렇다면 비디오를 다시 돌려보라. 당신은 이 시각적 퍼즐에 당황함을 느끼겠지만 곧 분명한 답을 알게 된다. 누구나 처음에는 답을 알아맞히기가 얼마나 힘든지 당신을 당황하게 만들 것이다. (만약 이 실험이 당신에게 실패했다면 친구에게 시도해보라.) 그것이 사후확신 편향의 힘이다. 이는 당신 내면의 사기꾼이 실제보다 당신을 더 똑똑하게 느끼도록 하는 또 다른 방법이다. 사후확신 편향은 과거 투자의 진실을 배우지 못하게 막음으로써 당신의 투자 미래를 확실히 이해하지 못하게 한다.

내가 알아, 내가 안다고

세 가지 간단한 질문이 있다. 당신의 지식을 테스트할 뿐만 아니라 자신의 지식에 관해서 당신이 얼마나 알고 있는지도 테스트한다.[134]

1. 디트로이트에서 남쪽으로 운전해서 가면 미국을 벗어나 가장 처음 접하는 나라는 어디인가?
   a. 쿠바
   b. 캐나다
   c. 멕시코
   d. 과테말라

이제 자신의 대답이 옳다고 얼마나 확신하는지 잠시 생각해보라. 100% 확신하는가? 95%? 90%? 아니면 그 이하인가?

2. 에너지의 75% 이상을 원자력으로 얻는 나라는 어디인가?
   a. 미국
   b. 프랑스
   c. 일본
   d. 정답 없음

다시 한번 자신의 대답이 옳다고 얼마나 확신하는지 잠시 생각해보라. 100% 확신하는가? 95%? 90%? 아니면 그 이하인가?

3. 보통 사람의 소화기관에 사는 미생물은 대략 몇 마리일까?

a. 100조

b. 1,000억

c. 1억

d. 10만

다시 한번 자신의 대답이 옳다고 얼마나 확신하는지 잠시 생각해보라. 100% 확신하는가? 95%? 90%? 아니면 그 이하인가?

미국 중서부 출신이 아닌 사람은 첫 번째 질문의 해답을 멕시코라고 적어도 90% 확신한다고 말한다. 종종 100% 확신하기도 한다. 사실 정답은 캐나다이다. 캐나다의 온타리오 주 윈저 시는 미국의 모타운에서 디트로이트 강 건너 바로 남쪽에 있다. (믿기지 않을 경우 http://maps.google.com을 방문하여 검색창에 'Detroit'를 입력해보라.)

두 번째 질문에 대다수 사람은 '정답 없음'을 고르며 70% 확신한다. 어느 나라보다 원자력 에너지를 많이 의존하는 나라는 프랑스이다. 세 번째 질문에 대다수 사람은 약 1억 마리의 미생물이 살고 있다고 50% 확신한다. 간단하지만 거북한 진실은 사람의 소화기관에 약 100조 마리의 미생물이 번식하고 있다는 것이다.

몇 년 전 오리건 주의 대학생들에게 다음의 질문을 했다. 아도니스는 사랑의 신인가, 식물의 신인가? 카카오 열매의 주요 생산지는 아프리카인가, 남아메리카인가? 4분의 1은 아도니스가 사랑의 신이라고 98% 확신했다. 3분의 1 이상은 남아메리카가 카카오의 주요 생산지라고 98%

확신했다. (당신도 한번 생각해보라. 당신의 답을 어느 정도 확신하는가?) 대다수 사람의 판단이 부정확하다는 사전 지식을 전달받았을 때도 많은 학생은 자신의 대답을 너무나 확신하여 자신이 옳다는 데 1달러를 걸 의지가 있었다. 그러나 오직 31%만이 아도니스가 식물의 신이라는 것을 정확히 알고 있었고, 4.8%만이 아프리카를 카카오의 주요 생산지라고 정확히 답했다.[135]

자신의 무지에 대한 무지가 우리의 투자 판단에 영향을 미친다. 은퇴 후 편안하게 살 수 있는 충분한 자금을 마련할 것이라고 '매우 확신 있게' 말하는 미국 근로자 가운데 22%가 현재 저축을 하지 않고 있으며, 39%는 저축액이 5만 달러 미만이었다. 또 다른 37%는 편안한 은퇴 생활에 필요한 자금이 어느 정도인지 계산조차 해본 적이 없었다.[136]

지금 저축을 하지 않으면서 은퇴 후 안락한 삶을 '아주 확신'하는 것은 매우 안 좋은 생각이다. 편안한 은퇴 생활을 위해 얼마나 많은 돈이 필요한지 모르면서 충분한 자금이 마련될 것이라고 가정하는 것은 더 좋지 않다. 이런 종류의 과신은 심각하게 저축률을 낮추며 퇴직 후의 빈곤으로 결국 후회하게 된다.

"우리를 곤경에 빠뜨리는 것은 무지가 아니라 잘 안다는 확신이다."라는 옛 속담이 꼭 맞는 것은 아니다. 정말 우리를 곤경에 빠뜨리는 것은 우리가 무지하다는 것조차 모른다는 것이다.[137]

이것은 일반 개인투자자만 그런 것이 아니라 전문 펀드 매니저도 마찬가지다. 어떤 면에서는 전문가가 자신의 무지를 더 모를 수 있다. 많이 알수록 자신이 실제보다 더 잘 안다고 생각하는 강력한 증거가 있다. 사람들은 자신이 실제로 옳다고 확신할 때조차도 종종 틀린다.[138]

◎ 1972년 스톡홀름의 한 연구는 은행원, 증권사 애널리스트, 금융 연구원 같은 전문가가 대학생보다 주가 예측을 더 잘하지 않으며, 경우에 따라서는 더 못한다는 결과를 발표했다.

◎ 미시간 대학의 연구에서는 학부생이 재무 전공 대학원생보다 미래 주가와 기업 수익을 더 정확하게 예측하거나 적어도 덜 부정확한 것으로 나타났다. (대학원생 중에는 재무설계사로 일한 사람도 있었다.)

◎ 스웨덴의 연구에서는 두 그룹이 두 종목의 주식 중 어느 것이 나은 성과를 보일지 선택하고 그 선택이 맞을 확률을 추정했다. 첫 번째 그룹은 평균 12년의 투자 경력을 가진 펀드 매니저, 애널리스트, 주식 중개인으로 구성되었다. 두 번째 그룹은 심리학을 전공하는 대학생으로 구성되었다. 평균적으로 아마추어 그룹은 성공률을 59%로 예상했는데 전체 시도 가운데 52%가 성공적으로 예측했다. 전문 지식으로 자신감이 팽배한 전문가 그룹은 성공률을 67%로 예상했지만 실제 성공률은 40%에 불과했다.

◎ 지나치게 자신만만한 투자자는 무슨 일이 일어날지 안다고 생각하기 때문에 끊임없이 주식을 사고 판다. 하지만 이런 투자자는 자신의 생각보다 아는 것이 적다. 거래량이 가장 많은 그룹과 가장 적은 그룹의 포트폴리오를 비교하면 놀랍게도 거래량이 적은 그룹의 성과가 연 7.1%포인트 높았다.

◎ 독일의 한 연구에서는 투자 전문가의 향후 주가 수익률 전망치를 조사했다. 금융 전문가는 예측의 폭을 충분히 넓게 잡았기 때문에 정확도가 90%에 이를 것으로 예상됐다. 결과적으로 이들 중 62%는 적중률이 50% 미만이었다. 경험이 많은 전문가일수록 과신하는 경

향이 있다.

◎ 1993년 〈포브스〉지의 액티브 펀드 담당 편집자는 401(k) 퇴직연금에 납입 가능액의 절반인 급여의 5%만 넣고 있었다. 한 친구가 왜 더 넣지 않느냐고 묻자 그는 쏘아붙이듯 답변했다. "401(k)의 펀드 매니저보다 내가 직접 투자하는 게 더 낫기 때문이야." 10여 년이 지난 뒤 그 편집자는 직접 운용한 투자 결과를 계산해봤다. 나는 답을 안다. 내가 바로 그 편집자이기 때문이다. 내가 나를 과신한 탓에 손해 본 금액은 지금까지 25만 달러 이상이다.

과신은 인간의 또 하나의 이상한 버릇이다. 과제가 어려울수록, 성공 확률이 절반에 가까울수록 사람들은 자신의 성공 가능성을 과신하는 경향이 있다. 유럽과 아시아 어린이의 그림을 구분하는 실험이 있었다. 참가자의 68%가 자신은 구분할 수 있다고 답했다. 하지만 실제로는 53%만이 구분할 수 있었다. 미국 대학생을 대상으로 한 실험 결과 역시 비슷했다. 미국에서 고등학교 졸업률이 가장 높은 주를 묻자 66%의 학생이 자신 있다고 답했다. 실제로 답을 맞힌 학생은 50% 미만이었다.[139]

자주 매매하는 단타 투자자가 매수 후 보유하는 투자자보다 스스로를 과신하는 경향이 강한 것도 이 때문이다. 단 몇 시간, 며칠, 몇 주 동안 보유한 종목의 성과는 한동안 매우 좋을 수 있다. 하지만 장기적으로는 단타 투자자가 전체 거래 가운데 50% 이상 수익이 나려면 아주 운이 좋아야 한다. 그러나 단타 거래를 하는 동안 잠깐 찾아오는 행운 때문에 단타 투자자는 근거 없는 자신감을 갖는다.

원숭이를 대상으로 한 실험에서는 보상받을 확률이 반반일 때 도파민 급증 현상이 보였다. 두뇌의 심층부에 있는 뉴런이 2초 가까이 꾸준히 상승한 것이다. 매우 확실한 보상은 훨씬 짧고 평범한 반응을 유발한다. '승률 반반의 도박'이 도파민 시스템에 일으키는 추가 흥분은 인간의 망설임을 깨뜨리는 자연의 법칙일지 모른다. 그렇지 않다면 인간은 성공 확률이 비슷한 상황에서 절대 선택할 수 없을 것이다. 도파민의 추가 분비는 이런 균형을 깨는 데 도움이 된다. 하지만 이것은 또한 명백한 증거가 있는 상황에서도 우리를 과신하게 만든다.[140]

사람들이 '나는 모른다'는 말을 거부하는 것은 엄청난 결과를 가져온다. 그런 거부는 판단 착오를 초래한다. 우주왕복선 챌린저호에 균열을 초래한 O링의 설계, AOL과의 합병이 기발한 아이디어라고 믿은 타임워너 CEO 제럴드 레빈의 착각, 이라크인이 참전한 미군을 환영할 것이라는 미국 국방부의 환상 등이 그런 사례다. 거부는 사람들이 질문하지 못하게 막는다. 왜냐하면 사람들이 이미 답을 알고 있다고 가정하거나 무지를 인정할 경우 생기는 결과가 두렵기 때문이다.

어떤 심리학자는 과신을 데이터를 다르게 제시함으로써 쉽게 치유할 수 있는 사소한 문제라고 주장한다. 하지만 실제로 과신은 투자 지옥으로 가는 문을 열어준다. 1993년 캘리포니아 주 오렌지 카운티의 재무 담당이었던 로버트 시트런은 70억 달러의 주 예산을 운용하기 위해 130억 달러를 차입했다. 이 자금으로 금리가 하락하거나 변동이 없을 경우 높은 수익을 얻을 수 있는 복잡한 파생상품에 투자했다. 한 은행가가 금리가 오를 경우 카운티의 포트폴리오는 어떻게 되겠느냐고 물었다. 시트런은 금리가 오르지 않을 것이라고 대답했다. 은행가가 어떻게 그렇게 확신하느냐고 물었다. "나는 미국 최대의 투자자 중 한 명입니다. 그런 것 정도는 알고 있습니다."라고 시트런이 쏘아붙였다. 9개월 뒤 금리가 급등했고 시트런의 포트폴리오는 20억 달러의 손실을 봤다. 이로 인해 오렌지 카운티는 미국 역사상 최대의 파산을 기록한 도시가 됐다.[141]

2005년 7,000억 달러를 감독하는 기관투자자를 대상으로 여론조사가 실시됐다. 기관투자자의 56%는 헤지펀드에 현명하게 투자할 수 있다고 확신했다. 그리고 응답자의 67%는 베일에 가려 운영되는 헤지펀드의 추가 위험 부담을 분석하고 관리하는 데 필요한 수단이 부족함을 인정했다. 2006년 9월 '아마란트 어드바이저 헤지 펀드'는 위험 부담이 큰 천연가스 거래 전략이 실패하면서 일주일 만에 펀드 가치의 절반을 잃었다. 이는 '샌디에이고 카운티 직원퇴직협회'에 77억 달러의 손실을 초래했다. 또한 최고의 투자회사로 알려진 모건 스탠리와 골드만 삭스에 50억 달러 이상의 손실을 입혔다. 불과 몇 달 전만 해도 샌디에이고 연금 기금은 외부 전문 지식을 활용하지 않고도 헤지펀드에 직접 투자할 능력이 있다고 자랑했었다.

우리가 실제보다 더 많이 안다고 주장하는 이유는 무지를 인정하는 것이 자존심을 상하게 하기 때문일 것이다. 어설픈 지식은 정말로 위험하다. 어디선가 얻은 약간의 지식은 우리의 자신감을 부추긴다. 모르는 것이 더 많다는 것을 인정할 경우 그런 자신감은 심각하게 위협받는다. 그렇기 때문에 자신의 무지를 인정하는 데는 많은 노력이 필요하다. 세상에서 가장 말하기 어려운 세 글자는 '모른다'이다. 빛이 태양에서 지구로 오는 데 1분 미만이 걸리느냐는 질문에 스코틀랜드 대학생의 13%는 '거의 확실하다', 21%는 '완전히 확실하다'고 답했다. 17%만이 답을 모른다고 인정했다.[142] (평균적으로 걸리는 시간은 8분 20초 정도다.)

워런 버핏의 다음 얘기는 정말 맞는 말이다. "대다수 투자자에게 중요한 것은 그들이 얼마나 많이 알고 있느냐가 아니라 자신이 얼마나 모르는지를 아는 것이다. 투자자는 극소수의 일만 제대로 처리해도 큰 실수를 피할 수 있다."[143]

자신감을 적절히 조정하라

많은 투자자가 마치 하버드 대학의 철학자 윌러드 밴 오먼 콰인Willard Van Orman Quine을 흉내내는 것처럼 행동한다. 연구생 초기에 콰인은 타자기에서 물음표 키를 제거했다. 만년에 어떻게 70년 동안 물음표를 한 번도 입력하지 않고 글을 쓸 수 있었느냐는 질문을 받고 그는 이렇게 답했다. "알다시피 나는 확실한 것만 다룹니다."[144] 하지만 금융시장에는 확실한 것이 거의 없다. 당신의 투자 두뇌는 능력을 과장하고, 친숙한 것을 선호하며, 실제보다 과거와 미래를 잘 알고 있다고 상상하도록 설계되어 있다. 그렇기 때문에 투자자는 키보드의 물음표를 떼지 말아야 한다. 설사 다른 키를 제거하더라도 말이다.

하지만 당신은 자신감을 내려놓고 싶지 않다. 투자는 미래의 불확실성을 감내할 수 있어야 하기 때문에 확신이 없는 투자자는 전혀 투자를 못할 것이다. 따라서 당신은 자신이 실제보다 더 많이 안다고 생각하지 않도록 가급적 조심하는 것을 목표로 삼아야 한다. 얼마나 많이 아느냐보다 당신의 무지가 시작되는 경계선을 잘 이해하는 것이 중요하다. 당신이 무지하다는 것을 아는 한 무지 자체는 문제가 되지 않는다. 당신의 자신감을 제대로 파악할 수 있는 몇 가지 방법을 제시한다.

난 잘 몰라. 하지만 별 상관없어.

'모른다'고 말하는 것은 부끄러운 일이 아니다. 예측 게임에서 월가를 능가하는 것이 투자자로서 성공하기 위한 필수 요소는 아니다. 당신이 몰라도 되는 것이 있다. 이베이의 이익이 얼마가 될지, 에너지와 금 관련 주식이 계속 오를지, 다음 달 실업 보고서 내용이 무엇인지, 아니면 금리나 인플레이션의 동향과 같은 것 말이다. 인덱스 펀드TSM, Total Stock Market Index Fund는 사실상 모든 주식을 최저 비용으로 보유하는 바구니다. 만약 당신이 두 개의 TSM에 투자한다면 국내용과 국외용일 것이다. 이제 당신은 더 이상 어떤 주식이나 산업 분야가 잘될지 고민할 필요가 없다. 이런 단순한 방법으로 예측 게임을 거부하기만 하면 승리할 수 있다. 인덱스 펀드는 일곱 단어로 된 마법의 주문을 외울 수 있다. "난 잘 몰라. 하지만 별 상관없어I don't know, and I don't care."[145] 다음에 대박이 날 분야가 인터넷 회사인가, 아니면 굴뚝 주식인가? 난 잘 모른다. 하지만 별 상관없다. 내 인덱스 펀드는 둘 다 소유하고 있다. 소형주가 대형주보다 잘 나갈까? 난 잘 모른다. 하지만 별 상관없다. 내 인덱스 펀드는 둘 다 소유하고 있다. 누가 컴퓨터 산업의 미래를 지배할 것인가? 마이크로소프트, 구글, 아니면 아직 알려지지 않은 신생 기업? 난 잘 모른다. 하지만 별 상관없다. 내 인덱스 펀드는 모두 소유하고 있다. 앞으로 수십 년간 세계 최고의 주식시장은 어느 나라일까? 난 잘 모른다. 하지만 별 상관없다. 내 인덱스 펀드는 모두 소유하고 있다.

'너무 어렵다'는 제목의 상자를 만들어라.

워런 버핏이 다른 사람보다 더 많이 알아서 세계에서 가장 성공한 투자자가 되었다고 생각하는 사람이 많다. 그러나 버핏 자신은 자신이 모른다는 것을 아는 것이 성공의 열쇠라고 믿는다. 버핏은 이렇게 말한다. "사람들은 모든 것에 많은 의구심을 갖는다. 하지만 그런 의문을 곧 잊어버린다." 버핏은 또 이렇게 덧붙인다. "기본 원칙은 평가 방법을 모르는 대상을 '너무 어렵다'는 제목의 상자에 집어넣는 것이다. 우리의 아이디어의 99%가 상자 안에 들어간다."[146] 이 상자는 버핏의 사업 파트너 찰리 멍거가 이름 지은 것이다. 당신의 투자 업무 공간에 다음의 3가지 상자를 두어라. 고려해야 할 몇 가지 아이디어를 담은 작은 '미결' 상자, 이미 승인했거나 거부한 아이디어를 담은 '검토 완료' 상자, 나머지 모든 아이디어를 담을 '너무 어렵다' 상자가 있어야 한다. (투자를 정말 진지하게 생각한다면 '너무 어렵다'는 단어를 쓰레기통에 붙이고 그 안에 던져넣어라. 모든 작업을 컴퓨터에서 수행할 경우 '너무 어렵다'는 폴더를 바탕화면에 만들거나 휴지통의 특수 공간에 만들어라.) '너무 어렵다' 상자에 속하는지 알아보기 전까지는 그 어떤 것도 '미결' 상자에 넣어서는 안 된다. (확신이 안 든다면 그건 '너무 어렵다'는 확실한 신호다!)

두 번 재고 한번에 잘라라.

만약 당신이 장인 목수가 일하는 모습을 본다면 목재 조각이나 폐기물을 거의 남기지 않는다는 것을 알아챌 것이다. 왜냐하면 목수는 작업하기 전에 매우 세심하게 측정하기 때문이다. 따라서 당신도 주식의 가치를 추정한 다음 다시 추정값을 줄여보라. 행동재무학 작가 게리 벨스키와 심리학자 토마스 길로비치는 25%의 '과신 할인율' 사용을 제안한다. 추정값의 위아래에 이 방법을 적용해 조정하는 것이다. 예를 들어 어떤 주식의 가치가 40달러에서 60달러 사이로 추정한다면 각각의 숫자를 25%만큼 자르면 30달러에서 45달러 사이의 새로운 추정값이 생긴다. 이런 보수적인 계산은 우리가 과신에 사로잡히지 않도록 돕는다.[147]

바로 적어라.

30여 년간 과신을 연구한 심리학자 바루치 피쇼프는 투자 일지 사용을 권한다. 그는 이렇게 말한다. "당신이 예측할 때 생각나는 것을 모두 기록하라. 가급적 분명하게 표현하도록 노력하라. 가능성을 생각하고 가격 범위와 날짜도 포함하라." 예를 들어 이렇게 적는 것이다. "이 주식은 1년 안에 20달러에서 24달러 사이가 될 가능성이 70%이다." (잊지 말고 25% 과신 할인율을 적용하라.) 마지막으로 다음 문장의 빈칸을 채워 투자 이유를 적어놓아라. "나는 이 주식이 오를 것이라고 생각한다. 왜냐하면 ~하기 때문이다."[148]

매수하기 전에 투자 이유를 문서화하는 것이 중요하다. 기억 연구가 엘리자베스 로프터스Elizabeth Loftus는 사람의 과거 기억이 이후의 사건으로 쉽게 '오염'된다는 것을 보여주었다. 사건 발생 이후 투자 일지에 기록할 경우 원래 동기의 기억이 향후의 가격 변동에 의해 영향을 받을 수 있다. 예를 들면 이런 식이다. '즉시 15달러가 될 줄 알았기 때문에 14달러일 때 샀다.'

일지를 1년 동안 덮어둬라. 그런 다음 일지를 펴보고 당신의 예측이 얼마나 정확한지, 과소 혹은 과대 평가하는 경향이 있었는지, 당신의 이론이 얼마나 정확했는지 확인하라. 당신의 투자가 수익이 났는지를 보자는 것이 아니다. 당신은 결과를 이미 알고 있다. 대신 그 결과가 당신이 예상한 이유 때문이었는지를 보라는 것이다. 이를 통해 당신이 옳았는지 아니면 단지 운이 좋았는지를 알 수 있다. 그리고 그것은 당신 내면의 사기꾼을 견제하는 데 도움이 된다. 게다가 진정한 사후 판단의 이점을 통해 당신은 어떤 종류의 추가 정보가 옳을 가능성을 높였거나 더 정확한 가격 범위를 초래했는지 물어볼 수 있다.

효과가 없던 것을 추적하여 효과적인 것을 배워라.

우리는 자신의 행동에 즉각적이고 명확한 피드백을 받을 때 가장 잘 배운다. 그렇기 때문에 교사는 숙제를 즉시 채점하고 구체적인 성적과 개선 의견을 제시한다. (만약 숙제를 언제 돌려받을지 알 수 없고 숙제에 '아직까지는 나쁘지 않음'이라는 평가가 적혀 있을 때 학교 생활이 어떨지 상상해보라.)

불행히도 금융시장은 지저분한 피드백으로 가득 차 있다. 만약 10달러에 산 주식이 즉시 11달러가 된다면 당신은 스스로를 똑똑하다고 칭찬할 것이다. 하지만 얼마 뒤 주식이 9달러까지 떨어지면 당신은 자신이 바보처럼 느껴질 것이다. 옳은 투자였는지의 판단 여부는 부분적으로 평가 시점에 달려 있다. 단기적으로는 유동적인 증거로 호불호가 나뉜다. 자신의 투자 능력에 신뢰할 만한 평가를 내리려면 장기간에 여러 투자 결과를 점검할 필요가 있다. 또한 가보지 않은 길에도 눈을 돌릴 필요가 있다. 바르셀로나 폼페우파브라 대학의 심리학자 로빈 호가스는 당신이 보유 중인 주식, 이미 매도한 주식, 사려고 생각했지만 결국 사지 않은 주식의 세 그룹의 실적을 지켜보라고 제안한다.[149] [http://portfolio.morningstar.com]과 같은 온라인 포트폴리오 추적 장치를 이용해 세 그룹 모두를 관찰해보라.

이 연습은 특히 전문 투자자, 금융 기획자, 모든 단타 거래자에게 유용한데 당신이 매수한 주식의 상승 여부 이상을 알려준다. 이 연습은 또한 당신이 매도한 주식의 추후 상승 여부와 당신이 사려고 했던 주식과 실제 매수한 주식의 성과를 비교해 보여준다. 이런 정보는 당신의 매매 능력을 확인하기 위해 반드시 필요하다.

내면의 사기꾼에게 수갑을 채워라.

다음 세 가지 질문을 통해 자신의 능력치에 거짓말을 못하게 할 수 있다.

1. 내가 평균보다 얼마나 더 유능하다고 생각하는가?
2. 내가 어느 정도의 성과를 거둘 수 있다고 생각하는가?
3. 다른 사람은 장기적으로 어느 정도의 평균 성과를 올리는가?

당신의 주식 선택 능력은 평균보다 25% 높고 연간 15%의 수익을 낼 수 있다고 가정하자. 세 번째 질문을 하기 전까지는 충분히 현실적이게 들린다. 미국 주가지수(S&P 500)의 장기 연평균 수익률은 10.4%이다.[150] 그러나 사람들이 자신의 포트폴리오에 더하고 빼는 현금 액수를 반영하면 1926년 이후 연평균 수익률은 8.6%로 내려간다. 세금과 거래 비용, 인플레이션을 반영하면 일반 투자자의 연평균 수익률은 4% 밑으로 더욱 떨어진다. 당신이 정말로 평균보다 25% 높아도 모든 비용을 제하면 연간 5% 이상의 수익을 기대하기 어렵다. 연간 15%의 수익을 내려면 당신은 적어도 평균보다 3배 이상 성과를 낼 수 있어야 한다. 이 세

가지 질문에 답함으로써 우리 내면의 사기꾼이 얼마나 제정신이 아닌지 알 수 있다.

실수를 받아들여라.

뉴욕의 '데이비스 셀렉티드 어드바이저'에서 600억 달러 이상의 액티브 펀드를 운용하고 있는 크리스토퍼 데이비스는 자신의 사무실 바깥 벽을 주식 증서로 장식한다. 이런 영예를 얻는 주식은 최고가 아닌 최악의 투자다. '실수의 벽'이라는 별명이 붙은 벽에는 지금까지 16개 회사의 주식 증서가 전시되었다. 데이비스는 씁쓸하게 이렇게 말한다. "어떤 것은 그대로 붙이고 어떤 것은 액자에 넣어서 겁니다. 우리가 벽에 걸기 시작할 무렵에는 이것이 벽화처럼 될 줄 몰랐어요." '웨이스트 매니지먼트' 주식 증서는 두 번이나 실수의 벽에 걸렸다. 데이비스가 잘못된 이유로 사서 잘못된 상황에서 팔았기 때문이다. 데이비스에게 '실수'란 예방할 수 있었던 잘못된 정보나 결함이 있는 분석으로 기업 가치를 잘못 평가했다는 것을 의미한다.[151]

투자한 주식이 실수로 판명되면 데이비스는 그 주식 증서를 액자에 넣고 실수에서 얻은 교훈을 요약해서 벽에 건다. 많은 펀드 매니저가 'ROI return on investment(투자수익률)'나 'ROE return on equity(자본수익률)'를 이야기한다. 데이비스는 추가로 'ROM return on mistakes(실수수익률)'을 이야기한다. 실수의 벽에 '웨이스트 매니지먼트'의 주식 증서를 붙임으로써 데이비스는 '타이코 인터내셔널Tyco International'을 '최악의 비관적 시점'에서 팔지 않을 수 있었다. (타이코 주가는 이후 3배 올랐다.) '이해하지 못하는 답변에 만족하지 마라'는 교훈을 준 '루슨트Lucent'의 주식 증서는 데이비스 펀드가 붕괴되기 전에 엔론의 주식을 사들이는 것을 막았다.

주식 증서를 액자에 넣을 필요는 없다. 투자에서 실수한 종목 이름과 실수의 교훈을 포스트잇에 간단히 적으면 된다. 자신의 실수를 묻어두지 않고 받아들임으로써 우리는 그 실수를 부채가 아닌 자산으로 바꿀 수 있다. 자신의 실수를 연구하고 눈에 띄게 하는 것은 반복적인 실수를 피하는 방법이다.

'당신이 아는 주식'만 사면 안 된다.

피델리티 마젤란 펀드의 전설적인 펀드 매니저 피터 린치는 투자자에게 "당신이 아는 주식을 사라."고 조언한 것으로 유명하다. 린치는 직접 소비하는 상품과 서비스를 가진 회사에 투자함으로써 '상식의 힘'을 이용할 수 있다고 했다.[152] 예를 들어 린치는 부리토를 좋아하기 때문에 '타코벨'의 주식을 샀고, 그가 운전하는 자동차 회사였기 때문에 '볼보' 주식을 샀고, 던킨의 커피를 즐겼기 때문에 '던킨도너츠'를 샀고, 아내가 레그 팬티스타킹을 좋아하기 때문에 '헤인스' 주식을 샀다. 그러나 투자자들은 린치가 단지 젤리가 듬뿍 올라간 튀긴 밀가루 반죽을 좋아한다는 이유만으로 던킨도너츠에 투자하지 않았다는 사실을 종종 잊는다. 린치는 그 회사의 재무제표를 분석할 뿐만 아니라 상상할 수 있는 모든 것을 연구하는 데 많은 시간을 보냈다. 당신이 회사의 제품과 서비스를 좋아한다는 이유만으로 주식을 사는 것은 이성이 옷을 잘 입는다는 이유만으로 그와 결혼하는 것과 같다. 그 회사의 제품과 서비스에 익숙해서 관심을 갖는 것은 좋지만 먼저 투자 체크리스트('부록 2' 참조)를 점검해야 한다. 그 전에는 주식을 사지 말아야 한다.

자사주에 얽매이지 마라.

아무리 친숙하게 느껴지고 만족감을 줄지라도 자사주를 보유하는 것은 위험한 선택이다. 2004년 9월 30일 '머크Merck & Co.'는 자사의 인기 관절염 치료제인 비옥스가 심장병 발병 위험을 높인다는 연구 결과가 나오자 약을 회수한다고 발표했다. 이 뉴스로 머크의 주가는 심장 발작을 일으켰으며 순식간에 27%나 폭락했다. 머크의 직원들은 401(k) 퇴직연금의 4분의 1을 자사주에 투자했기 때문에 은퇴 자금의 5% 이상을 하루 만에 잃었다.

정확히 2주 뒤 뉴욕 주 검찰총장 엘리어트 스피처는 거대 보험 중개 서비스 기업인 '마쉬 앤 맥레넌Marsh & McLennan'을 보험 사기 혐의로 기소했다. 직원들의 퇴직 계좌에는 자사주가 12억 달러어치나 있었다. 검찰총장의 발표 이후 마쉬의 주가는 나흘 만에 48% 폭락했고 퇴직 계좌의 잔고가 5억 달러 이상 감소했다. 한 달도 지나지 않아 마쉬는 직원 3,000명을 해고했고 이후 넉 달 만에 2,500명의 일자리를 더 줄였다. 해고된 직원은 일자리를 잃었을 뿐 아니라 그들의 퇴직 계좌의 잔고도 절반으로 줄었다.

모든 달걀을 한 바구니에 담는 것은 실제로 정말 위험하다. 클레어몬트 메케나 대학의 리사 뮬브로그 교수에 따르면 10년 동안 자사주 비중이 50%일 때 위험 조정 기대수익은 1달러당 60센트 미만으로 줄어든다고 추정한다. 자사주 비중이 25%라 하더라도 위험 조정 기대수익은 1달러당 74센트에 불과하다.[153]

이런 식으로 생각해보라. 당신이 오늘 죽을까? 아마 아닐 것이다. 하지만 생명보험은 필요하다. 내일 당신의 집에 불이 날까? 아마 아닐 것이다. 하지만 화재보험에 드는 게 좋을 것이다. 당신 회사가 '엔론'처럼 파산하게 될까? 아마 아닐 것이다. 하지만 혹시 모르니까 포트폴리오에 보험을 드는 게 분명 좋을 것이다. 포트폴리오에 보험을 드는 가장 좋은 방법은 투자금에서 자사주 비중을 10% 이하로 낮추고 가급적 다양한 자산에 분산하는 것이다.

포트폴리오 다각화가 최선의 방어책이다.

지금 생각하면 1980년대 초 컴퓨터 주식에 전 재산을 투자했다면 큰 돈을 벌었을 것이다. 그러나 사후확신 편향은 진실을 못 보게 한다. 개인용 컴퓨터가 처음 나오던 시절 '마이크로소프트'의 주식을 사는 것은 불가능했다. 이 회사는 1986년까지 상장하지 않았기 때문이다. 당시의 슈퍼스타 기업은 '버로스Burroughs', '코모도어 인터내셔널Commodore International', '컴퓨터비전Computervision', '크레이 리서치Cray Research', '디지털 이큅먼트Digital Equipment', '프라임 컴퓨터Prime Computer', '탠디Tandy', '왕 래버러터리즈Wang Laboratories'였다. 1980년 12월에 첫 상장된 '애플 컴퓨터' 주식을 매수할 수 있었지만 당신은 대신 '코모도어'의 주식을 선택했을 수도 있다. 왜냐하면 코모도어는 1974년 말에 투자된 1만 달러를 170만 달러로 성장시켰기 때문이다.[154]

컴퓨터 산업의 초기 스타는 하나씩 자취를 감췄다. 그들의 혁신 제품은 우위를 잃었고, 인재들은 타사로 빠져나갔으며, 기업은 파산하거나 잊혔다. 그런 기업의 주식에 투자한 사람은 모두 돈을 날렸다. 마이크로소프트나 애플을 보면서 누구나 저 회사에 투자할 수 있었다고 생각하는 것은 사후확신 편향 때문이다. 실제 경쟁이 격하게 진행되는 동안은 어느 기업이 진정한 승자일지 분명하지 않다.

그래서 투자 다각화가 매우 중요하다. 가급적 넓은 범위의 국내외 주식과 채권에 분산투자함으로써 일부 투자가 실패해도 당신의 금융 미래를 망치지 못하게 막을 수 있다.

자신이 네 살이라고 생각하라.

모든 부모가 알겠지만 네 살배기 아이는 엄마나 아빠의 지식이 바닥날 때까지 계속해서 '왜요?'라고 묻는 버릇이 있다. '왜요?'라는 질문을 네다섯 번 반복하는 것은 당신과 다른 사람의 지식 수준을 시험하는 좋은 방법이다. '중국은 반드시 투자해야 하니까'를 들먹이며 중국 주식 액티브 펀드에 투자해야 한다고 떠들어대는 투자 전문가를 만나면 '왜요?'라고 물어보라. 그가 '중국 경제가 세계에서 가장 빠르게 성장할 테니까'라고 답한다면 '왜요?'라고 다시 물어보라. '중국은 제조원가가 계속 낮을 것이기 때문'이라고 답하면 '왜요?'라고 다시 물어보라. 다섯 번째 '왜요?'에는 답을 듣기 어려울 것이다. 자신이 무슨 말을 하는지 잘 모르는 사람은 '왜요?'라는 질문에 두 번 이상 답하지 못한다. 당신 역시 답하지 못한다면 이는 아직 잘 모른다는 신호다. 현명한 투자자는 네 살배기처럼 행동하는 것이 종종 좋은 생각이라는 것을 안다.

CHAPTER 6

뜨거운 우유에
입을 데면
다음에는 요구르트를
불어서 식힌다.[155]

_ 터키 속담

YOUR MONEY & YOUR BRAIN

◎

구경꾼 관점에서

위험 부담이 큰 투자에 나설 후보가 있다면 바비 벤스먼일 것이다. 위험을 감내하려면 위험을 얼마나 견딜 수 있는지 알아야 한다. 벤스먼은 대다수가 하얗게 질릴 만한 위험을 견뎌낸다. 그녀의 스트레스 해소법은 수백 미터의 바위 절벽을 올라가는 것이다. 미국 최고의 암벽 등반가인 벤스먼은 1999년 대회를 끝으로 은퇴할 때까지 전미 암벽 등반 대회에서 20차례 이상 우승했다. 그녀는 1992년 콜로라도의 한 암벽에서 50피트 아래도 떨어졌으나 땅에 닿기 직전 로프가 당겨져 다행히 치명적인 부상은 피했다.[156]

벤스먼이 타고난 위험 감내자로 보이는 다양한 면이 있다. 도박 기질은 그녀의 혈통이다. 그녀의 할아버지는 라스베이거스의 한 카지노 관리자였다. 그녀의 어머니는 마피아인 벅시 시걸과 어울리며 자랐다.

하지만 그녀는 투자 위험을 회피하며 대부분의 자금을 그녀가 '지루하다'고 부르는 액티브 펀드와 우량주에 투자한다. 암벽에 매달리는 걸 즐기고 도박꾼에 둘러싸여 자란 사람이 투자 위험을 회피한다는 것은 언뜻 수긍하기 어렵다. 그녀는 어깨를 으쓱하며 "나는 아주 보수적인 것 같아요."라고 말한다. 그녀는 수백 피트나 되는 암벽을 기어오르는 것이 위험하다고 생각하지 않는다. 13년의 암벽 등반 대회 참가 기간 동안 그녀는 큰 부상을 입은 적이 없다. 그 이유를 그녀는 이렇게 말한다. "그

건 모두 시스템에 관한 것이에요. 올바른 시스템을 갖추면 전혀 위험하지 않아요."

벤스먼의 이야기가 보여주듯 모든 투자자가 일정 수준의 '위험 감내 능력'을 갖고 있다는 통념은 거짓말에 가깝다. 실제로 투자 위험을 감내하는 능력은 유동적이며 계속 변한다. 변하는 이유는 다음과 같다. 혼자였거나 집단의 일원으로 경험한 과거의 기억, 위험의 친숙도나 통제 가능성, 위험의 표현 방식, 그 순간의 기분 등이다. 이런 요소 중 어느 하나라도 약간만 변화하면 몇 초 만에 공격적 성향이 방어적 성향으로 바뀔 수 있다. 만약 당신이 위험에 대한 직관적인 인식을 의심 없이 신뢰한다면 피해야 할 도박에는 상습적으로 참여하고 시도해야 할 도박에서 물러서게 된다.

대규모 투자 도박을 선호하는 투자자는 실제로 돈을 잃으면 비참하게 끝나는 경우가 많다. 독거노인이 투자 위험을 기꺼이 감내하는가 하면 독신 청년은 완전히 겁쟁이처럼 투자한다. 게다가 자산을 신흥시장 펀드에 넣으면서도 자녀의 학자금은 예금에 넣어두는 사람도 있다. 또 어떤 사람은 보험에 가입하거나 복권을 사기도 한다. 이들은 방어적인가 공격적인가, 아니면 양쪽 다인가, 둘 다 아닌가? 산타클라라 대학의 메어 스탯먼Meir Statman 교수는 이들을 그냥 '정상'이라고 부른다. 그가 옳다.

6장은 당신이 얼마나 많은 위험을 감내해야 하는지, 시장의 변동성이 커지는 기간 동안 어떻게 침착함을 유지해야 하는지, 거짓 공포와 실제 위험을 어떻게 구별하는지를 공부할 것이다. 위험 감내도를 잘 이해하면 투자에서 흔들리지 않고 심리적 안정을 찾을 수 있다.

실시간 위험

투자자와 금융 전문가에게 가장 골치 아픈 질문은 "당신의 위험 감내도는 얼마입니까?"일 것이다. 금융 전문가나 주식 중개인은 종종 투자자에게 소위 '위험 감내도' 설문 조사를 요구한다. 이들은 당신의 위험 감내도를 알아내기 위해 대여섯 가지의 질문이 필요하다고 말한다. 답변에 따라 보통 세 범주로 나눠진다. 방어형(현금과 채권 위주), 중립형(주식 50%, 현금과 채권 50%), 공격형(주식 위주). 실제 설문 조사에 사용된 질문은 다음과 같다.[157]

나는 장기투자를 위해 추정된 위험을 감내할 용의가 있다.

1. 매우 동의한다
2. 동의한다
3. 어느 정도 동의한다
4. 반대한다
5. 매우 반대한다

많은 투자 성과는 단기적으로 변동한다. 10년간 투자할 10만 달러가 첫해에 손실이 났다면 당신은 어느 정도 하락하면 반등을 기다리지 않고 보다 안전한 투자처로 옮길 것인가?

1. 9만 5,000달러
2. 9만~9만 4,000달러
3. 8만~8만 9,000달러
4. 8만 달러 미만

다음 중 투자 위험 부담에서 당신의 태도를 가장 잘 설명한 것은?

1. 나는 안전을 매우 중요하게 생각하며 투자 포트폴리오의 가치가 전혀 하락하지 않기를 바란다.
2. 나는 투자의 위험을 알지만 최대한 줄이려고 노력한다.
3. 나는 투자 포트폴리오의 수익률을 높이기 위해 투자 위험을 감수할 용의가 있다.
4. 나는 높은 수익을 위해 일부 포트폴리오의 상당한 위험을 감수할 용의가 있다.
5. 나는 수익 가능성을 극대화하기 위해 전체 포트폴리오에 높은 위험을 부담하는 것이 불편하지 않다.

이런 설문의 첫 번째 문제는 투자자가 자신의 위험 감내 능력을 이미 알고 있다고 가정한다는 것이다. 투자자가 그걸 알았다면 이런 설문에 참여할 필요가 있겠는가? 두 번째 문제는 설문에 일관성이 없다는 것이다. 113명의 경영학과 학생이 6곳의 대형 금융회사의 위험 감내도 설문에 답했는데 결과의 유사성은 56%에 불과했다. 다시 말해서 어떤 두 가지 설문에서 같은 사람이 동일한 위험 감내도를 가졌다고 나올 확률이 동전 던지기보다 약간 나은 수준이라는 것이다. 위험 감내도는 당신이 어떤 사람인가에 따라 달라지는 것이 아니라 어느 회사의 설문에 답했는가에 따라 달라진다.

여기에는 더 기본적인 문제가 있다. 신발 사이즈처럼 정확하게 측정할 수 있는 단일한 위험 감내도를 갖고 있는 사람이 있을까? 투자 산업에 만연한 수많은 생각 중에서 이것이 가장 어리석을 것이다.

놀랍게도 위험 감내도는 순간의 기분에 달려 있다. 지금부터 5분 뒤 아니 몇 초만 지나도 기분은 변하고 그에 따라 위험 감내도 역시 바뀔 수 있다. 다음의 사례를 보라.[158]

◎ 남성에게 웹 사이트에서 다운로드한 여성의 얼굴 사진을 보여주었다. 그런 다음 남성에게 내일이나 미래에 크고 작은 돈을 벌 수 있는 기회를 제공했다. 매력적인 여성의 사진을 본 남성은 돈을 받기 위해 더 오래 기다릴 의사가 없었다.

◎ 학생들에게 두 가지 중 하나를 선택하게 했다. 70%의 안전한 확률로 2달러를 받는 것과 4%의 위험한 확률로 25달러를 받는 것이었다. TV 코미디 프로그램을 보고 기분이 좋아진 첫 번째 집단은 60%가 안전한 쪽을 선택했다. 프랭크 시나트라의 '마이웨이My Way'를 반주 없이 두 번 부르라는 지시를 받은 두 번째 집단은 87%가 승률이 낮지만 보상 금액이 큰 쪽을 선택했다. 아마도 이들은 돈으로 보상을 받아야 한다고 생각한 것 같다.

◎ 긴급한 의료 문제를 상담하기 위해 진료실로 불려가는 상상을 해보라는 지시는 사람들을 불안하게 만든다. 그들에게 안정적인 60%의 확률로 5달러를 받을 건지 30%의 낮은 확률로 10달러를 받을 건지 선택하라고 요구했다. 불안한 사람은 차분한 사람보다 안전한 확률을 선호했다. 불안은 불확실하다는 느낌을 주는 경향이 있는데 이럴 경우 추가 위험을 피한다.

◎ 학생들에게 형광펜을 나눠준 다음 두 가지 영상 가운데 하나를 보여주었다. 하나는 눈물을 쏟게 만드는 영화 〈챔프The Champ〉에서 인

물이 죽는 장면이고, 다른 하나는 열대어 영상이다. 영상을 본 뒤 학생들에게 자신의 형광펜은 얼마에 팔 것인지, 다른 학생의 형광펜을 얼마에 살 것인지 물었다. 죽는 장면을 본 학생은 형광펜을 사는 데 더 많은 돈을 지불하려고 했다. 슬픈 감정은 가치 있는 무언가를 잃어버렸다는 점을 상기시키는 것 같다. 이런 상실감은 새로운 출발을 하거나 무언가를 사는 위험을 감수하게 한다. (실연을 당한 뒤 쇼핑에 많은 돈을 써본 경험이 있는 사람이라면 이 경우가 익숙하게 들릴지도 모르겠다.)

◎ 혐오스럽지만 계몽적인 실험이 있었다. 한 집단에게 탈취제 없이 48시간을 지내는 동안 패드를 하고 무섭거나 그렇지 않은 영상 중 하나를 보게 했다. 그리고 영상을 보는 동안 겨드랑이 패드에 모아진 체취를 '기증'했다. 다른 집단에게는 앞 집단에서 나온 겨드랑이 패드를 테이프로 윗입술에 붙이게 했다. 그 상태로 화면에 비친 단어를 감정적으로 평가하도록 했다. 무서운 영상을 본 기증자의 패드를 붙인 사람은 '실수를 피하도록 동기부여가 된 것처럼' 모호한 단어를 더욱 조심스럽게 평가했다. 공중에 떠도는 공포의 냄새는 사람들에게 주의할 필요가 있다는 신호를 보내기에 충분해 보인다.

◎ 남자들에게 심장병 위험을 높일 수 있는 세 가지 혹은 여덟 가지 요인을 생각하게 했다. 놀랍게도 세 가지만 생각한 사람은 여덟 가지 요인을 생각한 사람보다 전반적으로 위험이 더 크다고 평가했다. 왜 그럴까? 여덟 가지 다른 이유를 생각해낸 사람은 직관적으로 다음과 같은 결론을 내렸다. "이 모든 이유를 찾아내는 것이 이처럼 어렵다면 발병 위험이 높으면 얼마나 더 높겠는가?" 그러나 3가지 요

인만 생각한 사람은 짧은 목록이라 훨씬 쉽게 떠올랐다. 이 짧은 목록은 심장병에 걸릴 확률이 높다고 느끼도록 만들었다. 위험을 쉽게 떠올리는 것만으로도 위험이 보다 현실적으로 느껴진다.

◎ 파란 종이보다 빨간 종이에 인쇄할 경우 위험 감내도가 커진다는 것을 입증한 연구자도 있다. 마지막으로 사람들이 맑은 봄날에 적어도 30분만 밖에서 보내면 더 쉽게 위험을 감수한다는 증거도 있다.

이상을 종합하면 기분에 따라서 당신의 위험 감내도가 폭풍 속 풍향계처럼 완전히 바뀔 수 있음은 분명하다.

새와 벌이 주는 교훈

위험에 대한 태도가 감정의 영향으로 쉽게 변하는 이유를 이해하기 위해서는 두뇌가 어떻게 진화해왔는지 알아보는 것이 도움이 된다.

당신이 아득한 세월을 거슬러 올라가 동아프리카의 고원지대에 있다고 상상해보라. 당신의 눈에 사자가 얼핏 보인다. 신경의 섬광이 경보 시스템을 울리고 당신은 나무 위 안전한 곳으로 재빨리 오른다. 설사 사자처럼 보였던 것이 바람에 흔들리는 갈색 풀이었다고 해도 당신이 나무에 올랐다고 해서 손해 본 것은 없다. 사자가 실제였든 허상이었든 두려움은 당신을 더 오래 생존하게 만든다. 그로 인해 당신은 유전자를 재생산하고 자손에게 물려줄 수 있다.

포식자만이 인류가 두려워하도록 배운 유일한 위험은 아니었다. 다음의 모든 위험도 생사에 문제를 일으킬 수 있다. 물이 부족한 일, 엉뚱한 곳을 은신처로 삼는 일, 안정적인 식량 공급처를 찾는 일과 같은 것 말이다. 인류는 자자손손 불확실성에 타고난 반감을 물려주었다. 심리학자 아모스 트버스키는 고대 진화 실험실에서 '불확실성에 민감하게 반응하는 것이 이익을 감지하는 것보다 유익했을 것'이라고 말했다. "인간이 통증에 무감각하고 쾌락을 무한히 즐길 수 있는 종이었다면 좋았을 것이다. 하지만 아마 진화의 전투에서는 살아남지 못했을 것이다." 초기 인류에게 실제 위험에 과소 반응하는 것은 치명적일 수 있었던 반면 가상으로 판명된 위험에 과민 반응하는 것은 무해했을 것이다. 따라서 시상과 편도체, 섬엽에 집중된 두뇌의 경보 시스템은 털끝에도 반응하게 되어 있다. 수천 세대에 걸쳐 '후회보다 안전이 낫다'는 반사 작용은 전체 동물의 왕국과 인간의 본능 깊이 자리하고 있다.[159]

잠재적 위험에 대한 예리한 반응은 모든 동물에게 존재하는 자기 보호 본능의 핵심이다. 물고기, 새, 쥐, 원숭이 등 24여 종의 동물이 위험 민감도 검사를 받았다. 동물은 돈이 무엇인지 모르기 때문에 돈을 잃어도 개의치 않는다. 그러나 음식과 물이 바닥나거나 구해와야 하는 위험에는 반응한다. 대다수 동물은 크지만 불확실한 보상보다 작아도 확실한 보상을 원한다.

생태학자 레슬리 리얼은 호박벌이 두 종류의 꽃에서 먹이를 얻도록 했다. 모든 파랑 꽃에는 2밀리리터의 화분이 있다. 노랑 꽃은 무작위로 섞여 있는데 세 개 중 두 개는 비어 있고, 한 개만 파랑 꽃의 3배인 6밀리리터의 화분이 있다. 호박벌이 두 색깔의 꽃에서 계속 먹이를 찾을 경우 한 꽃에서 평균 2밀리리터를 얻는다. 차이점이라면 파랑 꽃은 매번 같은 양을 보상하고, 노랑 꽃은 여러 번에 걸친 평균이 같은 보상이라는 것이다. 처음에는 호박벌이 양쪽 꽃에 골고루 접근했지만 곧 파랑 꽃을 선택하는 방법을 익혔다. 결과적으로 파랑 꽃을 찾는 횟수가 전체 시도의 84%에 이르렀다.[160]

이제 상황을 바꿨다. 모든 노랑 꽃에는 화분이 있고, 파랑 꽃은 셋 중에 하나만 화분이 있다. 이제 호박벌은 바로 파랑 꽃을 버리고 노랑 꽃을 찾는 횟수가 77%에 이르렀다. 따라서 중요한 것은 단순히 소득의 크기가 아니라 일관성이다. 화분을 지닌 야생화는 자연 상태에서 무리 지어 가까이에서 발견될 가능성이 높다. 따라서 벌들은 '변동성이 큰 것보다 일정한 보상을 선호하는 것이 훨씬 유리하다'고 리얼이 설명한다.

푸에르토리코 대학의 한 연구실에서는 '바나나퀴트'라고 불리는 작은 새에게 항상 10밀리리터의 꿀을 가진 노랑 꽃과 하나도 없거나 90밀리리터를 가진 빨강 꽃을 선택하게 했다. 빨강 꽃의 보상 범위가 넓을수록 새들은 노랑 꽃의 지속적인 보상을 선호했다.

크지만 불확실한 보상보다는 작아도 확실한 보상을 원하는 것은 새와 벌만이 아니다. 사람도 이처럼 생각하는지 알아보기 위해 심리학자 엘크 웨버는 간단한 실험을 설계했다. 두 벌의 카드가 있다. 각 카드의 뒷면에는 달러 액수가 적혀 있는데 실험이 끝나면 카드에 적힌 금액만큼 보상받는다. 실험 참가자는 카드에 얼마의 금액이 적혀 있는지 모르기 때문에 최종 카드를 뽑기 원하는 더미를 정할 때까지 양쪽 더미에서 자유롭게 테스트하라고 웨버가 일러준다.[161]

그런데 웨버는 참가자 몰래 두 벌의 카드를 조작했다. 한쪽은 작은 액수지만 모든 경우가 보상된다. 다른 쪽은 한 장만 큰 액수를 보상하고 나머지는 아무런 보상이 없다. 예를 들면 한쪽의 모든 카드에는 1달러가 있고, 다른 쪽 카드에는 10장 중 9장이 0달러, 나머지 1장에 10달러가 있는 식이다.

일반적이라면 더 낫다고 판단되는 카드 더미를 정할 때까지 양쪽 더미에서 10장 정도의 카드를 뽑아볼 것이다. 웨버는 대다수 사람은 매번 뽑는 카드를 평균적인 카드와 비교해 변화의 폭을 근거로 카드 더미를 정한다는 사실을 발견했다. 이때 결정적 요인은 특정 카드의 보상 금액이 평균과 얼마나 차이가 나는가였다. 웨버는 "손실이나 이익의 경험은 손실과 이익이 얼마나 상대적인가에 달려 있다."고 말한다. 동물과 마찬가지로 사람은 불확실한 전체 이익에 비해 결과로 나타나는 이익이 얼마나 차이 나는지 평가하는 경향이 있다. 그 차이가 클 경우 사람들은 위험 부담이 큰 더미에서 확실한 더미로 관심을 돌린다. (한쪽 카드는 항상 1달러를 지급하는 반면, 다른 쪽 카드는 9장의 0달러와 1장의 10달러를 지급할 경우 70%의 사람이 항상 1달러를 지급하는 카드 더미를 선택한다. '확실한 것'을 선호하기 때문이다.)

따라서 대박을 치기 어려울 때 대다수 사람은 변동성이 큰 고수익 자산보다 안정적인 소액의 수익처를 선호한다. 401(k) 퇴직연금의 경우 전체 자금의 17%가 머니마켓펀드MMF, money-market funds, 보증투자계약guaranteed investment contracts, 안정가치펀드stable value funds에 투자되어 있다. 이런 투자처는 가치가 변동하지 않아 절대 손해를 보지 않도록 보장한다. 하지만 큰 수익도 없다.

당신은 프레임에 걸려들었다

우리의 위험 감내도가 고정된 것이 아니라는 다른 이유가 있을까?

우리는 기분에 따라 유리컵이 반쯤 비거나 차 있는 것처럼 보인다는 것을 안다. 하지만 그것 또한 우리가 유리컵을 대하는 기분에 따라 달라지기도 한다. 연구에 따르면 4온스 유리컵에서 2온스의 물을 따라내자 69%의 사람이 '반쯤 비었다'고 말한다. 이제 같은 컵으로 빈 상태에서 2온스의 물을 붓자 88%의 사람이 '반쯤 찼다'고 말한다. 유리컵의 크기나 물의 양에는 차이가 없지만 간단한 상황 변화만으로 기분이 바뀐다.[162]

오리건 대학의 심리학자 폴 슬로비치는 이렇게 말한다. "어떤 것을 설명하는 방법이 같다면 판단과 결정도 같아야 한다. 하지만 사실은 그렇지 않다. 위험을 대하는 사람의 판단은 매우 유동적이고 주관적이다." 돈을 벌 수도 잃을 수도 있는 상황에 처했을 경우 당신의 결정은 단지 전후 상황이나 설명의 사소한 변화만으로 고무찰흙처럼 쉽게 변형될 수 있다. 심리학자는 이것을 '프레이밍framing'이라고 부른다.

프레이밍이 얼마나 강력할 수 있는지는 다음 예를 참조하라.

◎ 한 그룹에게는 소고기의 '75%가 살코기다'고 했다. 다른 그룹에게는 같은 소고기를 놓고 '25%가 지방이다'고 했다. 두 그룹에게 그 소고기가 건강에 얼마나 좋을지를 물었다. '지방'이라고 들은 그룹은 다른 그룹보다 고기 품질이 31% 낮고 맛도 22% 좋지 않을 것으로 생각했다. 두 그룹 모두 같은 고기로 만든 버거를 먹은 뒤 '지방' 그룹은 '살코기' 그룹보다 버거를 덜 좋아했다.

◎ 임산부에게 아기가 정상일 확률이 80%라고 말했을 때보다 다운증후군일 위험이 20%라고 말했을 때 양수 검사에 동의하는 경우가 많다. 같은 얘기를 다르게 말했을 뿐임에도 그렇다.

◎ 400여 명의 의사에게 자신이 암 환자가 되면 방사선 치료와 수술 중 어느 쪽을 택하겠냐고 물었다. 100명 중 10명이 수술로 사망한다는 말을 들은 의사 가운데 절반이 방사선 치료를 선택했다. 100명 중 90명이 수술로 생존한다는 말을 들은 의사 가운데 16%만이 방사선 치료를 선택했다.

프레이밍의 고전적 사례는 심리학자 아모스 트버스키와 대니얼 카너먼이 고안했다.[163] 그들은 첫 번째 그룹의 대학생에게 다음의 시나리오를 주었다.

600명이 숨질 것으로 예상되는 특이한 아시아 질병에 대비하고 있다. 질병 퇴치에 두 가지 방안이 있다. 결과에 따른 정확한 과학적 추정치는 다음과 같다고 가정한다.

A안이 채택되면 200명이 구제된다.

B안이 채택되면 600명이 구제될 확률은 3분의 1, 아무도 구제받지 못할 확률은 3분의 2이다.

두 가지 방안 중 어떤 것을 지지할 것인가?

동시에 트버스키와 카너먼은 두 번째 그룹의 대학생에게 질병 퇴치 시나리오를 말만 바꿔 제시했다.

600명이 숨질 것으로 예상되는 특이한 아시아 질병에 대비하고 있다. 질병 퇴치에 두 가지 방안이 있다. 결과에 따른 정확한 과학적 추정치는 다음과 같다고 가정한다.

C안이 채택되면 400명이 사망한다.

D안이 채택되면 아무도 죽지 않을 확률은 3분의 1, 600명이 사망할 확률은 3분의 2이다.

두 가지 방안 중 어떤 것을 지지할 것인가?

결과는 놀라웠다. 첫 번째 시나리오에서는 72%의 학생이 A안을 선택했고, 두 번째 시나리오에서는 두 프로그램의 결과가 동일함에도 22%만이 C안을 선택했다! C안과 D안 모두 200명이 살고 400명이 죽는다. 그러나 첫 번째 프레임은 구하는 사람 수를 강조한다. 선택이 긍정적이고 잠재적 이득으로 프레임이 될 경우 마치 유리컵이 부분적으로 가득 찬 것처럼 보인다. 즉 처음의 빈 컵보다 나은 것으로 보인다. 본능은 우리가 얻은 것을 보존하려고 한다. 유리컵이 부분적으로 가득 찼다고 느낄 때 A안으로 200명을 확실히 보호할 수 있다는 생각은 B안의 불확실성을 받아들일 수 없는 위험처럼 보이게 한다.

반면 두 번째 프레임은 사망자 수를 강조해 유리컵이 부분적으로 비어 있는 듯한 느낌을 준다. 그것은 유리컵에 남아 있는 것을 전부 잃지 않기 위해 기꺼이 추가 위험을 감수하도록 만든다. 그러므로 C안으로 400명이 죽는다는 것은 D안의 위험도 정당한 도박처럼 들리게 한다. 심지어 또 다른 프레임은 우리의 기분에 너무 다르게 작용하기 때문에 네 가지 프로그램이 모두 같다는 것조차 알아차리지 못한다.

월가의 유명한 말 중 하나는 "손실은 중간에 끊고 상승주는 더 달리도록 놔둬라."이다. 프레이밍은 왜 그렇게 많은 투자자가 이 말을 지키지 못하는지 설명해준다. 미리 공부하지 않고 주식을 잘못 샀을 경우 손실을 보고 중간에 주식을 매도하면 추가 손실 위험을 통제할 수 있다. 하지만 당신은 그 골칫덩이 주식을 원금 회복 후에 팔겠다는 암울한 도박에 매달려 매도하지 못할 가능성이 높다. 유리컵의 반이 비었다고 생각하는 것이다. 손실을 회피하겠다는 희망에서 더 하락할지 모르는 위험에 노출된다.

반대로 주식을 산 뒤 주가가 오르면 서둘러 팔아야 할 실질적인 이유가 없다. (특히 주식을 매도할 때는 수익이 과세 대상이 되기 때문에 더욱 그렇다.) 하지만 이제 생기는 위험은 당신이 이미 벌어들인 수익을 잃을 가능성이다. 그래서 당신은 팔게 되고 그 직후 주가가 두 배, 세 배 오르는 것을 지켜본다. 유리컵의 반이 찼다고 생각하는 것이다. 추가 위험에 노출되는 것을 막음으로써 이미 얻은 수익을 지킬 수 있다.

프레이밍은 다른 이상한 여러 결정으로 이어질 수 있다. 은행 계좌에 2,000달러가 있다고 상상하라. 당신에게 아무것도 하지 않거나, 50%의 확률로 300달러를 잃거나 500달러를 벌 수 있는 선택권을 주겠다. 가만히 있을 것인가, 모험을 할 것인가? 다시 한번 생각해보자. 은행 계좌에 2,000달러가 있다고 상상하라. 당신은 아무것도 하지 않거나, 50% 확률로 1,700달러나 2,500달러가 남는 기회를 선택할 수 있다. 가만히 있을 것인가, 모험을 할 것인가?[164]

대다수 사람은 첫 번째 게임을 거부하고 두 번째 게임을 받아들인다. 첫 번째는 갖고 있던 돈에서 따거나 잃는 금액의 크기를 강조했고, 두 번째는 당신의 최종 금액을 강조하도록 프레임했기 때문이다. 첫 번째 프레임은 변화가 커 보이고 잠재적으로 두려움을 느끼게 하기 때문에 대다수 사람이 이를 거절한다. 이 두 게임의 경우 경제적으로는 같지만 심리학적으로는 완전히 다르다.

금융의 세계에는 프레이밍이 곳곳에 존재한다.[165]

◎ 많은 소비자가 '50% 할인'보다 '원플러스원(하나 사면 하나가 덤)'으로 광고하는 물건을 훨씬 선호한다.

◎ 주식 분할의 가장 일반적인 형태는 1주가 2주로 대체되고 주식 가치는 절반이 된다. (예를 들어 1주를 128달러에 소유하는 대신 주당 64달러짜리를 2주 소유하게 된다.) 주식 분할은 논리적으로 10센트짜리 동전을 5센트짜리 2개로 바꾸는 것과 같지만 많은 사람이 원래보다 많은 주식을 갖게 됐다는 잘못된 흥분을 느끼게 한다. 2004년 '야후'는 2 대 1로 주식 분할한다고 발표했는데 다음 날 주가가 16%나 급등했다.

◎ 자산의 1%를 투자한 종목의 주가가 0으로 떨어지면 당신은 매우 속상할 것이다. 만약 전체 포트폴리오의 가치가 1% 하락한다면 당신은 일상적인 변동으로 보고 대수롭지 않게 생각하기 쉽다. 하지만 어느 쪽도 총자산에 미치는 영향은 같다.

◎ 성공 확률이 16%라는 말보다 6분의 1이라는 말을 들을 때 훨씬 위험을 감수하기 쉽다. 만약 실패 확률이 84%라고 하면 아마 손도 대지 않을 것이다.

◎ 대다수 직원은 물가상승률이 0%일 때 2% 급여 인상보다 물가상승률이 3% 오를 때 4%의 급여 인상에 행복해한다. 4%는 2%의 두 배이므로 '기분'이 더 좋은 것이다. 실제로 급여 인상에서 중요한 것은 생활비 인상분을 뺀 뒤 남는 소득임에도 말이다.

두뇌의 여러 프레임

무엇이 우리의 두뇌에 프레임을 만들까? 카네기멜론 대학의 심리학자 클레오틸드 곤잘레스는 '감정과 사고 사이의 상호작용'이라고 말한다.[166] 두뇌는 항상 최저의 감정 비용과 최소의 지적 능력 혹은 인지적 비용으로 가능한 가장 쉬운 방법으로 의사 결정에 도달하려고 한다. 600명의 목숨이 걸린 '아시아 질병 문제'로 돌아가보자. 구할 수 있는 사람의 수를 강조하는, 즉 절반이 차는 프레임에서 A안은 200명을 구한다. B안은 600명을 구하는 3분의 1과 아무도 구하지 못하는 3분의 2의 가능성을 제시한다. 죽는 사람 수를 강조하는, 즉 절반이 비는 프레임에서 C안은 400명의 사망자를 낸다. D안은 아무도 사망하지 않을 확률이 3분의 1, 600명이 사망할 확률이 3분의 2이다.

곤잘레스는 200명을 구한다는 A안의 아이디어는 말 그대로 '간단한 일'이라고 말한다. A안은 확실한 이득이라는 프레임이 있기 때문에 '매우 낮은 인지적 비용으로 평가할 수 있는 간단한 대안'이라고 그녀가 설명한다. 그리고 이 프레임은 감정 비용이 들지 않는다. 왜냐하면 죽는 사람이 아닌 구제되는 사람에게 관점을 맞추기 때문이다.

반면 400명의 사망자를 강조함으로써 위험이 부정적으로 프레임될 경우 그 방안은 이미지를 연상시키고 감정을 자극한다. 생명을 잃는 것과 마찬가지로 돈을 잃는다는 생각은 본질적으로 매우 경각심을 불러일으킨다. 이로 인해 두뇌의 '두정간구'라고 불리는 영역이 강렬하게 활성화한다. 귀 뒤의 두뇌 꼭대기에 위치한 이 주름지고 구부러진 조직은 영화 스크린 같은 기능을 하는 것처럼 보인다. 이 영역은 아직 취하지 않은 행동의 결과를 시각화하고 상상할 수 있게 해준다. 결과가 불확실한 상태일수록 두정간구는 더욱 활발해진다.

프레임이 생명의 구제에서 실패로 바뀔 때 두뇌의 영화 스크린은 실패 여부와 상관없이 고통스럽고 불안한 이미지를 투영한다. 두뇌는 더 이상 가능성과 확실성 사이에서 어떤 선택이 감정을 덜 자극하는지 결정하지 못한다. 왜냐하면 실패 가능성과 확실한 실패 양쪽 다 불쾌한 감정을 느끼게 하기 때문이다. 그래서 반이 빈 시나리오는 두뇌를 '더 열심히 일하게 만든다'고 곤잘레스가 말한다. 확실한 손실과 손실 가능성 사이에서 선택해야 할 때 두뇌의 동일한 영역이 발광한다.

곤잘레스는 "결정을 내릴 때 우리는 얼마나 손해를 감수할 것인지와 다른 대안을 생각할 필요가 있는지 사이에서 균형을 잡는다."고 설명한다. 두뇌가 이처럼 열심히 일할 때 균형을 깨는 것은 감정의 이해 관계다. 대다수 사람이 죽을 것이라는 높은 가능성보다 아무도 죽지 않는다는 약간의 가능성이 기분을 좋게 한다. 이것이 우리가 D안을 선택하는 이유다. 감정적으로 쉬운 탈출구이기 때문이다.

이제 더 간단한 두 가지 시나리오를 상상해보자.[167]

1. 당신은 50달러를 받았다. 다음 중 하나를 선택하라.
   a. 20달러를 확실히 지킨다
   b. 50달러를 잃을 확률 60%와 50달러를 유지할 확률 40%인 게임에 참여한다

2. 당신은 50달러를 받았다. 다음 중 하나를 선택하라.
   a. 30달러를 확실히 잃는다

b. 50달러를 잃을 확률 60%와 50달러를 유지할 확률 40%인 게임에 참여한다

당신은 아마도 두 상황이 같다는 것을 눈치챘을 것이다. 하지만 두 상황이 똑같다고 느껴지지는 않을 것이다. 첫 번째 프레임은 당신이 얼마나 유지하는가에, 두 번째 프레임은 얼마나 잃을지에 초점을 맞췄다. 런던의 신경과학자들은 이런 선택에 직면한 사람들의 두뇌를 스캔했다. 이후 참가자들은 두 상황이 같다는 것을 쉽게 알 수 있었고, 확실한 것과 모험에 항상 절반씩 선택했다고 주장했다. 하지만 그들의 말은 사실이 아니었다. 첫 번째 프레임에서는 57%가 확실한 것을 선택했고, 두 번째 프레임에서는 62%나 모험을 선택했다.

사람들이 첫 번째 프레임에서 모험을 피하고 두 번째 프레임에서 모험을 선택할 때 편도체의 신경 활동이 급증했다. 이는 두뇌의 공포 중추가 인식된 손실 위험을 회피하도록 참가자를 조종했다고 볼 수 있다. 편도체는 매우 무딘 도구처럼 '유지'와 '손실'의 투박한 차이에만 반응하는 것으로 보인다. 모든 선택이 같다는 보다 정교한 사실을 알아내기 위해서는 전전두피질이 필요하다. 월가의 마케터들은 감정의 프레이밍을 이용함으로써 고객의 편도체를 힘차게 작동시켜 사고 두뇌의 개입을 막는다.

금융에서 가장 똑똑한 프레이밍의 형태는 'EIA equity indexed annuity(주가연동 연금)'이다. 2005년 미국에서 270억 달러 이상이 팔리며 인기를 끌었던 이 투자 상품은 주식시장에서 최소한의 수익률을 보장하면서 손실을 방지한다. EIA는 '하방 없는 상승'을 제공하는 것으로 종종 묘사된다.

그러나 EIA는 손실을 막아주는 대신 수익에 상한을 둔다. 아시아 질병 문제의 A안('200명이 구조된다')처럼 EIA는 확실한 손실 회피를 강조한다. 이는 하방 보장이 없는 다른 투자를 매우 위험해 보이게 만들어 검토조차 못하도록 만든다. 그러나 이처럼 반이 찬 사고방식은 미묘한 위험을 간과하게 만든다. EIA는 손실을 제거할 뿐만 아니라 이익까지 통제함으로써 전체 시장과 같은 수익을 얻지 못하게 한다. 일부 EIA는 주식시장 수익률의 절반을 조금 넘길 수 있었다. 이런 EIA에 1만 달러를 투자했는데 시장이 30% 상승하면 당신의 수익은 16.5%이다. 손실 위험을 그렇게 걱정하지 않았다면 1,350달러를 더 벌 수 있었을 것이다. 벌지 못한 수익도 일종의 손실이다. 하지만 EIA는 많은 투자자가 그런 사실을 보지 못하도록 프레임되어 있다.[168]

누가 그 한 사람인가?

반이 찼다거나 반이 비었다는 사고방식 외에도 당신의 투자 논리에 큰 혼란을 줄 수 있는 또 다른 형태의 프레이밍이 있다. '10%'와 같은 백분율로 표현되는 확률의 반응과 '10개 중 1개'와 같이 빈도로 표현되는 확률의 반응 사이에 놀라울 정도로 큰 차이가 있다.

"존스 씨와 유사한 환자가 6개월 이내에 폭력을 행사할 확률은 20%로 추정된다."는 말을 들었을 때 정신과 의사 79%가 존스를 정신병원에서 퇴원시킬 의향이 있다고 답했다. 그러나 "존스 씨와 유사한 환자 100명 중 20명이 폭력을 행사할 것으로 추정된다."는 말을 들었을 때는 단지 59%만이 퇴원시킬 의향이 있다고 답했다. 존스가 누군가를 다치게 할 확률은 같았음에도 이런 차이가 발생했다.

심리학자 야마기시 기미히코는 사람들이 다양한 사망 원인에 얼마나 관심을 가지는지 조사했다.[169] 그는 사람들에게 암 사망률이 '12.86%' 혹은 '1만 명당 1,286명'이라고 두 가지로 알려주었다. 실험 결과는 첫 번째보다 두 번째 말을 들은 사람이 32% 더 위험하다고 생각했다.

백분율은 추상적이고 생각하기 어렵다. 12.86%의 사망률이 얼마나 심각한지 정확히 느끼려면 백분율이 표현하는 사람이 얼마나 되는지 알아야 한다. 하지만 1만 명당 1,286명의 목숨을 앗아간다는 말을 듣고 처음 드는 생각은 '1,300명이나 죽는구나!'이다. 심리학자 폴 슬로비치의 말처럼 "사람들에게 승패가 10분의 1이라고 말하면 그들은 '그 한 사람이 누구야?' 하고 생각한다. 그들은 실제로 사람을 떠올릴 것이다." 종종 승패를 가를 그 한 사람은 바로 당신이다.

따라서 금융 전문가는 설명 방식만 바꾸어도 투자 위험을 감수하거나 회피하도록 유도할 수 있다. 노후 자금 마련에 목표 달성 확률이 78%인 재무 설계를 해준다면 정말 멋져 보일 것이다. 그러나 같은 결과로 다르게 프레임할 수 있다. 그는 "고객 님처럼 노후를 준비한다면 100명 중 22명은 깜깜한 방구석에서 고양이 밥을 먹게 될 것입니다."라고 말함으로써 당신을 두렵게 만들 수 있다. 그러고 나서 그는 당신이 결코 원하지 않은 위험한 주식과 펀드를 속여서 판다.

암 치료를 고민하는 의사의 연구가 보여주듯이 전문가도 아마추어처럼 쉽게 프레이밍 효과의 희생자가 될 수 있다. 당신이 소액 투자자든 전문 펀드 매니저이든 당신의 '위험 감내도'는 성격의 일부로 볼 수 있다. 그러나 위험 감내도는 표현을 간단히 바꾸는 것만으로도 바뀔 수 있다.

그렇기 때문에 모든 투자자는 프레임의 위험성에 현혹되지 않도록 늘 경계해야 한다.

우매한 군중

당신의 투자 위험 인식은 동료의 압력에 따라 달라지기도 한다. 펀드 매니저가 '역발상 투자를 한다'거나 '군중을 따르지 않는다'거나 '모두가 싫어하는 주식을 좋아한다'고 말하는 걸 들을 때마다 1달러를 벌었다면 나는 지금쯤 이자만으로도 살 수 있을 정도로 부자가 됐을 것이다. 펀드 매니저들에게는 뚜렷한 유사점이 있다. 자기들이 '각자 다르다'고 주장한다는 것이다. 사실 그들은 몬티 파이선Monty Python의 〈브라이언의 생애Life of Brian〉에 나오는 군중처럼 행동한다. 브라이언이 군중에게 "여러분은 모두 개인이다."라고 말하면 군중은 "그래, 우리는 모두 개인이다!"라고 따라 외친다. 그가 다시 군중에게 "여러분은 모두 다르다."라고 말하자 군중은 일제히 "그래, 우리는 모두 다르다!"라고 소리친다.

투자자는 정말 개인으로 행동할까?[170]

◎ 수백 곳의 증권사에서 일하는 증권 분석가가 내놓은 수천 건의 매매 추천서를 조사했다. 그 결과 분석가는 마치 접착 테이프를 붙여놓은 것처럼 군중을 따라다니는 것으로 나타났다. 예를 들어 평균적인 투자 추천이 '강력 매수'인 경우 다른 분석가의 제안도 '강력 매수'일 가능성이 11% 더 높다.

◎ 개인투자자가 한 주식에 평균 10%포인트 보유량을 늘리면 그 투자

자를 중심으로 반경 50마일 이내에 사는 투자자도 평균 2%포인트 그 주식 보유량이 늘어난다.

◎ 독립적인 사고방식으로 정교하게 자금을 운용할 것 같은 헤지펀드는 상승장이든 하락장이든 상관없이 마치 10대 청소년이 쇼핑몰을 마구 휩쓸고 다니듯이 서로의 거래를 모방한다.

◎ 대학교 직원 12,500명의 노후 자금 계좌를 조사한 결과 펀드사 4곳 가운데서 자유롭게 선택할 수 있음에도 같은 부서 사람은 같은 펀드사에 투자하는 경향이 있었다.

◎ 존 베네트 주니어가 운영한 신용 사기 조직인 '뉴에라New Era 자선재단'은 대학, 교회, 재단 등에서 1억여 달러를 사취한 뒤 1995년 파산했다. 그는 6개월마다 투자금을 두 배로 불려주겠다고 사기를 쳤다. 그의 놀라운 발언은 비영리 이사회의 거물들 사이에서 빠르게 퍼져 나갔는데, 곧바로 그는 벤처 투자가인 로렌스 록펠러, 전 재무장관 윌리엄 사이먼, 헤지펀드 매니저 줄리언 로버트슨에게서 수백만 달러를 사취했다. 개별적으로 보면 이 남자들은 미국에서 가장 똑똑한 투자자에 속한다. 하지만 집단적으로는 바보처럼 행동했다.

◎ 보험사, 기부 재단, 연기금, 액티브 펀드 같은 기관투자자는 어떤 주식을 사고 팔아야 하는지 조사하느라 매년 수십억 달러를 지급한다. 그렇다면 그들은 이런 조사 작업으로 숨겨진 보물, 즉 아무도 모르거나 이해할 수 없는 희귀한 주식을 발굴했어야 마땅하다. 하지만 기관투자자는 같은 곳만 파고 있다. 지난 3개월 동안 다른 대형 투자자들이 매수한 주식을 기관투자자가 같은 주식에 비중을 늘릴 가능성은 평균 43% 더 높다.

◎ 기관투자자가 최근 유행하는 산업의 인기 주식을 보유할 때 대개 독창적인 연구보다는 입소문에 따르는 경우가 많다. 또한 인기 주식 보유자는 흥미를 덜 끄는 주식 보유자보다 동료와 이야기 나누는 횟수가 세 배나 많다. 종종 모두가 같은 주식을 이야기하는 것처럼 보이는 것은 이상할 게 없다.

아이디어는 하품처럼 전염성이 있다. (나는 하품이라는 단어가 들어 있는 이 문장을 읽으라고 하는 것만으로도 당신이 하품을 하도록 만들 수 있다.) 자동차를 렌트한다고 가정해보자. 내 앞에 먼저 온 두 명이 있고 자동차는 현대차와 피아트차 두 종류밖에 없다. 직감은 현대차를 선택하고 싶지만 자동차를 잘 모르고 어느 차도 운전해본 적이 없다. 그래서 당신은 앞사람의 행동을 지켜본다. 첫 번째 사람이 자신 있게 피아트차를 고른다. 차를 잘 아는 것처럼 보인다. 두 번째 사람도 머뭇거리다가 피아트차를 요청한다.

이제 당신 차례다. 어떻게 할 것인가? 첫 번째 사람은 자신의 선택을 확신하는 것 같았고, 두 번째 사람도 당신만큼 무지해 보이지 않았다. 두 사람 모두 피아트차를 골랐으니 당신도 아마 직감을 억누르고 피아트차를 선택할 것이다. 결국 당신은 단호하게 '피아트로 하겠다'고 말한다. 그들의 선택이 당신의 선택에 전이됐다. 이제 당신의 선택은 당신의 뒷사람에게 전달되어 '정보 폭포information cascade'를 유발한다. 이 현상은 줄을 선 모든 사람에게 영향을 주고 피아트차의 수요를 물결치게 한다.

전문가로 보이는 사람이 단호히 현대차를 선택할 때까지 이 정보 폭포는 계속된다. 그 다음 사람도 똑같이 현대차를 선택하면 이제 피아트차

쪽으로 기울던 사람들이 모두 현대차를 선택한다. 폭포가 반대로 방향을 바꾸는 데는 새로운 정보가 그리 많이 필요하지 않다.

정보 폭포가 반드시 비이성적인 것만은 아니다. 정말로 자동차를 잘 모르면, 특히나 즉시 결정을 내려야 하고 스스로 찾아볼 시간이 없을 때 다른 사람이 어떤 차를 고르는지 보고 힌트를 얻도록 노력해야 한다. 필요한 모든 정보를 가지고 있지 않다면 이 방법은 단순한 선택을 하는 데 도움이 된다.

실제로 전염병처럼 확산되는 위험과 보상에 관한 정보를 생태학자는 '공적 정보public information'라고 부른다. 공적 정보는 생물이 생존 가능성을 높이기 위해 사용하는 기본 방법 중 하나다. 심지어 일부 식물도 위험의 존재에 공적 정보를 공유하는 능력을 개발했다는 사실은 믿기 어려울 정도다. 동물이 산쑥에 상처를 입히면 산쑥은 냄새가 나는 화학물질을 방출해 가까이 있는 식물에게 메뚜기나 초식동물을 막는 방어 단백질 생산을 강화하게 한다. 동물의 왕국에서는 동종의 동물이 무리를 지어 살며 먹이를 찾고, 이주를 하고, 적에 대항하는 등 서로 위험과 보상에 관한 정보를 나눈다. 물고기, 새, 양, 늑대, 고래 등 모두 마찬가지다.

찌르레기는 땅 표면에서 먹이를 찾는다. 이 새는 혼자 있을 때 가장 열심히 먹이 활동을 한다. 그러나 주위에 다른 찌르레기가 한 마리라도 있을 경우에는 먹이 구하기가 어려운 장소를 건너뛰는 법을 배운다. 또한 다른 새들의 행동을 보고 먹이가 더 많을 가능성이 높은 장소에 집중하는 법도 빨리 배운다. 연한 가시와 부드러운 몸을 가진 큰가시고기 종은 다른 물고기의 먹이 찾는 패턴에서 단서를 얻어 최적의 사냥터를 찾는다. 그러나 억센 가시와 단단한 몸을 가진 큰가시고기 종은 혼자 먹이를 찾는 경우가 훨씬 많다. 동물은 자신의 정보가 불완전하거나, 늦었거나, 혹은 취약하다고 느낄 때 다른 동물의 생각을 따르는 경향이 있어 보인다.[171]

사람도 동물이다. 사람들은 투자 그룹을 만들어 함께 주식을 사고 주가 상승을 응원하며 서로를 부추긴다. 찌르레기처럼 사람은 혼자 모험에 나서는 것을 꺼린다. 단지 그룹의 일원이 되는 것만으로 질문하는 경향이 줄어든다.[172]

투자자가 소형주나 첨단산업 주식을 살 때 다른 누군가는 자신이 모르는 사실을 알 수 있다는 점을 기꺼이 인정한다. 그 결과 렌터카 줄에서 피아트차나 현대차를 잇달아 빌리는 것과 같은 정보 폭포 현상이 일어난다. 따라서 그룹의 모든 사람이 같은 시기에 같은 주식을 산다. 주식 중개인은 고객에게 오랫동안 이렇게 말해왔다. "추세는 당신의 친구예요. 시장과 싸우지 마세요." 그룹이 유지되는 동안은 일원으로 행동하는 것이 즐겁지만 장기간 수익이 나는 경우는 드물고, 그룹이 언제 '마음'을 바꿀지 예측할 수 없다. 남들보다 돈을 더 많이 벌고 싶다면 남들처럼 투자해서는 안 된다.

헤일 메리 패스

마지막 투자에서 얼마나 많은 돈을 벌었거나 잃었는지에 따라 다음 투자의 위험 수준이 바뀔 수 있다. 연속으로 이겼거나 졌는지에 따라 같은 도박이 더 위험하거나 안전하다고 느낄 수 있다. 당신의 투자 두뇌가 그렇게 설계되어 있기 때문이다.

식량, 물, 체온이 부족한 동물은 생태학자가 '부정적 에너지 수지 negative

energy budget'라고 부르는 것을 가지고 있다. 배고프고 목마르고 추위를 느끼는 동물은 작지만 꾸준한 이득을 선택하여 생존하려고 하지 않는다. 사실상 그들은 횡재를 얻으려고 시도할 필요가 있다. 그래서 궁핍한 동물은 더욱 유동적인 보상을 선호하는 경향이 있다. 이는 아무것도 얻지 못할 위험이 커지기도 하지만, 고갈된 에너지 회복에 필요한 충분한 이득을 얻는 유일한 가능성이기 때문이다.

생물학자 토마스 카라코는 멕시코와 미국 남서부가 원산지인 검은머리방울새에게 두 개의 다른 수수 씨앗이 담긴 접시를 제공했다. '위험한' 선택이라는 접시에는 수수 씨앗을 여러 개 제공하거나 전혀 제공하지 않았다. '확실한' 선택이라는 접시에는 항상 같은 양의 씨앗이 제공됐다. (예를 들어 첫 번째 접시에는 없거나 4개의 씨앗을 놓았다면 두 번째 접시에는 항상 2개의 씨앗을 놓았다. 다른 경우 위험한 접시에 없거나 6개의 씨앗을 놓았다면 확실한 접시에는 3개의 씨앗을 놓았다.) 먹이를 먹은 지 얼마 안 된 새는 소량이지만 고정된 양이 나오는 확실한 접시를 선호했다. 하지만 몇 시간 동안 먹이를 먹지 못한 새는 위험을 감수했고, 씨앗이 두 배 혹은 나오지 않는 위험한 접시를 선택했다.[173]

먹이가 떨어진 새가 살아남지 못하듯이 사람도 돈이 떨어지면 생존하지 못한다. 돈이 없으면 생활 필수품을 구할 수 없기 때문이다. 미식축구에서 쿼터백이 4쿼터 후반 '헤일 메리 패스Hail Mary Pass(미식축구에서 절망적인 상황일 때 낮은 성공률을 바라고 적진 깊숙이 롱 패스하는 것-옮긴이)'를 하거나 농구에서 버저 비터buzzer beater를 날리는 것처럼 사람은 돈이 적을수록 추가 리스크를 감수하려는 의지가 강해진다. '부정적 에너지 수지'로 자기 돈을 헤일 메리 패스 식으로 투자하는 사람이 많다.

때로 그 결과는 2006년 필리핀 마닐라 참사처럼 가슴 아픈 결과를 낳는다. 당시 현금을 지급하는 복권을 받기 위해 사람들이 몰려들어 79명이 밟혀 죽었다.[174]

아무도 죽지 않는 경우라도 가진 돈이 적은 사람일수록 위험 부담이 큰 곳에 투자하는 경향이 강하다는 것은 슬픈 현실이다.[175]

- 버지니아 주에서는 연간 소득 15,000달러 미만의 주민이 복권 구입에 연간 소득의 2.7%를 쓰는 반면 5만 달러 이상의 주민은 0.11%만 복권 구입에 쓴다.
- 1,000여 명의 미국인에게 부자가 되는 가장 현실적인 방법을 선택하라고 요청하자 21%가 '복권 당첨'이라고 답했다. 연간 소득 25,000달러 이하의 응답자가 '복권 당첨'을 선택한 경우는 두 배나 됐다.
- 흑인과 히스패닉은 적당한 투자 위험을 백인보다 꺼린다. 하지만 아주 큰 투자 위험을 감수하겠다는 의사는 백인보다 20~50% 많다. 흑인과 히스패닉 가구의 순자산은 전형적인 백인 가구의 4분의 1 수준이다.
- 상반기 성과가 평균 이하인 액티브 펀드는 평균 이상인 펀드에 비해 하반기에 변동성이 최대 11% 커진다. 의식하든 그렇지 않든 전반기 6개월 동안 성과가 뒤처진 펀드 매니저는 연말까지 수익률을 회복하기 위해 더 위험한 주식을 산다.
- 시카고 상품 거래소의 전문 '시장조성자market makers'는 오전장에 손해를 보면 그날 오후에 추가 위험을 감수한다. 더 큰 베팅을 하고

속옷에 불이라도 붙은 것처럼 더 빨리 거래한다.

- 순자산이 75,000달러 미만의 상대적으로 가난한 투자자는 손실 가능성이 큰 로또 같은 주식을 선호한다. 주가가 싸고 확률은 낮지만 대박을 노리는 주식 말이다. 이런 손실 가능성이 큰 주식에 베팅함으로써 가난한 투자자의 연간 성과는 전체 시장 대비 5% 떨어진다. 여유가 없는 사람이 최악의 모험을 한다. 동시에 그들은 투자에 필요한 조언을 구할 기회도 부족하다.

위험을 내 편으로 만들기

이 장의 앞부분에서 소개한 암벽 등반 챔피언 바비 벤스먼은 절벽에 매달려 있는 것이 확고한 의지가 없는 등반가에게 치명적이라는 것을 안다. 하지만 만약 위험의 원인을 통제하는 방법을 배운다면 암벽 등반은 정말 안전하다. 투자 역시 그렇다. 몇 가지 신뢰할 만한 정책과 절차를 소개하겠다. 이를 통해 위험이 당신을 조종하는 대신 당신이 위험을 관리할 수 있다.

휴식 시간을 가져라.

아무리 사소한 기분 변화라도 위험을 인식하는 데 큰 차이를 만들 수 있기 때문에 순간적인 기분에 따라 매매하면 안 된다. 의식하지 못하는 것들이 당신에게 일시적인 영향을 미친다. 출근길의 교통 체증으로 인한 짜증, 배우자와의 다툼, 좋아하거나 싫어하는 배경음악, 번쩍이는 붉은 빛이나 시원한 푸른 물감 등 이 모든 것이 투자에서 당신의 생각을 왜곡시킬 수 있다. 내일까지 잘 생각한 다음 여전히 같은 관점인지 살펴보라.

처한 상황에서 한발 물러서서 보라.

1980년대 중반 인텔의 주력 사업인 메모리 칩 제조 사업은 일본과의 치열한 경쟁으로 붕괴되고 있었다. 인텔의 이익은 1년 만에 90% 이상 감소했다. 현상 유지의 고통과 변화의 두려움 사이에서 갈팡질팡하던 인텔의 경영진은 마비 상태에 빠졌다. 당시 사장 앤디 그로브는 이렇게 회상했다.[176]

나는 멀리서 회전하고 있는 그레이트 아메리카 유원지의 페리스 관람차를 창밖으로 내다보다가 고개를 돌려 고든 무어 회장에게 "우리가 쫓겨나 이사회에서 새로운 CEO를 영입하면 그는 어떻게 할 것 같습니까?"라고 물었다. 고든은 주저 없이 "우리를 기억에서 지우겠지."라고 대답했다. 나는 멍하니 그를 응시하다가 "당신과 내가 문밖으로 걸어나갔다가 다시 와서 하면 안 될 이유가 있습니까?"라고 반문했다.

처한 상황에서 한발 물러남으로써 그로브와 무어는 어떤 모험이 옳은지 분별하는 통찰력과 실행할 용기를 얻었다. 인텔은 메모리 칩 사업에서 철수하고 마이크로프로세서로 옮겨갔는데, 이는 향후 몇 년간 인텔의 성장을 견인한 대담하고 눈부신 도약이었다.

누군가가 당신의 충고에 의존한다는 사실을 알거나 심지어 그런 상황을 상상하는 것만으로도 당신은 더욱 책임감을 느끼게 되고 자신의 직감을 넘어서서 사실적인 증거로 당신의 의견을 확고히 할 수 있다. 9.11 테러 이후 나는 공황 상태에 빠진 독자로부터 시장에서 빠져나가야 하는지를 묻는 수십 통의 이메일을 받았다. 두려움과 분노로 가득 찬 직감을 억

누르며 나는 가능한 한 분석적으로 답하고자 했다. 과거의 미국 증시가 국가적 비극 사태 이후 어떻게 움직였는지 역사적 증거를 수집했다. 내 결론은 다음과 같았다. "미국의 현대 금융 역사에서 투자 수익을 지속적으로 망가뜨린 물리적 재난이나 전쟁의 사례는 없다." 1년이 안 되어 약세장은 끝났다. 2001년 9월에 시장을 빠져나간 사람들은 한 세대에서 가장 좋은 매수 기회 하나를 놓쳤다.

처한 입장에서 한발 물러서기가 안 된다면 다른 사람의 입장에서 생각하는 연습을 하라. 옳은 투자 결정이었다고 결론 내리기 전에 어머니에게도 같은 투자를 권할 것인지 자신에게 물어보라. 어머니에게 권할 수 없는 것을 내가 할 이유는 없다. 나는 이것을 WWMDWhat Would Mom Do?(엄마라면 어떻게 할까?) 질문이라고 부른다.

되돌아보라.

만약 당신이 2000~2002년 혹은 1973~1974년 같은 하락장을 겪어본 적이 없다면 스스로를 강심장이라고 착각하기 쉽다. 호황은 항상 불황으로 끝나고 가장 거만한 단기 투자자가 가장 먼저 죽는다는 것을 배우기 위해 모든 초보 투자자는 금융의 역사를 충분히 공부해야 한다. (두 권의 좋은 책을 소개한다. 에드워드 챈슬러의 〈금융투기의 역사Devil Take the Hindmost〉와 찰스 킨들버거의 〈광기, 패닉, 붕괴Manias, Panics, and Crashes〉다.)

가격이 하락하면 위험도 함께 사라진다.

오래전에 벤저민 그레이엄은 대다수 사람이 가격을 보고 주식의 가치를 측정하는 한편 주식의 가치를 계산함으로써 기업의 가치를 판단한다고 지적했다. 이것은 사람들이 생각하는 방식에 큰 차이를 초래한다.

	주식	기업
측정 단위	가격	가치
측정의 정확도	정확(자주 틀림)	대략적(보통 맞음)
변화 속도	몇 초마다	일년에 몇 번
변화 이유	소유하지 않은 사람이 제시하는 가격 변화	소유한 사람을 위한 현금 수익의 변화
보유 기간	평균 11개월	최고 몇 세대
위험	주가의 일시적 하락	기업 가치의 영구적 하락

오크마크Oakmark의 펀드 매니저 빌 나이그렌은 이렇게 말한다. "투자자가 나쁜 뉴스에 어떻게 대응할지 고민하는 주된 이유는 자신이 그 주식을 매수한 이유를 이해하지 못했기 때문이다. 가격이 오른다는 이유로 주식을 샀다면 나쁜 뉴스에 주가가 내려가면 직감적으로 팔고 싶어하는 것은 당연하다."[177]

기업 공개로 일반인이 주식을 사고 팔 수 있게 되면 사람들은 기업의 가치를 잊어버리고 빠르게 움직이는 주가에 초점을 맞추기 때문에 감정의 혼란이 발생한다. 따라서 주가가 떨어지면 나쁜 소식으로 보인다. 〈비즈니스위크〉지는 오래전 약세장이 지속될 때 이렇게 지적했다. "낮은 주가는 투자자의 매수 의욕을 떨어뜨린다." 그러나 만약 기업의 가치가 견고하다면 주가의 하락은 매수의 동기가 되어야 한다. 왜냐하면 더 적은 비용으로 더 많은 주식을 보유할 수 있기 때문이다. 주가가 기업 가치 아래로 떨어지면 벤저민 그레이엄이 '안전마진'이라고 부르는 보기 드문 기회를 만난다. 이때 실제 가치보다 싸게 주식을 매수할 수 있다.

나는 주식에 관한 문제를 소문자 't'의 문제라고 말하곤 한다. 'Stocks(주식)'에서 t를 빼면 'socks(양말)'가 된다.

양말socks	주식stocks
내가 원할 때 산다 할인할 때 더 많이 산다 오래 보관한다 구멍이 생기면 헝겊 주머니에 보관한다	다른 사람이 원할 때 산다 할인하지 않을 때 더 많이 산다 가능한 빨리 판다 가격이 내리면 공포에 휩싸인다

양말 한 켤레에 500달러나 1,000달러라면 왜 그렇게 비싼지 묻지 않고 살 수 있을까? 만약 단골 매장에서 50% 할인된 가격으로 양말을 팔기 시작했다면 화가 나겠는가? 물론 아니다. 하지만 양말이 아닌 주식일 때 사람들은 항상 그런 실수를 저지른다.

일단 손실의 고통과 두려움이 시작되면 올바른 행동 절차를 알아내기 위해 사고 두뇌를 사용할 만큼 침착해지기가 어렵다. 주가가 하락하는 상황에 직면하면 당신은 헐값에 나오는 주식이 있는지 체계적으로 분석해야 한다. 미리 계획을 세우는 것이 매우 중요한 이유가 여기에 있다. 기초적인 기업 가치를 먼저 계산하지 않고 주식을 사는 것은 들어가보지 않고 집을 사는 것과 마찬가지로 무책임한 행동이다. 주식을 팔 때도 더 나은 투자 기회가 있어서인지 먼저 확인해야 한다.

정책을 문서화하라.

자신의 감정에 휘둘리지 않는 가장 좋은 방법은 투자 정책과 절차를 미리 '투자 계획서IPS, investment policy statement'에 써두는 것이다. IPS는 개인이든 기관이든 투자금으로 성취하고자 하는 목표와 달성 방법을 명시한다. 여기에는 장기 목표와 예상되는 제약 사항도 나열한다. (IPS 샘플은 '부록 3' 참조) 일단 IPS를 만들었으면 반드시 지켜야 한다. 자신이나 당신이 속한 기관과의 계약이기 때문이다. 스마트폰이나 PC의 캘린더 소프트웨어를 이용해 투자 정책을 위반하지 않도록 주기적으로 경고 신호를 보내라.[178]

다시 프레임하라.

독일의 수학자 카를 야코비Karl Jacobi는 '거꾸로, 항상 거꾸로'라는 유용한 충고를 남겼다. 투자자인 찰리 멍거는 "야코비가 알았듯이 많은 어려운 문제는 거꾸로 풀 때 가장 잘 풀리는 것이 자연의 이치다."라고 설명한다. 누군가 성공 확률이 90%라고 말하면 다음과 같이 프레임을 뒤집어보라. 실패 확률이 10%라는 얘기다. 당신에게 너무 높은가? 그렇다면 백분율 프레임을 사람 프레임으로 바꿔보라. 실패 확률 10%라는 말은 '이 투자를 시도하는 열 명 중 한 명은 실패한다'가 된다. 내가 그 한 명이 아니라고 어떻게 확신하는가? 당신이 대기업의 일원이면 연구자를 몇 그룹으로 나눠서 각각의 그룹이 다른 프레임에서 발견한 내용을 보고하도록 지시하라. 위험 추정치를 백분율과 사람 두 프레임으로 보면 보다 균형 잡힌 결정을 내리는 데 도움이 된다.[179]

또한 증거를 가능한 한 다양한 프레임에 넣어보라. 총 24,000달러를 주식에 투자했다고 가정하자. 지금 당신은 두 배가 되거나 다 잃을 확률이 동일한 주식에 1,000달러를 투자할지 고민 중이다. 좁은 프레임에서 생각하면 1,000달러를 벌거나 1,000달러를 잃을 수 있다. 이런 생각은 결정 과정을 탐욕과 공포의 줄다리기로 바꾼다. 이번에는 넓은 프레임으로 생각해보라. 내 포트폴리오의 총가치는 25,000달러까지 올라갈 수도, 23,000달러까지 내려갈 수도 있다. 이런 폭넓은 프레임은 당신의 선택 과정에서 대부분의 감정을 제거해준다.

자신이 틀렸음을 증명해보라.

투자계의 현자 피터 번스타인은 이렇게 말한다. "가장 위험한 순간은 당신이 옳다고 생각할 때다. 그런 순간에는 좋은 결정을 미루는 경향이 생기기 때문에 큰 어려움에 빠질 수 있다." 재평가를 하지 않으면 큰 손실과 후회로 이어진다. 따라서 반대 의견을 검토하는 시간을 미리 가져보는 것은 좋은 생각이다. 다음의 규칙을 만들어라. 투자의 결과로 가격이 두 배로 오를 때마다 가장 부정적인 견해를 가진 사람의 말을 충분히 들어라. 그 말을 주의 깊게 메모한 다음 가격과 가치를 재차 비교할 때 그 메모를 참고하라. 가격이 더 이상 타당하지 않으면 팔아야 할 때다.[180]

너 자신을 알라.

'위험 감내도'를 테스트하기 위해 고안된 대다수 실험은 시간 낭비다. 앞서 보았듯이 위험 감내도는 호박 속에 보존된 곤충처럼 고정된 것이 아니다. 오히려 경직된 공포에서 끈적한 젤리처럼 늘어지는 감정까지 많은 잠재적 반응을 수용한다. 우리가 배운 것처럼 투자 위험에 대한 당신의 태도는 어떻게 프레임되느냐에 따라 달라진다. 예를 들어 혼자인지 집단의 일원인지, 과거 투자 경험이 어땠는지, 얼마나 쉽게 위험을 떠올리는지, 어떤 기분인지, 심지어 바깥 날씨에 따라서도 크게 달라질 수 있다. 이런 요소 중 하나만 변해도 순식간에 위험 감내도가 높아지거나 낮아진다. 그렇더라도 위험에 대한 태도를 관리하기 위해 우리가 할 수 있는 일은 여전히 많다.

- ◎ 사람들이 '위험에 높은 내성'을 가지고 있다고 말할 때 그 말의 의미는 돈을 버는 데 높은 내성을 가지고 있다는 것임을 주의하라. 위험을 감수한 결과 보상이 생길 때는 그 위험을 아무렇지 않게 받아들이기 쉽다. 그러나 보상이 주어지지 않고 손실이 커지면 위험의 결과는 속상한 일일 뿐이다. 만약 당신이 투자 결과에 개의치 않는다고 생각한다면 당신은 잘못 생각하고 있거나 정상인이 아니다.
- ◎ 경제학자는 흔히 '이성적인' 사람이라면 100달러를 벌거나 100달러의 손실을 피하는 데 같은 금액을 지불해야 한다고 말한다. 결국 어느 쪽에 베팅하든 100달러의 이익이 된다. 그러나 카너먼과 트버스키의 실험은 대다수 사람이 그렇게 생각하지 않는다는 것을 증명했다. 그들의 아이디어 하나를 직접 시험해보자. 뒷면이 나오면 100달러를 잃는 동전 던지기를 상상해보라. 당신이 이 내기에 참가하려면 앞면이 나올 때 보상은 얼마였으면 좋겠는가? 사람들은 적어도 200달러의 보상을 주장한다. 이런 상황이 말해주는 것은 뭘까? 돈을 잃을 때의 기분은 같은 금액을 딸 때보다 최소 두 배는 더 고통스럽다는 것이다. 돈을 딸 때 느끼는 짜릿함은 돈을 잃을 때 느끼는 고

통에 비해 너무 작다. 당신이 아직 손실의 고통을 경험해보지 못했다면 얼마나 처참한지 이해하지 못할 것이다. 단일 종목의 투자 비율을 10% 이하로 가져감으로써 손실의 고통을 최소화할 수 있다. 그러면 비록 그 주식 가격이 제로가 되더라도 전체 포트폴리오는 여전히 온전한 상태를 유지할 것이다.[181]

◎ 사람들은 황소와 함께 달리고 곰을 피해 도망친다.(황소는 상승장, 곰은 하락장을 상징한다-옮긴이) 시장이 상승하면 당신의 위험 감내도는 높아지고 평소보다 더욱 위험을 감수한다. 반대로 시장이 하락하면 당신의 위험 감내도는 지나치게 낮아지면서 심하게 위험을 회피한다. 한번 크게 당한 사람은 또 다른 손실을 두려워한다. 당신이 이런 식으로 행동할 가능성이 높다는 사실을 미리 아는 것만으로도 계획을 세우는 데 도움이 된다. 예를 들어 외국 주식의 투자 비중을 25%에서 30% 사이로 설정했다고 하자. 그해 외국 주식의 가격이 상승하면 25%로 투자 비중을 줄였다가 다음 해 주가가 하락하면 30%로 늘릴 수 있다. 그렇게 하면 가격이 위험하게 높을 때는 위험을 덜 감수하고, 가격이 매력적으로 낮을 때는 더 많은 위험을 감수하도록 할 수 있다.

◎ 심리학자 폴 슬로비치에 따르면 위험 감내도가 고정된 사람은 없기 때문에 '목적과 목표, 결과'의 관점에서 생각하는 것이 도움이 된다고 한다. 앞으로 돈이 얼마나 필요할까? 어떤 방법으로 목표에 도달할 것인가? 어떤 결과를 얻거나 피하고 싶은가? 이런 질문에 답하려면 자신의 예산을 파악하고, 현재의 자산을 계산하고, 향후 수입과 지출을 검토할 필요가 있다. 이런 수치가 완벽하게 확실하지는

않지만 위험 감내도와 같은 감성적 개념보다는 훨씬 신뢰할 수 있는 판단의 기준이 된다.[182]

◎ 투자로 대박의 희망에 불타고 있을 때 당신은 자신이 옳았을 경우 얼마의 수익을 올릴지뿐만 아니라 틀렸을 경우 얼마의 손실이 발생할지 생각해봐야 한다. 수학자이자 신학자인 블레이드 파스칼은 이 문제를 생각하는 방법의 모델을 제시했는데 이른바 '파스칼의 내기'라고 부른다. 신의 존재는 과학적 증거가 아니라 믿음의 문제다. 당신은 어떤 삶을 살 것인가? 신이 존재하기 때문에 신앙의 삶을 산다는 데 내기를 걸었다고 치자. 하지만 나중에 알고 보니 신이 없다면 살아 있는 동안 몇 가지 죄를 누릴 기회를 놓치지만 이 내기에서 치르는 비용은 그것이 전부다. 이번에는 신이 없다는 쪽에 내기를 걸었다고 치자. 신앙의 삶을 살지 않을 것이다. 양심의 가책 없이 죄를 지을 수 있다. 그런데 나중에 신이 존재한다는 것이 밝혀졌다고 생각해보자. 이 내기에서 얻을 수 있는 보상은 수십 년간의 값싼 쾌락이며 그 대가는 지옥에서 영원히 타오르는 것이다. 피터 번스타인의 말을 빌리면 파스칼의 내기는 "위험을 감수할 것인가의 여부는 당신이 옳을 확률에 달려 있는 것이 아니라 당신이 틀릴 확률과 그 결과에 달려 있다."는 것을 보여준다. 신뢰할 만큼 좋은 결정을 내리기 위해서는 당신이 옳을 경우와 틀릴 경우를 항상 저울질해야 한다.[183]

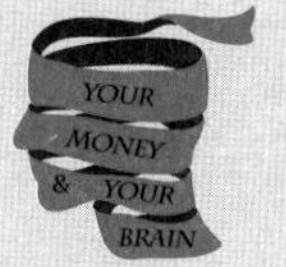
YOUR
MONEY
&
YOUR
BRAIN

CHAPTER 7

거대한 공포 아래에서는
개인도 군중도 국가도
인도적으로 행동하거나
건전하게 생각하리라고
믿을 수 없다.
공포를 극복하는 것이
지혜의 시작이다.[184]

_ 버트런드 러셀

YOUR MONEY & YOUR BRAIN

당신은 무엇을 두려워하는가?

장난처럼 보일 수 있는 몇 가지 질문을 소개한다.[185]

- 원자로와 햇빛 가운데 어느 것이 위험한가?
- 미국에서 가장 많은 사망자를 낸 동물은?
    - 악어
    - 곰
    - 사슴
    - 상어
    - 뱀
- 사망 원인(왼쪽)과 세계 연간 사망자 수(오른쪽)를 연결하라.

1. 전쟁	a. 31만 명
2. 자살	b. 81만 5천 명
3. 살인	c. 52만 명

이제 답을 보자.

역사상 최악의 원전 사고는 1986년 우크라이나 체르노빌의 원자로가 녹으면서 발생했다. 초기에는 수만 명이 방사능 오염으로 사망할 수 있다고 추정했다. 그러나 2006년까지 사망자는 100명 미만이었다. 한편 매년 8천 명의 미국인이 피부암으로 사망한다. 피부암의 가장 흔한 원인은 햇빛에 과도하게 노출되는 것이다.

평균적으로 한 해에 사슴 때문에 죽는 사람은 대략 130명이다. 이는 악어, 곰, 상어, 뱀 때문에 죽는 사람의 숫자를 합한 것보다 7배 많다. 순한 사슴이 어떻게 그런 일의 주인공이 되었을까? 다른 사나운 동물과 달리 사슴은 이빨이나 발톱으로 공격하지 않는다. 대신 달리는 자동차 앞에 뛰어들어 치명적인 충돌을 일으킨다.

마지막으로 사람들은 전쟁이 살인보다 더 많은 생명을 앗아간다고 생각한다. 또한 살인으로 죽는 사람이 자살로 죽는 사람보다 많다고 생각한다. 사실은 대부분의 해에 전쟁보다 살인 사건으로 더 많은 사람이 죽는다. 그리고 스스로 목숨을 끊는 사람 수는 살해되는 사람 수의 거의 두 배다. (리스트에서 각각의 원인과 사망자 수는 이미 맞게 짝지어져 있다.) 자신보다 남이 죽는 것을 상상하기가 쉽기 때문에 자살보다 살인이 흔한 것처럼 느껴진다.

그렇다고 핵방사능이 좋고 방울뱀이 해가 없고 전쟁의 폐해가 없다는 뜻은 아니다. 앞서 얘기한 내용은 사람들이 가능성이 낮은 위험을 가장 두려워하고, 가능성이 높은 위험을 충분히 걱정하지 않는다는 의미다. 또한 세상에서 일어나는 불행의 상당수가 두려워하는 대상이 아니라 두려워하고 있는 그 상태 때문에 발생한다는 것을 일깨워준다. 예를 들어 체르노빌이 일으킨 가장 끔찍한 파괴는 원자로가 아니라 인간의 마음이다. 극심한 공포에 빠진 사업주들이 이 지역을 벗어나자 실업과 빈곤이 급증했다. 떠날 형편이 안 되는 주민들 사이에서는 불안, 우울, 알코올 중독, 자살 등이 기승을 부렸다. 태아가 방사능에 노출되었을까 걱정하는

10만여 임산부가 불필요한 낙태를 했다. 상상 속의 공포가 현실에서 대규모 비극을 초래함으로써 방사능에 의한 피해는 오히려 적어 보였다.[186]

돈에 관해서는 우리도 다르지 않다. 모든 투자자에게 최악의 악몽은 대공황의 시작인 1929년의 주가 폭락과 같은 주식시장 붕괴다. 최근 1,000명의 투자자를 대상으로 한 조사에 따르면 평년에 미국 증시가 3분의 1 하락할 가능성은 51%로 나타났다. 그러나 역사를 기준으로 볼 때 미국 주식이 특정 해에 3분의 1이나 하락할 확률은 2%에 불과하다. 진짜 위험은 주식 시장의 붕괴가 아니라 인플레이션이 당신의 생활비를 상승시키고 저축한 돈을 잠식하는 데 있다. 그러나 은퇴 직후 10년 안에 돈이 바닥날지도 모른다고 걱정하는 사람은 조사 대상자의 31%뿐이었다. 체르노빌 같았던 주식시장 폭락의 생생한 공포로 인해 사람들은 인플레이션이라는 침묵의 살인자가 저지르고 있는 더 은밀하지만 심각한 피해를 간과했다.[187]

만약 우리가 엄격하게 논리적이라면 과거 비슷한 상황에서 안 좋은 일이 실제로 얼마나 자주 일어났는지 확인함으로써 위험의 확률을 판단할 것이다. 하지만 심리학자 대니얼 카너먼은 이렇게 설명한다. "우리는 어떤 사건이 일어날 확률을 얼마나 쉽게 떠올릴 수 있느냐로 판단하는 경향이 있다." 최근에 발생한 사건일수록, 과거 사건의 기억이 생생할수록 사건을 떠올리기가 더 쉽고 일어날 가능성은 더 높아 보인다. 그러나 이것은 위험을 평가하는 올바른 방법이 아니다. 사건이 최근에 일어났거나 기억에 남는다고 해서 다시 발생할 가능성이 더 높아지지는 않는다.[188]

'비행기 추락'이라고 큰 소리로 말해보라. 마음속에 무엇이 떠오르는가? 아마도 당신은 비명 소리가 가득 찬 연기 자욱한 객실, 엄청나게 큰 폭발음 소리, 활주로를 굴러가는 거대한 불덩어리를 상상할 것이다. 오리건 대학의 심리학자인 폴 슬로비치는 원칙적으로 "위험은 가능성과 결과라는 두 가지 성분의 동일한 분량으로 만들어진다."고 말한다. 그러나 실제로는 우리가 주위의 위험을 인지할 때 이 두 성분의 분량이 항상 같지는 않다. 추락 가능성의 이미지는 잘 떠오르지 않지만 추락의 결과는 매우 끔찍할 수 있다. 그래서 우리는 미국에서 비행기 사고로 사망할 확률이 600만 분의 1이라는 사실로도 별 위안을 얻지 못한다. 죽음의 이미지는 공포스러운 반면 '600만 분의 1'은 전혀 감정을 전달하지 못하는 추상적인 값이다. (농구선수 토니 쿠콕은 이렇게 말한 적이 있다. "나는 비행기 타는 것은 무섭지 않다. 다만 추락하는 것이 두려울 뿐이다.") 다시 말하지만 반사 두뇌의 감정의 힘이 사고 두뇌의 분석력을 압도한다.

반면에 우리는 운전대를 잡고 있을 때 불멸의 존재는 아니지만 완전히 안전하다고 느낀다. 많은 여행객은 맥주를 두어 잔 마신 다음 공항까지 운전하면서 한 손에는 휴대폰, 다른 손에는 담배를 쥐고 있는 것을 아무렇지도 않게 생각한다. 그런 사람들은 비행기 추락은 걱정하지만 자신의 행동이 매우 위험하다는 것을 전혀 알아차리지 못한다. 숫자가 진실을 말해준다. 2003년 미국에서 상업용 항공기에서 사망한 사람은 24명에 불과했으나 자동차 사고 사망자는 42,643명이었다. 이동 거리를 감안하면 비행기보다 자기 차에서 사망할 가능성이 65배나 많다. 하지만 우리는 비행기를 더 두려워한다. 2001년 9.11 테러 이후 12개월 동안 비행 공포는 많은 사람으로 하여금 운전을 하게 했고, 이로 인해 자동차 사고 사망자가 1,500명 정도 많아졌을 것으로 추정된다.[189]

보다 생생하고 쉽게 위험을 상상할수록 더욱 무섭다. 사람들은 '모든 이유'로 입원할 때보다 '모든 질병'으로 입원할 때 병원비를 보장해주는 보험에 2배나 많이 가입한다. 물론 단어의 정의상 '모든 이유'는 '모든 질병'을 포함한다. 그러나 '모든 이유'는 모호한 반면 '모든 질병'은 생생하다. 그 생생함은 사람들에게 공포를 느끼게 한다. 경제적으로는 논리적이지 않지만 감정의 관점에서는 이치에 맞는 것이다.[190]

사람들의 반사 시스템에서 생성된 감정은 분석 능력을 내몰 수 있기 때문에 어떤 위험 하나가 다른 것도 더욱 위험해 보이게 할 수 있다. 예를 들어 9.11테러 이후 컨퍼런스 보드의 소비자 신뢰 지수는 25% 하락했다. (이 수치는 미국인이 경제 전망을 어떻게 생각하는지를 나타내는 척도다.) 또한 향후 6개월 안에 자동차나 집, 혹은 주요 가전 제품을 살 계획이 있다고 말한 사람이 10% 줄었다.

보이지 않는 공포감이 공기를 가득 채운 상황에서는 감기에 걸리듯 쉽게 다른 사람의 감정에 물들 수 있다. 범죄나 우울증에 관한 짧은 신문 기사를 읽는 것만으로도 이혼, 뇌졸중, 독성 화학물질 오염과 같은 당신과 당장 관계없는 위험 가능성을 두 배 이상 증가시킨다. 숙취에 시달릴 때는 아주 작은 소리에도 예민하게 반응하듯이 불쾌한 뉴스가 위험을 상기시키는 다른 일에도 과민 반응하도록 만들 수 있다. 반사 두뇌가 흔히 그렇듯이 사람들은 자신의 결정이 감정에 의해 움직인다는 것을 깨닫지 못한다. 50%의 사람들은 부정적인 뉴스가 기분을 상하게 한다는 점을 알아챌 수 있지만 이런 언짢음이 다른 위험 반응에 영향을 미칠 수 있음을 아는 사람은 3%에 불과하다.[191]

위험에 대한 직관적인 인식은 높아지거나 낮아진다. 그 이유를 폴 슬로비치는 '두려움'과 '인식 가능성'이라고 했다. 그의 설명에 따르면 이 두 요소는 위험에 감정을 스며들게 한다.[192]

◎ 두려움은 위험의 선명성, 통제 가능성, 혹은 잠재적 파괴성으로 결정된다. 여러 번의 조사에서 사람들은 권총을 흡연보다 더 위험하게 생각한다고 나타났다. 우리는 마음먹기에 따라 담배를 끊을 수 있기 때문에 흡연의 위험은 자신의 통제하에 있는 듯이 보인다. 반면 폭력배가 언제든지 당신의 머리에 총을 겨누는 것을 막을 방법은 많지 않다. TV 속 범죄 드라마는 매일 밤 당신의 거실을 총소리로 가득 채운다. 그래서 권총이 더 무섭게 보인다. 하지만 권총보다 흡연으로 죽는 사람이 훨씬 많다.

◎ 위험의 '인식 가능성'은 결과가 얼마나 즉각적이고 구체적이며 확실한가에 달려 있다. 화재, 스카이다이빙, 열차 추돌 같은 구체적이고 확실한 위험은 유전자 조작 식품이나 지구 온난화 같이 막연한 위험보다 더 잘 알 수 있으며 덜 걱정된다. 미국인은 토네이도가 천식보다 훨씬 많은 사망자를 발생시킨다고 생각한다. 천식은 느리게 진행되고 많은 환자가 생존해 있기 때문에 비록 많은 사람이 죽지만 덜 위험해 보인다. 만약 위험의 결과가 매우 불확실하고 이해하기 어려울 경우에는 어떤 인식된 문제가 광적으로 퍼질 수 있다. 따라서 거의 비밀리에 운영되는 거대 투자 풀인 헤지펀드는 손실이 날 때마다 1면 뉴스가 된다.

두려움과 인식 가능성은 주위 세상에 대한 우리의 인식을 뒤틀 수 있다. 우리는 흔한 위험의 가능성과 심각성을 과소 평가하고 드문 위험의 가능성과 심각성을 과대 평가한다. 특히 우리가 개인적으로 경험해본 적이 없는 경우에는 더욱 그렇다. 우리가 상황을 장악하고 결과를 이해한다고 느낄 때 위험은 실제보다 작아 보인다. 위험이 우리 능력 밖에 있고 잘 이해하지 못한다고 느낄 때 위험은 실제보다 크게 보인다. 마치 멀리 있는 것은 무엇이든 확대시키고 가까운 것은 축소시키는 일그러진 쌍안경으로 세상을 보는 것과 같다.

많은 사람이 공항에서 항공 보험에 가입하는 이유이기도 하다. 비행기 추락 사고로 사망할 확률은 거의 제로에 가깝다. 대부분의 승객은 이미 생명보험에 가입되어 있지만 비행기 여행을 여전히 위험하다고 느낀다. 한편 홍수 취약 지역에 거주하는 미국인의 4분의 3은 홍수 보험에 가입되어 있지 않다. 왜냐하면 주택 소유자는 과거에 물이 얼마나 차올랐는지 쉽게 알 수 있었고, 홍수 위험을 통제하는 배수 시스템과 다른 기술을 도입할 수 있기 때문에 실제보다 안전하다고 느낀다. 허리케인 카트리나는 이런 안전 불감증이 얼마나 위험한지 보여줬다.[193]

위험에 대한 이런 왜곡된 인식이 증시에는 심각한 착각의 원인이 될 수 있다. 2005년 3월 22일 안나 아얄라Anna Ayala라는 여성이 캘리포니아 주 산호세의 웬디스 식당에서 식사를 하고 있었다. 그녀는 칠리를 한 숟가락 떠서 입에 넣은 직후 사람 손가락 하나를 뱉어냈다. 이 소식이 전해지자 웬디스 주식은 거래량이 폭주하면서 1% 하락했고 4월 15일까지 2.4%나 내렸다. 사람들은 그 식당을 외면했고 회사는 1천만 달러나 손실을 봤다. 그러나 오래지 않아 경찰은 아얄라가 직접 칠리 그릇에 손가락을 넣었다는 사실을 알아냈다. 이후 웬디스의 사업은 꾸준히 회복되었고, 초기 폭락 시기에 주식을 매도한 사람은 주가가 다음 해 2배로 뛰면서 바보가 된 기분을 느꼈을 것이다.[194]

1999년 6월 거의 같은 일이 일어났다. 이베이의 웹사이트가 장애로 22시간 동안 작동이 중단됐다. 비니 베이비스와 G.I. 조스의 거래가 중단되면서 이베이는 400만 달러가량의 수수료 손실이 발생했고 수천 명의 구매자와 판매자가 혼란에 빠졌다. 이후 3거래일 동안 이베이 주가는 26% 하락해 시가 40억 달러 이상의 손실을 입었다. 인터넷이 아직 초창기였기 때문에 이베이가 언제 문제를 해결할 수 있을지 몰랐다. 결과는 매우 불확실해 보였고 많은 투자자에게 엄청난 공포를 불러일으켰다. 그러나 이베이의 사이트는 곧 순조롭게 운영되기 시작했고 주가는 이후 5년 동안 거의 세 배로 올랐다.

간단히 말해서 위험에 대한 순간적인 반응으로 원초적인 감정에 지나치게 휘둘리는 것은 종종 투자자에게 일어나는 가장 위험한 행동이다.

두뇌의 경보 버튼

귀의 윗부분과 같은 높이의 두뇌 심층부에는 편도체라는 이름의 작은 아몬드 모양의 조직이 있다. 잠재적 위험에 직면했을 때 반사 두뇌의 편도체는 경보 시스템 역할을 한다. 공포나 분노와 같은 강렬하고 빠른 감정을 생성하여 마치 경고등 불빛처럼 사고 두뇌에 신호를 보낸다. (사무실 엘리베이터의 문 양쪽에 비상 버튼이 하나씩 있는 것처럼 두뇌에도 편도체가 2개 있으며 왼쪽과 오른쪽에 자리하고 있다.)

편도체는 새롭거나 낯설거나 빠르게 바뀌거나 공포심을 유발하는 것에 주의를 집중하도록 돕는다. 이것 때문에 우리는 드물지만 명백한 위험에 과민 반응한다. 위험 앞에서 망설이면 길을 잃거나 몇 분의 1초로 삶과 죽음이 나뉜다. 뱀 가까이 다가가거나, 거미를 발견하거나, 얼굴을 향해 날아오는 날카로운 물체를 보면 편도체는 뛰거나 머리를 숙이는 등 회피 동작을 취하도록 충격을 주어 단시간 내에 위험을 벗어나게 한다. 이와 같은 공포 반응은 돈을 잃거나 잃을 수도 있다는 믿음에 의해서도 발생한다.

두뇌의 다른 영역도 공포심을 유발하지만 지금까지는 편도체의 역할이 가장 잘 알려져 있다. 편도체는 쾌락의 자극에도 반응한다. 하지만 공포에 더 잘 반응하는데 안면 근육이나 호흡, 심박수를 조절하는 영역과 직접 연결되어 있다. 편도체에서 나오는 섬유는 두뇌의 다른 영역에 노르에피네프린norepinephrine을 분비하도록 신호를 보낸다. 이 신호는 근육에 에너지를 전달하여 즉각적으로 움직이도록 준비시키는 일종의 시동액이다. 그리고 편도체는 인체가 비상 사태에 대처하도록 돕는 스트레스 호르몬인 코르티솔cortisol을 혈류에 주입하도록 돕는다.

놀랍게도 편도체는 공포를 의식적으로 인지하기 전에 신체를 공포 신호로 가득 채울 수 있다. 만약 집이나 사무실에서 메케한 냄새가 날 경우 화재 경보가 울리기도 전에 당신의 심장은 쿵쾅거리고 두 발은 뛰기 시작할 것이다. 실제 위험이든 잠재 위험이든 편도체는 기다리지 않고 작동한다. 서던캘리포니아 대학의 신경과학자 앙트완 베카라는 "실제 공포를 이해하기 위해 10층짜리 건물에서 뛰어내릴 필요는 없다. 두뇌는 실제 경험이 필요하지 않다."고 말한다.[195]

실험실에서 태어나 자란 쥐는 고양이를 본 적이 없음에도 고양이를 만나면 즉시 얼어붙는다. 고양이가 무엇인지 전혀 알지 못해도 쥐의 편도체는 위험을 감지하고 자동으로 공포 반응을 작동시키는 것이다. 그러나 편도체가 손상된 쥐는 얼어붙지 않는다. 대신 고양이에게 달려들거나 등에 올라타고, 심지어 귀를 갉기도 한다. (실험에서 고양이는 진정제를 맞았다. 쥐에게는 다행스러운 일이었다.) 편도체가 손상되면 공포감이 사라진다.

베카라는 이렇게 설명한다. "과거의 여러 경험이 유발하는 감정은 유익할 수 있다. 그렇지 않으면 영원히 결정을 내리지 못할 것이기 때문이다." 나는 투자자들에게 강연할 때 밀봉된 봉지에서 방울뱀을 꺼내 청중에게 던진다. 이론상으로 '합리적인' 사람은 자리에 그대로 앉아 있어야 한다. 청중은 앞다투어 자리를 벗어나며 소란을 피울 가치가 있는지를 생각하고, 강사가 강의 도중 살아 있는 뱀을 관객에게 던질 확률을 검토하는 데 잠시 시간이 필요하다. 합리적인 사람은 가능한 이익과 잠재적 비용을 저울질한 다음 놀랄 이유가 없다고 결론 내려야 한다. 하지만 대다수 사람은 비명을 지르며 의자를 박차고 뛰쳐나온다. (말할 필요도 없이 뱀은 진짜가 아니라 고무 장난감이다.)

이런 번개 같은 편도체의 반응이 우리를 '비합리적'으로 만드는 것일까? 물론 그렇지 않다. 과거 인류의 생존을 도운 것처럼 이 공포 반사 조직은 현재의 일상생활에도 필수 생존 도구다. 길을 건너기 전에 양쪽을 살펴보게 하고 높은 발코니에서 난간을 잡도록 일깨워준다. 그러나 잠재적 위험이 신체가 아닌 금융 문제일 때는 반사 공포가 당신을 위험에서 구하기보다 위험에 빠뜨리는 경우가 더 많다. 주가가 급락할 때마다 투자금을 매도한다면 주식 중개인은 부자가 되겠지만 당신은 가난해지고 초조해질 것이다.

사회적 신호도 물리적 위험만큼 쉽게 두뇌의 경보 버튼을 누를 수 있다. 공포에 질린 얼굴 사진을 1천 분의 33초 동안 보여주고 곧바로 감정상 중립적인 얼굴을 더 오랫동안 보여줄 경우 당신의 사고 두뇌는 무서운 것을 봤다는 사실을 알아차릴 시간이 없다. 그러나 반사 두뇌는 번개같은 속도로 그것을 '알아차릴' 것이다. 공포에 질린 얼굴에 단 30분의 1초 동안 노출되는 것만으로도 편도체는 강렬히 활성화되고, 부지불식간에 느낀 두려움이 현실로 드러날 경우를 대비해서 당신의 몸이 움직일 준비를 한다.[196]

편도체는 위협적인 몸짓을 순식간에 알아채도록 한다. 손을 들고 서 있는 사람을 보는 것만으로도 강도 짓을, 구부정하고 움츠린 모습은 구타를 예상하게 만든다. 무명 배우의 불안해하는 행동을 담은 영상을 3분의 1초만 봐도 편도체는 그들의 두려움을 '즉시 감지'하고 순식간에 몸 전체의 스트레스 체계에 경고를 보낸다.

마지막으로 편도체는 인간만의 위협 전달 수단인 언어에 민감하다. 두뇌를 스캔하면 편도체가 수건, 구조, 숫자, 펜과 같은 단어보다 살상, 위험, 칼, 고문과 같은 단어에 훨씬 강렬하게 반응하여 빛을 낸다는 것을 알 수 있다. 최근 프랑스 연구진은 겁을 주는 단어가 1,000분의 12초 동안만 나타나도 땀이 날 수 있다는 것을 입증했다.[197] 이 시간은 인간의 눈 깜박임보다 25배 빠른 속도다! ('그 펀드 때문에 망했어.'라거나 '그 주식을 사는 것은 떨어지는 칼을 잡는 것이나 마찬가지야.'와 같은 말을 들었을 때 움찔하게 되는 것은 당연하다.)

우리를 놀라게 하는 한두 마디의 말은 기억을 바꿀 만큼 충분히 강력할 수 있다. 심리학자 엘리자베스 로프터스의 고전적 실험에서 사람들은 자동차 사고의 비디오 영상을 보았다. 한 참가자 그룹은 '서로 부딪칠hit' 때 차들이 얼마나 빨리 달리고 있었는지 질문을 받았다. 다른 참가자 그룹은 '서로 충돌할smash' 때 차들이 얼마나 빨리 달리고 있었는지 질문을 받았다. 비록 두 그룹이 같은 영상을 봤지만 '충돌하다smash'라는 단어를 들은 사람은 속도가 19% 더 빠르다고 추정했다. '부딪치다hit'라는 단어는 별로 무섭게 들리지 않는 반면 '충돌하다smash'라는 단어는 두려움을 느끼게 만드는 듯하다. 이런 단어는 분명히 편도체를 작동시켜 감정을 기억에 되살려서 과거의 인식을 변화시킨다.

이 모든 사실은 투자와 관련해서 우리에게 무엇을 말해주는 것일까? 인간은 신체적 위험뿐 아니라 경보를 알리는 어떤 사회적 신호도 반사적으로 두려워한다. 예를 들어 매매 실적이 나쁜 날 증시 현장을 중계하는 TV 방송은 다수의 신호를 결합하여 편도체를 작동시킬 수 있다. 번쩍이는 불빛, 종소리, 고함소리, 놀라 소리치는 소리, 격렬한 손짓 등이 신호들이다. 당신의 몸에서는 순식간에 땀이 나고 호흡이 가빠지고 맥박이 요동친다. 두뇌의 이 원시 영역인 편도체는 당신이 돈을 잃었는지 여부를 파악하기도 전에 '싸움 혹은 도피' 반응에 신체를 대비시킨다.

실제 손실과 상상 속 손실 모두 이런 반응을 일으킬 수 있다. 한 연구는 사람들이 돈을 잃는다는 말을 자주 들을수록 편도체가 더 활발해진다는 것을 뇌 스캔으로 발견했다. 또 다른 연구는 금전 손실을 예상하는 것만으로도 이 공포 중추가 작동할 수 있음을 입증했다. 정신적 외상을 초래하는 경험은 편도체의 유전자를 활성화시킨다. 이는 기억이 저장되어 있는 두뇌 속 세포를 강화하는 단백질 생성을 자극한다. 편도체에서 나오는 신호가 급증하면 아드레날린과 다른 스트레스 호르몬의 분비가 촉진된다. 이런 호르몬은 기억을 융합시켜 더욱 지워지지 않게 만든다. 속상한 사건은 편도체의 뉴런에 충격을 주어 수면 중에도 몇 시간이나 빛을 발산하도록 만든다. (우리가 악몽을 꾸면서 돈을 잃는 것을 다시 경험할 수 있다는 것은 정말로 사실이다.) 뇌 스캔이 밝혀낸 또 하나의 사실은 연속적으로 돈을 잃을 때 매번 발생하는 새로운 손실이 해마상 융기를 뜨겁게 달군다는 것이다. 이 영역은 편도체 근처의 기억 은행으로 공포와 불안의 경험을 저장하도록 돕는다.[198]

그게 뭐가 그렇게 나쁜 걸까? 순간의 공포가 당신의 투자 전략을 혼란스럽게 할 수 있다. 편도체는 큰 변화에 잘 대응하도록 설계되어 있기 때문에 주가의 장기적이고 대폭의 하락보다 급격한 하락에 더욱 흥분한다. (설사 장기적인 하락의 크기가 더 크더라도 말이다.) 1987년 10월 19일 미국 증시는 23% 폭락했는데 하루 낙폭으로는 대공황의 원인이 된 1929년의 폭락 때보다 컸다. 갑작스럽고 설명할 수 없는 1987년의 대폭락은 편도체가 모든 투자자의 두뇌와 신체에 공포를 순식간에 확산시키는 그런 사건이었다. 기억은 지우기 힘들다. 1988년 미국 투자자가 주식형 펀드를 매수한 것보다 매도한 금액이 15조 원이나 더 많았다. 주식형 펀드의 순매수액은 1991년까지 폭락 이전 수준을 회복하지 못했다. '전문가'도 충격에 휩싸이긴 마찬가지였다. 주식형 펀드 매니저는 1990년 말까지 총자산의 10%를 현금으로 보유했다. 뉴욕 증시의 가치는 1994년까지 폭락 전 수준을 회복하지 못했다. 어느 가을 월요일 단 한 번의 주가폭락은 적어도 향후 3년간 수백만 명의 투자 행동을 방해했다.[199]

철학자 윌리엄 제임스는 "인상은 뇌 조직에 흉터를 남기는 것과 같은 감정적 흥분을 일으킬 수 있다."고 썼다. 편도체는 금전상의 손실 기억을 두뇌에 낙인 찍듯이 남기는 것 같다. 이것은 주가 폭락 이후 투자자의 매수 의욕을 꺾는 이유를 설명하는 데 도움이 된다.

공포가 옳게 만든다

아이오와 대학의 한 실험에 참여했을 때 나는 편도체가 위험에 어떻게 반응하는지 배울 수 있었다. 먼저 나는 호흡, 심장 박동, 땀 분비, 근육 활동을 추적하기 위해 가슴, 손바닥, 얼굴 등에 전극과 기타 모니터링 장비를 부착했다. 그리고 신경과학자 앙트완 베카라와 안토니오 다마지오가 설계한 컴퓨터 게임을 했다. 2천 달러의 게임 머니를 가지고 나는 마우스를 클릭해서 컴퓨터 모니터에 나타나는 네 개의 카드 더미 중 하나에서 카드를 선택했다. 카드를 뽑을 때마다 나는 더 부유해지거나 가난해졌다. 나는 곧 왼쪽 두 더미가 큰 수익과 큰 손실을 가져올 가능성이 높고, 오른쪽 두 더미가 수익과 손실의 크기가 작다는 것을 알았다. (왼쪽 더미는 위험한 소형주에 투자하는 공격적인 성장형 펀드와 닮았다. 오른쪽 더미는 무난한 수익률이 보장되는 주식과 채권을 혼합한 균형 잡힌 펀드와 비슷했다.) 점점 나는 오른쪽 더미에서 대부분의 카드를 뽑기 시작했다. 실험이 끝날 무렵 나는 안전한 더미에서 24장의 카드를 연속으로 뽑았다는 사실을 알았다.[200]

실험이 끝난 뒤 나는 신체 반응을 기록한 차트를 보고 깜짝 놀랐다. 위험의 적색 경보가 온몸을 휩쓸고 지나갈 때 갑자기 치솟은 심장 박동과 헐떡이는 호흡을 기록한 뾰족한 선이 종이를 뒤덮고 있는 것을 볼 수 있었다. 그러나 두뇌의 사고 영역은 초조한 상태를 전혀 알아차리지 못했다. 내가 '인식한' 것은 카드를 뽑아서 몇 푼 벌려고 차분하게 게임을 계속한 것뿐이었다.

처음 돈을 잃는 카드를 클릭하고 나서는 땀이 나고, 숨이 가빠지며, 맥박이 요동치고, 얼굴 근육에 주름지는 것이 차트에 나타났다. 1,140달러를 잃는 카드를 뽑았을 때 내 맥박 수는 75에서 145까지 순식간에 치솟았다. 위험한 카드 더미에서 서너 번의 큰 손실을 본 뒤는 내가 그 두 더미에서 카드를 선택하려 할 때마다 신체 반응이 급증하기 시작했다. 클릭하지도 않았는데 위험 부담이 큰 더미 위로 커서를 옮기는 것만으로 생리 기능이 엉망이 되기에 충분했다. 마치 으르렁거리는 사자를 향해 걸어가는 것 같았다. 몇 번의 손실만으로도 편도체는 감정의 기억을 만들어냈다. 그 기억은 다시 돈을 잃는다는 생각만으로 내 몸을 불안에 떨게 만들었다.

이제는 나의 결정이 무의식중에 공포의 영향을 받는다는 사실을 알 수 있었다. 마음속 '생각'의 영역은 내가 두려워하는지 전혀 모르는데도 나는 공포를 몸으로 느꼈다. 갑작스러운 위험에 부딪친 적이 있는 사람이라면 누구나 느껴봤듯이 위험한 순간에 얼마나 긴장했는지는 그 순간이 지나고 나서야 안다. 위험이 가해지는 것이 신체가 아니라 돈이며, 게다가 실제 현금이 아니라 게임 머니일지라도 두뇌는 위험을 똑같이 다뤘다.

적어도 선진국에서는 돈이 본질적인 추구의 대상이었다. 수세기 동안의 전통과 더불어 현대 사회의 압력은 우리가 돈을 안전이나 안락과 동일시하도록 만들었다. 역설적으로 우리는 주식, 채권, 다른 투자 대상을

'증권securities'이라고 부른다! ('security'는 '안전', '안심'이라는 뜻으로 더 많이 쓰임-옮긴이) 그래서 금전의 손실과 부족은 거의 원시적인 공포를 불러일으키는 고통스러운 형벌이다. 안토니오 다마지오는 이렇게 말한다. "돈은 삶의 문제에서 상징적 징표다. 생활을 유지하고 우리가 세상에서 유기체로 살아가는 수단을 제공한다." 이런 관점에서 볼 때 굶주린 호랑이를 만나거나, 불타오르는 숲에 갇히거나, 무너지는 절벽 끝에 서 있을 때 느끼는 것과 같은 공포심이 돈을 잃을 때도 발생한다는 것은 놀랄 일이 아니다.

역설적이게도 두뇌의 이 감정의 영역은 때때로 우리가 좀더 이성적으로 행동하도록 돕는다. 베카라와 다마지오는 편도체가 손상된 사람이 카드 뽑기 게임을 할 때 위험한 카드 더미를 피하는 법을 결코 익히지 못한다는 사실을 발견했다. 그들은 방금 돈을 잃었다는 말을 들어도 맥박, 호흡, 다른 신체 반응이 전혀 없다. 편도체가 기능을 잃으면 금전 손실이 더 이상 괴롭지 않다.

그 결과는 베카라가 '의사결정병'이라고 부르는 현상이다. 돈을 잃는 것이 얼마나 나쁜지 전전두피질에게 알려주는 편도체의 감정 신호가 없어진다. 이로 인해 환자는 돈을 다 잃을 때까지 좋은 쪽과 나쁜 쪽 양쪽 더미에서 카드를 뽑는다. 보통의 경우 편도체는 "거기 가지 마!"라고 알리는 경보 장치 역할을 한다. 하지만 반사 두뇌가 손상되면 두뇌의 사고 영역은 "저걸 시도해봐야 할 것 같아!"라고 말한다. 공포가 구원자 역할을 못하는 상태에서 두뇌의 사고 영역은 계속해서 확률을 이기려고 노력할 것이고 그 결과는 재앙이다. 다마지오는 "유리한 결정을 내리는 과정은 논리적일 뿐만 아니라 감정적이다."라고 말한다.

한 연구진은 공포가 금전상의 결정에 어떤 영향을 미치는지 테스트하기 위해 좀더 간단한 게임을 고안했다.[201] 20달러에서 시작하여 동전을 던질 때마다 1달러를 걸 수도 걸지 않고 지나칠 수도 있다. 동전을 던져 앞면이 나오면 1달러를 잃고 뒷면이 나오면 2.5달러를 번다. 게임은 20번 반복된다. 연구진은 두 그룹을 대상으로 실험했다. 온전한 뇌를 가진 정상인 그룹과 편도체와 뇌섬엽 같은 두뇌의 감정 중추에 손상을 입은 환자 그룹이다.

정상인은 내기를 꺼렸다. 20번의 게임 중에서 58%밖에 돈을 걸지 않았다. (평균적으로 동전을 던질 때마다 돈을 걸기만 해도 유리한 결과가 나오는데도 말이다.) 그들은 '한번 데면 두 번 소심해진다'는 격언을 증명했다. 정산인의 경우 돈을 잃은 직후에는 주어진 기회의 41%만 돈을 걸었다. 1달러를 잃는 고통은 정상인으로 하여금 2.5달러를 버는 시도를 주저하게 했다.

감정 회로가 손상된 환자는 완전히 다르게 행동했다. 그들이 게임에서 돈을 건 경우는 평균 84%였다. 심지어 앞 내기에서 1달러를 잃었을 때도 환자의 85%는 다음 내기에 돈을 걸었다. 그것이 전부가 아니다. 환자 그룹은 게임을 오래할수록 얼마의 돈을 잃었든 상관없이 기꺼이 다시 동전을 던지려고 했다. 그들은 마치 두뇌의 통증 회로가 마비되어 손실의 고통을 느끼지 못하는 것 같았다. 따라서 그들은 아무렇지도 않게 내기를 걸었다. '벌어먹을 결과 따위 상관없어. 전속력으로 돌진한다!'

결과는 어땠을까? 두뇌의 감정 회로 영역이 손상된 사람은 정상인보다 13% 더 많은 돈을 벌었다. 공포 회로가 작동되지 않는 상태에서 환자들은 정상인이 겁에 질려 손댈 수 없는 기회를 받아들인다.

교훈은 무엇일까? 망치로 머리를 때려 두뇌를 손상시킨다고 당신의 투자 수익이 올라간다는 말이 아니다. 정상적인 투자 두뇌에는 금융상의 손실 두려움이 항상 잠재해 있다는 게 교훈이다. 시장이 횡보하거나 상승할 때 당신의 공포감은 깊은 동면에 들어갈 수 있다. 하지만 두려움이 없다고 믿는 것과 실제로 두려움이 없는 것은 완전히 다르다. 강세장이 한창일 때 투자자는 더 큰 수익을 위해 큰 위험도 감수할 수 있다고 자랑한다. 그러나 이들 대부분은 금전상 큰 손실을 입은 적도 없고, 손실에 따른 편도체의 공포 반응도 체험해보지 못했다. 이런 경험 부족으로 많은 투자자가 자신은 손실을 감내할 수 있다는 잘못된 결론을 내린다.

그러나 생물학적 현실은 바꿀 수 없다. 고통을 겪어보기 전에는 대수롭지 않게 좌절감을 이겨낼 수 있다고 상상할 수 있으나 그런 생각은 끔찍한 망상이다. 왜냐하면 그 망상이 엄청난 손실이 불가피한 큰 위험을 감수하도록 당신을 이끌기 때문이다. 1990년대의 강세장이 사라졌을 때 사람들은 애초에 결코 보유하지 말았어야 할 주식으로 수조 달러를 잃었다. 투자자는 자신을 잘 몰랐기 때문에 끔찍한 대가를 치렀다.

다수가 안전한가?

요즘에는 투자자 모임이 종종 온라인 대화방에서 형성된다. 대화방의 방문객은 유사 집단의 강한 압박 때문에 가장 목소리가 크고 카리스마 넘치는 회원의 의견에 주목한다. 당신은 주위를 둘러보고 큰 지지 그룹이 모두 비슷한 의견을 낸다는 것을 발견한다. 그래서 당신은 '다수니까 안전하다'고 느낀다.

UCLA 생태학자 대니얼 블럼스타인은 "무리 속 동물은 포식자를 탐지하는 눈과 귀, 코를 더 많이 가지고 있다."고 지적한다. 일반적으로 무리를 짓는 동물은 홀로 움직이는 동물보다 위험을 더 민감하게 탐지한다. 큰 무리일수록 위험에서 더 신속하고 빨리 달아나는 경향이 있다. 따라서 두려워할 대상이 없을 때만 다수가 안전하다. 무리의 일원이 되는 편익은 순식간에 사라질 수 있다.[202]

물론 십 대를 경험한 사람이라면 또래의 압박이 혼자라면 하지 않을 일을 집단의 일원으로는 할 수 있다는 것을 알 것이다. 사람들은 순응하기 위해 의식적으로 선택하는 걸까, 아니면 무리가 자동으로 자석 같은 힘을 발휘하는 걸까? 최근의 한 실험에서 참가자에게 3차원 물체가 같은지 다른지 질문했다. 참가자는 때때로 독립된 상태로 테스트를 받았다. 또는 4명의 또래 참가자나 4대의 컴퓨터가 보이는 반응을 먼저 보고 선택하는 경우도 있었다. (사실 '또래 참가자'는 연구진과 한편이었다.) 참가자가 독자적으로 선택했을 때는 84%를 맞췄다. 4대의 컴퓨터가 모두 오답을 보여주었을 때는 참가자의 정확도가 68%로 떨어졌다. 또래 참가자 집단이 모두 잘못된 선택을 했을 때는 정답률이 59%로 떨어졌다. 사람들이 또래 집단을 따라서 선택할 때 전두피질의 활동이 감소한 것이 두뇌 스캔을 통해 드러났다. 마치 사회적 압력이 사고 두뇌를 압도하는 듯했다.[203]

사람들이 독자적인 관점을 가지고 또래 참가자의 의견과 다른 답을 추정할 때 편도체가 강한 빛을 내는 것이 두뇌 스캔을 통해 밝혀졌다. (사람들이 컴퓨터와는 별개로 독자적으로 추정할 때는 그런 반응이 나타나지 않았다. 이는 또래 집단의 압박이 사람들로 하여금 독자적으로 생각하지 못하게 한다는 걸 알 수 있다.) 이 연구를 이끈 신경경제학자 그레고리 번스는 편도체의 이런 반응이 '신념을 지키는 데 따르는 감정적 부담'의 표시라고 말한다. 사회적 고립은 신체의 고통으로 작동하는 두뇌의 영역과 같은 영역의 활동을 유발한다. 간단히 말해서 집단을 따르는 것은 의식적으로 선택해서가 아니라 그렇게 하지 않으면 고통스럽기 때문이다.

일단 집단에 합류하면 당신의 감정은 더 이상 특이한 반응을 보이지 않는다. 신경과학자들이 고전 서부극 〈석양의 무법자〉를 보는 사람의 두뇌를 스캔했다. 관객은 자유롭게 상상하며 엔리오 모리코네의 섬뜩한 음악에 사로잡히기도 하고, 클린트 이스트우드가 눈을 찡그리는 이유를 궁금해하기도 했다. 결과는 놀라웠다. 관객의 대뇌피질 표면의 3분의 1이 다른 관객의 두뇌와 보조를 맞춰 빛을 발했다. 이는 연구진이 '함께 움직이기'라고 부르는 현상이다. 사람은 특히 총소리, 폭발음, 갑작스런 줄거리 변화 같은 영화의 클라이맥스에서 함께 움직이는 경향이 있었다. 감정이 고조되면 개개인의 두뇌는 거의 한 사람이 생각하는 것처럼 보였다.[204] (〈석양의 무법자〉 DVD를 가지고 있다면 다음 사이트에서 영화 장면에 반응하는 다른 사람의 두뇌 활동 패턴을 확인할 수 있다. www.weizmann.ac.il/neurobiology/labs/malach/)

'함께 움직이기'는 같은 자극에 우리의 감정이 다른 사람의 반응과 동조화하는 경향이 있음을 암시한다. 우리가 집단 행동을 하는 것은 비록 우리 모두가 개인이지만 우리의 두뇌는 공동의 상황에 공통적으로 반응하기 때문이다. 우리가 동일한 상태와 마주할 때 '함께 움직이기'는 우리 대다수가 동일한 감정을 공유하도록 유도한다. 금융 뉴스를 듣고 당신이 불안하거나 두렵거나 놀랍거나 기뻐할 경우 다른 투자자도 동일하게 느낄 가능성이 높다.

당신이 큰 투자자 집단의 일원이 될 경우 모든 것이 잘될 때는 안정감을 줄 수 있다. 그러나 일단 위험이 추악한 머리를 드러내면 다수의 안전은 존재하지 않는다. 당신은 그 집단의 모두가 당신이 보유 중인 주식을 매도하고 사실상 목숨을 보전하기 위해 달아나는 것을 발견할지도 모른다. 악재가 한번 터지면 지지층은 앞다투어 달아난다. 더 이상 안전하다고 느껴지지 않는 순간 당신은 갑자기 혼자가 된다.

아무도 확률을 모를 때

군사 정보학자인 대니얼 엘즈버그는 1971년 〈뉴욕타임스〉지에 미국 국방부 문서를 유출하면서 닉슨의 대통령직을 무너뜨리는 데 일조했다. 그 극비 보고서는 베트남 전쟁을 야기한 의사 결정의 체계적인 결함을 기록한 것이었다. 엘즈버그는 사람들이 항상 옳게 판단하지 않는다는 개념을 알고 있었다. 그보다 10년 전 하버드 대학의 실험심리학자였던 그는 깜짝 놀랄 만한 발견을 발표했는데 이후에 엘즈버그 역설Ellsberg Paradox로 불렸다. 이 역설의 개념은 다음과 같다. 앞에 두 개의 항아리가 있다고 상상해보라. 윗부분이 열려 있어서 손을 넣을 수 있지만 안에 무엇이 있는지 볼 수는 없다. 항아리 A에는 정확히 50개의 빨간 공과 50개의 검은 공이 들어 있다. 항아리 B에도 정확히 100개의 공이 들어 있는데 빨간 공과 검은 공이 몇 개인지는 모른다. 어느 쪽 항아리든 빨간 공을 뽑으면 100달러를 받는다.

어느 항아리에서 고르겠는가? 당신이 대다수 사람과 생각이 같다면 항

아리 A를 선호할 것이다.[205]

이제 게임을 계속하되 규칙을 바꾼다. 이번에는 어느 쪽 항아리든 검은 공을 뽑으면 100달러를 받는다. 당신은 이제 어느 항아리를 고를 것인가? 대다수 사람은 여전히 항아리 A를 고른다. 그러나 그것은 논리적으로 말이 안 된다! 처음에 항아리 A를 선택했다면 항아리 B보다 빨간 공이 더 많다고 가정하고 행동한 것이 분명하다. 항아리 A에는 50개의 빨간 공이 들어 있다는 것을 알기 때문에 당신의 첫 번째 선택은 항아리 B에 빨간 공이 50개 미만이라는 것을 암시한다. 따라서 항아리 B에는 검은 공이 50개 이상이라고 결론을 내려야 맞다. 그런데 이제 검은 공을 꺼내라고 하니 당신은 항아리 B를 골라야 한다.

그렇다면 왜 사람들은 두 번 모두 A를 선호했을까? 2002년 기자회견에서 도널드 럼즈펠드 미국 국방장관은 '인지된 유식known knowns', '인지된 무식known unknowns', '미지의 무식unknown unknowns'의 차이를 설명했다가 많은 사람의 조롱을 받았다. 하지만 엘즈버그와 거의 공통점이 없는 사람이었지만 럼즈펠드의 말은 옳았다. 럼즈펠드 장관은 다음과 같이 설명했다. "인지된 유식이란 우리가 안다는 사실을 알고 있는 것이며, 인지된 무식은 우리가 모르는 것이 있다는 것을 안다는 뜻이다."

럼즈펠드의 용어를 빌리자면 엘즈버그의 항아리 A는 '인지된 유식'이다. 당신은 항아리에 빨간 공과 검은 공이 절반씩 섞여 있다는 것을 알고 있다. 반면에 항아리 B는 '인지된 무식'이다. 항아리에 빨간 공과 검은 공이 둘 다 있다는 건 알지만 몇 개씩 있는지는 모른다. 항아리 B는 엘즈버그가 말하는 '모호성'으로 가득 차 있는데 모호성은 두려움을 느끼게 한다. 결국 항아리 B에 빨간 공이 99개라고 판명될 경우 당신은 검은 공을 꺼내는 시도에서 아무것도 얻지 못할 가능성이 매우 높다. 우리가 확률을 확신하지 못할수록 결과를 더욱 걱정하게 된다. 그래서 우리는 기본 논리와 상관없이 항아리 B를 기피한다.

엘즈버그의 발견에 따르면 사람들은 자신의 선택이 논리적이지 않다는 것을 인식한 뒤에도 항아리 A를 선택했다. 심지어 올바른 항아리를 골랐는지에 돈을 걸도록 했음에도 계속해서 항아리 A를 고집했다. 엘즈버그의 실험을 당대 최고의 경제학자와 의사 결정 이론가에게 실시했을 때 참가자 대부분이 보통 사람과 같은 실수를 저질렀다.

엘즈버그 역설은 그리 놀랄 일이 아니다. 왜냐하면 그의 역설은 사람들의 투자 결정을 지배하는 사고와 감정 사이의 동일한 긴장 상태에 근거를 두고 있기 때문이다. 한 연구진은 20장의 카드 더미에서 한 장을 뽑아달라고 요구한 뒤 참가자의 두뇌를 스캔했다. 때때로 참가자는 카드 더미에 빨간색 카드 10장과 파란색 카드 10장이 있다는 것을 알았다. 다른 때는 카드 더미에 빨간색과 파란색 카드가 섞여 있다는 것만 알았다. (참가자가 잘못된 카드를 선택하면 3달러의 이득을 놓친다.) 첫 번째 더미는 엘즈버그의 항아리 A처럼 참가자가 안다는 사실을 알고 있었고, 두 번째 더미는 항아리 B와 같이 자신이 모르는 것이 있다는 것을 안다. 사람들이 불확실한 더미에서 카드를 뽑으려고 생각하자 편도체의 공포 중추가 과잉 반응을 보이기 시작했다. 더욱이 불확실한 더미에 내기를 할지 고민하자 두뇌의 보상 중추 가운데 하나인 미상핵의 활동이 위축된다. 5장에서 보았던 것처럼 미상핵은 우리가 누군가를 신뢰하고 상황을 통제하는 기쁨을 느낄 수 있도록 돕는 영역이다. 확률을 모르는 것은 두려움을 키울 뿐만 아니라 우리가 상황을 통제하고 있다는 느낌을 앗아간다.[206]

엘즈버그 역설은 증시에 자주 등장한다. 모든 기업의 성장률이 불확실하지만 일부 기업은 다른 기업보다 훨씬 예측 가능해 보인다. 기업의 성장률이 믿을 만해 보이면 월가는 '높은 가시성'을 가졌다고 말한다. 엘즈버그는 '낮은 불확실성'을 가졌다고 표현할지 모른다. 당신이 뭐라고 부르든 투자자는 예측 가능성이라는 환상에 비용을 지불한다.[207]

◎ 월가에서 증권 분석가가 주목하는 종목일수록 거래량도 많다. 이는 투자자가 '전문가들'이 많이 언급하는 종목에 돈을 건다는 걸 의미한다.
◎ 한 회사의 다음 해 이익 전망치에 대한 증권 분석가의 견해 차이가 적을수록 그 회사에 더 많은 투자자가 몰린다. (4장에서 보았듯이 증권 분석가는 기업 이익을 예측하는 데 서툴다. 그런데 투자자는 '모호하지만 정확한' 예측보다 '일목요연하지만 잘못된' 예측을 선호한다.)
◎ 78%의 증권 분석가는 미래 실적이 불확실할 경우 대형주보다 소형주에 투자할 때 '신뢰도가 더 떨어진다'는 데 동의한다.
◎ 평균적으로 '가치주' 기업 실적이 '성장주' 기업보다 두 배 이상 변동성이 크다.

이 모든 것은 가치주와 소형주 투자를 항아리 B에서 검은 공을 꺼내는 것과 동일한 상황으로 만든다. 불확실성이 클수록 성공 확률에 드는 확신은 줄어든다. 항아리 A에서 '예측 가능한' 성장주를 고르는 것이 더 안전하다고 단순하게 생각한다. 그래서 대다수 투자자는 가치주와 소형주를 기피함으로써 주가를 떨어뜨리고, 대형 성장주로 몰려들어 적어도 단기적으로 주가를 폭등시킨다. 그러나 장기적으로 보면 성장주와 증권 분석가가 선호하는 종목은 가치주나 저평가 기업보다 수익률이 낮은 경향이 있다. 일반 투자자는 불확실성이 높은 주식을 피한다. 이런 주식은 단기 성과를 떨어뜨리지만 싸게 살 수 있는 기회가 제공되어 장기 성과가 좋다.

공포에 맞서라

위험에 직면했을 때 편도체가 주도하는 반사 두뇌는 가속 페달과 같은 기능을 하며 감정을 고조시킨다. 다행히도 전전두피질이 관장하는 사고 두뇌는 브레이크 페달처럼 작동하기 때문에 보다 객관적인 결정을 내릴 수 있을 만큼 침착해질 때까지 속도를 늦출 수 있다. 최고의 투자자는 감정 두뇌의 뜨거운 반응을 억제하는 데 도움이 되는 절차를 미리 준비하는 습관을 들인다. 공포에 직면했을 때 당신의 투자를 냉정하게 유지하는 몇 가지 방법이 있다.

잠시 잊어버려라.

한발 물러서서 긴장을 풀지 않는 한 악화된 위험에 대처할 수 있는 마음의 여유를 찾을 수 없다. 샌프란시스코의 프로 미식축구팀 '포티나이너스49ers'의 걸출한 쿼터백 조 몬태나는 이것을 완벽하게 이해했다. 1989년 슈퍼볼에서 포티나이너스의 선수들은 3분밖에 남겨두지 않은 상황에서 거의 필드 전체 길이인 92야드를 앞두고 '신시내티 벵갈스'를 3점 차로 맹추격하고 있었다. 오펜시브 태클 포지션의 해리스 바튼은 어찌할 바를 모른 채 '제정신'이 아닌 듯했다. 그때 몬태나가 바튼에게 말했다. "이봐, 잘 봐. 저기 스탠드 출구 램프 근처에 존 캔디가 있어." 선수들은 모두 그 코미디언을 보기 위해 몸을 돌렸다. 그 기분전환 때문에 선수들은 심리적 스트레스를 무시할 수 있었고 아슬아슬하게 경기에서 이길 수 있었다. 위험에 압도당했다고 느낄 때마다 존 캔디 일화를 만들어라. 불안감을 해소하기 위해 산책을 하고 체육관에 가거나 친구에게 전화하고 자녀와 놀아라.[208]

자신의 어휘로 표현하라.

생생한 광경과 소리가 반사 두뇌의 감정을 자극하는 반면, 훨씬 복합한 언어일수록 전전두피질과 사고 두뇌의 영역을 활성화시킨다. 당신은 시장이 던지는 이미지의 흐름에 대항하기 위해 특정 어휘를 사용함으로써 극도의 위험을 냉정한 시각으로 바라볼 수 있다.

1960년대에 버클리 대학의 심리학자 리처드 라자루스Richard Lazarus는 다음의 사실을 발견했다. 의식용 할례 영상을 보여주면 대다수 사람은 보는 즉시 혐오감을 느낀다. 하지만 할례의 과정이 생각보다 고통스럽지 않다는 설명을 덧붙이고 영상을 보여주면 혐오감을 느끼지 않는다. 추가 설명을 들은 사람은 설명 없이 영상을 본 사람보다 심장 박동 수가 낮고 땀을 적게 흘렸으며 불안함을 덜 느꼈다. (설명은 사실이 아니었지만 효과를 보았다.)

최근에 심리학자 제임스 그로스는 화상 환자 치료와 팔의 절단 장면 등 끔찍한 영상을 사람들에게 보여주었다. 그로스는 시청자가 사전에 '거리를 두고 냉정한' 태도를 취하라고 서면으로 지시받은 경우 혐오감을 덜

느낀다는 사실을 발견했다.[209]

앞서 배운 바와 같이 무서운 얼굴 사진을 보면 편도체가 갑자기 빛을 내며, 심장이 두근거리고 호흡이 빨라지고 손바닥에 땀이 난다. 그러나 분노나 공포 같은 어휘와 함께 무서운 얼굴 사진을 보면 편도체의 활성화나 신체의 경보 반응이 억제된다. 왜냐하면 그 어휘가 상황을 얼마나 정확하게 묘사하는지를 판단하기 위해 전전두피질이 작동하는데 이 반응이 공포 반사보다 우선하기 때문이다.[210]

이런 사실을 종합하면 어휘 정보는 감각 자극의 편도체의 불꽃 같은 반응에 젖은 담요를 덮는 역할을 할 수 있음을 알 수 있다. 그렇기 때문에 나쁜 소식이 터질 때마다 투자 결정을 재검토하는 데 어휘를 사용하는 것은 매우 중요하다. 과거에 좋았던 투자처도 순식간에 사라질 수 있다. 엔론과 월드컴 주가가 하락하기 시작했을 때 분석적 사고는 아무 소용이 없었다. 폭락하는 몇몇 주식 이외에 단지 일시적으로 하락하는 종목이 수천 개나 있으므로 너무 빨리 파는 것은 종종 최악의 행동일 수 있다. 감정이 사실을 압도하지 못하도록 어휘를 사용해 다음의 질문을 하라.

- 가격 이외에 뭐가 달라졌을까?
- 처음에 투자한 이유가 여전히 유효한가?
- 높은 가격에 살 정도로 마음에 드는 투자처였다면 가격이 낮아진 지금은 더 좋아해야 하지 않을까?
- 이것이 정말 나쁜 소식인지 판단하기 위해 내가 검토해야 할 다른 증거가 있을까?
- 이번에 투자한 종목이 과거에도 이만큼 하락한 적이 있는가? 만약

그렇다면 그때 다 파는 것과 더 사는 것 중 어느 게 나았을까?

감정을 추적하라.

5장에서 우리는 투자 일지 작성의 중요성을 배웠다. 신경과학자 앙투안 베카라가 '감정 기록'이라고 부르는 요소를 일지에 포함시켜야 한다.[211] 이를 통해 당신의 투자금이 오르고 내릴 때 감정의 움직임을 추적해야 한다. 시장의 고점과 저점에서 과거 비슷한 시기에 기록했던 일지의 내용을 읽어보라. 자신의 감정 기록은 가격이 오를 때 지나치게 흥분하고, 가격이 내릴 때 절망에 빠지는 경향이 있었음을 알 수 있다. 따라서 당신은 투자 감정을 거꾸로 뒤집는 훈련이 필요하다. 세계 최고의 투자자들은 자신의 감정을 반대 지표로 다루는 기술을 익혔다. 흥분은 매도를 고려할 때가 되었다는 신호이며, 공포는 지금이 매수 시기라는 신호를 준다. 나는 '피델리티 앤드 레그 메이슨Fidelity and Legg Mason'의 유명한 펀드 매니저인 브라이언 포스너Brian Posner에게 돈이 되는 주식을 어떻게 감지하느냐고 물어본 적이 있다. 그는 이렇게 대답했다. "던져 버리고 싶은 생각이 드는 주식이라면 훌륭한 투자처라고 확신할 수 있다." 마찬가지로 '데이비스 펀드Davis Funds'의 크리스토퍼 데이비스Christopher Davis는 '죽을 것 같은 공포'를 느낄 때 투자하는 법을 배웠다고 한다. 그는 이렇게 말한다. "사람들의 위험 인식이 높아지면 가격이 낮아져서 실제 위험은 줄어들 수 있다. 우리는 비관론이 만들어내는 가격을 좋아한다."

무리에서 멀어져라.

1960년대에 심리학자 스탠리 밀그램은 일련의 놀라운 실험을 했다.[212]

당신이 그의 연구실에 있다고 상상하라. 당신은 시간당 4달러를 받고 '교사' 역할을 한다. '교사'는 '학습자'가 간단한 기억력 테스트에서 틀리면 벌을 준다. 당신은 점점 단계가 높아지는 30개의 온 오프 스위치가 달린 기계 앞에 앉는다. 단계는 15볼트의 '약한 충격'부터 375볼트의 '위험: 심각한 충격'을 거쳐 450볼트('XXX'라는 불길한 표시가 있음) 이상까지 있다. 학습자는 말은 들리지만 교사를 볼 수 없는 곳에 있다. 학습자가 답을 틀릴 때마다 실험실 관리자는 당신에게 높은 단계의 스위치를 눌러 큰 충격을 주라고 지시한다. 당신이 전압 올리기를 주저하면 실험실 관리자는 정중하면서도 단호하게 계속할 것을 지시한다. 처음 몇 번의 충격은 해가 없다. 그러나 75볼트에서는 학습자가 신음소리를 낸다. 밀그램은 이렇게 썼다. "학습자는 120볼트에서 불평을 털어놓고, 150볼트에서 실험을 안 하겠다고 항의한다. 학습자의 항의는 충격이 커질수록 격해지고 감정적이 된다. 180볼트에서 학습자는 '고통을 참을 수 없다'고 외친다. 285볼트에서 학습자의 반응은 고통스러운 비명 그 자체였다."

만약 당신이 교사라면 어떻게 할 것 같은가? 밀그램은 실험실 밖에서 100여 명의 학습자에게 이 실험을 설명하고 어느 단계에서 충격을 중단할 것으로 생각하느냐고 물었다. 학습자들은 평균 120볼트와 135볼트 사이에서 중단하겠다고 대답했다. 300볼트 이상 계속할 것으로 예상한 학습자는 단 한 명도 없었다.

그러나 밀그램의 실험실 안에서 모든 교사가 학습자의 불평과 관계없이 최고 135볼트의 충격을 가하겠다고 말했다. 80%는 학습자의 터지는 비명에도 285볼트의 충격을 가했고, 62%는 XXX 표시의 최대치

충격인 450볼트까지 올렸다. 밀그램은 씁쓸하게 이렇게 썼다. "돈이 걸려 있는 상황에서 실험실 안의 권위자에게 저항하기가 두려운 사람들은 '무감각한 규칙성'을 보이며 지시받은 대로 행동했다." (그런데 학습자는 훈련된 배우로 전류에 충격을 받은 척했다. 밀그램의 기계는 무해한 가짜였다.)

밀그램은 복종의 사슬을 깨는 두 가지 방법을 찾아냈다. 하나는 '동료의 반항'이다. 밀그램은 두 사람에게 추가 교사로 실험에 참여하도록 했고 210볼트 이상의 충격은 거부하도록 했다. 동료들이 중단하는 것을 본 대다수 교사도 용기를 얻어서 중단했다. 밀그램의 또 다른 해결책은 '권위자 사이의 의견 불일치'였다. 그가 추가한 두 번째 관리자가 전압을 더 이상 올릴 필요 없다고 첫 번째 관리자에게 말하자 대다수 교사는 충격을 즉시 중단했다.

밀그램의 발견은 당신이 집단의 영향력에 저항할 수 있는 방법을 암시한다.

◎ 인터넷 대화방에 들어가거나 동료와 회의를 시작하기 전에 당신이 생각하는 투자 의견을 적어놓아라. 그 투자가 좋은 이유와 나쁜 이유, 투자 가치, 의견에 대한 이유를 가능한 한 구체적으로 적어라. 그리고 그 집단의 일원이 아닌 이들 중 당신이 존경하는 사람에게 자신의 결론을 말하라. (그렇게 함으로써 당신이 집단에 순응하기 위해 자신의 의견을 바꾸는지 여부를 다른 사람이 지켜보게 한다.)

◎ 집단의 일원이 아닌 이들 중 당신이 가장 존경하는 사람에게 집단의 일치된 의견을 말하라. 최소한 다음 3가지 질문을 하라. 집단의 일원들이 합리적으로 보이는가? 그들의 주장이 타당한가? 만약 당

신이 내 입장이라면 결정을 내리기 전에 무엇을 더 알아볼 것인가?

◎ 당신이 투자 회사에 속해 있다면 내부에 저격수를 두어라. 저격수의 보너스는 다른 모든 사람이 좋아하는 아이디어를 얼마나 많이 파기하느냐에 달려 있다. (모두가 저격수를 싫어하지 않도록 저격수의 역할은 회의 때마다 바꿔라.)

◎ 제너럴 모터스의 전설적인 회장인 알프레드 슬론 주니어는 다음과 같이 회의를 갑자기 연기한 적이 있다. "우리가 여기서 내리는 결정에 여러분 모두가 완전히 동의하는 것으로 이해하겠습니다. 그래서 다음 회의까지 이번 문제의 논의를 연기하겠습니다. 그 시간 동안 이견을 생각해내고 결정의 가장 중요한 점이 무엇인지 생각해보기 바랍니다." 동료 집단의 압박은 당신이 표현하기 꺼려하는 '막연한 예감'을 갖도록 할 수 있다. '막연한 예감'이라는 단어는 심리학자 어빙 재니스의 표현이다. 모든 사람이 좋아하는 술집에서 동료 집단의 구성원과 만나는 것은 억제된 마음을 어느 정도 누그러뜨려 더욱 자신 있게 의견을 밝히게 해준다. 한 사람을 '지명 사색가'로 임명하라. 그의 역할은 다른 사람이 술을 마시면서 얘기한 자유로운 의견을 기록하는 것이다. 로마의 역사가 타키투스에 따르면 고대 게르만족은 포도주를 마시는 것이 '마음의 가장 은밀한 움직임과 목적을 드러내는 데 도움이 된다'고 믿었다. 그래서 그들은 중요한 결정을 내릴 때 두 번에 걸쳐 평가했다. 술에 취한 상태였을 때와 술이 깬 다음이었다.[213]

YOUR
MONEY
&
YOUR
BRAIN

CHAPTER 8

더 이상
상상할 수도 없는 사건은
반드시 일어난다.
왜냐하면 예상만 할 수 있다면
그런 사건은
일어나지 않을 것이기
때문이다.[214]

_ 칼 크라우스

YOUR
MONEY
&
YOUR
BRAIN

에구머니

누구나 이런 기분을 느껴본 적이 있을 것이다. 습관적으로 보지도 않고 변기에 앉는다. 그러고 나서 직전에 사용한 사람이 변기 깔개를 내려놓지 않았다는 사실을 안다. 변기에 빠지기 직전에 벌떡 일어나 허공에서 몸의 균형을 잡은 후 날카롭게 비명을 지르거나 화가 나서 저주를 퍼붓는다.

이런 경험의 놀라운 점은 그것이 얼마나 흔한 일이라는 것뿐만 아니라 당신의 반응이 매우 훌륭하고 빠르다는 것이다. 깔개를 올린 변기는 깔개를 내린 변기보다 8% 낮을 뿐이지만 당신의 두뇌는 기대한 것과 얻는 것의 사소한 차이도 섬세하게 감지한다.[215]

그렇게 위기일발의 상황 후에 심장의 두근거림이 멈추려면 시간이 좀 걸린다. 그게 바로 놀람의 단순한 위력이다. 우리가 기대와 다른 것을 얻는 것은 경험을 통해 배우는 가장 강력한 학습 방법이다. 두근거리는 심장과 흥분한 신경을 경험한 결과 당신은 변기에 앉기 전에 깔개의 유무를 반드시 확인할 것이다. 국립보건원의 신경과학자 더글러스 필즈는 이렇게 말한다. "모든 환경을 정확하게 기록하는 것은 진화적 가치가 거의 없다. 하지만 신기한 것을 탐지하는 데는 보상이 따른다." 뭔가 잘못되었다는 것을 인식했을 때 충격을 받지 않는다면 인간은 실수를 되풀이하고 돌이킬 수 없는 혼란에 빠질 것이다.[216]

좋든 나쁘든 간에 당신의 두뇌는 깔개가 올라간 변기처럼 예기치 않은 투자 포지션의 변화에 번개와 같은 빠른 반응을 일으킨다. 물론 매사에 끊임없이 놀라면 평생 병적인 흥분에 시달리며 살다가 신경 쇠약으로 죽을 것이다. 다행히도 당신이 어떤 것에 자주 노출될수록 두뇌는 적응이라고 알려진 과정을 통해 덜 민감하게 반응하는 경향이 있다. 산타바바라 캘리포니아 대학의 신경과학자 마이클 가자니가는 이렇게 말한다. "어떤 것을 더 많이 경험하거나 익숙해질수록 두뇌의 반응 활동은 감소한다. 그렇게 되면 두뇌의 대사 부하가 줄어든다." 두뇌의 뉴런은 잠재적 위험이 점점 익숙해지고 덜 위협적이기 때문에 저속 기어로 바꾸고 초당 신호 전달을 줄이면서 에너지를 보존한다. 그러나 또 다른 갑작스러운 한 번의 변화만으로도 뉴런은 다시 높은 수준의 활동으로 돌입한다. 변화에 즉각적으로 반응하기 위해 두뇌의 자동 조종 장치를 끄는 것은 새롭고 예상치 못한 일로 놀란 감정이다.

금융시장에서는 사소한 놀람도 당신을 당황하게 만들어 큰 변화를 일으킬 수 있다. 전략의 갑작스런 변화가 실제로 적절한지 여부와 상관없이 그렇게 될 수 있다. 그러므로 당신이 좌절할 만한 예상 밖 충격을 덜 받는 방법과 돌발 상황에서 공포감을 최소화할 방법을 알아내는 것이 중요하다. 이번 장은 투자에서 맞닥뜨리는 충격에 덜 놀라는 방법을 배운다.

어느 빌딩이 뛰어내리기 가장 좋은가?

2006년 1월 31일 구글은 2005년 4분기 재무 실적을 발표했다. 매출은

97% 증가했고 순익은 82% 올랐다. 어떻게 이런 경이로운 성장이 나쁜 뉴스가 될 수 있는지 상상하기 어렵다. 그러나 월가의 애널리스트는 구글의 실적이 훨씬 좋을 것으로 예상했다. 그 결과는 시장의 기대치와 실제 결과 사이의 부족 혹은 '네거티브 어닝 서프라이즈(부정적 이익에 의한 놀람)'이다. 이 놀람은 공황을 불러일으켰다. 이 뉴스가 전해지자마자 구글 주가는 단 몇 초 만에 16% 하락했고, 주식 시장은 공식적으로 매매를 중단해야 했다. 매매가 재개되자 불과 몇 분 전 432.66달러였던 구글의 주가는 366달러로 폭락했다. 결과는 이상했다. 구글은 월가의 예상보다 6,500만 달러를 덜 벌었을 뿐인데 그 대가로 월가에서 구글의 시장 가치 203억 달러가 사라졌다.[217]

주식 전용 온라인 게시판에는 투자자의 글이 빗발쳤다. "끝났다. 맙소사! 믿을 수 없어." "드디어 왔다. 포기의 순간이다." "이것은 일어날 수 있는 최악의 시나리오이다. 정말 고통스럽고 끔찍하고 무섭다. 오늘은 구글 최악의 날이다." 'bodjango2003'이라는 닉네임의 투자자는 이런 글을 올렸다. "어느 빌딩이 뛰어내리기 가장 좋을까요?"

모든 투자자는 기업 이익을 정확히 예측하기가 불가능하다는 것을 알아야 한다. 그럼에도 사람들은 계속 시도하고 계속 놀라기를 되풀이한다. 한 연구에 따르면 20년간 94,000여 건의 분기별 이익 추정치를 조사했더니 29,000여 건이 네거티브 어닝 서프라이즈를 초래했다. 2005년 한 해에만 분기 이익이 월가의 예상치보다 주당 1페니 이상 낮은 기업이 1,250개 이상이었다. 매사추세츠 주 케임브리지에 있는 '뉴메릭 인베스터즈 L.P.Numeric Investors L.P.'에 따르면 해당 기업의 주가는 곧바로 평균 2% 하락했다.[218]

만약 그런 결과가 두렵지 않다면 가끔은 재미있을지 모른다. 2006년 1월 '주니퍼 네트웍스'가 미래 성장세가 조금 둔화된다는 내용과 분기별 주당 이익을 발표했다. 주당 이익은 애널리스트의 예상치보다 10분의 1페니 적었다. 하지만 시가총액은 곧바로 21% 하락하여 25억 달러가 사라졌다.

기업 이익의 조금 놀라운 점은 놀라움으로 가득 차 있다는 것이고, 가장 놀라운 점은 투자자가 계속해서 놀란다는 사실이다. 경험을 통해 더 많이 배우지 못하는 이유는 뭘까? 무엇이 네거티브 어닝 서프라이즈를 그렇게 흔하게 만드는가? 어째서 6,500만 달러의 이익 추정치 차이가 200억 달러의 시가총액 폭락을 일으킬 수 있는가? 이런 질문에 답하는 가장 좋은 방법은 두뇌에 구멍을 뚫어 안에서 무슨 일이 일어나는지 살펴보는 것이다.

어이쿠 중추, 제기랄 회로

평상시 당신은 '놀랍다!', '와!', '농담이지?'와 같은 말을 자주 한다. 인간에게 풍부한 놀람의 감정은 다른 동물과 다른 특징 중 하나로 보인다. 이런 감정은 어디에서 오는 걸까?

인간과 침팬지, 고릴라, 오랑우탄 같은 대형 유인원은 전두대상피질ACC, anterior cingulate cortex로 불리는 두뇌의 중앙 전방에 방추 세포spindle cell로 불리는 특별한 뉴런을 가진 유일한 육상 포유동물이다. 인간은 유인원보다 최소 두 배 많은 방추 세포를 가지고 있다. 부분적으로 코르크 따개를 펴놓은 듯한 방추 세포는 두뇌의 다른 영역에서 오는 신호를 받아들여 전두대상피질이 주의력을 집중하고 통증을 감지하고 오류를 찾도록 돕는다. 전두대상피질은 또한 당신의 평소 기대가 산산조각 날 때 놀람의 감정을 촉발하도록 돕는다. (일부 신경과학자는 이를 '어이쿠' 중추 또는 '제기랄' 회로라고 부른다.) '대상Cingulate'은 '띠belt'를 의미하는 라틴어에서 왔는데, 변연계 상단을 따라 띠처럼 뻗어 있는 조직 바로 위에 있다. 두뇌의 다른 영역도 놀람에 민감하다는 것은 의심의 여지가 없지만 전두대상피질은 지금까지 가장 많이 연구되었다.

전두대상피질은 인류의 조상에게 진화상의 우위를 제공했을 것이다. 직립 보행 능력 덕분에 넓은 지역을 돌아다닐 수 있어서 초기 인류는 다른 영장류보다 훨씬 다양한 위험과 보상에 직면했다. 하버드 대학의 신경과학자인 조지 부시George Bush는 이렇게 말한다. "원숭이에게 있는 시스템은 초보 수준이다. 하지만 인간의 경우 다양한 오류와 예상 착오를 알리기 위해 확장되었을 것이다. 성공을 아는 것보다 실수를 빨리 아는 것이 더욱 중요하다." 인류의 조상이 '집'에서 멀리 떨어져 있을수록 이런 종류의 결정을 빠르고 정확하게 내릴 필요성이 커졌다. 쉬지 않고 움직이는 초기 인류에게 익숙한 것과 낯선 것이 뒤섞일 경우가 잦아졌다. 한 가지 가능한 예를 들면 보통의 종류와 조금 달라 보이는 딸기의 변종은 독성이 있을 수 있다. 작은 차이에도 크게 놀라며 반응한 조상의 생존 가능성이 더 높았을 것이다.

캘리포니아 공과대학의 신경과학자인 존 올맨은 이렇게 말한다. "이런 세포들은 시공간을 포함한 다량의 정보를 초 단위로 빠르게 통합하는 과정을 거친다. 이 세포들은 신속하게 대응하기 위해 만들어진 직관적인 시스템이다. 자연 상태에서는 이상적인 '합리적' 해결책에 도달하기 위해 모든 논리적 단계를 거치는 사치를 부릴 수 없다. 불확실성이 극대화된 곳에서는 학습의 중요성이 매우 커지고 주의력이 집중된다." 전두대상피질의 뉴런은 10분의 3초도 안 되는 사이에 놀랍거나 모순되는 다양한 사건에 반응한다.[219]

전두대상피질은 보상 신호를 전달하는 도파민 뉴런과 위험에 반응하여 빛을 내는 편도체에서 시작된 양쪽 뉴런에게서 정보를 받는다. 또한 전두대상피질은 두뇌 중심부의 시상과 밀접하게 연결되어 있다. 따라서 시각이나 청각, 후각 같은 감각에서 전달된 정보에 직접 주의를 기울이도록 돕는다. 그리고 전두대상피질은 시상하부와 연결되어 있는데, 반사두뇌의 일부로써 맥박, 혈압, 체온, 호흡, 화학 성분을 조절하여 적절한 상태를 유지시키는 자동 온도 조절 장치와 같은 역할을 한다. 놀람의 감정이 전두대상피질에 충격을 가하면 시상하부에 충격이 전달되어 신체의 자동 온도 조절 장치를 비상 상태로 전환시킨다. 1페니의 부족이 월가를 수십억 달러의 공황 상태에 빠뜨리는 것은 놀라운 일이 아니다.

당신은 '스트룹 검사'라는 간단한 실험으로 자신의 전두대상피질이 작동하는 것을 감지할 수 있다. '마르크스 형제Marx Brothers'의 영화에 나올 법한 이름인 리들리 스트룹이라는 심리학자가 1935년 고안한 실험으로 그의 이름을 따서 스트룹 검사라고 부른다. 이 실험은 참가자에게 다양한 단어를 인쇄한 색깔의 이름을 말하도록 요구한다. (생각보다 어렵다. 구글이나 유튜브에서 'stroop test'를 검색해도 된다-옮긴이) 첫 번째 변화는 틀림없이 당신을 놀라게 할 것이다. 제대로 답을 맞히고 있어도 당신의 판단이 둔화되는 듯한 기분이 든다. 몇 번 실수를 하고 나면 좀더 쉬워진다. 프린스턴 대학의 신경과학자 조너선 코언은 스트룹 검사에서 첫 단계 실패 후 전두대상피질이 더 활발하게 작동하면 다음 검사에서 더 빨리 성공할 가능성이 높다는 것을 밝혔다. 전두대상피질은 이번에 뭔가 잘못되었다는 것을 당신에게 알려줌으로써 다음 번에는 당신이 행동을 조정해서 바로잡을 수 있게 해준다. 한번 데면 두 번 신중해진다.[220]

놀람의 비대칭성

원숭이의 경우에도 어떤 선택 후 예상보다 낮은 보상(예를 들어 과일 주스를 적게 얻는 것)이 주어지면 두뇌의 대상 영역이 갑자기 빛을 낸다. 현대 문명의 산물인 돈이 놀라운 사태와 관련될 때 독특한 원시 반응을 불러일으킨다. 참가자들이 가능한 한 빨리 문자열에서 다른 글자를 찾아야 하는 실험이 있었다.(HHHSHHH의 'S' 같은 것) 사람들은 실수를 할 때마다 돈을 벌거나 잃을 수도, 혹은 아무 손익이 없을 수 있었다. 실수로 돈을 잃을 때 전두대상피질은 돈을 걸지 않았을 때보다 훨씬 강하게 빛을 냈다. 그리고 뇌간에 있는 넓은 띠 모양의 세포들 역시 돈을 잃을 때마다 작동된다. 뇌간은 척수와 대뇌 사이에 있는데 기본적인 신체 기능을 조절하는 영역이다. 그러나 동일한 실수가 금전 손실을 일으키지 않을 때는 뇌간에 아무런 반응도 나타나지 않았다. 뇌간은 인간의 정신에서 가장 원시적인 영역이기 때문에 이런 현상은 특히 주목할 만하다.

이 연구를 도운 미시간 대학의 심리학자 윌리엄 게링은 이렇게 말한다. "사람들은 항상 실수를 한다. 하지만 우리가 정말 관심을 가지고 미래에 반복하지 않으려고 가장 애쓰는 것은 부정적 결과를 초래하는 실수다." 이를테면 돈을 잃는 경우 같은 것 말이다.[221]

연구진은 미세한 전극을 사용하여 사람들이 다양한 현금 보상을 받기 위해 조이스틱을 올바른 방향으로 움직이려고 노력하는 동안 전두대상피질의 뉴런 하나의 활동을 측정했다. 돈의 액수가 갑자기 줄어들자 38%의 뉴런이 빛을 냈다. 반면 예상보다 큰 이득을 얻었을 때 빛을 낸 뉴런은 13%에 불과했다. 그리고 긍정적인 놀람에 반응한 뉴런은 더 약한 신호를 보냈다. 이런 사실을 알면 우리는 마침내 월가의 예상을 뛰어넘는 주식은 1% 상승하는 반면 예상치에 못 미친 주식은 3.4%나 하락하는 이유를 이해할 수 있다. 가장 낮은 수준의 생물학적 차원에서는 긍정의 놀람이 부정의 놀람보다 훨씬 적게 영향을 미친다.[222]

사과가 멍든 이유

놀람의 강도는 얼마나 예상을 벗어났는가에 달려 있다. 반복이 오래 지속될수록 패턴이 깨졌을 때 전두대상피질은 격렬하게 반응한다. 반사 두뇌의 뉴런은 뇌섬엽과 미상핵, 경막 같은 영역에서 합쳐진다. 이 영역은 혐오, 공포, 불안을 포함한 강렬한 감정의 생성을 돕는다. 듀크 대학 신경경제학자 스콧 휴텔은 3회 반복한 패턴보다 8회 반복한 패턴이 깨질 때 전두대상피질이 3배 더 격렬하게 반응한다는 것을 입증했다.[223]

주식시장은 휴텔의 연구 결과를 뒷받침하는 기막힌 현실 세계의 증거를 제공한다. 기업이 연속해서 월가의 전망치를 초과할수록 그 회사가 애널리스트의 전망에 결국 미치지 못했을 때 주가는 더욱 큰 폭으로 하락한다. 3번 연속 전망치를 초과한 실적을 보였다가 전망치를 하회할 경우 일반 성장주의 주가 하락은 3.4%였으나 8분기 연속 전망치를 상회하

다가 하회한 경우의 주가 하락은 7.9%나 된다.[224]

연이은 성공 뒤에는 훨씬 큰 위험이 존재한다. 기대가 특히 클 때 한 번의 실수는 큰 상처를 남긴다. 그래서 구글과 같은 시장의 슈퍼스타는 예상치에 미치지 못할 때 큰 타격을 받는 것이다. 대다수 투자자가 이익 증가율이 높아지길 기대하는 '성장주'는 느리게 움직이는 '가치주'보다 부정적인 놀람에 취약하다. 어느 기업이 월가의 높은 기대치에 미치지 못할 것이라고 미리 경고할 때 주가는 이틀 동안 평균 14.7% 하락한다.[225]

한 기업의 이익에 대해 애널리스트의 전망이 비슷할수록 실적이 전망치에 미달하면 주가는 더 큰 타격을 받는다. 또한 전체 시장이 상승할 때 기대치에 못 미친 실적으로 놀람을 준 주식도 큰 타격을 입는다. 단기 가격 하락이 장기적인 가치로 볼 때 주식을 더 매력적으로 만듦에도 월가의 애널리스트는 그런 기업의 평가를 낮출 가능성이 단기 상승 때보다 두 배나 높다. 월가의 고질적인 가격과 가치 사이의 혼란을 심화시키는 데 부정적인 놀람만큼 좋은 것은 없다.

놀람은 얼마나 크고 나쁠 수 있을까? 2000년 9월 28일 애플 컴퓨터는 분기 수익이 예상치보다 약 5,500만 달러 적을 것이라고 발표했다. 전년 동기 대비 27%나 좋아진 것으로 결코 나쁜 결과는 아니었다. 그러나 월가의 애널리스트는 애플의 성과를 훨씬 높게 예상하고 있었다. 발표 다음 거래일에 애플 주가는 52% 폭락했고 시가총액은 50억 달러가 증발했다. 월가는 애플의 실적 부족분 100만 달러당 시가총액 9,000만 달러 이상을 축소시켰다.[226]

이제 애플의 주식을 50% 이상 싸게 살 수 있으니 애널리스트는 애플의 평가를 높여야 하지 않을까? 하지만 전혀 그렇지 않았다. 대신 그들은 서둘러 평가를 낮추고 애플의 주식에 구름이 끼었으니 멀리 떨어져 있으라고 경고했다. 그러나 애플의 문제는 일시적이었다. 순식간에 아이맥과 아이팟이 애플의 수익을 기록적으로 높이는 원동력이 되었다. 그 한 번의 부정적인 놀람으로 애플의 주식을 매도한 투자자는 훨씬 끔찍한 놀람을 겪을 수밖에 없었다. 이후 6년 동안 애플의 주가는 6배 뛰었다. 애널리스트의 이익 경고 전에 애플을 보유한 사람들조차도 팔지 않고 있었다면 두 배 이상 벌었을 것이다.

나쁜 뉴스의 하락장

물론 기업은 투자자가 부정적인 놀람을 싫어한다는 것을 잘 안다. 1990년대의 CEO와 고위 경영진은 숫자를 맞추는 것, 즉 월가의 이익 전망치에 정확히 맞추는 데 전념했다. 미국 유수 기업 400여 곳을 대상으로 한 설문 조사에서 최고재무책임자CFO의 78%가 단기 실적 하락을 막기 위해 사업의 장기적인 가치를 훼손할 용의가 있다고 답했다. 한 CFO는 비록 필수 유지보수비의 지출 보류로 향후 더 많은 비용이 들더라도 이익 전망치를 충족시키기 위해 정기 유지보수를 보류할 수 있음을 인정했다. 또 다른 경영진은 회사가 사업 부문을 매각해 4억 달러의 이익이 생겼을 때 향후 10분기에 걸쳐 분기당 4,000만 달러의 이익을 낸 것으로 분산시키기 위해 복잡한 금융 기법을 사용한다고 밝혔다. 이런 술수는 미래에 '순조로운' 이익을 올린다는 환상을 만드는 한편 당장의 불필요한 투자 금융 수수료를 발생시킨다.[227]

월가에 지속적으로 수익 지표earnings guidance를 제공하는 기업은 그들의 이익 목표를 달성하기 위해 연구개발에 훨씬 적게 지출한다. 현재의 연구개발 예산이 미래 성장의 선도적 원천이 될 수 있음에도 월가에 당장의 놀람을 주는 것이 두려운 기업은 미래 수익 가능성을 줄인다. 현재의 놀람으로 인한 고통을 감당할 수 없는 기업은 미래의 투자를 두려워한다.

그동안 수천 개 기업이 1~2페니씩 이익 전망치를 초과하는 실적을 냈는데 우연이라고 하기에는 너무 많다. 하버드 대학 경제학자 리처드 제크하우저의 설명처럼 실적이 '기준치에 조금 못 미칠 위험'에 처하면 회사 내부적으로 실적을 '상향 관리'한다. 그러나 이런 단기 해결책은 결국 실패한다. 이익 목표를 겨우 달성한, 다시 말해 목표 달성을 위해 모든 노력을 다한 기업은 목표를 크게 달성하거나 미달한 기업보다 수익 증가율과 주가 상승이 더 낮다.

몇 년 전 '퀘스트 커뮤니케이션스 인터내셔널'의 CEO 조셉 나치오는 월가의 이익 목표 달성에 집착했다. 그는 2001년 1월 회사 전체 회의에서 다음과 같이 선언했다. "우리에게 가장 중요한 것은 목표를 달성하는 일입니다. 이는 개별 제품보다도 한 개인의 철학보다도 중요합니다. 목표를 달성하지 못하면 다른 모든 것을 중단할 겁니다." 퀘스트는 목표 달성이 어려워 보이면 숫자를 조작했다. 월가가 부정적인 놀람에 내리는 끔찍한 징벌을 피하기 위해 퀘스트는 회계 기법을 이용해 현재의 지출을 미래로 미루고 미래의 수익을 현재로 이동시켰다. 직원들은 이런 속임수를 자주 쓰라는 지시를 받아 이 수법에 '헤로인'이라는 별명을 붙였다. 퀘스트는 헤로인을 과다 사용했다. 회사는 25억 달러의 유령 이익을 강제 말소당함에 따라 2001년 65%, 2002년 다시 65%의 주가 하

락을 겪었다. 퀘스트는 가장 작은 놀람까지 속이려다 결국 괴물을 만들고 말았다.[228]

놀람 주기 깨기

1987년부터 월가에 관한 글을 쓰고 수세기 동안의 금융사를 연구한 끝에 나는 주류의 미래 예측 견해는 거의 항상 틀렸다고 확신했다. 사실 과거가 금융시장에 제공하는 유일하고 이론의 여지가 없는 증거는 금융시장이 앞으로도 우리를 놀라게 한다는 것이다. 이 역사적 법칙의 결론은 미래를 가장 잘 안다고 확신하는 사람이 가장 잔인하게 놀라게 될 것이라는 점이다. 금융시장은 결국 천천히든 갑자기든 미래를 예측한다고 자신하는 사람에게 반드시 굴욕을 준다. 금융시장은 수정 구슬을 들여다보고 있는 모든 사람을 뿌리뽑는 악마 같은 능력을 갖고 있다. 따라서 놀람의 면역력을 키우는 가장 좋은 방법은 놀람을 기대하는 것이다. 에드거 앨런 포가 제안하고 G. K. 체스터튼이 완성시킨 격언에 따르면 지혜란 예상하지 못한 것을 계산에 넣는 것이다. 예상치 못한 것을 받아들이기 위해 취할 수 있는 몇 가지 구체적인 조치를 소개한다.[229]

아무도 모른다.

투자자는 '모두가 그걸 알아'라는 말로 자신의 결정을 정당화한다. 예를 들어 1999년 모든 사람은 인터넷이 세상을 바꾸리라는 것을 알았다. 2006년 모든 사람은 에너지 가격이 계속 오르리라는 것을 알았다. 그러나 '모두가 알고 있는' 것이 무엇이든 간에 이미 주식의 가격과 시장 전체의 기대치에 내재되어 있다. '모두가 알고 있는' 것이 완벽하게 실현된다면 주가는 변하지 않을 것이다. 만약 그것이 부분적으로만 사실이라면 주가는 무너질 것이다. '모두가 아는 것'과 관계없는 자신만의 통찰력이 없는 한 시장이 아직 주가에 반영하지 않은 부분을 전혀 찾지 못할 것이다. 다른 사람이 하는 것을 따라하고 싶은 유혹을 느낄 때마다 멈춰야 한다. 대신 대다수 사람이 간과하는 덜 명료한 투자 기회를 찾도록 노력하라.

큰 희망이 커다란 문제를 일으킨다.

펀드 매니저인 데이비드 드레먼이 지적했듯이 매력적인 성장주에 대한 기대는 대개 너무 높아서 긍정적인 놀람이 작은 파장을 일으키는 데 비해 부정적인 놀람은 아주 작아도 배를 전복시킨다. 이익 전망치 대비 실적이 주당 3센트가량만 부족해도 성장 기업은 비슷하게 부족한 가치 기업보다 주가가 두세 배 더 떨어진다. 반대로 저가의 가치주는 기대치가 너무 낮아서 부정적인 놀람이 별로 해를 끼치지 않지만 긍정적인 놀람으로 주가가 급격히 올라갈 수 있다.[230]

단기적으로는 가치주가 성장주보다 둔탁하고 이익 등락이 큰 경향이 있다. 가치주의 이익과 주가가 반등할 때 우리의 두뇌는 성장주가 보이는 단기적인 단순 반복(상승, 상승, 상승)보다 교대 패턴(상승, 하락, 상승, 하락)으로 해석하려 할 것이다. 교대 패턴을 이해하기 위해서는 추가로 지적 에너지가 필요하다. 신경경제학의 실험은 두뇌가 교대 패턴을 파악하는 데 반복 패턴보다 시간이 더 오래 걸린다는 것을 보여준다. 여섯 번 연속 반복하는 패턴보다 두 번씩 반복하고 변하는 패턴을 이해하는 데 더 오랜 시간이 걸린다는 것이다.

이는 가치주가 일관되게 저평가되는 이유를 설명해준다. 가치주의 이익 증가 경로가 단기적으로는 더 불규칙하기 때문에 우리의 반사 두뇌는 다음에 어떤 일이 일어날지 예측하기 위해 더 열심히 노력해야 한다. 반면에 성장주의 단순한 상승 곡선은 반사 두뇌의 감정 회로를 자동으로 켜준다. 꾸준히 오르는 가격은 자동적으로 예측이 쉽게 느껴진다. 기업이 월가의 예상을 초과하는 시간이 길어질수록 '매도' 주문보다 더 많은 '매수' 주문이 몰린다. 긍정적인 놀람이 두 번 연속 반복될 때보다 여섯 번 연속 반복될 때 매수 수요는 5배 이상 높아진다. 적어도 일시적으로는 이런 현상이 성장주의 가격을 끌어올리는 데 도움이 된다. 일련의 긍정적인 놀람은 투자자에게 '예측 가능'하다는 확신을 심어주지만 다음 번 놀람이 부정적일 때는 끔찍한 손실 발생 위험도 높인다.

우리의 두뇌가 변화보다 반복을 더 쉽게 해석하기 때문에 이런 단기 패턴은 우리에게 장기적인 사실을 못 보게 한다. 장기적으로 가치 투자는 적어도 성장 위주의 전략만큼 수익을 올린다.

놀람의 이유를 추적하라.

한 심리학자는 정밀하게 위조된 카드를 일반 카드 속에 섞는 고전적인 실험을 했다. 예를 들면 검은색으로 인쇄된 다이아몬드 에이스, 빨간색으로 인쇄된 클로버 6을 추가하는 식이다.(원래 다이아몬드 카드는 빨강이고 클로버는 검정이다-옮긴이) 이 간단한 변화는 몇 가지 결과를 유발했다. 먼저 일반인은 정상 카드를 식별할 때보다 바뀐 카드의 종류와 숫자를 확인하는 데 4배 이상 시간이 걸렸다. 다음으로 사람들은 당황했다. 무언가가 잘못되었다고 확신했지만 무엇이 잘못되었는지는 몰랐다. 빨강 클로버나 검정 다이아몬드를 보여주면 사람들은 종종 '보라색'이나 '갈색'이라고 주장했다. 어떤 사람은 빨강 스페이드를 보고 이렇게 투덜거렸다. "제기랄, 빨간색인지 뭔지 알 수가 없네!" 반면에 바뀐 카드를 오래 많이 본 사람은 정확하고 빠르게 식별했다.[231]

분명한 교훈은 당신을 놀라게 하는 것을 자주 볼수록 당황할 가능성이 줄어든다는 점이다. 심리 기록을 세밀하게 작성하면 과거의 놀람에서 배우는 데 도움이 된다. '감정 등록'이나 투자 일지에 기록해둔 메모는 더욱 좋다. 무엇이 당신을 놀라게 했는지, 당신이 어떻게 느꼈는지, 당신의 대응은 무엇이었는지 계속 추적하라. 놀람이 심하게 예상을 벗어나지 않도록 과거 일의 설명에 특히 주의를 기울여라. '이 결과는 ~때문에 나를 놀라게 했다'와 같은 문장의 빈칸을 채워 설명을 구체화하라. '예상하지 못했다'와 같은 일반화된 이유 말고 '매수 후 주가가 두 배로 올랐다'거나 '그 기업의 모든 뉴스가 긍정적이었다'처럼 구체적인 요소를 생각하라.

유도 미사일을 피하라.

많은 기업이 수익 지표를 통해 월가의 애널리스트에게 다음 분기의 이익을 넌지시 알린다. 만약 애널리스트가 주당 1.43달러로 이익을 추정한다면 기업의 CFO는 "우리는 그 예상이 좀 높아 보인다."며 애널리스트가 예상치를 1.42달러로 낮추도록 유도한다. 그런 다음 기업이 1.43달러를 벌면 애널리스트와 회사 모두 '예상치를 초과했다'고 자랑할 수 있다. 이런 속보이는 조작을 '긍정적 놀람'이라고 부르는 것은 어리석은 짓일 뿐이다. 그러나 기업 활동의 지저분한 현실이 뜻밖에 드러나는 과정에서 필연적으로 나타나는 부정적 놀람은 매우 실질적이다. 금리나 유가가 갑자기 오르거나 내린다. 허리케인이나 지진이 일어난다. 노동자가 파업한다. 경쟁자가 엄청난 신제품을 내놓는다. 그 결과는 유도 미사일로 수익 지표가 최악의 피해를 입힐 수 있을 때 정확하게 폭발하는 주식이다.[232]

합리적인 투자자에게는 단 하나의 논리적 결론만 있다. 당신은 모든 어리석은 짓을 무시해야 한다. 점점 더 많은 용감한 회사가 수익 지표 제공을 거절한다. 버크셔 해서웨이, 씨티그룹, 코카콜라, 구글, 인터액티브, 마텔, 프로그레시브, 시어스 등이 그렇다. 이들 기업은 단기 수익 지표에 성과를 맞추려고 소중한 에너지를 낭비하는 대신 장기 실적 향상에 초점을 맞춘다. 수익 지표를 적게 제공하는 기업은 장기적으로 더 많은 보상을 받아야 한다.

통계라는 덮개의 이면을 보라.

금융산업에는 투자자와 투자자의 자금을 노리고 통계를 왜곡하는 전문가가 넘쳐난다. 그들의 통계 기법과 그로 인해 당신의 놀람을 막는 방법을 소개한다.[233]

• **배양하기** | 액티브 펀드 회사는 비밀 포트폴리오를 여러 개 만든 다음 어느 것이 성공적인지 관찰한다. 실패한 펀드는 비밀리에 종결시키고 성공한 펀드는 시장 대비 초과 성과 기록을 부풀려서 요란하게 광고한다. 다양한 범주의 펀드를 통해 행해지는 이런 교묘한 처리로 매년 평균 수익률보다 0.2~1.9%포인트 높은 수익률을 올릴 수 있다. 하지만 펀드 회사 밖에서 실제로 수익을 얻은 사람은 없다. 이런 '배양된Incubated' 펀드는 일반적으로 장기 성과가 저조하다. 따라서 이들 펀드에 놀라지

않으려면 항상 새 펀드의 상품 안내서를 꼼꼼히 읽어봐야 한다. 다음의 내용이 위험 신호라 할 수 있다. '개시일' 아래 기재된 각주는 그 펀드가 만들어진 초기에 일반인에게 판매되지 않았다는 사실을 보여준다. 펀드가 만들어진 첫해에는 순자산 총액이 100만 달러 이하였는지도 기록되어 있고, 전체 수익 중 첫해 수익률이 설명 불가능할 정도로 높다는 내용도 볼 수 있다.

• **유인 상술 펼치기** | 판매인과 펀드 회사는 자기네 투자 중 하나가 일정 기간에 좋은 실적을 내기를 기다렸다가 그 좋은 실적을 광고한다. 투자 실적이 안 좋아지면 즉시 더 나아 보이는 다른 시기의 결과를 과장해 광고한다. 이런 유인 상술을 방어하는 가장 간단한 방법은 각각 다른 날짜에 시작하고 끝나는 여러 기간에 걸친 수익률을 살펴보는 것이다.

또 다른 미끼로 펀드 회사는 자기네 포트폴리오에 '별 다섯 개' 등급을 받은 펀드가 많다고 자랑하며 광고한다. '별 다섯 개'는 모닝스타 리서치 회사가 펀드에 매기는 최고 등급 표시다. 그런데 모닝스타는 정책적으로 전체 펀드 중 10%에 '별 다섯 개' 등급을 준다. 한 펀드 회사가 자기네 펀드 60개 중 3개(5%)가 '별 다섯 개' 등급이라고 자랑한다면 그것은 자랑할 일이 아니라 오히려 곤란한 상황이다. 그 회사의 최고 등급 펀드가 펀드 회사 평균의 절반에 그친다는 말이기 때문이다. 이런 종류의 통계 사기에 놀라지 않는 쉬운 방법이 있다. 누군가 당신에게 숫자를 던질 때마다 항상 '비교 대상이 뭔지' 질문하는 것이다.

• **죽은 펀드 제거하기** | 손실이 발생한 투자 기록은 아예 존재하지 않았던

것처럼 역사에서 지워지는 경우가 많다. 예를 들어 2000년의 기술주 관련 펀드 수익률 자료에는 그 이후 상장 폐지된 수십 개의 실패한 펀드의 성과가 포함되지 않는다. 상장 폐지된 펀드는 모닝스타나 리퍼 같은 회사가 작성하는 평균치에서 제외된다. 살아남은 펀드만 포함시키고 죽은 펀드는 제외함으로써 기술주 관련 펀드의 2000년 평균 성과는 30.9% 손실을 기록했다. 그러나 당시 존재하는 모든 기술주 관련 펀드의 2000년 평균 성과는 33.1% 손실이었다.

승자 포함, 패자 생략의 행위는 투자자가 복음의 진실처럼 여기는 통계 수치를 왜곡할 수 있다. 1802년 이후 미국 주식은 인플레이션을 제외하고 연평균 7%의 수익률을 보였다는 견해가 보편화되어 있다. 하지만 19세기 초 미국 주식시장의 기록이 일부 회사만을 포함하고 있다는 사실을 말하는 사람은 없다. 기록에 포함된 주식은 승자뿐이다. 운하, 나무 요금 징수소, 조랑말 속달우편, 조류 배설물 비료 같은 망한 산업의 수백 곳의 회사는 투자자와 함께 사라졌다. 만약 이런 패자의 성과가 기록에 포함된다면 초기 주식의 연평균 실적은 2%포인트 하락할 것이다. 그렇다고 오늘날 주식에 투자할 가치가 없다는 말이 아니다. 하지만 주식의 초과 실적이 확실하지 않기 때문에 채권과 현금으로 분산시켜 다변화할 필요가 있다. 젊은이가 가진 모든 돈을 주식에 넣어야 한다는 것을 역사가 '증명'한다고 주장하는 이들은 역사를 잘 모르는 사람이다.

승자를 포함하고 패자는 제외하는 것을 전문 용어로 '생존자 편향'이라고 한다. 결과값의 평균에 생존한 기업의 성과만 포함되어 편향에 치우쳐 나오기 때문이다. 누군가가 당신에게 장기 '평균' 성과를 근거로 투자를 권유할 때 그 평균이 생존자 편향을 감안한 것인지 물어보라. 만약 그 사람이 당신의 말을 이해하지 못하거나 명확하게 설명하지 못한다면 지갑을 열지 마라.

지속 가능성이 있는가?

바뀐 사실에만 집중하지 말고 무엇이 변했는지 집중하라. 지금부터 5년 뒤 투자자는 이 변화가 분수령이었다고 되돌아볼 것인지, 아니면 아무도 기억하지 못할 것인지 생각해보라. 당신을 놀라게 한 사건을 평가하기 위해 잠시 시간을 내라. 놀랄 만한 일이 일어났으니 해당 주식이나 자산에 장기적 관점의 투자 용의가 얼마나 줄어들었는지 생각해보라. 그 분야 사업의 근본적인 미래 건전성이 손상될 이유가 있는가? 이 뉴스가 회사의 수익성을 손상시킬 것이라고 믿을 만한 이유가 있는가? 이 놀람이 주식 시세에 어떤 영향을 미쳤는지는 잊어라. 대신 그 사태가 근본적인 사업에 무엇을 의미하는지에 초점을 맞춰라. 지금부터 몇 년 뒤 고객과 공급자는 지난 분기에 그 기업이 월가의 전망치를 주당 1페니 차이로 실망시켰는지 정말로 신경 쓸 것인가? 이제 그 답이 가장 놀라운 일이 될 것이다.

YOUR
MONEY
& YOUR
BRAIN

CHAPTER 9

뚜렷하고
오를 수는 없지만
저 앞에 '대신'이라는 산이
솟아 있습니다.[234]

_W. H. 오든

YOUR MONEY & YOUR BRAIN

비에 젖은 개

댄 로버트슨은 지금까지도 포트폴리오가 바닥을 쳤던 2002년 7월 22일의 아픔을 지울 수 없는 기억으로 간직하고 있다. 인터넷 주식과 기술주 펀드의 처참한 투자로 로버트슨은 거의 100만 달러를 잃었다. 145만 7천 달러가 2년 반 만에 46만 8천 달러가 된 것이다. LA 북쪽에 살고 있는 은퇴한 교사 로버트슨은 "내 자신이 비 내리는 LA 고속도로에서 본 비에 젖은 개처럼 느껴졌습니다."라고 회상했다. "그 개는 차에 치여 절뚝거렸습니다. 차들이 계속 달려오는데도 개는 그저 멈춰 서서 달려오는 차를 바라볼 뿐이었습니다. 그 순간 개는 고통스러운 미소로 뭔가 생각하는 것 같았습니다. '너희가 나를 치든 말든 상관없어. 나는 더 이상 달릴 수 없어. 달리 수가 없다고!' 나는 혼잣말을 했다. '댄, 저게 네 모습이야. 빗속에서 본 그 개와 같은 신세야.'"[235]

로버트슨의 경우처럼 투자 실패로 돈을 잃으면 상상할 수 없을 정도로 비참해진다. 우리는 8장에서 금융의 부정적인 놀람이 반사 두뇌를 통해 급작스런 반응을 터뜨린다는 것을 알았다. 그 반응은 재빠르고 경악스럽고 공포스럽고 거칠다. 그런 다음에는 끔찍한 놀람의 여파로 사고 두뇌가 자리를 차지하고 후회의 감정이 생겨난다. 이 후회는 쓰라리고 사색적이며 차갑고 느리다. 놀란 당신은 '아이고!', '어머나!', '안 돼!'와 같은 소리를 지른다. 다음 날 아침의 싸늘한 빛과 함께 후회가 몰려온다. "내가 도대체 무슨 생각이었을까?", "어떻게 그런 허무맹랑한 소리를 믿었을까?" 같은 생각을 하며 가슴을 치게 된다.

왜 실패한 투자 결정은 다른 경우보다 더 많이 후회될까? 적어도 단기적으로는 다음의 경우에 당신의 후회가 더 뜨겁고 날카롭고 고통스러울 것이다.

- 투자의 결과가 당신이 통제할 수 없는 상황이어서가 아니라 직접 한 행동의 결과인 경우
- 다른 선택을 할 수도 있었을 경우
- 목표 바로 일보 직전에 실패했을 경우
- 실패의 원인이 당신이 한 일 때문이었거나 작위적인 결과일 경우
- 당신이 취한 행동이 정상이거나 일상에서 벗어난 경우

투자자로서 당신이 해야 할 가장 힘든 일은 투자에 실패했을 때 당신이 얼마나 후회하게 될지 적절히 예상해보는 것이다. 당신은 '하는 것이었는데, 했어야만 했는데, 할 수 있는 것이었는데'와 같은 끝없는 후회로 바보같이 지낼 수도 실수로부터 배울 수도 있다. 실수 없이 투자할 수는 없다. 하지만 실수에 대한 자책을 적당히 멈출 수는 있다. 이 장에서 그 요령을 설명한다.

당신에게 천부적 재능이 있는가?

내가 당신에게 싸고 간단한 물건을 보여준다고 상상하라. 아마 평범한

커피 머그잔일 것이다. 큰돈이 되지도 않고 감상용의 가치도 없으며, 당신의 집에도 이미 여러 개가 있을 수 있다. 그것을 사고 싶은가? 그렇다면 얼마를 지불할 생각인가?[236]

이제 바꿔 생각해보자. 당신에게 파는 게 아니라 그냥 머그잔을 주겠다. 선물도 보상도 아니고 이제 그냥 당신 물건이다. 다른 사람에게 팔 의향이 있는가? 그렇다면 얼마를 부를 생각인가?

이론적으로 당신의 매수와 매도 가격은 같아야 한다. 같은 머그잔이고 당신은 사거나 팔거나 상관없이 같은 사람이다. 그러나 수많은 실험의 결과에 따르면 사람들은 머그잔을 살 때보다 공짜로 얻은 머그잔을 팔 때 두세 배 높은 가격을 부른다. 그리고 그들 가운데는 결코 그런 말도 안 되는 짓을 하지 않을 것이라고 미리 단언한 사람도 포함되어 있다. 아마도 당신도 그렇지 않은가?

연구자들은 이것을 '보유 효과'라고 부른다. 애초에 사고 싶지 않은 물건인데도 파는 것이 꺼려지는 이유는 무엇일까? 당신이 머그잔을 사기 전에는 얼마를 주고 사야 할지 고민한다. 그리고 그 돈으로 할 수 있는 다른 것도 생각할 것이다. 이런 질문을 생각하다 보면 사는 가격을 낮추는 경향이 있다.

그러나 일단 가지고 있는 머그잔을 누군가 사겠다고 하면 당신은 자기 소유의 물건을 포기하라고 요구받았다는 사실에 집중한다. 이런 요구는 당신으로 하여금 팔 가격을 올리게 만든다. 게다가 당신에게 없는 머그잔을 사는 것은 일종의 작위적인 행동처럼 느껴진다. 반면 당신 소유의 머그잔을 팔지 않기로 결정하는 것은 무작위적인 행동처럼 느껴진다. 인간은 본능적으로 실천하지 않아서 생긴 실수보다 실천해서 생긴 실수에 더 후회한다. 따라서 갖고 있는 머그잔을 팔 때보다 갖고 있지 않은 머그잔을 살 때 더 싸게 사려고 하는 것이다.

머그잔과 주식은 얼마나 다를까? 별반 다르지 않다. 항상 그런 것은 아니지만 우리가 보유 중인 투자 대상은 보유하지 않는 것보다 더 좋게 보이는 경향이 있다.[237]

◎ 한 회사가 3%의 분담금을 MMF에 적립하는 조건으로 신입 사원의 퇴직금을 자사의 401(k) 퇴직연금에 자동으로 가입시켰다. 이 제도로 바뀌기 전까지 직원들은 적립액의 70%를 주식형 펀드에 투자하고 있었다. 회사가 분담금 전액을 MMF에 적립해주었지만 신입 사원은 자산의 80% 이상을 수익률이 낮은 펀드에 그냥 넣어두었다.

◎ 직원들이 401(k) 퇴직연금에 적립하도록 장려하기 위해 많은 기업은 적립금과 같은 액수의 분담금을 제공한다. 어떤 기업은 적립금과 분담금이 자동적으로 자사주를 매입하게 되어 있다. 직원들은 자사주 매입분을 다른 펀드 등으로 자유롭게 옮길 수 있지만 거의 그렇게 하지 않는다. 이 회사는 자사 지분이 높게 유지되므로 기업 사냥꾼에게서 자유로워진다. 또한 이로 인해 고위 경영자의 재정상의 미래가 더욱 안전해진다. 한편 은퇴 자금을 한 회사에만 넣고 있는 직원들은 보다 다각화된 포트폴리오의 안전성을 포기함으로써 덜 안전할 수밖에 없다.

◎ 스웨덴에서는 연금 투자 방식을 정하지 못한 근로자의 경우 '기본' 포트폴리오에 자동으로 자금이 납입된다. 기본 포트폴리오는 주식과 채권을 혼합한 수수료가 낮은 지수 펀드로 구성된다. 최근 몇 년

간 해당 근로자의 97%가 400개 이상의 다른 펀드로 언제든지 전환이 가능했음에도 기본 포트폴리오를 유지했다. (다행히 이번 경우는 그들의 선택이 나쁘지 않았다.)

사람들은 일단 투자를 시작하면 투자금을 자기 것으로 여긴다. 자신의 일부를 투자한 것이기 때문이다. '투자invest'라는 단어 자체가 자신을 무언가로 감싼다는 뜻이다. 주식을 산다면 주식으로 자신을 감싸는 것이 되므로 주식은 당신의 일부가 된다. 그 순간 이후로 주식을 언제 매도할지를 고심하게 된다.

이스라엘 하이파의 심리학 연구실에서는 61명의 실험 참가자에게 추첨권을 나눠줬다. 그들은 각각 25달러 상당의 경품을 받을 수 있는 동등한 기회가 생겼다. 경품 추첨 전에 참가자는 자신의 추첨권을 다른 사람과 교환할 수 있었다. 교환하는 사람에게는 고급 초콜릿 과자가 지급되었다. 이들 중 80%는 모든 추첨권의 승률이 같다고 생각했다. 10%는 자신의 추첨권이 더 승률이 높다고 생각했고, 나머지 10%는 승률이 낮은 추첨권을 갖고 있다고 느꼈다. 당연한 결과지만 자신의 승률이 높다고 생각한 6명 중 5명은 추첨권 교환을 거부했다. 이후 두 가지 놀라운 일이 일어났다. 첫째, 모든 추첨권이 같다고 생각한 사람들의 55%가 자신의 추첨권을 다른 사람과 교환하기를 거절했다. 그리고 더 놀라운 사실은 자신의 추첨권이 승률이 낮다고 생각한 사람들의 67%가 여전히 추첨권 교환을 거부했다![238]

사람들은 왜 그렇게 이상하게 행동할까? 만약 자신의 추첨권을 다른 사람과 교환하고 나서 당신의 원래 추첨권이 승자로 판명되면 당신은 패자고 바보처럼 느껴질 것이다. 한편 원래 추첨권을 유지했는데 다른 사람이 당첨되면 그냥 어깨를 으쓱하고 넘어가면 된다. (결국 당신이 교환했을 수도 있는 다른 추첨권은 모두 패자였다.) 자신의 미래의 감정을 상상할 때 상실감을 초래하는 무언가를 했다면 정말로 고통스럽게 느껴진다. 하지만 뭔가를 하지 않은 것, 다시 말해 이득을 볼 기회를 놓친 경우는 훨씬 희미한 감정만을 남긴다.

때때로 관성적인 투자 습관은 일종의 회피라고 할 수 있다. 많은 사람이 겁이 나서, 바빠서, 혹은 귀찮아서 자신의 금융 자산 관리에 시간과 노력을 기울이지 않는다.[239]

◎ 최근 120만 명의 401(k) 투자자가 보유한 계좌를 조사한 결과 2003년과 2004년에 주식시장이 40% 이상 상승했음에도 한 펀드에서 다른 펀드로 전혀 전환하지 않은 경우가 79%로 나타났다.

◎ 1986년 한 연구에서는 은퇴를 대비해 TIAA-CREF(미국 교직원 퇴직연기금, TIAA: Teachers, Insurance, and Annuity Association, CREF: College Retirement Equities Fund -옮긴이) 연금제도에 가입해 저축하고 있는 85만 명이 어떤 투자 결정을 내리는지 조사했다. 투자 기간 내내 가입자의 72%가 단 한 번도 자산배분 내용을 바꾸지 않았다. 그들은 처음에 선택한 펀드를 그대로 유지하고 있었다.

◎ 이후 16,000여 개의 TIAA-CREF 계좌를 살펴본 결과 가입자의 73%가 10년 동안 자산배분을 하지 않았고, 47%는 펀드에 넣은 투자금의 비율을 한 번도 바꾸지 않은 것으로 나타났다.

아이작 뉴턴의 제1법칙의 금융 버전에 따르면 투자자는 외부 요인이 작용하지 않는 한 가만히 있는 경향이 있다. 사람들은 필요할 때마다 조치를 취하는 게 아니라 가능한 한 아무것도 하지 않는다. 사람들은 관성으로 투자한다.

누구도 패배자가 되기를 원하지 않는다

당신은 두 가지 중 하나를 선택할 수 있다. 하나는 3,000달러의 당첨이 '확실한 경우'고, 다른 하나는 80%의 확률로 4,000달러가 당첨되거나 20%의 확률로 아무것도 당첨되지 않는 '불확실한 경우'다. 당신이 평범한 사람이라면 '확실한 경우'를 고를 것이다.

이번에는 당신이 확실히 3,000달러를 잃는 '확실한 경우'와 80%의 확률로 4,000달러를 잃거나 20%의 확률로 아무것도 잃지 않는 '불확실한 경우' 중 하나를 선택할 수 있다고 생각하라. 어느 쪽을 선택하겠는가? 이런 경우 사람들은 '확실한 경우'가 아닌 '불확실한 경우'를 고른다.

첫 번째 예에서는 '불확실한 경우'를, 두 번째 예에서는 '확실한 경우'를 선택하는 것이 좋다. 당신의 선택과 반대일 것이다. 80%의 확률로 4,000달러에 당첨될 경우의 가치는 3,200달러(0.80 x 4,000 = 3,200)이다. 그러므로 첫 번째 예에서 '불확실한 경우'가 '확실한 경우'보다 기대값이 200달러 더 높다. 같은 방식으로 계산하면 80%의 확률로 4,000달러를 잃을 경우는 3,200달러의 손실이 생긴다. 그러므로 두 번째 예에서는 논리적으로 3,000달러 손실이 '확실한 경우'를 골라야 한다. 그래야 200달러를 덜 손해 본다.

우리가 이런 선택에 직면했을 때 철저하게 논리적이기는 어렵다. 왜냐하면 돈을 잃을 수 있다는 생각은 두뇌의 감정 영역에 잠재적인 후회를 불러일으키기 때문이다. 만약 당신이 80%의 확률로 4,000달러를 벌 수 있는 선택을 했는데 20%의 확률로 아무것도 얻지 못한다면 확실한 3,000달러를 놓친 자신을 책망할 것이다. 그리고 두 번째 예에서는 100%의 확률로 3,000달러를 잃는 것이 80%의 확률로 4,000달러를 잃는 것보다 불리해 보인다. 결과적으로 손실을 피할 수 없는 일을 하는 것은 정말 괴롭다. 게다가 어떤 하나를 선택해야 하는 생각까지도 고통스럽다.[240]

이런 이유 때문에 미식축구 코치는 항상 마지막 공격권인 포스 다운fourth down에 펀트punt(손에서 떨어뜨린 공이 땅에 닿기 전에 발로 차는 것-옮긴이)하도록 선수들에게 지시한다. 하지만 통계적으로는 첫 번째 공격권인 퍼스트 다운first down에 시도하는 것이 더 낫다. 펀트는 '확실한 것'이다. 왜냐하면 보통 상대팀을 그들 지역 깊숙이 후퇴시키기 때문이다. 만약 펀트를 하지 않고 공격하다가 공을 뺏기면 상대팀은 매우 위협적인 위치에서 공격을 시작할 수 있다. 따라서 포스 다운에서 펀트를 하는 것은 성공한다는 사실보다 혹시라도 공격에 실패했을 경우 느끼게 될 후회나 당신에게 쏟아질 비난이 훨씬 중요한 문제이기 때문이다. 마찬가지로 야구 감독은 일반적으로 마지막 9회를 위해 가장 뛰어난 마무리 투수를 남겨놓는다. 감독은 마지막 이닝에서 더 이상 투입할 마무리 투수가 없는 상황에서 상대팀이 결승점을 올리면 가슴을 치며 후회한다. 하지만 접전을 펼치는 경기 후반에는 에이스 투수로 승부하는 것이 더 이치에 맞다. 특히 상대팀 최고의 타자가 타석에 들어올 때는 더욱 그렇다. 논리적으로는 어느 이닝에서나 결승점을 막는 것이 중요하다. 하지만 감정적으로는 막판에 패배하는 것이 훨씬 후회를 남긴다.

이와 같은 본능은 수백만 투자자로 하여금 그들의 은퇴 자금을 현금과 채권에 묻어두게 한다. 그들은 주식에 투자한 직후 시장이 폭락할 경우 자신이 느끼게 될 후회를 두려워한다. 그러나 장기적으로 현금과 채권 포트폴리오에 주식을 추가하는 것이 수익 증대에 도움이 된다는 것은 거의 확실하다.

손실 회피 본능은 조상의 생존 가능성을 높이는 데 도움이 되었을 수 있다. 예일 대학의 연구진은 5마리의 흰목꼬리감기원숭이에게 동전을 가지고 사과, 포도, 젤리 같은 음식과 교환하도록 훈련을 시켰다. 두 사람(판매자 1과 2)이 원숭이와 거래했다. 원숭이는 동전 하나로 판매자 1이나 2 가운데 한 명을 선택해 음식을 살 수 있다. 판매자 1은 처음에 사과 한 조각을 반드시 줬으나 두 번째 조각을 줄 확률은 50 대 50이었다. 판매자 2는 처음에 사과 두 조각을 주고 나서 50%의 확률로 한 조각을 다시 빼앗았다. 적어도 사과 한 조각은 반드시 얻을 것이라는 것과 두 판매자의 평균 결과는 같다는 것을 원숭이가 알 수 있을 만큼 충분히 오랫동안 '거래'했다. 그럼에도 원숭이는 71%의 거래에서 판매자 1을 선호했다. 원숭이가 판매자 1을 선호한 것은 나중에 한 조각을 빼앗기는 고통을 피하고 싶어서 일 것이다. 흰목꼬리감기원숭이의 행동은 손실 혐오가 아주 고대로부터 이어져온 것임을 암시한다. 4천만 년 전에는 이 원숭이와 인간의 조상이 같았다.

벗어나기는 어렵다

투자자가 후회로 괴로워할 때 어떤 일이 일어날까? 대다수 사람은 당황하는 정도가 아니라 얼어버린다. 다음의 예를 통해 그런 마비 상태를 이해할 수 있다.[241]

> 폴은 A사 주식을 소유하고 있다. 1년 전에 B사 주식으로 바꿀까 고민했지만 결국 하지 않았다. 만약 B사의 주식으로 바꿨더라면 2,500달러를 더 벌 수도 있었다.

> 조지는 B사의 주식을 소유하고 있었다. 1년 전에 A사의 주식으로 바꿨다. 만약 B사 주식을 그대로 가지고 있었다면 2,500달러를 더 벌 수도 있었다.

두 사람 중 누가 더 기분이 나쁠까? 조사에 따르면 92%가 조지가 폴보다 더 후회할 것이라고 답했다. 대다수 사람은 강력한 직관을 동일하게 갖고 있다. 지금 여기서는 주식을 바꾼 행위의 후회가 주식을 바꾸지 않은 행위의 아쉬움보다 더 큰 상처를 준다. 코넬 대학의 심리학자 토마스 길로비치는 이렇게 말한다. "튼튼한 나무 줄기에 있다가 약한 가지로 옮긴 것과 같다. 가지로 옮길 필요가 없었기 때문에 가지가 부러졌을 때 자신이 바보처럼 느껴진다." 이런 오류가 종종 투자자를 마비시킨다. 한 번 실수하고 나면 상황을 더 악화시킬까봐 다른 행동을 취하기가 두렵다. 그리고 패배보다 더 나쁜 것은 자신이 패배자라는 것을 인정해야 하는 심리다. 그래서 대다수 투자자는 수익이 나면 현금화하려고 하는 반

면 손실이 나면 매도하기 싫어한다. 매도하면 서류상의 손실이 실제 손실로 변하기 때문이다.[242]

미국의 세법상으로도 이건 상식적이지 않다. 수익이 난 뒤에 매도하면 서류상의 이익을 과세 대상 자본이익으로 바꾸게 된다.(12개월 미만 보유할 경우 최대 35%까지 과세된다.) 한편 손실 난 주식을 매도하면 세액 공제를 받을 수 있다. 그 기업의 주식 가격보다 사업 가치가 더 크다고 판단한 경우에만 주식 보유가 타당성을 지닌다.

그러나 흔히 볼 수 있듯이 경제적으로 타당성이 없는 행동이 감정적으로는 완벽히 타당하게 느끼기도 한다. 심리학자 대니얼 카너먼은 이렇게 설명한다. "가격이 하락한 자산을 팔 때는 금전 손실만 생기는 게 아니라 실수를 인정함에 따른 심리적 손실도 입는다. 매도를 함으로써 자신에게 벌을 주는 것이다. 반면에 가격이 오른 자산을 파는 것은 스스로에게 보상을 하는 것처럼 느껴진다."

하락한 자산을 장기 보유하고 상승한 자산을 빨리 파는 것은 부자가 되는 방법이 아니다. 하지만 사람들은 이런 식으로 투자한다.[243]

◎ 핀란드에서 200만 건의 거래를 분석한 결과 주가 급등 때보다 급락 때 매도하는 경우가 32%나 적은 것으로 나타났다. 이스라엘의 펀드 매니저는 주가가 하락한 종목을 평균 55일간 보유했다. 이는 주가가 상승한 종목을 보유한 기간보다 두 배 이상 길었다.

◎ 97,000여 개의 거래를 살펴본 결과 개인투자자는 손실 난 주식보다 수익 난 주식을 매도해 현금화한 경우가 51%나 많았다. 그런데 수익 난 주식을 보유하고 손실 난 주식을 매도했더라면 연평균 수

익률이 3.4%포인트 더 올랐을 것이다. (세금도 줄일 수 있다.)

◎ 한 증권사의 8,000개 계좌에서 45만여 개의 거래를 조사한 결과 21.5%의 고객은 가격이 하락한 주식을 한 주도 팔지 않았다!

◎ 펀드 매니저가 중도에 교체된 액티브 펀드를 조사하면서 연구진은 펀드별 보유 주식을 수익률 기준으로 순위를 매겼다. 신임 펀드 매니저는 수익률 하위권의 주식을 100% 매도했다. 이는 전임자가 자신의 실수로 마비되어 있었기 때문에 새로운 펀드 매니저만이 포트폴리오를 정리할 수 있음을 말해준다. 손실 난 주식을 끝까지 보유하는 펀드는 연 5%포인트의 저조한 실적을 보인다.

◎ 집을 팔려는 사람은 손실이 날 것 같으면 더 오래 버틴다. 싸게 집을 파는 대신 부동산에서 매물을 거둬들이는 경우도 자주 있다.

햄릿이 말했듯이 우리는 미지의 불행에 대응하기보다 현재의 불행을 견디는 데 집중한다. 한번 실수하면 당신은 또 다른 작위의 실수가 무작위의 실수보다 더 고통스럽다는 것을 직감적으로 안다. 사람들은 시험 답안이 틀릴 수 있다고 생각할 때조차 답안을 바꾸기보다 '첫 번째 직관을 고수해야 한다'고 생각한다. 하지만 답을 바꿀 경우 정답을 오답으로 고치기보다는 오답을 정답으로 고칠 가능성이 두 배나 높다. 대체로 다시 생각하고 답안을 바꾸면 시험 점수를 높일 수 있다. 그러나 답을 고치지 않은 경우와의 차이를 알아내는 것은 기억력에 의존할 수밖에 없는데 사람들은 자신이 몇 번이나 처음의 정답을 오답으로 바꿨는지 과대 평가하는 경향이 있다. 반면에 처음의 오답을 정답으로 바꾼 경우는 과소 평가하곤 한다. 그래서 예상되는 후회라는 것이 실수에 대한 잘못

된 관점에 근거하고 있음에도 답을 바꾸면 자신이 바보처럼 느껴질 것이라고 예상한다.[244]

투자자에게 손실을 보이는 주식이나 펀드가 미래에 스타가 될 가능성은 항상 있다. 당신의 본능은 지금 그것을 팔면 결국 두 번이나 후회할 수 있다고 말한다. 처음에 그 종목을 매수한 것에 한 번, 급등하기 전에 매도해서 또 한 번 후회한다는 것이다. 당신은 이렇게 말한다. "아마 그냥 놔두면 다시 오를 거야. 그냥 내가 매수한 가격만큼만 반등하면 팔아서 본전만 해야지."

이런 생각을 한다면 나중에 후회할 것이 명백하다. 당신이 잘 알고 있고 친숙한 주식을 팔면 곧바로 자존심에 타격을 입는다. 또한 매도한 자금으로 덜 친숙한 주식을 샀다가 더 많이 잃을 가능성도 있다. 이런 상황의 결과가 포트폴리오 마비다. 이는 한 가지 실수를 저질렀다는 것을 자각하는 동시에 두 번째 실수를 저지를까 두려워 다른 행동을 하지 못하는 겁에 질린 상태를 말한다.

예상하지 못한 돈

당신은 방금 1만 달러가 생겼다. 입수 경위에 따라 다르게 쓸 것인가? 당신의 첫 대답은 '물론 아니지'일 것이다. 그렇다면 다음의 세 가지 시나리오를 생각해보자.[245]

1. 연말 보너스로 1만 달러를 받는다고 상상해보라. 그러면 당신은 아마도

a. 사치품을 산다.

b. 생활필수품을 산다.

c. 투자한다.

d. 매우 안전하게 저축한다.

2. 가장 좋아하는 이모가 돌아가시면서 1만 달러를 유산으로 남겨줬다고 상상해보라. 그러면 당신은 아마도

a. 사치품을 산다.

b. 생활필수품을 산다.

c. 투자한다.

d. 매우 안전하게 저축한다.

3. 복권에 당첨되어 1만 달러를 받는다고 상상해보라. 그러면 당신은 아마도

a. 사치품을 산다.

b. 생활필수품을 산다.

c. 투자한다.

d. 매우 안전하게 저축한다.

당신의 대답은 다양할 수 있지만 사람들은 대체로 이렇게 답한다. 1번의 경우에는 b 또는 c, 2번의 경우는 c 또는 d, 3번의 경우는 a 또는 b를 선택한다. 돈의 액수는 같지만 각각의 경우가 동일하게 느껴지지 않는다. 각각 다른 감정과 이미지로 포장되어 있다. 보너스를 받는 경우에

는 자긍심이 담겨 있다. "내가 업무를 개선한 덕분에 보너스를 받았어." 유산을 받은 경우에는 당신이 그 돈으로 무엇을 하는지 하늘나라에서 이모가 지켜본다는 생각을 갖게 된다. 복권 당첨의 경우에는 평생 한 번뿐인 행운이라는 스릴을 느끼면서 생각해본 적도 없던 돈을 물 쓰듯 소비하게 된다.

'예상하지 못한 돈'이 생기면 당신의 머릿속에서는 재미있는 일이 연출된다. 100달러짜리 물건을 사러 백화점에 갔다가 뜻밖에 반값에 세일 중인 것을 발견했다고 가정해보자. 당신은 그것을 산다. 그러고 나서 방금 '절약'한 50달러를 가지고 평소 같으면 결코 사지 못했을 물건을 사는 데 써버린다. 매장에서 '즉석 쿠폰'을 받은 쇼핑객은 다른 쇼핑객보다 12%나 더 즉흥적으로 소비한다. 마치 돈을 절약한 것에 스스로 보상해야 한다고 생각하는 것 같다.

2001년 부시 대통령의 세제 개혁의 일환으로 미국의 모든 납세자는 최대 600달러의 세금을 환급받았다. 정부로부터 환급받은 세금을 횡재라고 생각한 사람들은 자기 돈을 돌려받는 것이라고 생각한 사람들보다 3배 이상 많은 돈을 썼다. 뜻밖의 횡재는 더 소비하고 싶게 만든다. 한 대학생 그룹에게는 다음 날 농구 경기에 나오면 5달러를 주겠다고 말했다. 다른 대학생 그룹에게는 사전에 예고하지 않다가 학생들이 나오자 5달러씩 주었다. 뜻밖의 횡재로 돈을 받은 학생들은 미리 예상한 학생들보다 두 배 이상 많은 돈을 썼다.

여러 해 동안 벤저민 프랭클린은 석면포로 만든 지갑을 사용했다고 한다. 이는 한번 그의 손에 들어온 돈을 쓰지 않도록 하기 위해서라고 알려져 있다. 일반인도 석면포 지갑처럼 절약해 돈을 모을 수 있다. 1988년

나는 친구와 만나 점심을 먹기 위해 뉴욕의 그리니치 빌리지를 지나가다가 인도에 떨어져 있는 현금 뭉치를 발견했다. 나는 돈 뭉치를 발로 밟고 몇 분 동안 서서 주인이 나타나기를 기다렸다. 주인이 나타나지 않아 나는 돈 뭉치를 주워서 친구를 만나러 달려갔다. 레스토랑 안에서 나는 돈을 세어 보았다. 300달러였다. 어렵게 사는 젊은 작가에게는 뜻밖의 행운이었다. 내가 그 돈으로 뭘 했을까? 먼저 나는 네 명의 친구에게 점심을 샀다. (그들은 그것이 공평하다고 얘기했다.) 그런 다음 나는 몇 권의 책과 레코드 몇 장, 멋진 넥타이 몇 개를 샀다. 나는 여자친구와 비싼 저녁을 먹었다. 이런 일이 끝날 무렵 길에서 주운 300달러는 물론 총 430달러를 썼다는 걸 알았다. 그러나 후회하지는 않았다.[246]

한편 거액의 횡재를 전부 날렸을 때 당신은 일생일대의 기회를 낭비한 자신을 원망할 것이 거의 확실하다. 불행히도 많은 복권 당첨자가 결국 그렇게 가난해지고 의기소침해진다.

자신이 당연히 받을 자격이 있다고 생각한 횡재는 느낌이 다를 것이다. 내가 길에서 300달러를 줍기 1년 전쯤 월가의 한 회사에서 일하던 최고의 펀드 매니저가 당시 기록상 가장 큰 현금 보너스인 1억 달러를 받았다. 그를 '엑스'라고 부르자. 가난한 이민자 출신 엑스는 갑자기 꿈꾸던 것보다 더 큰 부를 얻은 자신을 발견했다. 우리가 카드를 섞는 것처럼 그는 힘들이지 않고 투자자의 자금 수백만 달러를 운용하고 있었다. 그렇다면 이 주식 투자 전문가는 자신이 보너스로 받은 1억 달러를 어디에 투자했을까? 그는 수익률이 가장 낮고 리스크가 가장 적은 펀드인 MMF에 전액을 넣었다. 그는 MMF의 자금을 주식에 투자하려고 노력했지만 몇 년 동안 실천하지 못했다. 엑스가 여전히 부유하지만 미래에 후회할지도 모를 두려움 때문에 추가 이익을 놓쳤다는 사실을 우리는 기억해야 한다. 그의 전 동료는 나중에 이렇게 회상했다. "만약 그가 그 돈을 주식에 넣었다면 지금쯤 억만장자가 됐을 겁니다."[247]

교훈: 횡재가 얼마나 기분 좋게 느껴지는지는 당신이 횡재를 통제하느냐, 횡재가 당신을 통제하느냐에 달려 있다.

선택권이라는 굴레

"선택권이 있다는 것은 좋은 일이다."

우리는 이 말이 맞다고 믿는다. 이 말은 민주주의 사회를 살아가는 근본 진리인 것 같다. 적어도 생존에는 말이다. 비둘기도 먹이를 구하는 방법을 한 가지 이상 갖고 있다. 당신에게 선택의 여지가 많다는 것을 알면 당신은 자유와 힘이 있다는 느낌을 갖는다. 당신이 평범한 블랙커피를 원하면 가까운 편의점으로 가면 된다. 하지만 아몬드를 가미한 디카페인 카페라떼가 정말 먹고 싶을 때는 스타벅스만한 곳이 없다. 선택의 폭이 넓어질수록 결국 더 좋은 선택을 할 수 있게 되고 더 행복해질 것이 분명해 보인다.[248]

명백하게 진실해 보이는 많은 생각이 그렇듯이 그것들 대부분은 거짓이다. 믿거나 말거나 몇 가지 선택권을 갖고 있는 당신에게 더 많은 선택권을 쥐어주면 당신은 좋은 결정을 내릴 가능성보다 어떤 결정이든 후회할 가능성이 높다. 몇 가지 선택권을 갖는 것은 좋지만 너무 많은 선택권은 골칫거리일 뿐이다.

캘리포니아의 멘로파크에 있는 고급 식료품점인 드래저스 마켓Draeger's

Market의 쇼핑객에게 고급 잼이 전시된 시식 코너에 들르게 하는 고전적인 실험이 있었다. 이 코너에는 때때로 24가지의 다양한 종류의 잼이 진열되었는데 어떤 때는 6가지 종류만 제공되었다. 쇼핑객은 다양한 종류의 24가지 잼이 전시되었을 때 코너에 들를 가능성이 50% 더 높았다.[249]

그런데 선택이 지니고 있는 어두운 면도 드러나기 시작했다. 24개의 선택권을 제공받았지만 그들 중 잼을 한 병이라도 구입한 사람은 3%에 불과했다. 그러나 선택권이 6개에 불과한 경우에는 한 병 이상 구입한 경우가 30%나 많았다. 초콜릿으로 비슷한 실험을 한 경우에도 진열 상품이 30가지였을 때보다 6가지였을 때 사람들의 만족도가 더 높았다. 진열대 위에 늘어놓은 선택의 폭이 클수록 자신이 고른 것이 최고가 아닐 수 있다는 걱정을 많이 했다. 좋은 상품이 너무 많으면 '선택권 과다' 현상으로 후회 가능성이 높다랗게 쌓인다.

우리가 투자할 때도 마찬가지다. 수백 개의 401(k)를 조사한 결과 선택할 수 있는 펀드가 많아질수록 은퇴에 대비해 펀드에 가입하고 자금을 납입하는 것을 꺼리는 사람이 많다는 것을 발견했다. 선택이 어려워질수록 사람들은 선택을 덜한다.

한편 선택의 여지가 적다는 위협은 항상 우리를 혼란스럽게 한다. 5분 뒤면 가게가 문을 닫는다는 안내방송이 나오면 다른 경우에는 사지 않았을 물건을 집어들 경향이 강해진다. 액티브 펀드가 추가 매입이 불가능하다는 뜻의 '신규 투자 마감'을 공지하면 며칠 만에 수백만 달러가 몰려들기도 한다. 선택권을 놓칠 수 있다는 경고만으로도 선택할 가치가 있게 느껴지기에 충분하다. 그런 경고가 없었더라면 생각하지도 않았을 텐데 말이다.

일어났을 법한 일

참 또는 거짓: 당신은 100달러보다 150달러를 받는 것이 낫다.[250]

'참'이라고 대답한 경우 다음 시나리오를 생각해보기 바란다.

랠프가 록시 시네마의 매표소 창구에 도착했을 때 그는 영화관의 10만 번째 고객으로 100달러를 받게 되었다는 말을 듣는다. 한편 비주 시어터에서 빌은 1,000,001번째 고객으로 선정되어 150달러를 받는다. 당신은 빌과 랠프 중 어느 쪽이 되고 싶은가?

그러나 잠시 후 빌은 바로 눈앞에 서 있던 남자가 비주 시어터의 1,000,000번째 고객이라는 이유로 1만 달러를 받았다는 사실을 알았다.

이제 당신은 빌과 랠프 중 어느 쪽이 되고 싶은가?

위의 예가 보여주듯이 금전상의 후회를 얼마나 많이 하게 될지는 단지 일어난 일뿐만 아니라 일어날 수 있었다는 생각에 의해서 결정된다. 만약 당신이 보통 사람이라면 처음에는 빌이 더 나아 보였을 것이다. 왜냐하면 빌이 랠프보다 돈을 더 벌었기 때문이다. 하지만 빌이 1만 달러를 받을 수도 있었다는 사실을 안 순간 그의 기쁨은 물거품처럼 사라지고 만다. 이것을 심리학자는 '사후 가정 사고counterfactual thinking'라고 부른다. 사후 가정 사고란 실제로 일어날 수 있었던 일을 가정해보는 것이다.

사후 가정 사고는 '만약 내가 ~을 했더라면' 또는 '만약 내가 ~을 하지 않았더라면'과 같은 생각으로 시작된다. 빌은 '만약 신발끈을 매느라 걸음을 멈추지 않았더라면 1만 달러를 내가 받았을 텐데'라고 생각하면서 아쉬워했을지도 모른다.

또한 사후 가정 사고는 결과를 항상 알 수 있고 어떤 행동이 항상 올바른지가 분명한 대안적 세계를 만들어낸다. 이런 상상의 세계에 쉽게 빠져들수록 현실 세계에서 저지른 실수에 더 많이 후회한다.

네덜란드에서는 정부가 '우편번호' 복권을 운영한다. 이 복권을 구입할 경우 복권 번호는 무작위로 선택되지도 직접 선택할 수도 없다. 대신 복권에 집 주소의 우편번호가 표시된다. 숫자 4자리와 글자 2자리로 구성된다. 우편번호 하나를 무작위로 선정하는데 이 번호가 적힌 복권을 가진 사람은 1만 2,500~1,400만 유로의 당첨금을 받는다. 일반 복권의 경우는 구입하더라도 복권 당첨 여부를 알기가 쉽지 않다. 날짜에 따라서 다른 번호의 복권을 뽑게 되기도 한다. 그러나 네덜란드 복권에는 의심의 여지가 없다. 만약 당신이 산 복권의 우편번호가 뽑힌다면 바로 당첨자가 되는 것이다. 네덜란드인에게 복권을 사지 않았는데 자기 집의 우편번호가 당첨됐을 때의 심정을 물으면 질투, 분노, 슬픔은 물론 후회의 감정이 생겼다고 답한다. 그들이 더 후회할수록 우편번호 복권을 구입할 가능성이 높아진다. 마치 지난번의 후회를 만회할 수 있는 것처럼 말이다.[251]

2006년 이탈리아 토리노에서 열린 동계 올림픽에서 미국의 스노보드 선수 린지 자코벨리스Lindsey Jacobellis는 다른 선수들을 훨씬 앞선 상태로 결승선에 다가가고 있었다. 금메달은 불과 수십 미터 떨어진 곳에 있었다. 자코벨리스는 마지막 남은 점프를 성공시켰고 결과에 만족하며 공중에서 자신의 스노보드를 잡았다. 그 순간 그녀는 그만 균형을 잃고 바닥으로 떨어졌다. 자코벨리스는 다시 일어났고 2위로 결승선을 통과했다. 그때 카메라는 그녀의 눈에 어린 비통함에 초점을 맞췄다. NBC 방송 진행자 팻 파넬과 토드 리처즈는 이렇게 외쳤다. "방금 은메달을 딴 선수의 얼굴이라고 하기에는 도저히 믿기지 않는 표정입니다."[252]

그것이 바로 일보 직전에 우승을 놓친 사람이 느끼는 고통이다. 올림픽에서 메달을 따는 것은 사람이 가질 수 있는 가장 큰 전율의 하나일 것이다. 하지만 만약 당신이 더 잘할 수 있었고 잘했어야 했다면 아무리 상황이 좋아도 기분은 더 나쁠 수 있다. 목표에 근접했을수록 놓치고 나면 더 많이 후회한다. 수십 명의 올림픽 참가 선수를 대상으로 한 연구는 동메달리스트가 은메달리스트보다 더 행복하다는 것을 보여준다. 은메달리스트는 금메달을 놓친 것이고 동메달을 딴 선수는 노메달을 피했다고 생각하기 때문이다.

운동선수가 올림픽에서 금메달에 도전할 기회는 많지 않다. 그러나 도박이나 투자 같은 분야는 승리의 기회를 반복적으로 제공한다. 여기서는 일보 직전에 대박을 놓치더라도 일시적으로 고통스럽지만 대체로 쿨하게 날려 버릴 수 있다. 이런 경우는 자신에게 "내가 진 게 아니야. 거의 이길 뻔했어."라고 말하게 된다. 대박에 근접했던 경험은 사후적으로 대박 직전에 실패했을 때보다 향후의 승률이 더 높아진 것처럼 느끼게 한다. 그리고 아슬아슬하게 큰 손실을 피한 경우도 마치 수호천사가 자신을 돌봐준 양 유난히 운이 좋았다고 여긴다. 이 두 가지 중 어느 감정이든 당신이 도박이나 투자에 더 많이 나서도록 만든다.[253]

펜실베이니아 주 스크랜턴에 사는 학생들과 두 가지 주식 종목 중 하나를 선택하는 투자 게임을 진행했다. 그런 다음 학생들은 자신이 선택한 주식과 선택하지 않은 주식의 수익률을 조사했다. 종종 그들이 선택한 주식이 선택하지 않은 주식보다 훨씬 저조했다. 때로는 선택한 주식의 수익률이 선택하지 않은 것보다 1%나 밑돌았다. 재투자 기회가 주어지자 학생들은 자신이 선택한 주식에서 수익이 난 종목을 다시 선택했다. 이유를 묻자 "지난번에 수익이 좋았기 때문에 느낌이 좋아요."라고 대답했다. 그런데 주식은 당신이 과거에 돈을 벌었는지 여부를 알지 못하며, 당신이 주식을 사고 파는 시기와 기업의 미래 성과는 아무 상관이 없다.[254]

6년 동안 200만 건의 소액 투자자의 주식 거래를 조사했더니 매수 주문의 15%는 투자자가 지난 12개월 이내에 매도한 주식을 다시 사는 것이었다. 그들은 어떤 주식을 다시 매수했을까? 그들이 손실을 보고 팔았던 종목보다 수익을 봤던 종목을 다시 사는 경우가 두 배나 많았다. 이들 종목이 한때 수익을 안겨줬기 때문에 다시 매수한 것이다. 특히 처음 매도한 시점의 가격 이하로 떨어졌을 때는 더욱 열심히 매수했다. 그들은 스스로에게 이렇게 말하는 것 같다. "큰 수익이 날 뻔했는데 다시는 놓치지 않을 거야!" (슬프게도 그들이 되사는 종목은 그들이 팔거나 보유하고 있는 종목보다 더 좋은 성과를 거두지 못한다.)

자신의 후회를 경계하는 것은 도움이 된다. 늪지가 모기를 키우듯이 주식시장은 사후 가정 사고를 만들어낸다. 매초마다 자신이 보유 중인 종목의 가치와 과거에 보유했거나 보유할 수 있었던 종목의 가치와 비교하게 된다. 당신이 뭘 하든 다른 일은 당신이 했어야 할 행동처럼 보일 수 있다.

후회라는 가혹한 시련

인간의 두뇌는 현실과 실재했을 수 있는 가상의 세계를 비교할 수 있는 기발한 기계다. 만약 현재와 같은 상황이 다른 방향으로 전개됐을 때 어떻게 되었을지 상상해볼 방법이 없다면 잘못된 결정이 인간을 괴롭힐 일은 없을 것이다. 당신이 더 잘할 수 있었음을 인식하고 믿음으로써 잘못된 일에 기분이 나빠지는 것이다. 후회의 아픔은 당신이 다르게 발생할 수 있었던 일을 머릿속에 떠올리도록 독려하고, 당신이 마땅히 했어야 할 일에 주의를 집중시킨다. 또한 후회의 아픔은 미래에 더 잘하도록 동기를 부여한다. 잘못을 반성하는 행위는 우리가 그 실수를 다시 저지르지 않게 한다. 이런 기능은 오늘날의 금융시장보다 위험과 보상이 더 예측 가능한 규칙을 따르는 먹고살기 힘든 환경에서 한정된 자원을 생산하고 소비하는 방법을 우리의 조상이 계획하는 데 도움이 되도록 진화했을 것이다.[255]

'브로드만 영역 10'으로 알려진 인간의 전전두피질의 한 영역은 적어도 다른 영장류보다 훨씬 크다. 우리가 바보 같은 실수를 저질렀을 때 자책하면서 눈썹 위 이마를 손바닥으로 찰싹 때리면 바로 그 부분이 '영역 10'이다. 이 영역 10은 인간이 어떤 유인원보다 두 배나 크며 그 안의 뉴런의 밀도도 네 배에 달하는데, 유인원과 비교할 수 없을 정도로 인간의 나머지 두뇌와 정교하게 연결되어 있는 것처럼 보인다.

또한 영역 10은 안와전두피질orbitofrontal cortex, OFC과 같은 신경계 근처에 있는데, 이웃하고 있는 복내측전전두피질ventromedial prefrontal cortex, VMPFC과 함께 우리가 얻고자 하는 것에 실제로 얻은 이득을 평가하는 두뇌의 주요 영역 중 하나로 보인다. OFC는 기억, 감정, 미각, 후각, 촉각을 처리하는 두뇌의 다른 영역과 특히 강하게 연결되어 있다. 그래서 우리는 후회를 하면서 그렇게 애가 타는 느낌을 가지는 것이다. (당신은 '구글 주식을 너무 빨리 팔아서 씁쓸한 기분이 든다'라든가 '큰돈을 벌 수 있었는데 아쉽다'라고 말할지도 모르겠다.) OFC의 뉴런은 당신의 잠재적 행동이 이익을 가져오든 손해를 불러오든 관계없이 결과를 예상하고 현실과 일치하는지를 감시한다. 주가 상승을 예상했는데 하락할 경우 당신이 느끼는 후회는 주로 OFC에서 생성된다.[256]

두뇌의 이 영역에 손상을 입은 사람은 충동적이 되어 미래를 계획하는 능력이 떨어진다. 국립보건원의 신경과학자 조던 그래프먼은 베트남 전쟁에서 머리를 다친 참전병을 연구했다. OFC와 VMPFC의 손상으로 이들은 자녀의 대학 교육비 준비 계획을 세우는 데 걸리는 시간이 일반인의 절반도 되지 않았고, 자신의 노후 준비를 위한 저축 방법에 거의 시간을 할애하지 않았다. 또한 주어진 현실 속에 갇혀 있는 것처럼 수입을 늘리는 새로운 방법을 상상하는 데도 애를 먹었다. 비슷한 두뇌 손상을 입은 다른 사람들은 자기 돈을 형편없는 보석 구입에 낭비하고, 집안일을 돌보지 않고, 위험한 사업에 동업자로 뛰어들기도 하고, 지급된 보험금 전부를 비싼 차를 사는 데 써버렸다.[257]

VMPFC 환자에게 슬프거나 두려웠던 과거의 경험을 회상하라고 했을 때 그들은 무슨 일이 일어났는지 명확하게 기억을 떠올렸지만 일반인과 달리 땀을 흘리거나 맥박이 빨라지지 않는다. 이는 그들이 과거의 느낌을 무감각하게 기억해낸다는 것을 말한다. 비슷한 방식으로 그들은 종종 자신의 행동이 '잘못된' 것임을 알고 있고, 자주 자신에게 '안 돼!'라고 말하기도 한다. 하지만 결국 충동에 굴복한다.

아이오와 대학이 실시한 도박 실험은 VMPFC 환자가 실험 횟수의 절반가량에서 어떤 내기가 더 잃기 쉬운지 식별할 수 있음을 보여주었다. 불행하게도 실험 횟수의 절반 이상에서 환자들은 호기심이나 변덕 때문에 돈을 계속 잃었다. 두뇌의 후회 회로가 끊어졌기 때문에 그들은 스스로를 억제할 수 없다.

우리가 후회를 예상하는 것은 머릿속에 떠오르는 탐욕스런 충동을 급히 실행하지 못하게 막는 일종의 비상 브레이크 역할을 한다. 불행히도 이 브레이크는 우리가 좋은 투자를 하려는 것도 막을 수 있다.

비교와 대조

신경경제학은 이제 OFC가 단순히 현재 상태뿐 아니라 존재할 수 있었던 상태에서도 어떻게 반응하는지를 설명해준다. 최근의 한 실험에서 슬롯머신 A는 20달러를 따거나 제로일 확률이 50 대 50이었고, 슬롯머신 B는 20달러를 딸 확률이 25%, 아무것도 못 딸 확률이 75%였다. 두뇌 스캔 결과 사람들이 슬롯머신 B에서 아무것도 못 딸 때는 OFC의 뉴런이 거의 반응하지 않았다. 결국 사람들은 처음부터 승산이 매우 낮다는 것을 알았다. 하지만 사람들이 슬롯머신 A에서 20달러를 놓쳤을 때는 OFC 뉴런이 맹렬하게 반응했다. 승률이 50 대 50일 때 놓치면 한순간 후회 회로에 불이 켜진다. 이런 현상은 당신의 투자 두뇌가 어떤 기본 규칙에 따라 만들어지는지를 알려준다. 돈을 딸 가능성이 높다고 생각할수록 그 목표가 달성되지 않으면 더 후회하게 된다.

캘리포니아 공과대학의 '인간 보상 학습 연구소Human Reward Learning Lab'에서 신경과학자 존 오도허티는 MRI 스캐너로 사람들의 두뇌를 스캔했다. 그는 사람들에게 1달러를 따거나 손익이 없는 경우와 1달러를 잃거나 손익이 없는 경우를 선택하게 했다. 그는 참가자가 수익이나 손실이 발생할 때와 손익이 없을 때를 포함해 참가자의 두뇌 활동을 측정했다. 1달러를 딸 때는 약 4초 만에 OFC 뉴런의 활동이 급증했다. 또한 1달러의 손실을 피할 때도 거의 그만큼 활동적이었다. 반면 곧바로 1달러를 잃었을 때는 전등 스위치를 내리자 한순간에 방 안이 어둠으로 덮이는 것처럼 뉴런의 활동이 약화됐다. 그리고 1달러를 딸 기회를 놓친 경우는 이 뉴런의 활동이 극적으로 약해졌다.[258]

당신의 OFC는 일어나는 일과 일어날 수 있었던 일에 모두 반응한다. 돈을 잃을 뻔했으나 손실을 피한 경우는 이득이 생길 때의 절반 이상으로 강렬한 신경계 전율이 일어난다. 그리고 당신이 돈을 따려고 시도했지만 손익이 없는 결과가 나오면 OFC 뉴런은 실제로 돈을 잃었을 때의 절반 정도로 활동이 줄어든다.

이 실험의 결론은 분명하다. 손실을 피하는 것은 가벼운 형태의 이익이며, 이익을 놓친 것은 희석된 형태의 손실이라는 것이다. 발생 가능한 일을 생각할 때 당신의 두뇌는 가상의 결과를 만들어내는데 감정이 실제로 생긴다.

프랑스 브롱에서는 50~200프랑(당시 환율로 9~36달러)을 따거나 잃을 수 있는 간단한 도박 게임을 했다. 일부 참가자는 OFC나 VMPFC에 손상이 있었다. 참가자에게 두 가지 도박 중 하나를 선택하게 하고 자신이 선택한 도박의 결과만 볼 수 있게 하자 그들은 거의 동일한 수준의 가벼운 실망감을 느꼈다. 그러나 자신이 선택한 도박의 결과뿐 아니라 선택하지 않은 도박의 결과도 볼 수 있게 되자 갑자기 그들의 반응이 달라졌다. 정상 두뇌를 가진 사람은 방금 따거나 잃은 50프랑 대신 200프랑을 딸 수 있었다는 사실을 알고 '매우 슬퍼졌고 즉시 땀이 났다'고 말했다. 한편 OFC나 VMPFC가 손상된 참가자는 자신이 얼마나 더 좋은 결과를 얻을 수 있었는지 알게 되었을 때도 후회하지 않았다. (한 방울의 땀도 흘리지 않았다.) 그들은 다른 것을 골랐다면 더 많이 벌었을 것이라는 사실을 알아도 아무런 고통을 느끼지 않았다. 프랑스 가수 에디트 피아프가 '나는 아무런 후회도 없어요Je ne regrette rien'라고 노래한 것처럼 그들은 아무런 후회의 감정이 없었다.[259]

위 실험의 후속 연구에서는 온전한 두뇌를 가진 사람이 동일한 도박 게임을 하는 동안 MRI 스캐너로 촬영했다. OFC는 수익이 나거나 손실이 날 때 격렬한 반응을 보였다. 이런 반응은 그들이 선택하지 않은 게임의 경우에서 얼마나 더 좋거나 나쁜 결과가 나왔을지 안 뒤에야 나타났다. OFC가 활동적일수록 사람들은 자신이 하지 않은 선택에 더 많이 후회한다. 다시 선택의 기회가 주어지자 그들은 실수했을 경우에 느낄 후회를 예상했고 그에 따라 행동을 바꾸었다.

두뇌의 이 영역은 당신이 일어날 것으로 기대하는 것과 실제 일어난 것, 다른 일이 일어날 수 있었던 것을 삼각 측량하는 비교와 대조의 기능을 가지고 있는 것으로 보인다. 따라서 이런 회로가 망가지면 위의 기능도 고장 난다. 여러 아파트 가운데 하나를 임대해야 할 경우 정상 두뇌를 가진 사람은 전체 아파트의 면적, 위치, 소음 수준 등의 정보를 비교해본다. 그러나 VMPFC가 손상된 사람은 한 번에 한 아파트의 정보만을 조사했다. 종종 그들은 마음에 드는 아파트를 발견했을 때도 더 이상의 조사를 멈추고 그 자리에서 결정을 내렸다. 그들은 나쁜 결정을 내리더라도 후회를 예상하는 능력이 없기 때문에 가능한 모든 선택에서 최선을 다하려고 하지 않았다. 그들은 그저 웬만큼 좋은 것을 원했다.[260]

머피는 투자자였다

2006년 6월 13일 나는 정신이 나간 듯한 투자자로부터 한 통의 이메일을 받았다. 나는 그를 마이클 뷰캐넌이라고 부를 것이다. 은퇴한 사회 과목 교사인 뷰캐넌은 자신의 불운을 믿을 수 없었다. 그는 이렇게 회상했다. "몇 년 전부터 신흥국 펀드에 일부 자금을 투자할 생각이었습니다. 나는 그 펀드가 많이 오를 줄 알고 있었어요. 실제로 그렇게 됐고요. 나는 그 펀드가 계속 잘나갈 거라 믿었고 실제 성과도 좋았습니다. 더 이상 손 놓고 앉아 있을 수 없었어요. 그래서 5월 13일에 신흥국 주식형 펀드에 1만 달러를 투자했습니다." (실제로 신흥국 펀드의 평균 수익률은 2003년 55.4%, 2004년 23.7%, 2005년 31.7%였다.) 그러나 금리 상승과 지정학적 위험 요소로 브라질, 러시아, 인도, 중국의 투자가 타격을 입었다. 뷰캐넌은 4주 만에 22%의 손실을 봤다.

뷰캐넌은 설명을 이어갔다. "못 믿으시겠지만 내가 2000년 1월에 제이콥 인터넷 펀드에 투자만 안 했어도 이렇게 괴로워하지 않을 겁니다. 그 펀드 때문에 제 속이 뒤집혔습니다. (참고로 제이콥 인터넷의 수익률은 2000년 -79.1%, 2001년 -56.4%, 2002년 -13%의 손실을 보였다.) 결국 2002년 말에 펀드를 환매했습니다. 그런데 제가 환매하자마자 그놈의 펀드가 슈퍼스타로 변신하더군요." (제이콥은 2003년 101.3%, 2004년 32.3%의 수익률을 보였다.)

뷰캐넌이 애처롭게 말을 이어갔다. "왜 나한테만 자꾸 이런 일이 일어나는 걸까요? 내가 안 사실은 내가 펀드를 팔면 그 펀드 수익이 폭등하고 내가 사면 폭락한다는 겁니다! 뭐가 문제인가요? 저는 어떡해야 하나요? 펀드에 나타나는 머피의 법칙인가요?"

뷰캐넌이 내게 이메일을 보낸 것은 2002년에 내가 쓴 '머피는 투자자였다'는 칼럼 때문이었다. 일상생활에서 우리는 머피의 법칙('무엇이든 잘못될 수 있는 것은 잘못될 것이다')과 그 결과('최악의 시기에 최악의 방법으로 그렇게 된다')가 분명히 작용한다는 사실에 머리를 좌우로 흔들게 된다. 우리는 다음의 경향이 있다고 믿는다. 우산을 안 가져가면 비가 오고, 무거운 우산을 가져간 날은 햇빛이 쨍쨍 내리쬔다. 계산대에서 줄을 서면 내 줄이 제일 느리고, 고속도로에서 차선을 변경하면 다른 차선이 더 빨라진다. 이런 머피의 법칙이라는 심술궂은 논리가 투자에도 적용되는 것일까? 그리고 머피의 법칙이 단지 교묘하게 표현된 미신일 뿐일까, 아니면 어느 정도 사실적 근거가 있는 것일까?

머피의 법칙에 정통한 전문가로는 옥스포드 출신의 물리학자 로버트 매튜스를 들 수 있다. 몇 년 전 매튜스는 머피의 법칙 중 가장 오래된 사례 하나를 조사했다. 빵이 바닥에 떨어질 때 항상 버터를 바른 쪽이 바닥에 닿는 것처럼 보이는 이유는 뭘까? 당신은 버터 바른 쪽이 더 무겁기 때문이라고 생각하기 쉽다. 심리학자라면 우리가 마른 물건의 낙하보다 젖은 물건의 낙하를 더 잘 떠올리는 경향이 있어서 그렇다고 말할지도 모른다. 회의론자라면 빵이 떨어지는 방향은 무작위라고 주장할 수도 있다. 그런데 이런 견해는 모두 잘못된 것으로 드러났다.[261]

"대다수 사람과 마찬가지로 나도 빵의 한쪽에 엄청난 양의 잼이 있지 않는 한 바닥에 닿는 면의 확률이 50 대 50이라고 생각했습니다."라고 매튜스는 말한다. 본질적으로 사소한 일을 매우 심각하게 받아들이는 영국인 특유의 기질이 매튜스에게 발동했다. 그는 2001년에 영국 전역에서 1만 명의 초등학생의 도움을 받아 버터 바른 토스트가 담긴 접시를 뒤집어 떨어뜨리는 실험을 했다. 버터 바른 면이 먼저 땅에 닿은 경우가 62%를 넘겼다. 실험 대상이 많은 것에 비해 우연한 결과라고 하기에는 너무 높은 비율이었다. 매튜스는 버터의 무게가 원인일 가능성은 배제했다. 버터를 바르지 않은 토스트에 두꺼운 펜으로 B자를 적은 다음 이 면이 위로 향하도록 접시에 담은 후 접시를 뒤집어 떨어뜨리자 대부분의 경우에 B자가 적힌 면이 먼저 바닥에 닿았다.

그렇다면 토스트는 왜 엉뚱한 면이 바닥에 닿는 경향이 있는 것일까? "우주는 우리에게 불리하게 설계되어 있다."고 매튜스는 단호하게 말한다. 떨어지는 빵의 너비와 속도, 식탁의 일반적인 높이(74~76센티미터)를 고려할 때 토스트가 뒤집어지기에는 바닥에 닿기까지의 시간이 너무 짧다. 식탁의 높이는 평균 키가 182센티미터 미만인 인간에게 맞춰져 있기 때문에 매우 낮다. 인간의 키가 작은 이유가 뭘까? 매튜스는 이렇게 말한다. "인간의 키가 훨씬 더 컸다면 머리는 많은 에너지를 가진 채 바닥에 부딪침으로써 두개골을 구성하고 있는 뼈 조각들이 깨져 버릴 것이다. 따라서 사람들은 끊임없이 넘어져서 죽을 것이다."

엔지니어들은 이것을 근본적인 설계 제약성이라고 부른다. 투자도 자체의 설계 제약성을 가지고 있을까? 물론 그렇다. 2003년 초부터 2005년 말까지 신흥시장은 연평균 36.3%의 수익률을 보였다. 그러나 수십 년, 사실 수백 년간의 역사를 보면 인플레이션을 제외한 경제 성장이 매년 2.5~3.5% 이상 지속할 수는 없다. 단기적으로 주식시장은 경제나 개별 기업보다 더 좋은 성과를 낼 수 있다. 하지만 장기적으로는 불가능하다. 수익률이 비정상적으로 높은 기간 이후에는 반드시 더욱 정상적인 수익률이 뒤따른다. 일본 증시가 1970년대와 1980년대 기록적인 수익률을 기록한 뒤 1990년대 들어 3분의 2가량 폭락한 것도 이 때문이다. 미국이 1990년대 후반에 호황이었다가 2000~2002년에 불황을 겪은 것도 같은 이유다. 그리고 이것이 바로 신흥시장이 수년간의 폭발적인 호황을 기록한 뒤인 2006년 초는 투자하기에 좋은 대상이 아닌 이유다. 그 시점에서 유일한 질문은 투자자가 손해를 볼 것인가가 아니라 언제 손해를 볼 것인가 하는 것이었다. (나는 마이클 뷰캐넌에게 꼼짝 말고 보유하고 있으라고 말했다. 실제로 신흥시장은 2006년에 전반적으로 좋은 성과를 냈다. 그러나 내 말이 너무 늦게 도착했다. 뷰캐넌은 이미 팔고 난 뒤였다.)

극단적인 성장 추구는 자체적으로 파멸의 씨앗을 지니고 있다. 워런 버핏은 "성공처럼 순식간에 희미하게 사라지는 것은 없다."고 경고한다. 이 말은 머피의 법칙과 연결된다. 어떤 주식이나 펀드가 평균보다 훨씬 높은 수익을 보인다면 거의! 반드시! 조만간! 평균으로 되돌아간다. 같은 이유로 평균보다 훨씬 낮은 수익률을 보이는 경우에도 상황은 역전되게 마련이다.

시간의 흐름에 따라 추세가 뒤집히는 이런 경향을 '평균 회귀'라고 한다. 이런 현상이 없다면 기린은 대를 이어 키가 커지다가 심장과 엉덩이가 과도한 긴장으로 파열되고 말 것이다. 키가 큰 참나무는 점점 더 큰 도토리를 떨어뜨려 더욱 큰 묘목이 자라나다 마침내 다 자란 나무가 자신의 높이와 중량을 버티지 못해 쓰러지고 말 것이다. 키 큰 사람은 항상 더 큰 아이를 낳고, 이런 일이 자손을 통해 반복되다 보면 몸을 굽히지 않고는 2미터 70센티미터 높이의 출입구를 통과할 수 없는 상황을 맞이할 것이다. (그리고 그들은 매튜스의 지적대로 넘어질 때 두개골이 깨질 것이다.)

평균 회귀는 투자를 포함한 거의 모든 경기에서 경기장을 평준화하는 자연의 방식이다. 따라서 당신이 매우 높거나 낮은 수익률이 계속되는 도박을 할 때마다 승산은 당신에게 불리하게 작용한다. 마이클 뷰캐넌은 평균 회귀에 내기를 걸었어야 했다. 그러나 그는 평균 회귀의 반대쪽에 걸었다. 그는 늘 자기가 찾을 수 있는 최고의 수익처를 쫓다가 화상을 입는 상황을 만들고 말았다.

머피의 법칙 가운데 다른 측면도 투자에 적용된다. 로버트 매튜스는 케임브리지의 위대한 수학자인 고드프리 하디가 우산에 관한 머피의 법칙을 믿었다고 지적한다. 매튜스는 이렇게 말한다. "하디는 악독한 비의 신이 있다고 확신했습니다. 그래서 그는 자신이 크리켓 경기를 할 때 조교에게 우산을 들고 외출하라고 말했습니다. 비의 신을 속여 비가 내리지 않도록 하기 위해서였죠." 아무리 비가 자주 오는 영국이라 하더라도 하루 중 특정 시간에 비가 내릴 확률은 10%에 불과하다. 그래서 어떤 날 비가 올 확률이 100%라고 예보하더라도 특정 시간에 비가 올 확률은 훨씬 낮다. 따라서 당신이 비 예보 때문에 우산을 챙겼더라도 우산을 펼 일이 거의 없는 것이다. 게다가 화창한 날에 우산을 챙겼던 경험이 많을수록 선택적 기억 속에 각인될 가능성이 높다. 우산을 챙겨 나갔는데 비가 온 경우는 드물며 기억에도 덜 남는다. 결과적으로 공연히 우산을 챙겨간 일은 과대 평가하고 비 오는 날 우산을 안 챙긴 경우는 과소 평가하게 된다.

마찬가지로 주식시장의 특정 분야가 뜨겁게 달아오를 때마다 분산투자가 헛수고처럼 느껴질 것이다. 결코 필요 없어 보이는 우산처럼 말이다. 그러나 마이클 뷰캐넌의 이야기가 말해주듯 분산투자가 필요 없다고 생각하는 것은 실수다. 우산을 들고 다니는 게 헛수고 같더라도 언젠가 폭우가 쏟아질 때 우산을 들고 있으면 정말 기쁘기 짝이 없을 것이다.

마트에서 계산대 줄을 잘못 고르는 경우에도 그 속에는 투자 교훈이 있다. 계산대가 3곳 있을 때 가장 빠른 줄을 선택할 확률은 33%에 불과하다. (같은 수의 손님이 기다리고 있고 계산대 직원의 숙련도가 비슷하다고 가정하자.) 3분의 2의 확률로 다른 두 줄 중 하나가 더 빠르게 움직일 것이다. 계산대가 네 곳이면 당신이 서 있는 줄이 가장 빠를 확률은 4분의 1로 낮아진다. 단순 계산으로도 당신이 빠른 줄을 고를 가능성은 낮다. 어느 줄을 선택하든 대체로 잘못된 선택이 될 것이다. 당신은 자신의 성공률(빠른 줄을 고를 가능성)이 얼마나 줄을 잘 선택하느냐에 달려 있다고 생각하겠지만 사실 그것은 이미 정해져 있다.

이제 액티브 펀드를 생각해보자. 평균적으로 시간이 흐르면 펀드의 절반은 시장 수익률을 초과하고 나머지 절반은 미달할 것이다. 이는 거래 비용, 관리 수수료, 세금과 같은 비용을 따지기 전 이야기다. 이런 다양한 비용 지출을 반영하고 나면 펀드가 시장 성과를 초과할 가능성은 50 대 50에서 3분의 1로 하락한다. 따라서 과거 수익률만을 기준으로 시장을 이길 액티브 펀드를 고르면 3분의 2가량이 틀린다. 그렇기 때문에 현명한 투자자는 이런 실수를 하지 않는다.

핫하고 매력적인 펀드나 주식을 쫓다가 느끼는 후회는 낯선 사람이 떠드는 투자 성공담을 들을 때 훨씬 고통스럽게 느껴진다. (그런 사람들은 TV, 인터넷, 파티 등에서 만나게 된다.) 당신은 손해를 봤는데 웬일인지 그들은 계속 돈을 벌고 있다. 이런 씁쓸한 기분은 고속도로에서 차선을 변경했을 때도 느낀다. '느린' 차선을 벗어나 '빠른' 차선으로 이동하자마자 빠른 차선이 주차장처럼 밀린다. 당신이 어느 차선에 있든 잘못된 차선인가? 그런 것 같은가? 진실은 보다 미묘하다. 다른 차선이 느릴 때는 당신이 명확히 의식하지 못하는 사이에 많은 차량을 지나갈 수 있기 때문에 몇 대가 지나갔는지 막연한 느낌만 갖게 된다. 그러나 당신의 차선이 느릴 때는 차량 한 대씩 휙휙 지나간다. 더욱이 안전 운전을 위해서는 백미러에 보이는 후방 도로보다 전방 도로에 주의를 집중해야 한다. 그래서 당신은 자신이 지나쳐온 차들보다 당신을 지나쳐간 차들을 훨씬 더 잘 볼 수 있고 오랫동안 보게 된다.[262]

투자의 세계도 그러하다. 당신이 아는 투자 실패자와 다른 이를 통해 듣는 투자 성공자가 당신의 투자 결정보다 더 화려해 보일 수 있다. 당신의 투자 결정이 훌륭했음에도 말이다. 칵테일 바나 바비큐 파티에서 당신을 제외한 모든 사람이 자랑할 만한 대단한 투자 실적이 있는 것처럼 보일 수도 있다. 당신이 소심하게 술잔을 다시 채워달라고 요청하는 동안에는 다음의 사실이 생각나지 않을 것이다. 이 사람들 모두가 투자에 실수를 저질렀다는 사실과 이 파티가 그들의 실수를 이야기할 마지막 장소라는 사실 말이다. 당신이 투자로 후회하는 유일한 사람이라는 잘못된 감정이 당신에게 평소보다 더 큰 위험을 감수하도록 유혹한다. 모든 사람은 실수를 하고, 실수를 하는 사람은 누구나 후회한다는 사실을 기억하라.

혐오의 섬

우리는 투자에 실패했을 때 적어도 단기적이라도 손실을 받아들이고 감내하는 것이 왜 그렇게 힘들까? 마이클 뷰캐넌과 우리는 무엇 때문에 멍청한 투자 손실에 그렇게 쓰라린 후회를 하는 것일까?

상부 두뇌의 안쪽 가장자리, 즉 피질을 구성하는 일부 영역의 하부 표면에는 섬엽이라는 곳이 있다. '섬엽insula'은 섬island을 뜻하는 라틴어에서 유래했다. 섬엽은 고통, 혐오, 죄책감 같은 부정적인 감정을 불러일으키는 사건을 평가하는 주요 중추 중 하나다. 이 감정은 당신이 돈을 잃었을 때도 똑같이 느낀다. 8장에서 배운 전두대상피질처럼 섬엽의 앞부분은 방추 세포라고 불리는 특이한 뉴런으로 가득 차 있다. 이 뉴런은 주위 환경이 변할 때 우리가 행동을 조정하도록 돕는 일을 전문으로 한다. 인간과 유인원에게만 있는 독특한 뉴런으로 인간의 두뇌에는 침팬지보다 30배 많은 방추 세포가 있다.[263]

놀랍게도 이 세포는 인간의 두뇌에는 드물지만 소화기 계통, 특히 결장에 풍부한 분자를 가지고 있다. 이 분자는 내장에서 음식물을 밀어내는 수축 활동을 돕는다. 소화기 질환인 크론 병을 앓고 있는 사람은 무섭거나 슬프거나 역겨운 영상에 민감하게 반응한다. 그것은 말 그대로 본능적인 반응이다. 투자가 잘못됐다고 직감적으로 느끼면 그것은 단순한 상상이 아니다. 두뇌 속 섬엽에 있는 방추 세포가 뒤틀리는 위와 동조하여 흥분하기 때문에 일어나는 현상이다.

인간의 후각이 다른 동물보다 훨씬 둔한데도 우리가 불쾌한 냄새나 맛에 그토록 심하게 혐오감을 느끼는 이유는 두뇌 속 섬엽에 이런 뉴런이 풍부하기 때문이다. (개가 무언가의 냄새를 맡거나 주워먹는 모습을 보고서 당신이 그 냄새를 직접 맡지 않았는데도 속이 뒤집혔던 경우를 생각해보라.) 수십 년 전에 과학자들은 섬엽을 전류로 직접 자극하면 심한 메스꺼움과 강한 혐오감을 유발한다는 것을 발견했다. 또한 섬엽은 두뇌가 즉흥적인 느낌을 의식적인 감정으로 바꾸는 중요한 부분이다. 당신은 자신의 심장이 어떻게 뛰고 있는지 의식하게 될 때가 있을 것이다. 그때 몸의 상황을 당신에게 알려주는 것이 섬엽이다.[264]

영어 발음이 비슷하지만 섬엽insula은 섬island이 아니다. 섬엽은 다음과 같은 다양한 영역과 긴밀하게 연결되어 있다. 심장과 폐의 조절을 돕는 시상하부, 다양한 감각적인 인상을 분류하고 기본 보상을 비교하는 시상, 공포를 처리하는 편도체, 행동에 필요한 근육을 준비하는 피질의 운동 영역, 놀람과 갈등의 표정을 연출하는 전두대상피질, 가상의 상황을 평가하는 것으로 보이는 안와전두피질 등이다.[265]

섬엽이 반응하도록 혐오스러운 것과 직접 접촉할 필요는 없다. 구토를 유발할 정도로 악취를 풍기는 화학 물질 낙산의 냄새를 맡고 두뇌를 스캔했더니 섬엽이 갑자기 활동하는 게 보였다. 역겨운 냄새에 코를 막고 얼굴을 찌푸린 사람의 사진을 보았을 때 사진을 본 사람의 두뇌에서도 섬엽이 작동했다. (우리는 부분적으로 다른 사람이 혐오하는 것이 무엇인지 관찰함으로써 혐오 대상을 알게 된다.) 섬엽이 이런 '웩!' 하는 반응을 나타내는 데는 4분의 1초가 걸린다.[266]

바퀴벌레나 상한 음식 같은 징그러운 것을 언뜻 보기만해도 섬엽은 작동한다. 여러 테스트에서 섬엽과 관련 영역인 피각putamen이 손상된 환자는 여러 얼굴 사진 중에서 어떤 얼굴이 혐오스러운 표정을 짓고 있는지 식별하지 못했다. 또한 녹음된 헛구역질 소리를 듣고도 왜 그 사람이 그런 소리를 내는지 설명하지 못했다. "배가 고플 때 물로 씻은 파리채로 휘젓은 스프를 주면 먹을 겁니까?"라고 묻는 설문지에는 '네'라고 답했다. 또한 똥 덩어리 모양의 초콜릿에 관한 설명을 듣고서도 식욕을 잃지 않았다. 그러나 섬엽이 온전한 사람은 그런 혐오스런 것에 즉각적으로 불쾌해한다.

그 밖에도 당신의 섬엽을 흥분시키는 요인이 또 있다. 바로 돈을 잃는 것이다. 한 실험에서 섬엽은 사람들이 돈을 잃었을 때도 돈을 벌었을 때와 마찬가지로 3배나 활동적이었다. 한편 사람들이 최근의 경험을 바탕으로 손실이 날 수도 있는 내기를 했을 때는 섬엽이 돈을 벌었을 때보다 4배 이상 강렬하게 반응했다. 그리고 이런 위험한 내기를 하는 동안 섬엽이 점점 맹렬하게 반응하면 그 사람은 다음 번에 위험이 낮은 내기를 선택할 가능성이 높다.[267] 최근의 연구 결과 또한 사람들이 소비재를 구입할 때 상품에 너무 비싼 가격이 매겨져 있으면 섬엽이 강렬하게 달아올랐다. 너무 많은 돈이 든다는 생각이 고통스럽게 느껴졌기 때문이다.[268]

듀크 대학의 스콧 휴텔 신경경제학 연구실에서 나는 섬엽이 작동함을 느꼈다. MRI 스캐너에 누워 있는 동안 내게 세 개의 슬롯머신 사진이 제시됐다. 하나는 항상 비기기만 하는 검은색 기계, 다른 하나는 소액의 이득과 손실이 섞여 나오는 파란색 기계, 나머지 하나는 큰 이득과 손실을 내는 빨간색 기계였다. 파란색이나 빨간색으로 도박하기로 결정할 때마다 내 섬엽의 오른쪽 앞부분이 활성화됐다. 손익의 편차가 큰 빨간색 기계를 선택하면 섬엽의 활동량이 급증했다. 그리고 내 섬엽은 다음 선택을 할 때까지 사그라들지 않고 활발한 상태를 유지하고 있었다. 나는 결국 안전한 기계로 이동해서 전체 시간의 70%를 그 기계에서 머물렀다. 이는 내 손실을 최소화하는 데 도움이 되었다.[269]

또 다른 실험에서는 뇌졸중으로 섬엽이 손상된 환자와 간단한 투자 게임을 했다. 그들은 처음에 20달러의 게임 머니를 받았다. 20회의 게임에서 각각 1달러를 투자하거나 하지 않을 수 있었다. 참가자가 투자하면 실험자는 동전을 던졌다. 동전의 앞면이 나오면 참가자는 돈을 잃었고, 뒷면이 나오면 2.5달러를 땄다. 보통 사람이 이 게임을 할 때 동전 던지기에서 돈을 잃으면 60%는 다음 게임에 돈을 걸지 않는다. 그러나 섬엽이 손상된 환자는 지난 게임에서 돈을 잃어도 97%가 더 많은 돈을 걸었다. 그들은 혐오 회로가 망가져 있기 때문에 과거 혹은 미래의 손실로 인한 고통을 전혀 느끼지 않았다.[270]

고통스러운 일이 일어날 수도 있음을 아는 것은 고통 그 자체만큼이나 나쁘다. 두뇌는 실제 고통에 반응하는 것처럼 예상된 고통에도 똑같이 격렬하게 반응한다. 개똥을 밟았을 때만이 아니라 개똥을 보기만해도 기분이 나빠지듯이 섬엽은 돈을 잃었을 때만이 아니라 돈을 잃을 수 있다고 생각할 때도 혐오감을 만들어낸다. 결국 그런 이유로 당신이 돈을 잃을 수 있는 경우를 회피하는 것이다. 돈을 잃으면 스스로에게 혐오감을 느낄 것이라는 예상이 당신을 위험성이 큰 투자에서 멀어지게 한다.

스탠포드 대학의 신경경제학자 브라이언 넛슨과 카멜리아 쿠넨은 실험자를 MRI 스캐너에 넣고 간단한 선택권을 주었다. 선택권은 두 가지 주식이나 한 가지 채권 중 한 군데에 투자하는 것이다. 실험 방식은 다음과 같다. 처음에 참가자는 그 주식들 중 하나는 '좋은' 주식이고, 다른 하나는 '나쁜' 주식이라고 들었다. 어느 것이 좋고 나쁜지는 참가자가 알아내야 한다. 위험도가 낮은 주식은 10달러를 벌 수 있는 가능성이 50%이고, 본전일 가능성이 25%, 10달러를 잃을 가능성이 25%이다. 반면 위험도가 높은 주식은 10달러를 벌 가능성이 25%, 본전일 가능성이 25%, 10달러를 잃을 가능성이 50%이다. 때때로 좋은 주식과 나쁜 주식은 바

뀐다. 그러나 채권을 선택하면 항상 1달러를 벌 수 있다.[271]

선택을 할 때마다 참가자는 자신의 선택의 결과로 돈을 벌었는지 알 수 있을 뿐만 아니라 선택하지 않은 두 가지의 결과도 볼 수 있다. 참가자가 실제로 선택한 결과와 선택할 수 있었던 결과의 차이가 클수록 섬엽은 더욱 활성화되었다. 특히 주식을 고를수록 섬엽은 더욱 맹렬해졌고 다음 내기에서 안전한 채권을 고를 가능성이 높아졌다. 손실로 두뇌의 혐오감 유발 센터가 달아오름에 따라 참가자는 위험이 큰 것을 멀리했다.

사람들이 투자에서 크게 실수했을 때 그들의 섬엽은 썩어 가는 생선 무더기나 햇볕에 노출된 쓰레기 봉지를 보았을 때와 같은 반응을 보인다. 사람들은 악취에서 멀어진다. 그들은 마음속으로 악취를 털어내려고 애쓴다. 특히 악취를 풍기는 곳 근처는 다시 가려고 하지 않는다. 실제로 이런 역할을 전문으로 맡고 있는 뉴런은 머릿속에서 '당신이 나를 힘들게 한다'고 비명을 지른다. 이것이 가장 격렬한 후회인데 바보 같은 실수에서 손을 씻고 싶게 만드는 감정이다.

투자자가 자신의 실수에 혐오감을 가질 때 손실을 인정하기 싫어하는 자연스런 거부감이 마침내 깨진다. 평소처럼 암울하게 매달리는 대신 이제는 그들이 가진 것을 없애 버리고 싶은 절박함이 싹튼다. 그런 상태는 그들이 훨씬 높은 거래 비용을 기꺼이 부담하도록 만들고 매도로 얻을 순이익도 날려 버린다. 주식을 사거나 팔 때 수수료만 내는 것이 아니다. '스프레드spread(사고 팔 때의 호가 차이)'부터 '마켓 임팩트market impact(자신의 주문 때문에 가격이 오르거나 내리는 현상)', '딜레이delay(거래가 완료될 때까지 기다리는 비용)'까지 다양한 보이지 않는 비용도 지불한다.

대체로 어느 시장이든 매도자는 매수자보다 최대 6배 많은 거래 비용을 지불한다. 절망에 빠진 사람은 무모한 행동을 한다. 나스닥 지수가 25% 하락한 2001년 1분기를 살펴보자. 증권 전문가 웨인 와그너에 따르면 당시 주식 거래자는 빠르게 하락하는 주식을 팔 때 평균 3.52%의 비용을 부담했다. 한편 주가가 보합세를 보인 종목을 살 때의 비용은 0.21%에 그쳤다. 즉 패닉 셀panic sell(공황 상태에서 매도하는 것)의 비용은 느긋하게 매수할 때의 비용보다 17배 이상 비싸다는 것이다. 나스닥이 8% 하락한 2005년 1분기 총거래 비용 평균은 느긋한 매수의 경우 0.52%였지만 패닉 셀의 경우 1.8%로 3.5배나 높았다. 이런 현상은 사람들이 매수할 때는 찔끔찔끔 사다가 매도할 때는 한번에 팔려는 경향이 있기 때문에 나온다. 전통 경제학은 이런 현상을 설명할 수 없지만 혐오감을 다루는 신경경제학이라면 설명할 수 있다.[272]

당신의 혐오감은 다른 사람을 부자로 만들어준다. 결국 주가가 떨어진 뒤 주식을 파는 행위는 자신이 틀렸음을 인정하는 것이다. 스스로를 멍청하다고 자책하면서 현재의 빌어먹을 상황에서 빨리 벗어나고 싶은 생각에 당신이 무엇을 하고 있는지 안다고 믿는 실수를 저지른다. 당신이 이런 상황을 빨리 털어 버릴수록 좋다. 다음의 내 말을 믿기 바란다. 당신이 매도하려는 거래의 반대편에서 매수하는 이가 누구든 그는 당신을 발견한 것을 기뻐할 것이다.

시간이 흐른 뒤

당신이 A사의 주식 100주를 샀다고 상상해보자. 그리고 당신이 산 다음

날 주식 가격이 29% 폭락한다. 당신은 아마 이렇게 외칠 것이다. "내가 어떻게 그렇게 멍청할 수 있었을까? 그런 쓰레기 주식은 사지 말았어야 한다는 것쯤은 알고 있었는데 말이야!" 당신의 후회는 당신이 하지 말았어야 했음을 깨달은 것에 초점을 맞추고 있다. 그러나 시간이 흐른 뒤 자신의 잘못된 행동을 뒤돌아보면 시야가 넓어진다. 당신의 결정을 좀더 파노라마처럼 바라보면 당신이 했어야 할 더 나은 선택이 명확하게 보인다. 장기적으로 보면 당신이 이제야 깨달은, 했어야 할 행동을 하지 않았다는 사실을 더욱 후회할 것이다.[273]

시간이 지날수록 기억은 희미해지기 때문에 과거에 어떤 생각으로 그런 결정을 내렸는지 기억해내기가 점점 힘들어진다. 따라서 어떤 주식을 살지 결정할 때 여러 대안이 똑같이 매력적으로 보였다는 것을 뒤늦게 깨닫기는 쉽다. 그 당시에는 A사가 구글보다 더 큰 금광일 것이라고 확신했음에도 말이다. 돌이켜보면 당신이 결정한 것보다 분명히 더 나은 선택이 있었을 것이다. B사, C사, D사 등의 회사 주가가 모두 A사보다 뛰어났다는 사실을 이제 알았으니 그 주식들 중 하나 또는 전부를 투자했어야 하는 것은 분명해 보인다. 그러나 당시에는 이런 대안이 레이더 화면에 나타나지 않았다.[274]

결혼 생활이 나빠질 경우 불행한 배우자는 처음에 분노에 차서 "내가 저 사람과 결혼하는 게 아니었어!"라고 생각할 수 있다. 하지만 시간이 흐를수록 후회의 초점은 현실 세계의 좁은 범위에서 제한이 없는 상상의 세계로 옮겨가는 경향이 있다. 불행한 배우자는 종종 "내가 왜 저 남자 대신 보리스와 결혼하지 않았을까?" 또는 "내가 나타샤와 결혼했더라면 좋았을 텐데."라고 생각한다. 시간이 흐르고 나면 자신이 한 일의 뜨거운 후회는 하지 않은 일의 냉철한 후회로 사라지는 경향이 있다. 애절한 그리움 혹은 어쩌면 있었을지도 모르는 가벼운 절망 같은 후회 말이다. 가보지 않은 길은 끝이 없다. 고등학교 때 두 번 키스해본 상대와 잘 됐을지 누가 알겠는가?

당신이 하지 않은 일의 후회는 한 일의 후회보다 훨씬 '관대한' 경향이 있다. 내가 보유하지 않은 다른 종목의 주가를 볼 때마다 놓친 기회가 더욱 아쉽게 느껴질 수 있다. (저 주식을 샀어야 한다는 걸 알고 있었는데 말이야!) 시간의 흐르면서 당신이 샀어야 한다고 상상하는 주식의 가치는 상상의 나래를 펼치며 점점 부풀어오른다.

세월이 흐를수록 모든 사람은 무언가를 후회한다. 176명의 개인투자자를 대상으로 한 조사에서 175명은 적어도 하나 이상의 투자 결정을 후회한다고 답했다. 이들 중 59%는 손실 난 주식을 너무 오래 들고 있었기 때문에 후회한다고 답한 반면 41%만이 너무 일찍 판 것을 후회한다고 답했다.[275]

돌이켜보면 이들 투자자를 괴롭힌 것은 '행동한 것'이 아닌 '행동하지 않은 것'에서 생기는 실수였다. 하지만 이상하게도 '행동한 것'은 '행동하지 않은 것'보다 더 큰 대가를 치룬다. 투자 수익은 대칭적이지 않다. 주가가 하락할 때라도(돈을 빌리지 않았다면) 100% 이상 잃을 수는 없지만 주가가 상승할 경우 벌 수 있는 금액에 한계가 없다. 따라서 하락 종목의 장기 보유로 인한 상처보다 상승 종목을 너무 빨리 팔아서 생기는 상처가 더 크다. 그 상처는 수익보다 더 크다.

그러나 되돌아보면 너무 일찍 팔아서 놓쳐 버린 이익을 당신은 뼈저리게 기억할 것이다. 하지만 당신은 그 주식으로 수익을 낸 투자자다. 당신이 좋은 주식을 장기 보유해서 얼마나 더 벌 수 있었는지 따져보는 것은 훨씬 어려운 일이다. 왜냐하면 누군가가 그 추가 수익을 얻었기 때문이다. 비록 금전상의 손실이 적을지라도 손실은 놓친 이익보다 심리적으로 더 고통스럽다. 따라서 과거를 되돌아볼 때 비록 '행동한 것'에 의한 실수가 많은 대가를 치르게 했더라도 당신은 '행동하지 않은 것'에 더욱 자책할 것이다. 시간이 흐르면서 후회가 이상하게 전개되기 때문에 당신의 감정은 자신이 처한 상황의 재정 현실에 판단력을 잃는다.

후회 줄이기

'시간이 모든 상처를 치유한다'는 말이 항상 옳다고 할 수 없지만 투자로 인한 상처는 대부분 영구적으로 흔적을 남기지 않는다.[276] 일반적으로 우리는 자신이 깨닫지 못하는 사이에 후회를 줄이는 일을 훨씬 잘한다. 시간이 좀 걸릴 수 있지만 사람들은 적응하고 조정한다. 그들은 행동하고 앞으로 나아간다. 쓸모없어진 듯 보이는 포트폴리오도 충분한 시간이 지나면 돈을 벌 수 있고, 여러 손실도 한 번의 큰 수익으로 만회할 수 있다. 이상한 역설이지만 후회를 예상하는 것이 실제로 후회를 겪는 것보다 고통스럽다. 따라서 투자자는 실제로 후회할 위험을 감수하는 것보다 후회할 수도 있다고 생각하는 위험을 회피하다가 더 큰 상처를 입는다. 하버드 대학의 심리학자 대니얼 길버트는 이렇게 말한다. "나중에 상처를 입을 수 있는 행동을 회피하는 사람은 실제로 필요하지도 않은 감정 보험에 가입하는 것이다."

투자에는 두 가지 기본적인 실수가 있다. 첫 번째 실수는 순간적인 반응을 보이며 분노하는 것이다. 당신이 주식을 매수했는데 가격이 움직이지 않거나 매도했는데 가격이 급등한다. 당신은 뭔가 잘못했다는 것을 알고 곧바로 자책한다. 두 번째 실수는 처음에 분명하지 않다는 것이다. 해변에서 타월을 깔고 누워 있는 동안에는 자신의 피부를 바라보고 있으면서도 건강한 구릿빛 피부가 햇볕에 지나치게 노출되어 빨갛게 타고 있다는 사실을 알지 못한다. 열상이 너무 천천히 일어나기 때문에 그 변화가 보이지 않는 것이다. 투자 실수는 종종 햇볕에 타는 것과 같다. 그것은 탐욕, 부주의, 혹은 당신이 결코 느껴보지 못한 대박을 추구하다가 서서히 발생한다. 실수할 리 없다고 믿는 한 열상이 꽤 깊을 수밖에 없고 당신은 자신의 행동을 후회한다.

드러난 성과가 자기 선택의 결과처럼 보일수록, 다른 것을 선택했을 때의 성과가 쉽게 상상될수록 후회는 더욱 고통스럽게 다가온다. 따라서 가능하면 언제라도 선택은 적게 하라. 한 번에 하나씩 판단을 내리는 방법보다는 자동 조종 장치가 투자 결정을 내리는 정책과 절차를 따르는 게 낫다. 이것을 당신의 포트폴리오를 위한 크루즈 컨트롤(자동 운항 장치)이라고 생각하라. 1995년 나는 친구의 차를 운전하다 속도 위반 딱지를 끊은 적이 있었는데 너무 속상해서 다시는 과속하지 않겠다고 맹세했다. 그 이후로 나는 고속도로를 달릴 때마다 제한 속도를 확인하고 크루즈 컨트롤을 작동시켜 부주의해지거나 감정적이 되어 과속할 우려를 없앴다. 코넬 대학의 심리학자 토마스 길로비치는 이렇게 말한다. "투자를 자동화할수록 감정 조절이 쉬워진다." 신경경제학에서 얻은 몇 가지 교훈과 함께 투자에서의 크루즈 컨트롤 몇 가지를 소개한다.

현실을 직시하고 고백하라.

이 장을 시작할 때 우리는 댄 로버트슨을 만났다. 그는 기술주 투자 손실로 '비 맞은 개'처럼 느꼈다고 했다. 그러나 로버트슨은 굴하지 않았다. 처음에 그와 파트너인 스티브 슐로는 자신들의 손실을 부정했다. 하지만 일단 자금의 40%가 사라지자 그들은 고통에 맞서기로 했다. 로버트슨은 이렇게 말한다. "고통을 자인하며 그 이야기를 계속할수록 그럭저럭 고통의 성격이 변하면서 당신의 행동을 바꿀 수 있습니다." 로버트슨은 나머지 자금도 사라지기 전에 조치를 취해야 한다고 느꼈다. "나는 우리가 금전상의 손해만 본 건지, 이번 일로 어떤 교훈을 얻었는지 스스로에게 물었습니다. 증시의 고점을 이용해 빚을 갚지는 못했지만 대신에 우리는 교훈이라는 이익을 얻을 수 있었습니다." 그들은 애초에 전혀 이해하지 못했던 하이테크 기술주를 모두 매도했다. 그러면서 매도 대금으로 주식 담보대출금을 갚고 상대적으로 안전한 주식과 채권, 인덱스 펀드로 구성된 새로운 포트폴리오를 구성했다. 고점에서 146만 달러였던 투자금은 46만 8천 달러까지 떨어졌다가 최근에 다행히도 100만 달러까지 회복했다.[277]

마비 상태에 빠진 포트폴리오를 치료하는 가장 좋은 방법은 신뢰할 수 있는 사람과 상황을 의논하는 것이다. 친구, 부모, 배우자, 파트너는 당신의 수치심과 비난을 밀어낼 수 있도록 도와줄 수 있다. 단순히 손실이 났다는 이유로 매도해서는 안 된다. 갑작스런 하락으로 말미암아 자신이 뭘 했는지 전혀 몰랐다는 사실을 인식했다면 주위 사람과 대화를 나누는 것이 도움이 된다. 실수로부터 배우려면 먼저 잘못을 인정해야 한다. 혼자 수치스러워하며 자신을 책망하는 것보다 큰 소리로 공개적으로 잘못을 인정하는 편이 훨씬 유익하다.

상황을 통제할 규칙을 만들어라.

2006년 유가가 하늘 높이 치솟기 직전 에너지 주식에 전 재산을 투자하지 않은 것을 두고 "내 그럴 줄 알았어!"라고 자신에게 화를 내기는 쉬웠다. 그러나 만약 당시에 투자 규칙만 준수했더라도 나중에 후회할 가능성이 적었을 것이다. 왜 사지 말아야 하는지 몇 가지 간단한 규칙을 준수함으로써 당신은 나중에 과거를 되돌아보며 이렇게 말할 수 있다. "에너지 주식에 돈을 넣으려면 내 투자 규칙을 어겨야만 했기 때문에 그렇게 하지 않았다. 규칙을 어겼다면 마음이 불편했을 테고 조만간 실수가 드러날 수밖에 없다." 이렇게 충동적인 결정을 내리면 정상적인 행동에서 더 크게 벗어나는 것처럼 느끼게 된다. 그렇기 때문에 돌이켜보면 당신은 그런 충동에 따라 행동하지 않은 것을 후회할 가능성이 적다.[278] (투자 통제에 관한 규칙은 '부록 2' 참조)

방아쇠를 당기는 데 도움을 받아라.

절망적으로 손실이 난 주식을 매도하는 것은 너무 힘들기 때문에 그런 생각에 익숙해져야 한다. 애초 무슨 이유('자신의 어휘로 표현하라' 7장 참조)로 매수했는지 재검토하고 자신의 이 투자가 정말로 실수라고 결론을 내려도 여전히 그 주식을 매도하기는 어렵다. 이럴 경우 당신에게는 압박이 필요하다. 바르셀로나 폼페우파브라 대학의 심리학자 로빈 호가스는 증권 계좌의 로그온 암호를 'dumpmylosers(손실 난 주식은 던져라)' 같은 것으로 바꿀 것을 제안한다. 계좌에 로그온할 때마다 이 메시지를 입력하면 끊임없이 연습하는 뮤지션처럼 될 것이다. 손실 난 주식을 판다는 생각은 당신에게 '제2의 본성'이 될 것이다. 그것을 내면화함에 따라 주식 처분이 더 편해진다.

작가, 엔지니어, 그래픽 디자이너 같은 사람은 자신의 실수를 알아내는 가장 좋은 방법으로 다른 사람에게 자신의 작품을 검토하게 한다. 몇몇 자금운용사는 투자를 결정한 사람이 아닌 다른 사람이 그 투자 자산의 보유 여부를 검토하도록 의무화하고 있다. 은행은 처음 승인한 임원이 아닌 다른 사람이 부실 대출을 재평가함으로써 손실을 줄인다. 당신이 실수한 당사자가 아닐 경우에는 해당 주식 투자가 잘못되었다는 것을 인정하기가 쉽다. 가능하면 언제든지 다른 사람의 의견을 구하라.

주식을 팔 때도 희망을 가져라.

주식의 매도 논리는 명확하다. 매수 금액이 매도 여부를 결정해서는 안 된다. 주식의 현재 가격보다 가치가 높다고 생각하면 보유해야 한다. 만약 현재 가격이 당신이 생각하는 가치보다 높다면 팔아야 한다. 그리고 현금이 긴급하게 필요할 경우 주식 매도는 정당화된다. 매수할 때 얼마에 샀는지는 핵심이 아니다. 버클리 캘리포니아 대학의 경제학자 테런스 오딘은 이렇게 말한다. "대다수 사람은 매도 여부를 결정할 때 미래의 주가가 아닌 과거의 주가를 더 많이 고려한다."[279]

이런 현상은 감정이 이성을 압도하기 때문에 발생한다. 후회의 감정은 미래에 변하거나 변하지 않을 것(기업 가치)을 분석하는 게 아니라 이미 변한 것(주식 가격)에 관심을 집중시킨다. 개인투자자를 대상으로 한 최근 조사에서 주식을 사는 것이 파는 것보다 어렵다고 느끼는 사람은

17%에 불과한 것으로 나타났다. 그러나 그들 중 62%는 매도보다 매수 결정에 더 많은 시간을 할애했다. 사람들은 잘 팔려면 더 많은 수고와 생각을 해야 한다는 것을 잘 안다. 그렇기 때문에 그들은 자신의 주식 매도 결정을 비밀에 부친다.

손실 난 투자 대상을 부채가 아니라 자산으로 생각하면 도움이 된다. 미국 세법에서는 투자에 손실이 발생할 경우 세금 감면이 되기 때문에 손실을 신고하는 것이 개인투자자가 취할 수 있는 유일한 도피처다. 손해가 곪도록 내버려두면 그 주식은 한푼의 가치도 없다. 대신 당신이 손실 자산을 처분하면 다른 곳에 투자할 수 있는 현금을 확보하게 되며 손실을 감가상각하고 세금을 줄일 수 있다. 주식을 매도하면 '서류상의 손실'이라는 죽어 있는 돈을 현실화된 손실로 바꾸게 된다. 또한 세금 우대 형태로 실제 가치를 지닌 정부의 선물로 바꾸게 된다. 당신은 매년 최대 3,000달러의 현실화된 손실을 사용하여 자본 이익분을 상쇄시킴으로써 과세 대상 소득을 줄일 수 있다. (세금 감면을 받기 전에 세무 전문가에게 묻거나 'www.irs.gov/pub/irs-pdf/p544.pdf'를 참고하라.)

당신이 처분하려는 주식이 다시 반등할지 관심을 갖지 마라. 'T2 파트너스T2 Partners'의 펀드 매니저 휘트니 틸슨은 "돈을 잃은 것과 같은 방식으로 잃은 돈을 만회하려고 해서는 안 된다."고 말한다. 주식이나 펀드에 투자한 것이 정말 실수였다면 그것을 팔고 돈을 더 잘 굴릴 방법을 찾아야 한다.

매수 때처럼 매도를 생각한다면 매도가 좀더 쉬워질 것이다. 먼저 투자 체크리스트를 참고해 소유하고자 하는 다른 주식이나 펀드를 찾아라. 당신이 찾은 투자 대상을 매수할 현금을 가지고 있는가? 그렇지 않다면 이 가능성 있는 투자 대상을 매수하는 가장 쉬운 방법은 실제로 손해가 난 자산을 매도하는 것이라고 스스로에게 다짐해라.

매도를 원활하게 진행하는 또 다른 방법은 주식 판매 대금을 종전과 비슷한 종류의 투자 대상에 투자하는 것이다. 심리학자는 사람들에게 캔디, 크레용, 연필 등의 사소한 물건을 나눠준 다음 다른 사람과 물건을 교환하려면 5센트를 지급해야 한다는 조건을 붙였다. 사람들은 다른 종류의 물건(크레용과 캔디)보다 같은 종류의 물건(크레용과 크레용)을 교환하기를 더 원했다. 만약 당신이 더 좋은 투자처를 찾을 수 없다면 방금 팔았던 것과 비슷한 것에 투자하라. 그러면 뒤처지거나 미지의 세계에 뛰어드는 듯한 느낌은 들지 않을 것이다. (예를 들어 델 컴퓨터에서 손해를 보고 팔았는데 그 주식이 반등할까봐 걱정된다면 매도한 자금으로 비슷한 종목인 휴렛팩커드를 사거나 컴퓨터 관련주를 모은 ETF를 살 수도 있다.)

손실 제한폭을 너무 과도하게 설정하지 마라.

주식시장 전문가는 종종 당신에게 특정 가격 이하로 떨어지면 자동으로 주식을 팔도록 지시하는 사전 주문인 '스톱로스stop-loss(손실 제한폭)'를 사용할 것을 제안한다. 그러나 손실 제한폭을 현재 가격에 너무 가깝게 설정하면 장기적으로 큰 수익을 안겨줄 주식임에도 단기 하락 때문에 좋은 주식을 중간에 매도하고 만다. 그렇게 주식을 매도할 때마다 증권사는 수수료를 받는다. 하지만 당신은 매도 후 반등하는 주가를 보며 후회한다. 일부 전문가는 손실 제한폭을 현재 가격에서 5% 낮은 가격대에 설정하라고 권고한다. 하지만 그건 말도 안 된다. 데이트레이더day trader(매일 거래하는 사람)가 아니라면 손실 제한폭이 25% 이내면 너무

좁은 것이다. 증권사가 아닌 당신 자신의 부를 늘려야 한다.[280]

또 다른 접근 방식은 '배짱 체크 포인트'를 미리 설정하는 것이다. 이는 최초 투자하게 된 근본 이유를 검토해야 하는 손실 수준을 말한다. 예를 들어 어떤 주식을 주당 50달러에 매수했는데 주가가 하락한다면 45달러(10% 손실), 40달러(20% 손실), 37.50달러(25% 손실)가 될 때마다 해당 주식을 다시 조사하는 것이다. 단순히 주가가 떨어지고 있어서가 아니라 다시 조사한 결과 현재의 사업에 문제가 있음을 발견했기 때문에 팔아야 한다. 이를 위해 자신에게 세 가지 질문을 던져라.

- 내가 이 주식을 이미 보유하지 않았다면 이 가격에 사고 싶을까?
- 주가를 전혀 알지 못해도 이 주식이 사고 싶을까?
- 주가가 싸졌으니 내 안전마진(6장 참조)이 더 넓어진 것은 아닐까?

관성을 투자에 활용하라.

저축이 어렵다면 '예상 밖의 돈'을 이용하라. 수백만 명의 미국인이 소득세 환급금을 다이렉트 계좌를 통해 받는다. 이 계좌는 자동으로 은행 계좌에 입금할 수 있는 기능이 있다. 일단 돈이 계좌에 입금되면 대다수 사람은 그 돈을 써버린다. 만약 당신이 다이렉트 계좌에서 투자 계좌로 환급금을 옮긴다면 당신의 관성은 그 돈을 투자 계좌에 계속 넣어둘 것이다. 이는 은행 계좌보다 더 높은 수익을 제공한다. 대부분의 주요 펀드사는 미국 국세청이 세금 환급금을 직접 입금하는 데 필요한 송금 번호와 계좌 번호를 당신에게 알려준다. 당신이 이미 펀드사에 개인퇴직계좌 IRA, Individual Retirement Account가 있다면 매년 세금 환급금을 납입할 수 있다. 이 과정을 자동 조종 장치처럼 만듦으로써 당신은 돈을 놓치는 일도, 그 돈을 쓰고 싶은 유혹에 빠지지도 않을 것이다.[281]

현금을 너무 많이 보유하지 마라.

월가의 금융인 A는 자신의 보너스 1억 달러를 기운 빠지게도 MMF에 넣었다. 그는 보너스를 주식에 넣었다가 주가 폭락으로 손실을 볼까 두려웠던 것이다. 당신은 적립식 투자 방식에 따라 조금씩 자금을 넣음으로써 경직된 A의 포트폴리오 상태에서 벗어날 수 있다.(4장 참조) 이런 투자 방식은 뜻밖의 돈이 당신을 지배하기 전에 당신의 돈을 통제하는 가장 좋은 방법이다.

당신의 프레임을 바꿔라.

투자 금액이 이틀 만에 25% 급감한다면 무시무시할 것이다. 특히 증권 관련 웹사이트에서 거래가 이루어질 때마다 폭락하는 광경을 실시간으로 볼 경우 더욱 그럴 것이다. 공포 속에서 당신은 현재 가격을 최고 가격이나 폭락 직전 가격과 계속 비교한다. 다음의 반사실적 사고 counterfactual thinking는 당신의 피를 말릴 것이다. "만약 내가 최고가에서 팔았더라면~, 만약 내가 3일 전에 팔았더라면~, 만약 내가 할 수 있을 때 빠져나왔더라면~, 만약 내가 내 직감에 귀를 기울였다면~."

당신은 야후 파이낸스Yahoo! Finance 같은 웹사이트를 이용해 당신이 산 주식의 실적을 되짚어볼 수 있다. 고점에서 얼마나 하락했는지가 아닌 당신이 매수한 시점에서 얼마나 올랐는지에 초점을 맞추면 정반대의 '만약에~'라는 질문이 생긴다. 이러면 전고점에 매도하지 않은 자신을 바보라고 생각하지 않는다. 결국에는 애초에 그 주식을 사지 않았다면 주가가 폭락하기 전에 발생한 그 수익도 경험해보지 못했을 것이다. 주가가 하락하기 전에 얼마나 올랐는지, 그리고 하락한 뒤에도 앞으로 얼마나 상승 가능성이 있는지 상기함으로써 고통의 일부를 덜 수 있다.

하버드 대학의 경제학자 리처드 제크하우저는 이런 교훈을 실천해왔다. 1996년 그가 개인적으로 투자한 스타트업이 아메리카온라인AOL에 매각되면서 그는 주당 2센트 미만의 추가 비용만으로 AOL 주식을 상당수 받았다. AOL 주식은 2000년 초 주당 95달러 선에서 정점을 찍었지만 제크하우저는 팔지 않았다. 이후 AOL(현재는 타임워너에 합병)은 16달러까지 떨어진 다음 몇 년간 그 수준을 유지했다. 제크하우저는 정점에서 매도했다면 큰돈을 벌었을 것이란 걸 안다. 그러나 주식을 팔지 않은 자신을 책망하는 대신 투자하기를 잘했다고 스스로를 위안한다. "만약 AOL 주식 가격이 2센트에서 거의 100달러까지 올랐다가 다시 16달러로 떨어진다면 당신은 100달러가 아니라 2센트를 언급해야 한다."고 그는 씁쓸하게 말한다. 제크하우저는 "자신의 판단 기준, 즉 프레임을 통제할 수 있는 투자자는 행복하다."고 결론지었다.[282]

당신이 모르는 것은 당신을 해칠 수 없다.

컬럼비아 대학의 심리학자 엘크 웨버는 이렇게 말한다. "만약 당신이 진정으로 다각화된 포트폴리오를 가지고 있다면 일부 자산이 안 좋더라도 일부 자산은 좋을 것임을 스스로에게 보장하는 것이다. 위험을 특정 기간에 약간이라도 손실이 발생할 확률이라고 한다면 다각화된 포트폴리오가 단일 자산에 집중 투자한 것보다 더 위험할 수 있다. 하지만 위험의 의미는 그런 것이 아니다. 그리고 투자한 자산 하나하나를 찾아보지 않는 한 손실을 느낄 필요도 없다."[283]

손실의 고통을 무디게 하려면 각각의 투자를 분리해서 생각하지 않는 포트폴리오를 선택해야 한다. 현재 많은 401(k) 퇴직연금은 국내와 해외 주식, 채권, 현금성 자산 등 다양한 자산을 섞은 '라이프사이클lifecycle(생애 주기)' 혹은 '타겟target(목표)' 펀드를 제공한다. 이런 펀드는 펀드 내 개별 자산의 수익률이 아닌 전체 포트폴리오의 수익률 하나로 보고하기 때문에 당신이 개별 자산의 손실을 하나씩 볼 경우 느끼게 될 스트레스를 덜어준다. 예를 들어 2006년 5월은 전 세계적으로 주식시장에 악몽 같았던 시기였다. 이런 펀드에 가입한 투자자는 그달에 엄청난 손실을 경험했다.

뱅가드 토탈 스톡 마켓 인덱스 펀드 (전체 시장)	−3.2%
뱅가드 유럽 스톡 마켓 인덱스 펀드 (유럽 시장)	−2.4%
뱅가드 토탈 본드 마켓 인덱스 펀드 (채권 시장)	−0.1%
뱅가드 퍼시픽 스톡 인덱스 펀드 (태평양 시장)	−5.3%
뱅가드 이머징 마켓 스톡 인덱스 펀드 (신흥 시장)	−10.7%

한 달 만에 10.7%나 하락한 펀드 가입자라면 후회할 수밖에 없다. 그러나 위의 5개의 펀드를 혼합해 구성된 라이프사이클 포트폴리오인 '뱅가드 타겟 리턴 2035' 펀드는 2006년 5월에 '단지 2.8%'만 손실을 입었다. 다섯 개 펀드의 수익률을 따로 보지 못하게 함으로써 타겟 펀드는 손실을 좀더 감당할 수 있고 후회를 덜게 만든다. 그 안에 포함된 신

흥 시장 펀드는 큰 낙폭을 보였지만 당신은 포트폴리오 전체가 보여주는 훨씬 가벼운 손실을 느낄 뿐이다. 예방 접종을 받아본 사람이라면 누구나 알듯이 어떤 것이 얼마나 자주 아픈지는 얼마나 자세히 관찰하느냐에 달려 있다.

균형을 유지하라.

1984년 초 대표적인 미국 주식형 펀드에 1만 달러를 넣어두고 2003년 말까지 그대로 놔뒀다면 50,308달러가 됐을 것이다. 그러나 미국 주식형 펀드에 가입한 대다수 투자자는 돈을 그대로 내버려두지 않았다. 시장이 상승하면 더 많이 사고 그렇지 않을 때는 더 많이 팔면서 펀드에 넣은 자금을 끊임없이 만지작거렸다. 그 결과 일반 투자자는 1만 달러가 46,578달러로 불어났는데 이는 돈을 그대로 내버려두었을 때보다 거의 10%가 적다! 프랑스의 철학자 블레이즈 파스칼의 말은 진실의 핵심을 찌른다. "인간의 모든 불행은 오직 한 가지에서 기인한다. 그것은 바로 방 안에서 어떻게 쉬어야 하는지를 모른다는 것이다."

매력적인 것을 쫓아다니다가 별 볼일 없이 끝나는 사람을 위한 치료법을 리밸런싱rebalancing이라고 한다. 몇 가지 종류의 투자처에 얼마의 돈을 넣을지 결정하라. 이는 투자라는 바구니에 당신의 달걀을 나눠 담는 것과 같다. 최초의 투자 비율이 다음과 같다고 가정하자.[284]

전체 미국 주식시장 인덱스 펀드Total U.S. stock market index fund	50%
국제 주식 인덱스 펀드International stock index fund	25%
신흥시장 주식 인덱스 펀드Emerging-markets stock index fund	5%

전체 미국 채권 인덱스 펀드Total U.S. bond index fund	20%

투자한 다음 해에 미국과 국제 주식의 가격은 5분의 1 하락했고, 신흥시장 주식은 4분의 1 하락했고, 채권 가격은 변함이 없었다고 하자. 이렇게 되면 전체 포트폴리오에서 각 자산의 비중은 미국 주식 48%, 국제 주식 24%, 신흥시장 4%, 채권 24%로 바뀌게 된다.

이렇게 변한 비중을 원래 목표치로 다시 리밸런싱하려면 비중이 커진 채권을 팔아 주식을 사야 한다. 401(k)나 개인은퇴계좌(IRA)와 같은 퇴직연금 계좌에서는 세금이 발생하지 않게 리밸런싱할 수 있다. 일년에 두 번은 실시하라. 생일이나 공휴일, 반년 단위로 잡는 치과 예약일 등 6개월 간격으로 쉽게 기억할 수 있는 두 개의 날짜에 의무적으로 시행하라. (달력 프로그램이나 www.backpackit.com과 같은 웹사이트를 사용하여 미리 알림 메시지를 보내고, 가까운 사람에게 당신이 리밸런싱했는지 확인해 달라고 부탁하는 것도 좋다.) 장기적으로 리밸런싱이 수익은 높여주고 위험을 낮춰준다는 것은 거의 확실하다. 투자 자산에 변동성이 커질수록, 투자 자산이 서로 비슷하게 움직이는 경향이 적을수록 리밸런싱을 통해 얻는 이익은 커진다.

이런 식으로 하면 반사 두뇌가 당신을 부추겨 상승한 종목을 뒤쫓고 손실 난 종목에 매달리게 하는 대신에 당신은 사고 두뇌와 미리 해둔 약속을 통해 상승한 것을 일부 팔고 하락한 것을 일부 사는 것을 강제적으로 하게 된다. 코넬 대학의 토마스 길로비치는 이렇게 말한다. "단순히 특정 증권에만 투자하는 것이 아니라 '쌀 때 사서 비쌀 때 판다'는 보다 추상적인 아이디어에도 투자하는 것이다. 이렇게 하면 감정에 휘둘리는 것도 줄일 수 있다."

대다수 사람은 매매할 때 엄습하는 후회가 두려워 리밸런싱을 하지 않는다. 사람들이 투자 과정을 자동화할 수 있다는 사실을 깨닫지 못하는 것이 안타깝다. 최근 1,000명의 투자자를 대상으로 한 설문 조사 결과를 보면 투자자의 61%는 배우자나 연인에게 자신의 잘못을 인정하는 것이 수익 난 주식을 파는 것보다 쉽다고 답했다. 투자자의 절반은 적어도 한 달에 한 번 이상 자신의 계좌 잔고를 확인함에도 투자자의 34%만이 '정기적으로나 정해진 날짜에' 포트폴리오 리밸런싱을 실시한다고 말했다.

자기 복권을 다른 사람 복권과 교환하기를 거부하는 사람처럼 투자자는 자신이 투자를 변경하면 포트폴리오 성과에 불운이 초래될까 두려워한다. 하지만 그들이 간과하고 있는 것은 변경하지 않으면 불운이 엄습할 가능성이 있다는 것이다. 시간 간격을 두고서 가격이 하락한 투자처에 돈을 추가하고 상승한 투자처에 돈을 줄이는 것(이것이 리밸런싱의 핵심이다)이야말로 쌀 때 사서 비쌀 때 파는 원칙을 지키는 가장 좋은 방법이다. 당신이 현상 유지를 고집한다면 수익률을 올릴 기회를 놓치게 된다. 뱅가드 펀드사의 애널리스트 존 아메릭스는 이렇게 말한다. "어느 순간 사람들에게 결정을 강요하는 것이 관성적으로 아무것도 하지 않게 놔두는 것보다 낫다."

자동 리밸런싱의 장점은 반복적으로 한 번에 하나씩 결정을 내릴 필요가 없다는 것이다. 각 계좌에서 투자 종목별 목표 비중을 설정할 수 있도록 허용하는 401(k) 제공 회사가 점점 많아지고 있다. 그러면 1년에 한 번에서 네 번 정도 회사가 자동으로 상승한 것을 팔고 목표치에 미달한 것을 사서 당신이 설정한 목표로 되돌아가도록 만들어준다. 혹시나 하는 후회의 대부분을 없애주기 때문에 당신은 전혀 신경 쓸 필요가 없다. 이것이야말로 최선의 투자용 크루즈 컨트롤이다. 회사가 자동 리밸런싱 기능을 제공한다면 반드시 등록하라. 아니면 그런 기능을 요구하라. 투자 수익률을 높이는 동시에 마음의 평화를 가져오는 다른 방법은 없다.

YOUR
MONEY
& YOUR
BRAIN

CHAPTER 10

선생님,
인간처럼
작고 미미한 창조물은 없습니다.
가능한 한 적은 고통과
많은 행복을 가져다주는
위대한 기술을 성취한 것도
작은 것을 연구한 결과입니다.[285]

_ 새뮤얼 존슨 박사

YOUR MONEY & YOUR BRAIN

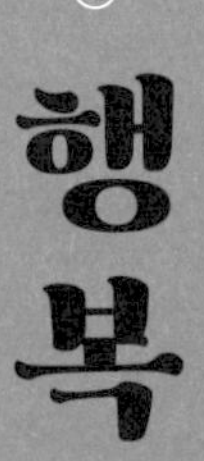

돈, 그것이 내가 원하는 것이다

돈으로 행복을 살 수 있을까?

전통적으로 미국인에게 자신의 삶의 질을 개선할 수 있는 것이 무엇이냐는 질문을 했을 때 그들의 가장 일반적인 대답은 '더 많은 돈'이었다. 비록 대다수 사람은 스스로를 대체로 행복하다고 생각하지만 많은 사람이 부자가 되고 싶어하고, 점점 더 많은 사람이 의미 있는 삶을 살기보다 '경제적으로 부유해지고 싶다'고 말한다. 심리학자 데이비드 마이어스 David Myers는 이렇게 말한다. "현대의 아메리칸 드림은 '삶, 자유, 행복의 구매'가 되었다." 그리고 물론 비틀즈와 몇몇 음악가는 '돈(그것이 내가 원하는 것이다: That's What I Want)'을 노래해 큰돈을 벌었다.

불행히도 만약 당신이 생활하기에 충분한 돈을 이미 벌었다면 단지 더 많은 돈이 생긴다고 해서 당신이 더 행복해질 가능성은 없다. 다행히도 돈에 관한 이야기는 끝이 없다. 얼마나 많은 돈을 버느냐보다 중요한 것은 당신이 원하는 액수와 지출 방식이다. 또한 돈이 많고 적음에 상관없이 당신을 위해 할 수 있는 일의 한계와 자제력을 발휘할 수 있는 힘을 이해하면 더 행복한 삶을 영위할 수 있다.

돈으로 행복을 살 수 있을지는 확실하지 않지만 행복은 돈을 살 수 있다. 대다수 사람은 인생을 살아가면서 이 말을 정반대로 받아들이고 있다. 우리가 더 많은 돈을 벌기 위해 열심히 일할수록 운동, 휴가, 취미, 자선 활동, 종교 생활, 친구나 가족과의 추억을 만드는 시간이 줄어든다. 단순히 더 많은 돈을 버는 것보다는 이런 활동이 지속적인 행복을 만들어낸다. 돈이 조금만 더 있으면 행복해질 것이라는 망상에 시달리며 일하는 대신 행복해지는 활동에 조금만 더 시간을 할애한다면 결국 더 많은 돈을 벌 수 있다는 현실을 인식해야 한다.

내가 만약 부자라면

부모라면 누구나 느끼듯이 아기가 처음 하는 단어 가운데 하나가 '더 more'이다. 돈은 우유나 사과주스와 크게 다르지 않다. 일단 맛을 보면 '더'라고 말하게 된다. 순자산이 50만 달러 이상인 800명을 대상으로 설문조사를 한 결과 19%가 '돈이 많은 것이 사는 내내 걱정거리다'라는 말에 동의했다. 1,000만 달러 이상의 자산을 갖고 있는 사람들 중에는 33%가 그런 걱정을 했다. 어찌된 일인지 재산이 많을수록 걱정도 빨리 커진다. 이런 부자들 중 '돈을 벌수록 더 행복해졌다'고 대답한 사람은 절반도 안 되었다.

1957년에 미국인은 평균 1만 달러(물가상승률 반영 후) 정도를 벌었고 식기세척기, 빨래건조기, TV, 에어컨 없이 살았다. 그러나 조사 대상자의 35%는 자신의 삶에 '매우 행복하다'고 답했다. 2004년까지 개인 소득은 물가상승률을 반영해 3배가량 증가했고, 일반 주택에는 가전제품과 가구가 넘쳐났다. 그런데 34%의 사람만이 '매우 행복하다'고 답했다. 어찌 된 일인지 부가 3배 증가한 것이 미국인의 행복을 조금이라도 줄인 것처럼 보인다. 여전히 사람들은 '더' 많은 것을 원한다.

철학자 쇼펜하우어는 이렇게 경고했다. "돈은 바닷물과 같다. 마시면 마실수록 갈증이 난다." 그 갈증을 해소하고 싶어 안달인 우리는 "내가 빌 게이츠만큼 돈이 많았다면 내 모든 문제가 해결될 텐데."라고 생각해봤을 것이다. 이런 믿음이 과연 진실할까?[286]

미국처럼 풍요로운 사회에서는 부자가 가난한 사람보다 확실히 더 행복하다. 부유한 사람은 자신의 환경을 통제하고 있다는 생각에 편안함을 느끼지만 가난한 사람은 그런 편안함을 느낄 기회조차 없다. 가난한 사람은 만성적인 고통 속에서 죽어갈 뿐 아니라 고혈압과 만성 심장병을 앓을 가능성이 훨씬 높다. 가난한 환경에서 자라면 행복감을 만드는 두뇌의 중심 영역인 좌측 전전두피질의 활동량이 줄어들어 빈곤층은 만성 우울증에 빠지기 쉽다. 게다가 가난한 사람은 불안정한 살림살이로 고통받는다. 좋은 예로 파랑새들 사이에서는 식량이 부족하면 새끼가 자라기도 전에 가족이 해체되고 만다는 것이 다큐멘터리로 알려졌다. 대체로 수입이 2만 달러 이하인 미국인의 경우 7만 달러 이상을 버는 이들보다 중년의 나이에 사망할 확률이 3.5배 높다. 당신의 수입과 재산이 낮은 수준이라면 수입의 증가가 삶의 질에 큰 차이를 만들 수 있다.[287]

빈곤을 가까스로 벗어난 이들과 비교했을 때 부자가 훨씬 더 행복할까? 놀랍게도 대답은 '아니오'이다. 여러 해 동안 심리학자들은 전 세계 사람들에게 표준화된 설문지를 돌렸다. "모든 것을 종합해볼 때 요즘 형편이 어떻습니까? 아주 행복합니까? 약간 행복합니까? 아니면 전혀 행복하지 않습니까?" 답변은 보통 1(전혀 행복하지 않음)부터 7(매우 행복함)까지 나눠진다. 케냐와 탄자니아의 건조한 고원지대에서 가축을 키우며 사는 마사이족 구성원의 답변은 평균 5.7이다. 그린란드 북부의 추운 황

무지에 사는 이누이트족의 답변은 평균 5.8이다. 전통 시골 생활방식을 고집하는 미국의 종교 집단 아미쉬의 답변도 5.8이었다. 미국의 부자 목록인 포브스 400대 부자에 포함된 사람에게 비슷한 조사를 했더니 그들의 평균 답변 역시 5.8이었다.[288]

다시 말하자면 미국에서 저택과 메르세데스 자동차, 주방장과 트레이너, 요트, 개인 제트기 같은 막대한 재산을 가진 것이 마른 똥으로 지은 오두막에서 우유를 섞은 소의 피를 홀짝거리는 마사이족보다 아주 조금 더 행복할 뿐이다.

이 조사 당시 포브스 400에 가입할 수 있는 순자산은 최소 1억 2,500만 달러였으며, 회원들의 연평균 수입은 1,000만 달러 이상이었다. 미국에서 가장 부유한 사람들 중 77%가 행복하다고 답했다. 같은 조사에 응답한 미국 중산층은 62%가 행복하다고 답했다. 이것도 아주 작은 차이는 아니지만 포브스 400에 포함된 부자들의 연평균 수입이 조사에 참여한 중산층의 연평균 수입보다 300배나 많다는 점을 고려하면 그리 큰 차이는 아니다. 게다가 비록 대다수 부자가 조금 더 행복하다고 말했지만 37%는 평균적인 미국인보다 자신의 감정을 낮게 평가했다.

그렇다면 돈으로 행복을 살 수 없다는 것은 진실이 아니다. 다만 기본 욕구를 충족시킬 만큼 충분한 돈을 가진 다음에는 더 많은 돈을 쓰더라도 얻을 수 있는 행복이 훨씬 적다는 것을 의미한다.

당신이 만약 1995년 11월 피츠버그 국제공항을 통과했다면 설문 조사에 참여한 상으로 캔디바를 나눠주는 카네기멜론 대학 학생들과 마주쳤을 수도 있다. 학생들은 사람들이 미래의 급여 변화가 삶의 질에 얼마나 영향을 미칠 것으로 예상하는지 궁금했다. 또한 가계 소득이 이미 증가한 사람들이 들려주는 생활 수준의 향상 정도를 측정하고자 했다. 수십 명의 여행객을 대상으로 설문 조사를 실시한 결과 실제 소득 변화를 경험한 사람보다 소득 변화를 예상하는 사람이 미래의 삶의 질 향상에 3배 더 중요할 것이라고 생각하고 있음을 발견했다.[289]

왜 우리는 돈이 실제보다 훨씬 더 중요하다고 생각할까? 아마도 우리의 두뇌가 그렇게 만들어졌기 때문일 것이다. 3장('두뇌의 와이파이 네트워크')에서 보았듯이 금전상의 이익을 예상할 때 반사 두뇌의 신경핵이 강하게 흥분한다. 그러나 이런 흥분 상태는 실제로 돈을 벌면 곧바로 식어 버리고 이전 상태와 비교가 무색할 정도로 반사 두뇌에 미지근한 만족감을 준다. 미래의 부를 상상하는 것은 종종 실제로 돈을 버는 것보다 더 큰 행복감을 준다. 다르게 말하면 기대의 즐거움은 경험의 즐거움보다 강렬한 경향이 있다. 이런 특성 때문에 사람들은 진실을 알 때까지 오랫동안 실망감을 느끼게 된다.

초점을 벗어난 이야기

케네디 대통령의 암살 후 충격에 빠진 언론인 메리 맥그로리는 당시 노동부 차관보였던 대니얼 패트릭 모이니핸에게 심각한 얼굴로 말했다. "우린 다시 웃지 못할 것 같군요." 모이니핸이 이렇게 대답했다. "맙소사! 메리. 우리는 다시 웃을 겁니다. 그것은 마치 우리가 다시 젊어질 수 없는 것처럼 분명합니다."[290]

모이니핸은 인간이 스스로 생각하는 것보다 더 빨리 역경에서 회복한다는 것을 알고 있었다. 인간은 하버드 대학의 행동과학자인 대니얼 길버트Daniel Gilbert가 '심리 면역 시스템'이라고 부르는 능력을 갖고 있기 때문에 나쁜 일이 일반적으로 알려진 것보다 더 심각할 것이라고 예상한다. 우리는 나쁜 사건에 대한 우리의 반응이 결코 사그라지지 않을 것이라고 상상한다. 그렇기 때문에 우리의 빠른 회복력은 우리를 놀라게 한다. 반대로 우리는 또한 우리가 예상하는 것보다 훨씬 빨리 좋은 사건에 적응한다.

잠시 눈을 감고 당신에게 일어날 멋진 일을 상상해보라. 2억 5,000만 달러의 복권에 당첨되는 것은 어떤가. 그런 일이 생긴 다음 당신의 남은 인생이 어떻게 되리라 생각하는가?

이번에는 뭔가 끔찍한 일을 상상해보라. 자동차 사고로 당신의 목 아래 전신이 마비되는 사고 같은 것 말이다. 그런 일이 생긴다면 당신 앞에 놓여 있는 삶이 어떻게 되리라 생각하는가?

당장 억만장자가 된다는 생각에 당신의 직관적인 반응은 '이제 어떤 걱정도 없을 거야.' 또는 '내 꿈을 전부 이루며 살 수 있을 거야.'와 비슷하지 않을까? 반면에 전신이 마비가 된다는 생각에 당신의 반응은 아마도 '나는 견딜 수 없을 거야.' 또는 '차라리 죽는 게 낫겠어.' 아닐까.

뭔가 특이한 일이 생기면 우리는 그 일이 우리를 얼마나 행복하게 또는 불행하게 할지를 예측한다. 우리는 나쁜 것에 초점을 맞춘다. 극적인 사건이 미래의 삶의 질에 미치는 영향을 상상해보면 그것은 마치 망치로 쇳덩이를 내리칠 때나 번개가 칠 때 나는 불꽃이나 큰 소리 같은 느낌일 것이다. 이는 우리의 주의를 끌고 감정을 독점하는 갑작스럽고 급격한 변화다. 그리고 우리의 삶에서 그런 큰일이 일어나는 순간 우리는 종종 그럴 것이라고 기대했거나 두려워했던 것처럼 놀랍다거나 끔찍하다는 느낌을 가진다. 그러나 극적인 변화의 순간이 지나고 나면 변화의 여파와 거기에 적응하는 과정만 남는다. 그 과정은 미묘하고 산발적이며 시간을 두고 전개된다. 변화에 적응하는 것이 변화 자체보다 훨씬 덜 생생하기 때문에 이 국면이 어떤 느낌을 줄지 미리 상상하기는 어렵다. 당신의 상상력은 부자가 되었거나 신체가 마비된 상태가 아니라 부자나 신체 마비자로 변화하는 순간에 집중된다.[291]

존재하는 것과 변화하는 것은 아주 다르다. 복권에 당첨되는 상상을 하면 심장이 두근거리며 순식간에 수천만 달러를 받는 놀라운 스릴에 주의를 집중한다. 당신은 모든 돈 걱정을 털어버리고, 평생 휴가를 즐기고, 저택으로 이사하고, 고급 승용차를 사는 자신을 상상하게 된다. 이런 이미지들이 한꺼번에 밀려들면 당신은 머리 위로 폭포수처럼 쏟아지는 부가 만들어내는 모든 놀라운 상황을 그려본다. 마치 이 거대한 변화의 결과로 시간이 얼어붙은 것처럼 동시에 떠오른다.[292]

그러나 시간은 멈추지 않는다. 복권 당첨자가 되는 것은 한순간이지만 복권 당첨자라는 낙인은 평생 따라다닌다. 실제로 복권에 당첨된 사람은 종종 그 행운의 여파에 충격을 받는다. 그들이 예상한 대로 갑자기 큰돈을 벌어서 스릴이 넘쳐난다. 그러나 거기에는 명확하지 않으면서 예측하기도 힘든 결과가 기다리고 있다. 사기꾼과 필사적으로 친한 척하는 지인의 전화가 끊이지 않는다. 당신은 새 저택에 갇혀서 더 이상 오래된 이웃을 자주 볼 수도 없다. 대신 당신은 오랫동안 소식이 끊겼던 친척에게 둘러싸인다. 당신이 전에 잘못 대했던 모든 이들이 당신을 상대로 소송을 제기한다. 직장을 그만두고 보니 동료가 그립고 생활이 미칠 듯 지루해진다. 이 상태가 지속되면 주위 사람 모두가 당신을 싫어하거나 돈을 달라고 떼쓰는 것처럼 보인다. 누가 진짜 친구인지 구별하기가 어려워져서 혼자 보내는 시간이 많아진다. 집에서 당신은 그 돈으로 무엇을 해야 할지 배우자와 끊임없이 말다툼을 한다.

갑자기 부자가 되면 돈으로 살 수 없는 모든 것(젊음, 시간, 자제력, 자존감, 우정, 사랑 등)이 자신을 조롱하는 듯한 느낌이 든다. 그 좌절감 때문에 돈으로 살 수 있는 모든 것을 미친 듯이 소비한다. 한 추계에 따르면 뜻밖의 횡재를 한 사람의 70%가 모든 재산을 탕진한다. 대박을 터뜨린 지 몇 년이 지난 복권 당첨자 대부분은 예전보다 더 행복해지지 않았다. 오히려 많은 사람이 비참해진 것은 놀랍지 않다. 뉴욕 주 복권 당첨자인 커티스 샤프 주니어는 놀랄 만큼 담담하게 다음과 같이 말했다. "복권이 나에게 그릇된 기쁨을 가져다주었습니다. 당신이 나처럼 당첨금을 탕진한다면, 돈만 다 없어진 것이 아니라 비참한 신세가 되고 맙니다."

부자로 산다는 것이 부자가 되는 것만큼 기쁨으로 가득 차 있다고 잘못 생각하는 것처럼 신체 마비자로 사는 것이 신체 마비자가 되는 것만큼 끔찍할 것이라고 잘못 생각한다. 사지 마비 환자의 운명을 상상할 때 당신은 비극적인 부상의 충격과 공포, 이동성과 자유의 상실, 직장생활의 끝, 모든 것을 끝내 버리고 싶은 유혹에 생각의 초점을 맞춘다. 하지만 실제로 마비된 이후에는 새로운 일상이 기존의 일상을 대체한다. 일반적으로 자기 부정, 충격, 분노, 우울증 등의 끔찍한 시기가 지나면 트라우마가 사라지고 견딜 수 있게 된다. 따라서 그들은 자신의 상황을 최대한 활용하는 데 모든 에너지와 관심을 집중한다. 그들이 알고 있던 모든 것을 다시 할 수는 없으므로 과거에 전혀 예상하지 못했던 것을 할 수 있게 된다.

누구도 자발적으로 신체 마비자가 되는 것을 원하지 않겠지만 신체 마비자로 산다는 것이 대다수 사람이 상상하는 것보다 견딜 만한 것으로 밝혀졌다. 이런 결과는 심지어 그 분야의 전문가도 예상하지 못했다. 세 군데의 외상센터에서 일하는 150여 명의 간호사, 응급 구조 대원, 의사 중 18%만이 자신이 척추 부상을 입더라도 목숨만 부지할 수 있으면 좋겠다고 생각했다. 자신의 삶의 질이 마비 이후 평균이거나 그 이상일 것이라고 생각한 응답자는 17%에 불과했다. 그러나 실제로는 척수 부상으로 마비된 환자 중 92%가 살아 있는 것이 기쁘다고 답했으며, 86%는 자신의 삶의 질이 평균이거나 그 이상이라고 느꼈다. 믿기 어렵겠지만 부상을 입은 지 2년 차가 되면 척수 환자 4명 중 1명은 '대부분의 면에서 내 인생은 내 이상에 가깝다'는 의견에 동의한다. 이런 현상은 부분적으로 그들이 자신의 상황을 최대한 잘 활용했기 때문이다. 또한 누구에게나 가장 큰 행복의 원천인 가족과 친구 같은 사회적 지원이 있었기 때문이다. 그리고 이런 인간관계는 장애인이 되었을 때 더욱 깊어진다.[293]

잭 허스트는 루게릭 병이라고도 불리는 근위축성 측경화증으로 거의 전신이 마비됐음에도 주식과 펀드 포트폴리오를 온라인으로 관리하는 열성 투자자다. 허스트는 인공호흡기를 통해 숨을 쉬고 급식 튜브를 통해 음식물을 섭취하며, 하루에 수십 번씩 폐에 고인 액체를 뽑아내야 한다. 그가 움직일 수 있는 유일한 신체는 오른쪽 얼굴의 일부분이다. 그의 뺨에 테이프로 붙여놓은 장치는 얼굴 근육의 전기 활동을 신호로 바꿔준다. 그는 이를 통해 컴퓨터를 조작할 수 있다. 나는 2004년 11월에 허스트를 처음 만났는데 이후 우리는 꾸준히 이메일을 주고받았다. (허스트는 얼굴 근육을 이용하여 1분에 최대 10단어까지 칠 수 있다.) 그는 내가 아는 한 가장 자기 인생에 만족하고 카리스마 넘치는 사람이다. 그의 눈빛은 신체가 마비된 지 20년이 지났지만 조금도 약해지지 않았다. 몸을 움직일 수 없는 이 남자는 자신이 받은 축복을 헤아릴 수 있다. 실제로 그는 그렇게 한다. 허스트는 "아내가 보여준 헌신적인 태도와 사랑이 나를 행복하게 합니다."라고 이메일을 보내기도 했다. "우리 부부를 도와주고 응원해주는 친구가 있기에 더 행복합니다. 나는 낙천적이기에 모든 사물을 긍정적으로 바라봅니다. 어떤 일에 부딪치든 항상 최선을 다해왔기 때문에 후회는 없습니다." 허스트는 1988년 이래 걷지 못하지만 "나와 같은 처지의 사람은 별로 불평할 것이 없습니다."라고 강조한다.[294]

멋지지 않을까?

우리의 미래 감정 예측이 종종 틀리지만 우리는 대개 자신의 실수를 모른 척한다. 일리노이 대학의 심리학자 에드 디너는 이렇게 말한다. "우리 삶에는 긴 시간 동안 말 그대로 수천 가지 일이 발생합니다. 그렇기 때문에 자신의 감정을 잘못 예측한 수많은 실수를 가려내기가 어렵습니다."[295]

당신은 혼자 이렇게 중얼거린다. "만약 레드삭스가 월드시리즈에서 우승한다면 내 인생 최고의 순간일 거야." 그러다가 레드삭스가 실제로 우승해도 며칠만 지나면 흥분은 사라진다. 당신은 "만약 내가 이 회사에 취업할 수만 있다면 편안히 인생을 즐길 수 있을 거야."라고 단정적으로 말한다. 하지만 막상 그 회사에 다니면 당신은 여느 때 못지않게 스트레스를 받는 신세가 된다. 당신은 이렇게 기도한다. "그녀가 나와 결혼만 해준다면 평생 행복할 거야." 그러다 막상 그녀와 결혼하고 나면 결혼 생활이 지속되더라도 당신은 매일매일이 행복하지 않다. 더욱이 그녀와의 결혼을 기원하기 얼마 전만 해도 그녀가 하도 애간장을 태워서 당신은 다시는 사랑에 빠지지 않겠다고 엄숙하게 맹세하기도 했다.

우리가 미래를 상상할 때면 감정의 강도와 지속 기간을 과장한다. 이런 과장은 대니얼 길버트가 이름 붙인 '희망 오류miswanting'로 이어진다. 이는 미래에 우리를 행복하게 해줄 것이라고 예상하지만 결국 그 예상이 틀렸음이 드러나는 소유물이나 경험의 욕망을 말한다. 이런 환상을 제거하는 방법을 배우지 않는 한 당신은 풍요로운 행복을 약속하는 듯이 보이는 것에 돈을 낭비하게 된다. 하지만 그런 것은 사실 빈 껍데기에 지나지 않는다. 인간이 미래의 자기 감정을 잘못 예측하는 경우가 얼마나 많은지 알면 놀랄 것이다.[296]

◎ 대학 미식축구 팬에게 자신이 좋아하는 팀이 큰 경기에서 승리하면 얼마나 행복할지, 그 감정이 얼마나 오래 갈지 물었다. 그들은 며칠간 기분이 좋을 것이라고 예측했지만 48시간이 지난 뒤 조사해보니 그들에게 아무 일도 일어나지 않은 것처럼 보였다. 많은 팬은 자신이 응원하는 팀이 졌을 경우에도 더 행복한 것으로 나타나기도 했다.

◎ 만약 5달러를 주면 공공장소에서 마임 같은 몸짓 연기를 할 생각이 있느냐는 질문에 상당수는 그렇다고 답했다. 그러나 실제로 청중 앞에 세워놓고 그런 연기를 해보라고 하자 그들이 코끼리나 세탁기를 흉내 내기만 해도 5달러를 벌 수 있음에도 실제로 하려는 사람은 절반으로 줄었다.

◎ 미술품과 골동품 경매장에서 사람들은 특정 가격 이상 입찰하지 않겠다고 맹세한다. 하지만 그들은 순간의 열기 속에서 자신도 모르는

사이에 최고가의 두세 배를 주고 물품을 사버린 자신을 발견하고 놀란다. 경험 많은 CEO도 가슴 졸이며 매입한 회사가 골칫거리라는 것이 밝혀지면 '구매자의 후회' 혹은 '승자의 저주'로 고통받는다.

우리는 자신의 욕망이라고 믿는 것을 목표로 설정한다. 사실 경제학의 기본 원칙 중 하나는 사람들이 자신의 좋아하는 것과 그렇지 않은 것을 알고 있다는 것이다. 하지만 우리는 어떤 것을 얻기 전에는 그것을 원한다고 생각했다가 막상 손에 넣고 보니 자신이 진정으로 원하는 것이 아니라는 것을 종종 깨닫는다. 사람들이 복권에 당첨되거나 신체가 마비되는 것 같은 극단적인 사건에 빠르게 적응하는 것처럼 우리는 자주 접하는 모든 것에 익숙해진다. 이런 이유로 비싼 물건을 사더라도 즐거움이 오래가지 않는다. 자신이 얻은 것을 계속 원하는 사람은 없다.

새 SUV를 샀다고 생각해보자. 당신이 처음 자동차 대리점에서 새 차를 몰고 나올 때는 거대한 보석처럼 빛난다. 그 차는 당신이 꿈꿔왔던 것처럼 빠르고 안전하고 부드럽고 실내가 넓게 느껴진다. 새 차의 주인이 되는 것은 당신의 상상 이상으로 기분이 좋다. 하지만 그런 기분은 곧 사라진다. 두어 주 뒤면 새 차 냄새가 사라진다. 한두 달이 지나면 차 표면은 찌그러지고 긁힌 자국이 여기저기 남는다. 실내는 커피와 음료수, 그 밖의 음식물 자국으로 얼룩진다. 주차하기도 힘들고 주유소에 들를 때마다 최소 50달러의 주유비가 들어간다. 날이 갈수록 새 차 주인의 환상과 현실 사이의 차이는 더욱 뚜렷하게 느껴질 것이다. 이렇게 얘기했다고 해서 당신이 새 SUV를 포기할 정도는 아닐 수 있다. 하지만 최소한 당신이 새 SUV를 사면 즐거울 거라고 확신했던 것보다 실제 즐거움은 훨씬 덜할 것이다.

이와 같은 현상은 우리 주위에 많다. 당신의 멋진 새 옷이나 신발은 너무 빨리 얼룩지거나 유행에 뒤떨어진다. 또는 방금 리모델링한 주방도 마찬가지다. 조리대는 금세 흠집이 생기고 바닥 타일도 긁히고 왠지 냉장고도 여전히 작게 느껴진다. 우리가 큰돈을 쓸 경우 그 결과를 미리 상상해보는 것만으로도 우리는 큰 기쁨을 느낀다. 불행히도 환상은 현실과 부딪치면서 퇴색한다. 당신이 가졌던 꿈과 비교하게 되고, 그 결과 당신의 꿈에 비해 결점이 많고 실망스럽게 느껴진다.

처음에 가졌던 꿈이 너무나 생생하게 남아 있기 때문에 당신은 대개 잘못된 결론에 도달한다. 큰돈을 쓴다고 해서 반드시 행복해지는 것이 아니라는 사실을 깨달아야 하는데 당신은 단지 잘못된 물건에 큰돈을 써버렸다고 결론짓는다. "다음에는 이 빌어먹을 차 대신 외제차를 사야겠어."라고 말이다. 그러고는 그 차에 실망하면 다시 다른 고가의 차를 원한다. 하염없이 자신을 책망하면서 기대감과 실망감이라는 끝없는 사이클이 이어진다. 이런 식의 소비는 당신을 행복하게 해주지 못할 뿐만 아니라 오히려 당신을 비참하게 만들 수 있다. 조지 버나드 쇼의 말이 옳았다. "인생에는 두 가지 비극이 있다. 하나는 마음속의 욕망을 잃는 것이고, 다른 하나는 욕망이 생기는 것이다."[297]

과거에 어땠는가?

행복하게 해줄 거라는 우리의 예측이 못 미덥다는 게 이상하다면 다음 얘기를 생각해보기 바란다. 우리를 행복하게 해준 기억도 예측에 비해

별로 나을 게 없다. 누구도 실수를 인정하기 싫어하기 때문에 과거는 종종 우리의 기억 속에서 미화되곤 한다. 결국 그렇게 나쁘지 않았다고 느끼게 만든다. 이런 경향 때문에 과거에 별로 좋지 않았던 경험을 되풀이하도록 만든다.[298]

◎ 봄방학에 들어가는 대학생에게 모바일 기기를 제공했다. 학생들은 모바일 기기를 이용해 하루 7차례 전자 설문지를 작성했다. 설문 내용은 자신이 기쁘다, 편안하다, 정답다, 유쾌하다, 행복하다는 감정을 어느 만큼 느끼고 있는지 등급을 매겨 답하는 것이었다. 학생들은 대체로 주저 없이 자신의 감정을 중간 정도라고 선택했다. 그 이유는 햇볕을 받으며 즐겁게 노는 동안에도 벌레에 물린 상처, 빨갛게 탄 피부, 모래가 잔뜩 들어간 수영복, 고약한 숙취 같은 현실을 반영했기 때문이다. 방학이 끝나고 한 달 뒤 학생들에게 방학 동안의 감정을 되살려보라고 했다. 그들이 현재 기억하고 있는 감정은 당시에 느꼈던 실제보다 24% 더 긍정적이었다.

◎ 자전거로 캘리포니아를 여행하는 사람은 기대했던 대로 충분한 운동과 신선한 공기, 멋진 경치를 만끽했다. 뿐만 아니라 그들은 지루하기도 했고, 비에 흠뻑 젖었으며, 더위와 장거리 여행에 지치기도 했다. 여행하는 동안 자전거 여행자의 61%는 적어도 한 가지 면이 그들의 예상보다 안 좋았다고 말했다. 그러나 불과 한 달 뒤에는 그렇게 말하는 사람이 단 11%에 그쳤다. 마치 최근의 과거가 장밋빛 백미러에 비춰지기라도 한 듯이 말이다.

◎ 사진 앨범에 담긴 휴가는 실제보다 더 즐거운 법이며 그런 사진이

기억을 왜곡한다. 왜냐하면 남편이 보트에서 떨어졌을 때는 당신이 들고 있던 카메라를 내려놓아야 했고, 섭씨 35도의 무더위 속에서 화장실을 이용하기 위해 끝없이 기다리는 시간 동안에는 아무것도 찍을 수 없었고, 6살짜리 아이가 감자튀김을 내던지던 순간을 당신은 분명히 사진으로 남기지 않았을 것이기 때문이다. 대신에 당신은 신데렐라의 성 앞에 일행을 세워놓고 '스마일'을 외치게 한 사진은 찍었을 것이다.

◎ 과거로 거슬러올라가 수십 명에게 어린 시절 얼마나 행복했는지를 물었다. 30세 전후의 사람은 단지 40%만이 '대체적으로 행복했다'고 답했다. 그러나 60대 후반은 57%가 '대부분 좋았다'고 답했다. 그리고 70대의 경우는 83%가 '일반적으로 행복한 어린 시절을 보냈다'고 답했다.

◎ 토론토의 한 병원에서 대장 내시경 검사를 받는 환자의 절반은 약 27분이 소요되는 틀에 박힌 절차를 따랐다. 나머지 절반은 검사가 끝나고 3분 동안 대장 내시경 장치를 꽂은 채로 그대로 두었다. 당시에는 두 그룹 모두 이 검사가 거의 똑같이 고통스럽다고 평가했다. 그러나 나중에 그들이 검사 과정을 회상했을 때 두 번째 그룹은 검사가 상당히 덜 고통스러웠다고 생각했다. 그들은 더 오랫동안 고통에 시달렸으나 그들의 마지막 몇 분간은 불편함의 정도가 감소하는 과정이었기 때문에 이후 좀더 긍정적인 기억을 갖게 된 것이었다. 결국 감정이 얼마나 오래 지속되었는지보다 그 감정이 어떻게 마무리되었는지가 중요하다.

그렇다면 기억은 단순한 회상이 아니다. 기억은 또한 재구성된 것이기도 하다. 이런 현상은 우리가 자신의 경험에서 충분히 배우지 못하는 이유를 설명해준다. 과거에 존재한 것의 기억은 주로 현재 존재하는 것에 의해 형성된다. 현재가 행복할수록 과거에 더 행복했던 것처럼 느낀다. 그리고 실제로 있었던 일을 잊어버림으로써 과거의 일이 당신이 일어나기 원했던 일처럼 보이기 시작한다. 당신의 휴가는 재미있었던 기억이어야 하므로 정말로 그랬는지도 모른다. 어떤 행동을 바보 같은 짓이었다고 자책하고 난 다음에는 정말 그렇게 멍청한 짓이었다면 애당초 하지 않았을 것이라는 생각이 들지도 모른다. 이런 기억의 속임수는 귀중한 교훈을 알려준다. 새 SUV나 리모델링한 주방은 익숙해질수록 가치가 떨어지는 경향이 있지만 과거의 경험은 되돌아볼수록 더 긍정적이 되는 경우가 많다. 무언가를 사기 위해 쓰는 돈은 시간이 지날수록 점점 실수처럼 느껴지는 경향이 있는 반면, 무언가를 경험하기 위해 쓰는 돈은 기억이 좀더 따뜻해지면서 가치가 커지기 쉽다.[299]

잡히지 않는 나비

우리는 사람들이 미래에 자신을 행복하게 해줄 것이나 과거에 자신을 행복하게 만들어준 것에 대해 잘못 알고 있다는 것을 알았다. 그러나 우리는 현재 우리를 행복하게 해주는 것이 무엇인지 반드시 알아야 한다.[300]

그렇지만 불행히도 현재 우리를 행복하게 해주는 것을 정말로 잘못 알고 있음이 밝혀졌다.

◎ 기혼자가 자신의 삶에 만족하는지 여부는 대개 배우자와 얼마나 행복한지로 결정된다. 하지만 이는 일반적으로 얼마나 행복한지를 묻기 전에 그들의 결혼 생활을 물어봤을 때만 그렇다. 마찬가지로 대학생들이 얼마나 행복한지에 대답하는 것 역시 얼마나 자주 데이트를 했는지와는 관련이 없다. 이 역시 그들의 전반적인 행복을 먼저 물어본다면 말이다. 대신에 그들에게 사회 생활을 먼저 물어본 다음 그들의 행복을 물어본다면 매우 다른 대답을 들을 것이다.

◎ 텍사스 주에서 직장을 다니는 1,000명의 여성은 하루를 골라 일상생활을 자세히 기록했다. 기록의 내용은 16가지의 일상 활동에 얼마나 만족하는지 등급을 매기는 것이었다. 그 결과 아이들과 함께 지내는 것이 거의 최하의 등급을 받았는데 인터넷 서핑보다는 조금 높았고, 낮잠 자는 것보다 낮은 수준이었다. 직장에 있는 것보다 덜 만족스러운 유일한 활동은 출퇴근이었다. 그들은 쇼핑보다 기도를 좋아했고, 혼자 쉬는 것보다 친구와 어울리는 것을 행복하게 여겼다. 하지만 만약 누군가가 당신을 가장 행복하게 하는 것이 무엇이냐고 묻는다면 당신은 직장에서의 성취감, 아이들과 함께 보내는 시간, 쇼핑, 휴식을 생각할지도 모른다. 당신은 이런 활동을 '실행하는 것'보다 '생각하는 것'을 더 즐길 수 있다. 하지만 이런 생각이 당신의 머릿속에 떠오르지는 않을 것이다.

◎ 최근에 이성과 교제를 시작한 대학생을 대상으로 2주간 연인과의 일반적인 관계, 성생활, 생활 전반의 만족감을 하루 한 번씩 등급을 매기는 조사를 했다. 조사 기간 마지막에 학생들에게 지난 2주 동안 자신의 생활과 사랑을 어떻게 느꼈는지 되돌아보고 등급을 매기

라고 요구했다. 그리고 6개월 뒤 연구진은 학생들의 연애가 지속되었는지 여부를 확인했다. 조사 결과 매일같이 '행복하다'고 말하는 경우는 관계의 지속성을 예측할 수 없었다. 하지만 과거를 돌아보며 '행복했었다'고 말하는 경우는 그들의 관계가 지속될 것임을 알 수 있는 좋은 지표였다.

일상에서 일어나는 우여곡절을 생각하다 보면 덜 행복할 수 있다는 것은 이상하다는 생각이 든다. 시간의 흐름이 인생의 기복을 없애 주기 때문에 당신의 삶의 만족도는 실제 겪을 때보다 나중에 뒤돌아볼 때 더 높아진다.

함께 있어 정말 행복해요

행복을 측정한다는 것은 마치 무지개를 물병에 담으려는 것과 같다. 다행히도 몇 가지 발견은 타당해 보인다. 자신의 삶에 얼마나 만족하느냐는 무엇보다도 다른 사람과 어떤 관계를 맺느냐에 달려 있다. 심리학자 에드 디너와 마틴 셀리그만은 어떤 사람이 진정으로 행복한지 확인해보기 위해 200여 명을 대상으로 수개월간 여러 테스트를 실시했다. 가장 행복한 사람은 그들의 전반적인 삶의 상황에 훨씬 만족하고 있었다. 그들은 일이 잘못되었을 때 오랫동안 슬퍼하지 않았고, 일이 잘 풀릴 때도 행복감에 과하게 휩쓸리지 않았다. 무엇보다도 행복한 사람은 친구가 많았으며 혼자 있는 시간이 적었다.[301]

연구진은 100여 명에게 삐 소리가 나는 손목시계를 착용하도록 했다. 이 소리는 행복에 관한 조사서를 작성할 시간임을 알려주는 것이었다.

조사 결과 외향성 테스트에서 높은 점수를 받은 사람은 그렇지 않은 사람보다 더 행복했다. 실제로 친구가 5명 이상이라고 답한 사람은 5명 미만인 사람보다 '매우 행복하다'고 느끼는 경향이 50%나 높았다. 대체로 고독한 사람은 행복을 별로 느끼지 못한다. 따라서 대다수 사람은 혼자 있기보다 그들의 상사 주위에 모여들게 마련이다.

사람들이 행복할 때는 두뇌가 특히 활동적이 된다. 위스콘신 대학의 신경과학자 리처드 데이비슨은 두뇌 스캔과 두피의 전기 신호 기록을 사용하여 행복한 사람의 경우 좌측 전전두피질(PFC)이 활성화된다는 것을 발견했다.[302] 좌측 전전두피질에서 활성화되는 뉴런은 당황스런 상황에서 침착함을 유지하도록 돕고, 뭔가를 시도하는 상황에서 긍정적인 목표를 달성하도록 당신을 집중시키며, 편도체에서 생성되는 부정적인 감정을 억제한다. 좌측 전전두피질의 활동 수준이 높은 사람은 공포스럽거나 역겨운 영화를 보고도 덜 당황한다. 게다가 두뇌의 이 영역이 많이 활성화되어 있는 투자자는 최근에 어떤 방법으로 수익을 냈는지 더 잘 기억했다. 마치 이 영역은 마음에 햇살을 비춰주는 내적 원천인 듯하다. 부검 결과 만성 우울증을 앓은 사람은 종종 좌측 전전두피질의 세포가 심하게 수축되어 있었다.

어떤 사람은 좌측 전전두피질에 더 나은 뉴런 시스템을 가지고 태어나기도 한다. 리처드 데이비슨은 생후 10개월 된 아기 엄마들이 잠시 방에서 나온 사이 아기들의 행동을 관찰했다. 울지 않은 아기와 운 아기를 비교한 결과 침착한 아기가 울먹이는 아기보다 좌측 전전두피질이 훨씬 활성화되어 있음을 발견했다. 다행히도 좌측 전전두피질에 더 나은 뉴런 시스템을 갖고 태어나지 않은 사람도 이 영역을 개발할 수 있을 것 같다.

내면의 고요함을 실천하기 위해 명상 수행을 수년씩 하는 스님들은 명상을 하지 않을 때도 좌측 전전두피질의 높은 활동량이 지속되는 것으로 보인다. 의도적으로 부정적인 감정을 없애려는 행위가 긍정적인 감정을 만들어낸다고 할 수 있다.

돈은 그 자체가 목적이 아니라 수단이라는 것을 아는 것도 또 다른 만족의 열쇠다. 돈을 많이 버는 것에 집착하지 않는 사람이 물질 만능주의 사람보다 행복한 경향이 있다. 심리학자 에드 디너는 부 그 자체를 위해 부를 추구하는 것이 행복에 '중독성'을 불러온다고 말한다. 인생에서 돈이 가장 중요하다고 믿는 사람은 (이미 부자가 아니라면) 정신 질환 장애를 겪을 가능성이 높다. 불행히도 불안과 불확실성 때문에 대다수 사람에게 내재되어 있는 물질주의적 성향이 나올 수 있다. 일관적이지 않은 생활 규칙이나 가혹하고 적대적인 분위기에서 자란 아이들은 정신적 보상을 얻기 위해 돈에 집착하기 쉽다. 이런 상황은 악순환을 부른다. 돈 그 자체를 추구하는 것은 우울증, 불안, 스트레스, 가족 간의 긴장감을 유발함으로써 안도감을 기대하며 더 많은 돈을 절박하게 추구하도록 만든다.[303]

그러나 더 빨리 뛰면서 러닝머신의 속도를 늦출 수는 없다. 최근 직장 여성을 대상으로 한 조사에서는 연간 소득 2만 달러 이하인 사람이 10만 달러 이상을 버는 사람보다 두 배 이상 자주 기분이 나쁠 것으로 추정했다. 하지만 실제로는 저소득층이 기분이 나쁜 경우가 조금 더 많을 뿐인 것으로 나타났다. 결국 상상 속의 행복을 추구하면서 더 많은 급여를 주는 직장에서 더 많은 시간을 보낼수록 당신의 삶에 진정한 행복을 더해줄 활동 시간은 줄어든다.

주위 사람 따라잡기

당신이 러닝머신에서 내려오는 것이 그렇게 힘든 이유 중 하나는 이웃도 러닝머신에서 뛰고 있기 때문이다. 가진 돈이 당신을 기분 좋게 만들어주는지는 주위 사람이 얼마나 많은 돈을 가지고 있느냐에 달려 있다.

인간은 누구나 질투심을 갖고 있다. 동료를 상대로 자신의 순위를 매기는 유일한 생물이 인간만은 아니다. 많은 종이 그들만의 사회 계층을 형성하는데 낮은 단계의 것은 높은 단계의 것에게 굽실거리게 된다. 권력을 장악한 우두머리는 무리 속 다른 동물에게 자신의 털을 손질하게 하기도 한다. 또한 다른 동물은 음식물을 얻거나 짝짓기의 기회를 얻기 위해 우두머리의 권위에 따른다. 동물은 무리 속 계급 제도에서 낮은 지위에 있을 때 혈중 스트레스 호르몬의 수치가 높아지기도 한다. 무리 속 다른 구성원에게서 위협을 당하는 쥐의 경우는 두뇌에서 기억력을 향상시키는 단백질이 추가로 만들어지는데 이것이 미래의 '사회적 패배'를 조장한다. 이런 현상은 우두머리 쥐 가까이에서만 잠깐 생기는 게 아니라 몇 주 동안 주위의 여러 쥐에게서 발생한다. 서열이 낮은 쥐는 식욕을 잃고 무기력해지고 발작적으로 잠을 자기도 하고, 스트레스 호르몬을 생성하는 부신이 비대해지는 경향이 있다. 자신의 영역이 다른 구성원에 의해 지배될 때 물고기는 번식력이 증진되는 단백질 생산을 중단한다. 자신의 '소유 부동산'이 적을수록 더 적게 번식시키는 것 같다.[304]

신경생물학자 마이클 플랫Michael Platt이 과일주스를 화폐로 사용하도록 훈련시킨 원숭이는 서열이 높은 다른 원숭이의 영상을 보기 위해 돈(과일주스)을 전부 지불한다. 반대로 서열이 낮은 원숭이의 영상이 보기 싫을 때는 과일주스 일부만을 지불한다. 이웃을 사회적으로 지배한 지

3개월이 지난 뒤에도 이 원숭이들은 도파민을 빨아들이는 특별한 분자의 부피가 20퍼센트 증가한 것으로 나타났다. 이런 사실로 짐작건대 서열이 높다는 것이 실제로 두뇌의 보상 체계를 강화시킬 수도 있음을 알 수 있다.

현대인의 마음속에는 사회적 지위에 이런 원시 반응이 여전히 유지되고 있다. 독일의 젊은이들이 자동차 사진을 볼 때 소형차나 투박한 리무진보다 현란한 스포츠카를 훨씬 선호했다. 이런 현상은 놀랄 일도 아니다. 그들이 MRI 스캐너 안에서 자동차 사진을 선택할 경우는 멋진 스포츠카의 사진만 봐도 반사 두뇌의 보상 센터가 활성화됐다. 대다수가 부러워하는 차종을 한번 보기만 해도 남자가 아름다운 여자의 얼굴 사진을 볼 때 활성화되는 영역과 동일한 곳이 도파민으로 가득 찼다. '자동차 욕망'이라고 불리는 갈망은 아마도 신분을 과시하고 상승시키고자 하는 고대의 기본 욕구에 의해 자극받는 것으로 보인다.[305]

부러움과 사회적 비교의 뿌리는 매우 깊고 우리의 생물학적 구성에서 본능의 부분이라고 볼 수 있다. 수렵 채집 사회에서 지배자는 자신이 부족한 자원을 획득하고 관리하는 능력이 뛰어났기 때문에 타인을 지배할 수 있었다. 사회적 비교는 아마도 원시 인류에게 유용했을 것이다. 더 많은 것을 가진 사람을 관찰함으로써 우리의 조상은 더 많은 것을 얻는 방법을 배웠을 것이다. 예를 들어 과일을 가장 잘 모으는 구성원을 부러워하고 모방함으로써 다른 구성원도 더 많이 모으는 방법을 배우게 됐을 것이다. 원시 세계에서는 부러움이 모든 사람을 살아남도록 도왔다.

그러나 현대인의 유전자에 자리한 이런 성향은 복합적인 결과를 보여준다. 오늘날 서구화된 사회의 사람들에게 삶은 더 이상 굶주림에 대항하는 투쟁의 모습이 아니다. 성공한 동료를 따라하지 못했다고 해서 아이를 못 낳게 하거나 사형을 시키지는 않는다. 가벼운 '비교 콤플렉스'는 도움이 될 수 있다. 이는 당신이 열심히 일할 동기를 부여하고, 미래의 희망을 주며, 수전노가 되지 않도록 하고, 방문객이 도착하기 전에 집 안을 청소하도록 촉구한다.

한편으로 십계명이 "네 이웃의 재물을 탐내지 말라."는 엄중한 경고로 끝을 맺는 데는 그럴 만한 이유가 있다. 은밀히 부러워하는 마음을 품는 것은 긍정적 동기 부여가 될 수 있지만 상습적인 비교 콤플렉스는 당신의 삶을 망칠 수 있다. 만약 당신이 자신의 성공을 동료와 비교하고 싶은 본능적인 충동을 억제하지 못하면 당신의 행복은 자신의 부가 아닌 그들의 부에 의해 좌우된다. 그리고 동료의 부는 당신이 결코 통제할 수 없다. 더 많이 가진 사람을 따라잡기 위해 항상 더 많은 것을 원하게 되는데 이것이 많은 사람을 영원히 불행하게 만든다.

당신은 '주위 사람 따라잡기'에 신경 쓰지 않는다고 생각하지만 자신도 모르게 비교 콤플렉스에 시달릴 수도 있다. 다음의 두 가지 상황을 상상해보라. 하나는 중산층 동네에서 가장 큰 집을 사는 것이고, 다른 하나는 부자 동네에서 가장 작은 집을 사는 것이다. 두 경우 모두 당신의 소득은 중상위급이며 두 집의 가격은 같다. 당신은 어느 동네가 더 행복할 것 같은가?[306]

투자 관점에서는 부자 동네의 집은 더 나은 투자가 될 수도 있다. 그러나 심리학적으로는 중산층 지역을 선택하는 것이 훨씬 행복할 가능성이 높다. 왜냐하면 시간이 흘러도 당신의 집은 다른 집보다 더 작아 보이지 않을 것이고 이웃이 당신보다 더 많은 돈을 쓰지도 않을 것이기 때문이다. 300여 곳의 마을과 도시에서 7,000여 명을 대상으로 연구 조사한 결과 자기 동네에 사는 부유층이 더 많이 돈을 벌거나 자신보다 더 잘 버는 이웃이 많을수록 삶의 만족도는 떨어진다고 한다.

스위스에서는 사람들에게 모든 욕구를 충족시키는 데 얼마나 많은 돈이 있어야 충분하다고 생각하는지 물었다. 조사 결과 소득이 10% 증가할 때마다 여전히 4% 더 벌기를 바란다고 나왔다. 가진 것이 많을수록 가진 것보다 더 많은 것을 원한다.

5,200명의 영국 노동자에게 그들의 직업과 수입에 얼마나 행복감을 느끼는지 평가해달라고 요구했다. 일반인은 자신과 유사한 직업을 가진 사람보다 적게 벌수록 자신의 일과 임금에 덜 행복해했다. 부자의 경우도 마찬가지였다. 다시 말해 자기 직업의 평균 급여보다 조금이라도 더 버는 사람이 다른 직업에서 수입이 많은 사람보다 더 행복할 수 있다.

가난한 나라의 사람들이 미국인이나 유럽인이 예상하는 것보다 더 행복한 이유도 바로 이런 점 때문인 것 같다. 당신이 아는 모든 사람이 당신만큼 가난하다면 당신은 비교 콤플렉스에 시달릴 가능성이 별로 없다. 그래서 전기나 텔레비전 없이 사는 마사이족과 이누이트족은 아프리카 나이로비나 그린란드의 나노르탈릭에 사는 사람들이 얼마나 부자인지 전혀 신경 쓰지 않는다. 비벌리힐스, 댈러스, 취리히는 말할 것도 없고 말이다.

돈이 당신을 얼마나 행복하게 할지는 심지어 당신 가족의 수입에 달려 있기도 하다. 언론인 헨리 멩켄은 부유함이란 '동서가 버는 것보다 적어도 일년에 100달러는 더 많은 수입'이 있어야 함을 말한다고 단언한 적이 있다. 경제학자들은 최근 그의 말이 옳다는 것을 보여주었다. 여성은 남편이 자기 여동생의 남편보다 많이 벌 때 자신의 가계 수입에 훨씬 만족한다. 게다가 자신이 부자라고 하더라도 부모보다 적게 버는 사람은 부모보다 많이 버는 사람보다 '매우 행복하다'고 느낄 가능성이 낮다.

자신의 재산을 친구와 비교하는 것 또한 상처가 될 수 있다. 2002년 〈머니〉지의 설문 조사에 따르면 부유한 미국인의 63%가 '나보다 훨씬 많은 돈을 가진 사람과 친구가 되기가 어렵다'는 말에 동의하는 것으로 나타났다. 이는 형편이 좋지 않은 친구를 사귀는 것이 어렵다고 느끼는 비율의 세 배였다. 부자가 되기 위해 경쟁하다 보면 당신이 더 가난하게 느껴지는 것도 바로 이런 이유다. 당신이 최근에 부자가 되었다면 오랜 친구와 멀어질지도 모른다. 활발한 사회생활이 행복의 열쇠 중 하나라면 부자는 되었지만 더 외로워진다면 결코 보람찬 인생이라고 하긴 어렵다.

행복하면 돈이 생기나요?

한번은 누군가가 이렇게 빈정거렸다. "행복하면 뭐가 좋은가요? 행복하다고 해서 돈이 생기는 건 아니잖아요." 재치 있어 보이는 말이지만 사실이 아닌 듯하다. 기분이 좋은 사람들은 새로운 기술을 배우려고 하고, 보다 넓은 맥락에서 사물을 보고, 창의적으로 문제를 해결하고, 다른 사람과 잘 협력하고, 포기하지 않고 해내는 경향이 있다. 만약 더 많은 돈을 버는 방법에 관해서 책을 쓰고 있다면 이런 태도는 가장 먼저 포함시켜야 할 요소다. 고대 영어에서 발생happen과 행복happiness은 같은 어원에서 파생됐듯이 행복한 사람은 좋은 일이 더 자주 발생하도록 만드는 것 같다.

좌측 전전두피질은 두뇌에서 행복감이 생성되는 주요 영역 중 하나다. 신경과학자인 리처드 데이비슨은 좌측 전전두피질이 활발한 사람이 독감 주사를 맞은 뒤에 항체를 더 많이 생산한다는 것을 발견했다. 이는 면역 체계가 더 강하다는 것을 암시한다. 인간과 원숭이의 경우 두뇌의 이 영역이 활발해지면 혈중 스트레스 호르몬 수치가 낮아져 일상생활의 다양한 사건에 과민 반응하는 것을 막을 수 있다. 행복한 여성은 스트레스 호르몬 수치가 낮은 상태로 하루를 시작하는데 그 수준이 하루 종일 유지된다. 1,000명의 중년 네덜란드 남녀를 조사한 결과 더 자주 웃고, 미래를 낙관하며, 목표 달성을 위해 노력하는 사람은 덜 낙관적인 사람보다 사망 위험이 29%나 낮았다. 외향적인 기질은 건강에도 좋다. 외향적인 사람은 혈액 속 당화 헤모글로빈 수치가 낮다. 이는 당뇨나 관련 질병에 걸릴 위험성이 낮다는 것을 의미한다.[307]

1976년 수천 명의 대학 신입생에게 자신이 얼마나 명랑한지 평가하게 했다. 거의 20년이 지난 지금 과거 명랑 수준이 높았던 이들은 하위 수준의 사람보다 31% 더 많은 수입을 올리고 있었다. 행복한 프로 크리켓 선수는 우울한 선수보다 더 높은 타율을 보인다. 일관되게 좋은 기분으로 일하는 직원은 결근 일수도 적었다. 러시아의 경우도 마찬가지였다. 3곳의 미국 기업에서 300명의 노동자를 대상으로 한 연구 결과 행복한 직원일수록 18개월 뒤 급여가 더 오른 것으로 나타났다. 명랑한 CEO는 고수익을 내는 생산적인 노동자를 많이 거느릴 가능성이 높다. 돈을 벌건 잃건 상관없이 명랑한 데이트레이더가 장기적으로 더 높은 수익을 얻는 경향이 있다.[308]

아주 단순하다. 당신이 행복할수록 삶은 아마도 오래도록 건강해질 것이고 더 많은 돈을 벌 수 있다.

준비된 행운

1994년 5월의 어느 화창한 아침 바넷 헬츠버그 주니어는 뉴욕의 플라자 호텔 앞을 지나가다가 누군가가 '버핏 씨!'라고 외치는 소리를 들었다. 그가 몸을 돌려보니 빨간 드레스를 입은 여자가 워런 버핏으로 보이는 남자와 이야기 나누고 있었다. 그는 이렇게 회상한다. "저는 그에게 다가가 '나는 캔자스시티에 있는 헬츠버그 다이아몬드사의 바넷 헬츠버그입니다. 저는 당신이 운영하는 버크셔 해서웨이의 주주인데 당신 회사의 연례 주주총회에 참석하는 것을 정말 좋아합니다. 한 가지 말씀드리자면 저는 우리 회사가 당신의 투자 기준에 부합한다고 믿습니다.'라고 말했습니다."[309]

그 일이 있고 나서 몇 주 만에 버핏은 헬츠버그와 그의 가족에게서 그 회사를 공개되지 않은 가격에 매입했다. 헬츠버그는 이렇게 말한다. "정말 뜻밖의 행운이었습니다. 행운을 믿는 사람일수록 더 많은 행운이 생길 겁니다."

헬츠버그의 이야기에서 알 수 있듯이 행운은 일정한 시간과 장소에만 존재하는 것이 아니다. 행운은 시간과 장소를 최대한 활용해야 하는 것이다. 1970년 미국 해군 중위 로버트 우드워드는 해군 작전부장실에 소포를 전달했다. 그런데 소포에 서명해줄 사람이 없어서 중위는 앉아서 기다려야 했다. 이윽고 그가 있던 대기실 안으로 나이 든 남자가 들어와 조용히 앉았다. 중위는 억지로 그 남자와 눈을 맞추고 자신을 소개한 다음 그 낯선 사람에게 남은 인생을 어떻게 보내야 할지 모르겠다며 자신의 걱정거리를 털어놓았다.

알고 보니 중위와 낯선 사람은 조지워싱턴 대학의 대학원 과정을 이수했었다. 이런 공통점 때문에 둘은 즉시 친해졌다. 마크 펠트라는 이름의 그 남자는 중위의 진로를 조언해줬고 두 사람은 계속해서 연락을 주고받았다. 얼마 지나지 않아 우드워드는 해군에서 나와 〈워싱턴포스트〉지의 기자로 일했고, 펠트는 연방수사국FBI의 최고위급 간부가 됐다. 펠트는 훗날 워터게이트 사건의 특종을 터뜨린 우드워드와 칼 번스타인에게 비밀 정보를 제공한 '내부 고발자'가 되었다.

우드워드는 펠트와 악수하기 전까지 그가 누구인지 전혀 몰랐고, 그 자신이 부정 폭로 보도 기자가 될 것이라고 전혀 예상하지 못했다. 만약 우드워드가 대기실에서 흔히 볼 수 있는 어색한 침묵 속에 앉아만 있었다면 그와 번스타인은 결코 워터게이트 사건의 전모를 폭로하지 못했을지도 모른다. 낯선 사람을 친구로 만듦으로써 우드워드는 결국 미국의 역사를 바꾸었다.

영국의 심리학자 리처드 와이즈먼Richard Wiseman은 자신을 매우 운이 좋거나 불운하다고 말하는 사람을 연구했다. 그는 일부 사람은 정말로 다른 사람보다 운이 좋다는 것과 운이 좋은 것도 일종의 기술이라는 것을 알았다. 와이즈먼은 운이 좋은 사람이 공통적으로 갖고 있는 경향과 행운을 가져다주는 데 도움이 되는 몇 가지 특징을 확인했다.

그들은 포기하지 않는다.

와이즈먼은 '불운한 사람은 불운을 이유로 좌절한다'고 말한다. 운이 좋은 사람은 불운을 배움의 계기로 삼는다. 토머스 에디슨은 한 번에 하나씩 '백열 램프'용으로 가능성이 있는 필라멘트 재료를 찾기 위해 수천 가지의 물질을 시험했다. (그가 '천재는 1%의 영감과 99%의 땀으로 탄생한다'고 말했을 때 그는 체험을 통해 그 말의 의미를 알았다.) 마침내 에디슨은 탄화된 면실이 그 비결임을 발견했다. 만약 그가 쉽게 포기하는 사람이었다면 좋은 생각이 떠올라도 머리 위로 전구가 켜지지는 않았을 것이다.

그들은 주위도 관찰한다.

운이 좋은 사람은 호기심이 많고 관찰력이 뛰어나며 주위 환경에 열성적으로 관여하고 탐구한다. 1946년 미국의 군수업체 '레이시온'사의 엔지니어인 퍼시 스펜서Percy Spencer는 단파 레이더의 중심에 있는 동력관인 마그네트론을 시험하고 있는 실험실로 들어갔다. 잠시 후 그는 주머니에 넣어둔 막대사탕이 녹고 있다는 이상한 느낌을 받았다. 아니나 다를까 막대사탕은 작은 봉지 안에서 초콜릿과 땅콩이 섞인 액체가 되어 있었다. 스펜서가 이런 일을 겪은 최초의 엔지니어는 아니었다. 그러나 초등학교 졸업이 학력의 전부였음에도 그 일에 어떤 행동을 취한 최초의 엔지니어였다. 스펜서는 즉시 팝콘 한 봉지를 사서 마그네트론 앞에 놓았다. 다음에는 달걀 하나를 가져다 놓았다. 둘 다 곧 폭발했다. 운 좋게 뜻밖의 발견을 함으로써 스펜서는 나중에 전자레인지로 알려진 '레이더레인지'를 발명했다. 당면 과제에만 관심을 기울이면 당신은 결코 주위 시야를 활용하지 못한다. 결국 사회학자인 로버트 머튼이 말하는 '사고 발생 방치의 중요성the importance of letting accidents happen' 또는 '구조적 불확실성structured uncertainty'을 놓치게 된다.[310]

레그 메이슨 밸류 트러스트Legg Mason Value Trust의 펀드 매니저 빌 밀러는 이와 비슷한 방식으로 마음을 열려고 노력한다. 그는 전통적인 가치투자자가 건드리지 않을 주식인 아메리칸 온라인이나 델 컴퓨터 같은 주식을 사기 위해 동료와 거리를 두면서 뛰어난 투자 기록을 세웠다. 20년 전에 피델리티 마젤란 펀드의 피터 린치는 아내의 새로운 팬티스타킹을 포함해 모든 곳에서 투자 아이디어를 얻었다. 그는 스웨덴 자동차 회사나 미국 장기국채처럼 다른 펀드 매니저가 결코 보지 않은 자산을 사는 것에 거리낌이 없었다. 현명한 투자자는 오로지 한 곳만 파지 않는다. 가능한 모든 것에 시선을 주며 운 좋게 뜻밖의 발견을 하기 위해 온몸을 불사른다.

그들은 밝은 면을 본다.

운전자 한 명씩이 타고 있는 두 대의 자동차가 고속으로 정면 추돌하는 장면을 상상해보자. 두 차는 완전히 망가졌다. 그러나 두 운전자는 긁힌 상처 하나 없이 망가진 차에서 걸어나왔다. 불운한 사람은 "아이고 내 차 좀 봐!"라고 울부짖는다. 운 좋은 사람은 "신이시여 감사합니다. 내가 살아 있다니요!"라고 외친다. 하나는 잘못된 것만 보고, 다른 하나는 잘된 것만 본다. 둘 다 동일하게 반이 차 있는 잔을 들고 있어도 스스로 운이 좋다고 생각하는 사람은 잔에 반이나 남아 있다고 생각하는 반면, 자신이 운이 없다고 생각하는 사람은 벌써 절반이나 비었다고 생각한다.

이제 다음의 상황을 상상해보자. 운이 좋다고 느끼는 운전자는 살아 있는 것에 너무 감사하며 그날 이후 어떤 좌절도 떨쳐 버린다. 그는 모든 사람에게 자신이 살아 있다는 것 자체가 기적이라고 말한다. 다른 사람은 그의 감격에 감화되어 행운을 축하한다. 그들의 축하 덕분에 그는 더

운이 좋다고 느낀다.

자신이 불운하다고 생각하는 운전자는 아무리 사소한 것이라도 잘못되는 일에 병적으로 집착하며 이 우주가 자신에게 불리한 징조라고 생각한다. 자신의 부정적 성향에 빠진 나머지 식당 종업원은 느려 보이고, 경비원의 신분증 요구는 거슬리며, 계산대 직원이 자기한테만 인사조차 하지 않는다고 생각한다. 하루가 끝날 무렵이면 그는 저주받은 하루였음을 확신한다.

어느 운전자가 인생에서 크게 성공할 것 같은가? 답은 명백하다. 같은 지점에서 출발했으면서도 이 두 사람은 행운의 길에서 서로 반대 방향으로 향했다. 루이 파스퇴르가 말했듯이 기회는 준비된 사람에게 찾아온다.

삶의 시간

당신은 오늘 10달러를 받겠는가, 아니면 내일 11달러를 받겠는가? 보통 사람이라면 당신은 24시간을 기다려 1달러를 더 받는 것보다 오늘 10달러를 받는 것을 선택할 것이다.[311]

다음에는 이런 상황을 생각해보자. 지금부터 일년 뒤에 10달러를 받는 것과 정확히 일년 하루 뒤에 11달러를 받는 것 중 어떤 것을 선택할 것인가? 이런 식으로 문제를 표현하면 대다수 사람은 두 개의 보상이 여전히 24시간 지연으로 구분되어 있을 뿐인데 대답을 11달러로 바꾼다. 어찌된 일인지 현재보다는 미래에 인내하는 것이 더 쉬워 보인다.

이런 사고 연습이 보여주듯이 투자 두뇌는 시간을 두고서 전개되는 결정을 내려야 할 때 종종 혼란을 일으킨다. 시간에 관한 격언조차도 모순 덩어리다. 내 손 안의 새 한 마리는 숲에 있는 두 마리와 가치가 같다고 하는가 하면, 달걀이 부화하기 전에는 병아리의 수를 세어서는 안 된다고도 한다. 일찍 일어나는 새가 벌레를 잡는다고 하면서, 느리고 꾸준한 새가 경주에서 이긴다고도 한다. 망설이는 자는 잃게 마련이라고 하면서, 좋은 일은 모두 기다리는 자의 몫이라고 한다. 매도 먼저 맞는 놈이 낫다고 하면서, 하룻강아지 범 무서운 줄 모른다고 한다. 우리는 시간에 관해서 말 그대로 이중적인 잣대를 가지고 있다. 한편으로 우리는 충동적이고 조급하며, 단기적인 것에 집착하고, 지금 당장 돈을 쓰면서 빨리 부자가 되고자 열망한다. 다른 한편으로 우리는 자녀의 대학 등록금과 자신의 노후 대책과 같이 수십 년이나 먼 미래의 목표를 위해 돈을 따로 마련하기도 한다.

프린스턴 대학의 신경과학자 조너선 코헨Jonathan Cohen은 우리에게 개미와 베짱이의 이솝 우화를 상기시킨다. 우화에서 개미는 겨울을 나기 위해 바쁘게 먹이를 모으는 반면 베짱이는 햇볕을 쬐며 이 좋은 날에도 일만 한다며 개미를 조롱한다. 이솝 우화의 베짱이는 오늘을 위해 살고 개미는 내일을 위해 계획을 세운다. 우리 각자의 두뇌 속에는 베짱이와 개미가 시간에 관한 우리의 결정을 지배하기 위해 싸우고 있다. 이것은 우리가 2장에서 배운 동일한 두 개의 시스템이다. 즉 감정적인 베짱이는 반사 두뇌를, 분석적인 개미는 사고 두뇌를 상징한다. 당신 내면의 베짱이가 가진 충동을 통제하지 못하면 당신은 성공적인 투자자나 완벽하게 행복한 사람이 될 수 없다.

가능한 한 빨리 소비하고 빌리고 거래하고 싶은 욕망은 인간이 대부분의 다른 동물과 공유하는 반사 두뇌의 감정 회로에서 기인한다. 실험 결과 많은 종류의 조류와 설치류는 그들이 얻을 수 있는 먹이나 다른 보상의 양을 증가시키기 위해 추가 위험을 감수하지 않는다는 사실이 밝혀졌다. 하지만 그들은 보상을 위해 기다려야 하는 시간을 단축시킬 수 있다면 더 큰 위험을 기꺼이 감수한다. 자연 상태에서는 조급한 행동이 득이 되는 경우가 종종 있다. 수명이 짧고, 음식이 썩기 쉽고, 자기 영역을 방어하기 어려웠던 수백만 년 전에는 오늘을 위해 사는 것이 이치에 맞았다.

빨리 부자가 되는 것은 우리에게 특별한 스릴을 안겨준다. 왜냐하면 우리의 조상을 살아 있게 만든 충동의 현대적 버전이기 때문이다. 그러나 오늘날의 우리는 내일을 위해 살아가는 기쁨 또한 가지고 있다. 미래에 관심의 초점을 맞추는 것은 인간 고유의 사고 두뇌의 분석 센터에서 생성된다. 다른 동물도 미리 계획을 세울 수 있다. 모든 동물은 보상이 얼마나 큰지와 얼마나 오랫동안 기다려야 하는지를 비교하여 평가해야 한다.[312] 그러나 다른 어떤 종도 그렇게 먼 미래까지 고려해야 하는 복잡한 계획을 세울 능력은 없다. 하지만 우리가 계획을 항상 제대로 세우는 것은 아니다. 시간은 어떤 식으로든 대다수 사람이 실수하도록 만든다.[313]

◎ 미국인은 직장을 그만둘 때 자신의 401(k) 퇴직연금을 다른 퇴직금 계좌로 '계좌 이전'하거나 세금을 내고 즉시 현금화할 수 있다. 다른 퇴직금 계좌로 이전하는 사람은 절반도 안 된다. 나머지 사람들 중 12%는 소비재와 생활비로 지출하고, 22%는 집을 사거나 사업 자금으로 쓰거나 빚을 갚는 데 사용한다. 대다수 사람은 지금 쓰고 싶은 유혹이 미래를 위해 저축하려는 결심을 압도한다.

◎ 투자자는 판매 수수료 5.75%를 선불로 한 번 내는 펀드보다 매년

0.75%의 별도 비용을 청구하는 펀드를 훨씬 많이 고른다. 하지만 수익률 측면에서 보면 반대의 경우가 유리하다.

◎ 수천 개의 신용카드 회사가 치열한 영업 경쟁을 벌인다. 그런데 왜 그들이 부과하는 이자율은 20% 아래로 떨어지지 않을까? 신용카드 사용자 2명 중 1명은 자신이 '거의 항상 카드 사용액을 완납한다'고 생각하는 것으로 나타났다. 하지만 4명 중 3명은 매달 미납 이자가 발생하고 있다. 신용카드를 신청하는 순간에도 사람들은 높은 금리에 신경 쓰지 않는다. 왜냐하면 자신이 빚을 지는 일은 결코 없으리라고 생각하기 때문이다. 하지만 카드를 발급받은 다음에는 늘 이자를 신경 쓴다.

◎ 당신이 62세에 사회보장연금을 받는다면 연금 수급액은 몇 년 더 기다렸다가 받는 금액의 75%에 불과하다. 그런데도 최근 은퇴자 가운데 70%가 정년인 65세 이전에 사회보장연금을 받기 시작했다. 그들은 조바심 때문에 돈을 더 빨리 받기는 하지만 나중에 훨씬 많은 금액을 놓치게 된다.

◎ 헬스장에 가입하는 사람은 선불, 월납, 연납 등의 방식으로 돈을 낸다. 이런 방식으로 자신이 헬스장을 이용하도록 압박하고자 한다. 하지만 대다수 사람은 헬스장을 드문드문 가기 때문에 하루치 비용을 지급하는 방식이 돈을 절약하기에 좋다. 하지만 그들은 지급 방식을 변경했다가 헬스장 가는 것을 완전히 그만둘까봐 겁낸다.

◎ 1990년대 초 조기 전역을 장려하기 위해 미국방부는 연금을 즉시 지급하는 제도를 시행하기 시작했다. 장교와 사병은 연금을 현금 일시불이나 장기 연금(수년 동안 매월 연금을 나누어 받는 것) 중에서 선

택할 수 있었다. 사병들 중 90% 이상이 현금 일시불을 선택했다. 현금 일시불이 당장은 더 커 보이지만 장기적으로 평균 33,000달러를 손해 본 셈이었다.

◎ 로스앤젤레스 웨스트우드의 한 커피숍에서 고객에게 한 번의 게임 기회를 제공했는데 50%의 확률로 20달러를 따거나 10달러를 잃는 게임에 손님 3명 중 2명이 참여했다. 같은 게임을 100번 할 수 있는 기회를 제공하자 43%의 손님만이 참여했다. 이런 현상은 미래에 더 큰 이득을 취할 가능성이 거의 확실하다는 점도 당장의 손실 가능성의 고통을 상쇄해주지 못한다는 것을 말해준다.

프린스턴 대학의 조너선 코헨이 이끄는 연구진은 최근에 개미와 베짱이가 당신의 머릿속에서 시간을 두고 어떻게 싸우는지 탐구했다. 연구진은 사람들에게 아마존닷컴Amazon.com의 두 가지 상품권 중에서 하나를 선택할 수 있는 기회를 제공했다. 하나는 금액이 작지만 일찍 받을 수 있었고, 다른 하나는 금액이 크지만 늦게 받아야 하는 조건이었다. (조건은 오늘 20.28달러짜리 상품권을 받거나 한 달 뒤에 23.32달러짜리 상품권을 받는 것이었다.) 연구진이 발견한 것은 간단하지만 놀라웠다. 당신이 즉각적인 만족을 선택하든 지연된 만족을 선택하든 상관없이 당신의 전두엽과 두정피질의 사고 영역은 활성화되었다. 그러나 반사 두뇌는 빠른 보상을 선택할 때만 측위신경핵 주위와 그 주위 영역에서 활동이 급격히 증가되면서 활성화됐다. 따라서 미래의 이익이 훨씬 크지 않는 한 즉각적인 이득을 선택하는 것이 지연된 보상을 선택하여 얻을 수 없는 도파민 충격을 준다. 코헨은 "이 시스템을 일찍 또는 즉각적인 보상을 받을 때처

럼 흥분시키려면 미래의 보상은 정말 값진 것이어야 한다."고 말한다.[314]

이 연구 결과는 대다수 사람이 내일 11달러보다 오늘 10달러를 선호하는 이유를 설명해준다. 또한 한 달 뒤 10달러를 받는 것보다 그 다음 날 11달러를 받는 것을 선호하는 것 역시 설명된다. 10달러를 즉시 얻을 수 있다고 생각하는 것만으로도 도파민 폭발이 일어나 더 큰 금액을 받기 위해 하루를 기다려야 하는 당신의 인내력을 압도한다. 이 경우는 바로 베짱이가 개미를 이긴 것이다. 그러나 훨씬 늦게까지 어떤 이익도 얻을 수 없다면 사고 두뇌는 감정에 사로잡히지 않고 덜 충동적인 선택을 할 수 있다. 즉 개미가 베짱이를 이기는 상황이 된다.

오래전에 심리학자 월터 미셸은 취학 전 아동에게 개미와 베짱이 우화 같은 여러 선택 기회를 제공했다. 지금 마시멜로 1개를 받거나 15분 뒤에 마시멜로 2개를 받을지 선택하는 것이다. 종종 장난감에 마음을 빼앗기기는 했지만 자신의 만족감을 충분히 잘 지연시킬 수 있었던 4살배기가 커서 어른이 됐을 때 더 나은 사회적 기술, 더 큰 자신감, 더 높은 학습 성취도를 가진 것으로 나타났다.[315]

마시멜로처럼 돈도 그렇다. 최근 연구진은 사람들에게 향후 2년간 언제든지 자신이 원하는 고급 레스토랑에서 저녁 식사를 할 수 있는 상품권 10장을 얻었다고 상상해볼 것을 요구했다. 연구진이 첫해에 너무 많은 상품권을 사용하는 바람에 둘째 해에 후회하게 될 것 같은 사람을 물으니 참가자의 25%가 자기가 그럴 것이라고 답했다. 둘째 해에만 쓸 수 있는 상품권을 기꺼이 받은 사람은 7% 미만이었다. 놀랍게도 그 7%는 퇴직금 계좌에 이미 다른 사람보다 훨씬 많은 돈을 모아두고 있었다. 저축은 당연히 자기 통제력이 많은 사람에게만 가능한 일이다. 이는 정부가 사회보장연금 민영화를 고려할 때 명심해야 할 사항이다.

수익과 손해는 현재의 감정에 큰 영향력을 발휘한다. 하지만 수익과 손해가 미래로 지연되면 그 영향력은 약해진다. 이런 이유 때문에 물건을 사는 가격과 보유하는 비용 사이에서 늘 혼란을 겪는다. 우리가 뭔가를 구매할 때는 지금이기 때문에 매우 민감해지는 반면 뭔가를 보유할 때는 나중이기 때문에 훨씬 덜 민감하다. 1세기 전 킹 질레트King Gillette라는 남자는 우리의 두뇌에 있는 이 이상한 버릇을 이용해 부자가 되었다. 그는 남자들을 설득해 처음에는 안전 면도기를 거의 무료로 팔았다. 그 이후에는 그들이 며칠마다 새 면도날을 살 수밖에 없었다. 영원히 말이다. 이것은 오늘날의 소비자가 놀라우리만치 낮은 가격에 잉크젯 프린터를 구입하는 걸 기쁘게 생각하지만 나중에 잉크 카트리지를 교체하면서 계속해서 많은 돈을 써야 한다는 사실을 깨닫는 것과 마찬가지다. 당신 내면의 베짱이가 돈을 물 쓰듯 쓰는 것이다. 대금 지급의 책임은 개미에게 맡겨놓고 말이다.

널 사랑해. 내일부터

'나중에 할 거야.' 우리는 이런 말을 자주 하는데 전혀 해롭지 않아 보인다. 하지만 이런 말은 당신의 재정에 큰 차이를 만들 수 있다.

하버드 대학의 경제학자인 데이비드 라이슨은 이렇게 말한다. "미루는 버릇은 단지 하기 싫은 일을 당신이 해야 한다고 생각하는 것보다 더 오래 지연시키는 것이다." 물론 하기 싫은 일이 종종 유쾌한 결과로 이어지기도 한다. 가끔 우리는 자신에게 좋은 일에도 최악의 늑장을 부리기도 한다. 그런 예로는 401(k) 납입금 추가하기, 담배 끊기, 신용카드 빚 갚기, 운동하기, 대출금 미리 상환하기, 다이어트 하기, 보험 공제금 올리기, 온라인 뱅킹과 대금 자동결재 신청하기, 더 싼 전화요금제 찾기, 가계부 쓰기 등을 들 수 있다.

드폴 대학의 심리학자 조셉 페라리는 미국인의 25%가 상습적으로 미루는 버릇이 있다고 했다. 그들은 회의 시간에 습관적으로 지각한다. 남녀 모두 나이에 관계없이 늑장 부린다. 2005년 국세청에 따르면 미국의 개인 세금 환급 신고 1억 2천만 건의 27%가 마감 직전에 접수되었다. 3,200만 건의 신고는 4월 9일에서 4월 22일 사이에 들어왔다. 이런 신고의 40%는 환불받을 수 있는 건이었다. 정부로부터 돈을 돌려받는다는 흥분되는 상황에서도 사람들의 미루는 버릇은 고치지 못한다.[316]

미국의 한 대기업에서는 68%의 직원이 자신의 401(k) 납입 비율이 '너무 낮다'고 느꼈다. 납입 비율이 부족하다고 느낀 응답자의 3분의 1 이상이 앞으로 몇 달 안에 401(k)의 납입 비율을 늘리겠다는 계획을 이미 세웠다고 답했다. 그러나 그들 중 실제로 그런 좋은 계획을 실천한 사람은 단 14%였다.

문제는 우리에게 좋은 일이 뭔지 모른다는 것이 아니다. 단지 그걸 시작하기에 오늘보다 내일이 더 좋다고 생각하는 게 문제다. 그리고 내일이 오면 갑자기 모레가 더 좋은 날로 보인다.

이런 현상이 발생하는 이유는 실천으로 얻는 이득이 주로 미래에 실현되기 때문이다. 그 때문에 이득이 애매해 보이고 실천을 지연하는 것이다. 하지만 늑장을 부린 대가는 당장 생생하게 뼈저리게 느낀다. 예를 들어 운동을 하려면 바쁜 하루 일과 시간을 쪼개야 하고, 숨을 헐떡이며 땀

투성이가 되어야 한다. 물론 그 결과로 살이 빠지고 장수와 건강한 삶이라는 보상을 얻는다. 그러나 그런 좋은 결과는 늦게 오는 반면 지금 당장은 힘이 든다. 마찬가지로 오늘 401(k)에 더 많이 납입한다면 몇 십 년 뒤에는 더욱 풍요롭게 은퇴할 수 있을 것이다. 하지만 먼저 한 더미의 서류 절차를 거쳐야 하며, 멍할 정도로 복잡한 메뉴에서 펀드를 골라야 하며, 조금 더 적어진 급여로 빠듯한 생활을 해야 한다. 다시 말하지만 이런 결정의 혜택은 먼 미래에 얻어지는 데 반해 그 대가는 즉시 나타난다. "납입금을 올리지 않았으면 난 지금 저 신발을 살 수 있었을 텐데!" 같은 생각 말이다. 반사 두뇌의 감정 회로는 즉각적인 비용에 집착하여 사고 두뇌가 미래의 이익을 분석하는 것을 가로막는다.

오늘 해야 할 일을 내일로 미루면 그 비용을 미래로 넘길 수 있다. 모든 문제를 지금 해결하는 것보다 미래로 연기하는 것이 당장은 더 쉬워 보인다. 우리는 작은 농간을 부려 자신을 속임으로써 마음속 장부책의 양쪽을 균형 있게 맞춘 것처럼 가장할 수 있다. 즉 한쪽에는 비용, 다른 한쪽에는 이익을 적은 것이다. 그러다 보면 이익과 비용 모두 지연된다. 당신은 모든 생활을 설렁설렁 보낼 수 있다. 올바른 식사 습관을 기르고, 담배를 끊고, 운동을 더 많이 하고, 더 많이 저축하고, 지출을 줄이거나 하는 자신과의 약속을 매일 새롭게 다짐하면서 말이다. 내일부터 시작하면 되니까 말이다.

옛날이 좋았지

당신이 갑자기 늙었다고 상상해보자. 당신이 현재 20대, 30대, 40대라면 아마도 자신의 늙은 모습을 다음과 같이 상상할 것이다. 약간의 짜증에도 흥분하고, 자기 이름만 빼고 다 잊어버리고, 전기톱보다 작은 소리는 듣지 못하고, 매일 TV 앞에서 잠이 들고, 밤이면 틀니를 꺼내놓고, 항상 온몸이 쑤시는 그런 모습 말이다. 록 그룹 더후The Who의 피트 타운센드는 〈나의 세대My Generation〉를 작곡하면서 '늙기 전에 죽었으면 좋겠어'라는 가사를 넣었다. 그는 늙는 것을 두려워하는 우리 모두의 마음을 대변한 것이다.

젊은이에게 늙은이는 썩은 널빤지처럼 대수롭지 않게 보이기 때문에 대다수 사람은 돈을 즐길 수 있는 자신의 능력이 세월이 흐를수록 쇠퇴하리라 믿는다. 그래서 그들은 오늘을 위해 산다. 저축하기보다는 소비를 원하고 신용카드로 대출받기에 바쁘다. 더 신뢰할 수 있는 투자로 천천히 부자가 되는 대신 위험한 투기로 빨리 부자가 되려고 한다. 로드 아일랜드의 스미스필드에 있는 브라이언트 대학의 심리학자 헤더 폰드 레이시는 이렇게 말한다. "많은 사람이 늙어가는 것을 두려워합니다. 젊은이가 미래를 대비해 자기 자신과 자산을 보존하는 대신 위험한 행동을 취하는 것도 이런 심리에서 비롯됩니다."[317]

그러나 나이를 먹는 것에 대해 많은 젊은이가 가지고 있는 직관은 전적으로 잘못됐다. 최근 미국에서 300명의 젊은이(평균: 31세)와 300명의 노인(평균: 68세)이 온라인 조사에 참여했다. 두 그룹은 30세와 70세의 평범한 사람이 얼마나 행복한지를 추정했다. 30대는 70세가 되면 덜 행복할 것이라고 생각한 반면에 노인은 자신이 30세였을 때 더 행복했다고 믿었다. 그러고 나서 충격적인 일이 벌어졌다. 자신의 행복에 등급을 매기라고 요구하자 70세 전후의 노인이 30세 전후의 젊은이보다 10% 더 높은 등급을 매겼다! 놀라운 진실은 사람들이 나이를 먹을수록 더 행복해진다는 것이다. 자신이 늙어가면서 더 행복해지기를 기대하지도 않았고 심지어는 그런 현상이 일어나더라도 깨닫지 못하면서 말이다.

나이가 들면서 자신의 축적된 경험에서 배우면서 당신은 자신을 당황하게 했던 것을 걸러내고, 자신에게 즐거움을 줄 가능성이 높은 것에 집중하게 된다. 시간이 흐를수록 당신의 두뇌는 더욱 능숙한 감정 관리자가 된다. 좋은 기분은 더 오래 지속되고, 나쁜 기분에서 더 빨리 회복되며, 과거의 실망감을 더 잘 잊는다. 스탠포드 대학의 심리학자인 로라 카스텐슨Laura Carstensen은 나이가 들수록 인과 관계를 따지지 않아 기존에 좋아하는 사람과 더 많은 시간을 보낼 수 있으며, 일시적인 관심사를 버리고 기존에 가장 즐기고 있던 활동에 더 많은 에너지를 쏟을 수 있다는 것을 보여주었다. 시간을 인지하는 범위가 점점 짧아지면서 당신은 쾌락을 추구하는 행위에서 큰 행복을 얻지 못하지만, 당신의 인생에 의미와 성취감을 더해주는 경험과 인간관계에 투자하는 행위에서 큰 행복을 얻는다.[318]

◎ 신경학자가 사진을 보는 사람들의 순간적인 눈 움직임을 정밀하게 측정했다. 20대 그룹과 평균 64세 그룹이 도망치는 아이에게 총을 겨누고 있는 군인의 끔찍한 사진을 보았을 때 청년의 시선이 25% 더 오랫동안 사진에 머물렀다.

◎ 가격, 연비, 안전성, 승차감 같은 항목을 평가해 6개 차종을 비교한 결과 노인은 청년에 비해 긍정적인 특징을 평가할 때는 10%의 시간을 더 썼고, 부정적인 특징을 평가할 때는 20%의 시간을 덜 썼다.

◎ 행복, 슬픔, 두려움 같은 감정을 전달하는 장면이 빠르게 지나가는 것을 청년과 노인에게 보여주었다. 시간이 지난 뒤 노인은 청년보다 더 많은 긍정적인 사진을 떠올렸고, 부정적인 사진은 절반도 못 떠올렸다. 마치 그들의 기억 은행이 더 이상 마이너스 예금을 받지 않는 것처럼 말이다.
◎ 사람들이 MRI 스캐너 안에서 감정을 자극하는 사진을 보았을 때 평범한 청년의 편도체에서는 부정적인 이미지에 크고 뜨거운 반응이 나타났다. 그러나 노인의 경우는 부정적인 이미지에 편도체의 반응이 약간 식었다.

신경과학자는 노인의 경우 전전두피질의 사고 능력이 편도체의 반사 반응에 대항하는 능력을 자동으로 개발했다고 믿는다. 실제로 나이가 들수록 두뇌의 분석 영역이 비대해져서 젊어서는 쉽게 흥분해서 부정적 감정을 유발했던 반응을 무디게 만든다. 그 결과 당신이 긍정적이라고 생각하는 경험, 즉 시간이 짧게 느껴지면서 당신이 주의를 집중하고 싶은 일을 위한 지적 공간이 넓어진다.[319]

나이가 들면서 부정적인 일에 편도체의 반응을 억누름으로써 사고 두뇌는 기억의 본질을 변화시킨다. 7장에서 보았듯이 당신이 공포심을 느끼면 편도체는 그 사건을 낙인 찍듯 기억 속에 새기도록 한다. 하지만 편도체가 덜 활성화되면 미래의 기억 속에서 그 사건의 흔적은 점점 흐려진다. 나이를 먹으면 좋은 일만 생각하려는 충동뿐 아니라 부정적인 경험에 일종의 기억상실증을 갖는다. 노화하는 두뇌는 예전 작곡가 조니 머서가 자신의 노래에서 '긍정적인 것은 강조하고 부정적인 것을 제거하

라'는 충고대로 잘 대처하는 것 같다.[320]

노화 현상의 진실을 알면 우울증이 65세 이상보다 이십 대에 더 흔하다는 것은 새삼 놀랍지 않다. 다만 80대 후반의 노인에서는 우울증이 이십 대만큼 흔하게 나타난다. 건강이 대체로 좋다고 가정하면 65세를 넘으면 젊었을 때보다 삶에 더 만족하게 마련이다.[321]

편안한 마음가짐은 나이 든 투자자에게 보다 많은 인내심을 준다. 1970년대 끔찍한 폭락장에서 가격이 하락할 때마다 꾸준히 주식을 사들인 투자자는 65세 이상의 '늙은이들'뿐이었다. 〈비즈니스위크〉지가 표지 제목에서 '주식의 죽음'이라고 선언했듯이 1979년까지 많은 젊은 투자자는 넌더리를 치며 주식시장을 떠났다. 그러나 1970년대의 주가 하락이 1980년대와 1990년대의 강세 시장의 발판을 마련하자 노인 투자자는 마지막에 웃고 있었다. 시장의 하강 기류 속에서 지속적으로 주식을 사들인 사람은 시장이 상승 반전하자 대박을 터뜨렸다.

대체로 우리가 늙는 것을 두려워한다는 근거는 없다. 나이가 들고 지혜로워질수록 돈으로 더 많은 즐거움을 얻을 수 있기 때문에 젊은 시절의 저축은 매우 타당해 보인다. 자신의 삶에 의미와 성취감을 더하기 위해 돈을 어떻게 사용하는 것이 최선인지 젊을 때는 모르지만 나이가 들면 알게 된다. 늙는 것을 두려워할 것이 아니라 젊었을 때 저축하고 투자한 돈에서 매년 풍성한 수확을 거둘 것으로 기대해야 한다. 만약 당신이 반사 두뇌와 사고 두뇌로부터 최상의 것을 얻기 위해 이 책의 교훈을 활용한다면 나이가 들어 늙어도 두려워할 필요가 없다. 로버트 브라우닝의 시에서 랍비 벤 에즈라가 이렇게 외친 것은 옳았다.[322]

나와 함께 늙어 가자!
인생의 황금기는 지금부터야.
인생의 초년은 말년을 위해 만들어진 것이었어.

행복해져라

행복에 관한 새로운 연구에서 가장 강력하고 위안을 주는 교훈은 행복하기 위해 부자가 될 필요는 없다는 것이다. 행복감을 높이기 위해서는 돈 관리 못지않게 자신의 감정과 기대를 조절하는 게 중요하다. 최소한의 노력으로 당신의 돈에서 최대한의 행복을 얻기 위해서는 다음의 크고 작은 방법이 있다.[323]

심호흡을 하라.

리처드 데이비슨이 스님들을 연구한 결과에서 알 수 있듯이 내면의 평안을 수행하는 사람은 행복감을 유발하는 두뇌의 중심 영역인 좌측 전전두피질이 보다 활동적이 된다. 자신을 위해 매일 몇 분간 조용한 시간을 가져보라. 모든 전기 플러그를 뽑아라. 휴대폰을 끄고 인터넷도 중단하라. 기도를 하거나 당신을 행복하게 하는 기억에 몰두하기 위해 눈을 감고 깊게 숨을 들이마시고 잠시 명상을 한다. 명상을 끝내고 나올 때는 당신을 기분 좋게 해줄 한 가지를 생각하라. 단순할수록 좋다. 이런 방법은 투자가 잘되지 않을 때 특히 중요하다.

TV를 꺼라.

아무리 많은 돈을 벌더라도 부러움과 '비교 콤플렉스'는 당신에게 초라한 기분을 느끼게 할 수 있다. 가능한 한 남과 자신을 비교하지 말아야 한다. 황금 시간대의 TV 프로그램과 광고는 시청자에게 누구라도 부자가 아니면 패배자라는 느낌이 들도록 하는 영상을 쏟아낸다. 미국, 중국, 호주에서의 연구 결과에 따르면 TV를 많이 보는 사람은 행복이 자신이 살 수 없는 물건에 달려 있다고 믿으며, 그로 인해 자신의 삶에 만족감이 덜했다. 만약 여러분이 가진 돈을 더 좋게 느끼고 싶다면 TV를 꺼라. 그 시간을 취미, 공부, 또는 가족이나 친구와 어울리는 데 쓰라.[324]

운전 시간을 활용하라.

출퇴근 시간은 대다수 사람이 가장 싫어하는 활동이다. 반면 친구와 시간을 보내는 건 좋아하는 활동 중 하나다. 일석이조의 효과를 거두는 방법이 있다. 두세 명의 좋은 친구와 카풀을 해서 출퇴근하라. 부정적인 경험이 긍정적인 경험으로 바뀔 것이다. 더불어 연료비도 절감된다.

흐름을 바꿔라.

만약 당신이 일처리에 어려움을 겪고 있다면 아마 더 열심히 일한다고 해서 해결책을 찾지는 못할 것이다. 하루에 한 시간을 운동이나 예술, 음악 같은 여가 활동에 할애하라. 이는 당신의 주의를 다른 데로 돌리고, 에너지를 다시 집중시키며, 시간이 멈춘 듯 느끼게 하고, 고민을 덜어줄 것이다. 그런 다음 다시 책상에 앉으면 해결책이 갑자기 분명하게 보일지도 모른다. 마찬가지로 휴가를 잘 보내고 오면 주식시장의 하락세가 갑자기 끝난 것처럼 보이기도 한다는 것은 놀라운 일이다.

파티를 열어라.

유능한 관리자는 어려운 시기에 직원의 사기를 북돋우는 것이 여느 때보다 중요하다는 것을 안다. 오랫동안 옵션 트레이더로 일한 마크 골드파인은 트레이딩 룸에서 안 좋은 하루를 보낸 날이면 동료에게 술이나 저녁을 대접하곤 했다고 한다. 골드파인은 이렇게 말한다. "기분 좋은 날 저녁을 사는 것은 누구나 할 수 있습니다. 하지만 나는 나쁜 날에 한턱내는 것이 좋다고 생각합니다. 그런 방식으로 시장이 자신의 기분을 좌우하지 못하게 하고, 김빠지고 상처 입는 것을 방지할 수 있습니다. 행복할수록 더 많은 성공을 거둡니다."[325]

분위기가 좋을 때 끝내라.

감정의 기억은 경험이 어떻게 끝나느냐에 좌우되기 때문에 당신은 지금 이 시점에서 미래를 조종할 수 있다. 당신이 2주간의 휴가를 보내는 중이라면 여행에서 돈을 물 쓰듯 쓰고 싶은 충동을 억눌러라. 대신 휴가의 마지막을 위해 그리고 당신과 동반자를 위해 아주 특별한 것을 마련해보라. 로맨틱한 저녁 식사, 별빛 아래서 보트 타기, 가족이나 친구와의 깜짝 재결합 같은 것 말이다. 휴가를 가장 좋은 분위기에서 마무리하면 훗날 회상할 때 휴가 중에 있었던 안 좋은 일은 모두 잊을 수 있다. 마찬가지로 증권사 직원이나 자산 관리사는 대면 회의가 끝날 무렵에 가장 좋은 소식을 전함으로써 고객 만족도를 높일 수 있다.[326]

누군가를 놀라게 하라.

4장에서 보았듯이 예상치 못한 보상을 받으면 두뇌에서 도파민이 다량으로 분출된다. 스스로를 간지럽힐 수 없듯이 뜻밖의 선물을 스스로에게 줄 수는 없다. 하지만 다른 사람을 놀라게 하는 것은 쉽다. 다른 사람에게 예상치 못한 선물을 주기 위해 쓰는 돈은 같은 돈을 자신에게 쓸 때보다 선물을 받은 당사자와 당신에게 훨씬 큰 기쁨을 준다. 선물이 비싼 보석일 필요는 없다. 중요한 것은 정말로 그런 마음을 갖고 있느냐이다.

학교로 돌아가라.

사람들이 삶을 돌아보면서 하는 큰 후회 중 하나는 충분히 교육받지 못한 것이라고 말한다. 이런 후회는 그들의 가방끈이 얼마나 긴지와 관계없이 일관되게 나타난다. 당신이 중세사, 요가, 요리, 컴퓨터 정비, 야구의 물리학 등 궁금한 것이 무엇이든 가까이에 있는 대학은 틀림없이 당신이 돈을 벌 수 있는 강의를 제공한다. 소파에서 일어나 강의실로 들어가라. 당신은 흥미로운 것을 배우며 새로운 친구도 사귈 것이다. 더불어 당신은 더 많은 돈을 벌게 해줄 통찰력을 얻는다.[327]

너무 대담한 노인이 되지 않도록 하라.

나이가 들면 긍정적인 것은 강조하고 부정적인 것을 무시하기 때문에 사기꾼과 악덕 변호사는 오래전부터 노인을 등쳐먹었다. 빨리 부자로 만들어주겠다는 사기꾼의 유혹은 언제나 좋은 면만 강조하기 때문에 노인 투자자에게는 거부하기 힘들 정도로 매력적이다. 나이가 들면 부정적인 면을 생각하는 것을 좋아하지 않기 때문에 노인에게는 약간의 보호 장치를 마련해주어야 한다. 나이 든 부모가 있거나 자신이 65세 이상이라면 원하지 않는 이메일을 걸러주는 스팸 필터를 설치하고, 텔레마케터를 차단하는 발신자 확인 서비스에 등록하고, 주위에 돈을 불려주겠다고 제안하는 사람이 있는지 항상 조사하고, 체크리스트와 투자정책서를 사용하지 않고서는 절대로 투자하지 말아야 한다.('부록 2와 3' 참조)

긍정적인 면을 강조하라.

할머니나 할아버지가 정말로 화내는 모습을 얼마나 자주 봤는가? 노인이 더 차분하고 긍정적으로 사물을 본다는 사실은 두려움이 그들을 자극하지 못한다는 것을 뜻한다. 만약 당신이 노인에게 나쁜 결정을 내리면 손해를 볼 수 있다고 아무리 강조해도 그들은 당신의 말을 듣지 않을 것이다. 따라서 좋은 결정을 내리면 긍정적인 결과를 만들 수 있음을 강조하라. 특히 그런 긍정적인 결과가 그들이 가장 소중하게 여기는 사람과 시간을 보낼 수 있는 자유를 제공한다는 점을 부각시키는 것이 좋다.

목표를 향해 나아가라.

반사 두뇌에 있는 베짱이 본능은 미래를 위해 저축하는 것을 어렵게 한다. 먼 미래의 보상에는 지금 돈을 써서 생기는 감정의 스릴이 없기 때문이다. 이를 극복할 방법은 장래의 목표를 가능한 구체적이고 생생하게 만드는 것이다. 저축이나 퇴직 계좌에 '우리 아이 학자금'이나 '우리 집 구입 자금' 같은 별명을 붙여라. 그리고 '2026년 7월 31일, 우리 아이 스무 살 생일' 또는 '2029년 크리스마스 이브'와 같은 목표 날짜를 지정하라. 잡지에서 사진을 오려내거나 인터넷에서 클립 아트를 다운로드하라.

그런 사진을 계좌 내역 옆에 붙여놓아라. 앞으로 그 돈으로 무엇을 할지 이미지화할수록 목표는 더욱 가깝고 구체적으로 보인다. 이를 통해 당신이 돈을 적립하기가 쉬워진다.[328]

시간을 자기 편으로 만들어라.

똑똑한 판매자는 이익을 전면에 내세우고 위험을 뒤쪽에 숨겨 놓아야 한다는 것을 안다. 그렇게 함으로써 긍정적인 면은 최대한 흥미롭게 부각시키고, 부정적인 면이 초래하는 불안함을 최소화한다. 그들에게 당하지 않기 위해서는 현재 구입 가격뿐만 아니라 총소유 비용에도 초점을 맞추어야 한다. 당신이 담보 대출을 받을 때 15년 만기보다 매월 상환액이 적다는 이유로 30년 만기 대출을 선택하면 안 된다. 당신이 부담해야 할 총부채 금액의 차이를 비교해본 다음 결정해야 한다. 그리고 '선취' 판매 수수료가 없는 펀드가 연보수가 낮은 펀드보다 더 싸다고 함부로 짐작하지 말고 먼저 상품 안내서에 있는 수수료 표를 확인해야 한다. 고가의 상품 대금 지불 방법이 다양할 때는 오늘 당장뿐만 아니라 앞으로 5년 후까지 부담해야 하는 금액을 지불 방법별로 비교 설명하는 분석표를 요구하라. 당장은 절약했다고 생각한 돈이 숨어 있다가 나중에 불쑥 튀어나올지 모른다.

과소비 충동을 억눌러라.

당신이 훗날 비참해질 것을 감수하고 흥청망청 돈을 쓰는 사람이라면 돈을 분리하라. 정기적으로 들어가는 생활비는 일반 은행 계좌에서 지급하라. 그런 다음 마음대로 쓰기 위한 전용 계좌를 개설하고 그 계좌용 체크카드를 만들어라. 신용카드는 바로 해지하라. 그래야 동일한 플라스틱 카드로 지불하는 편리함을 유지면서도 신용카드와는 달리 통장 잔고 이상의 돈을 쓸 수 없게 된다.

자신만의 행운을 만들어라.

심리학자 리처드 와이즈먼은 유별나게 운이 좋거나 나쁜 사람을 수년간 연구했다.[329] 그가 가장 유별나게 기억하는 사례는 파티에 가기 전에 한 가지 색깔을 생각해두는 여성이다. 그런 다음 그녀는 그 색상을 입고 있는 사람에게 계획적으로 말을 건넨다. 이런 계획적인 방법으로 자신을 다정다감한 사람으로 만드는 것이다. 이를 통해 그녀는 결코 대화하지 않았을 법한 사람과 만날 수 있었고 때로 데이트 신청을 받기도 한다.

일상을 깨고 새로운 경험을 받아들임으로써 스스로 호기심을 자극하고 새로운 아이디어에 접할 수 있다. 뜻밖의 행운을 잡을 수 있는 가능성을 자주 추구할수록 투자나 사업에서 행운을 얻을 확률이 높아진다.

일주일에 한 번은 새로운 식당에서 점심을 먹어라. 다른 부서 직원과도 커피를 마시러 나가라. 낯선 사람과 대화를 나눠라. 만약 당신이 보통 버스를 타고 출근한다면 출근길의 일부를 걸어보라. 당신 주위 세계의 변화에 관심을 갖도록 스스로를 훈련시켜라. 사람들이 어떤 차를 운전하는지, 어떤 브랜드의 신발을 신는지, 어떤 휴대폰을 사용하는지. 평소 관심사가 아니었던 새로운 정보 출처를 찾아보라. 웹 사이트, 잡지, 업계의 출판물 같은 것 말이다. 나는 1998년 단순한 호기심으로 공항 서점에서 〈사이언티픽 아메리칸Scientific American〉을 한 권 사서 신경과학에 관한 기사를 읽었다. 순전히 예쁜 사진이 기사 첫머리에 있었기 때문이었다. 놀랍게도 나는 두뇌의 절반이 절단된 사람은 일반인과 완전히 다른 방식으로 확률을 계산한다는 사실을 발견했다. 이런 발견은 내가 평소에 알던 자료에서는 결코 찾을 수 없었던 투자에 대한 통찰로 이어졌다. 그날 내가 평소의 독서 취향에서 벗어나 모험하지 않았더라면 이 책은 결코 나오지 못했을 것이다.

와이즈먼은 또한 '행운의 목표' 목록을 만들어둘 것을 권한다. 목표는 가능한 한 구체적이고 현실적으로 써야 한다. '부자가 되고 싶다'와 같은 표현은 의미가 없다. 대신 '다음 달에 10명의 신규 고객을 원한다'와 같이 적어라. 그런 다음 진척 상황을 관찰하라. 몇 가지 목표를 설정함으로써 한 분야에서 운이 없더라도 다른 분야의 운으로 극복될 수도 있다.

지금 당장 실행하라.

미루는 버릇은 부자가 되기에 가장 나쁜 적이며 큰 불행의 원인이다. 우리는 더 많이 저축해야 한다는 것을 알고 있다. 약간의 의지력만 있으면 우리는 그렇게 하리라고 확신한다. 그러나 심리학자 로이 바우마이스터가 영리한 실험으로 증명했듯 의지력이 충분한 경우는 드물다. 맛있는 초콜릿칩 쿠키가 구워지는 오븐 앞에 앉아 있는 그룹 사람들에게 테이블 위의 그릇에서 원하는 만큼 무를 먹을 수 있지만 쿠키는 안 된다고 말했다. 그러고는 몇 분 동안 그들을 남겨둔 채 방을 나왔다. 한편 다른 그룹의 사람들은 원하는 만큼 쿠키를 먹을 수 있었다. 끝으로 바우마이스터는 참가자들에게 기하학적인 퍼즐을 풀라고 했다. 쿠키를 못 먹게 했던 그룹은 쿠키를 먹을 수 있었던 그룹보다 퍼즐 풀기를 포기하는 속도가 두 배 이상 빨랐다. 이 실험의 분명한 교훈은 의지력이란 적어도 단기적으로 재생 가능한 자원이 아니라는 것이다. 의지력은 사용하면 없어진다. 당신의 자제력은 너무 쉽게 고갈되기 때문에 필요할 때 의지력을 발휘할 수 있을 것이라고 믿는 것은 어리석은 짓이다.

다행히도 하버드 대학의 행동경제학자인 데이비드 레입슨은 이렇게 지적한다. "오늘 각오한 것을 내일 실행하겠다고 미루는 것은 자제력이 필요 없는 세상을 만들겠다는 것이나 마찬가지다."[330] 자신과의 사전 약속을 성공시키는 몇 가지 요령을 소개한다.

• 친구와 함께하라

친구가 당신과 같은 결심을 실천하려고 노력한다면 함께하라. 만약 두 사람이 공유하는 목표를 달성하고자 하는 날짜와 목표를 이루었을 때 서로에게 줄 보상에 합의하라. (보상은 좋아하는 식당에서 식사를 하거나 영화를 보거나 어떤 것이든 될 수 있다.) 두 사람 중 한 사람만 기한 내에 목표를 달성한다면 둘 다 상을 받지 못한다.

• 배우자와 내기하라

만약 당신이 계속해서 미루고 있던 일이 있다면 배우자나 다른 소중한 사람에게 그 일을 이번 주 금요일까지 끝낼 것이라고 말하라. 만약 그렇게 못한다면 당신은 다음 토요일에 배우자가 시키는 집안일을 해야 한다.

• 디지털 기기를 이용해 점검하라

당신이 401(k)에 납입하는 금액을 올려야 한다는 것을 알고 있다고 치자, 하지만 당신은 자신이 흔들리는 것을 느낀다. 데이비드 레입슨 교수는 이럴 때 다음과 같이 할 것을 제안한다. 당신이 친구에게 "만약 내가 다음 주 금요일 오후 5시까지 실천하지 않으면 네가 원하는 선물을 사주겠어."라고 말하는 것이다. 나중에 약속을 어기지 않도록 친구와 악수까지 해야 한다. 그런 다음 스마트폰이나 앱에서 제공하는 공유 온라인 달력을 사용해 금요일 아침에 친구에게 자동으로 발송되는 메시지를 만들어라. 그리고 자신에게도 "그는 5시에 내게 얘기할 거야!"라고 사전 메시지를 써라. 이것이 레입슨 교수의 제안이다. 이 모든 조치에도 금요일 전까지 실행되지 않는다면 금요일 4시 45분경에는 틀림없이 바쁘게 움직일 것이다.

• **일을 쪼개라**

모든 것을 한꺼번에 하려고 시도하지 말고 단계별로 쪼개서 실행하라. 당신이 모든 청구서에 온라인 자동 결제 서비스를 신청할 생각이었다고 가정해보자. 한꺼번에 다 가입하려고 하지 마라. 그렇게 하기에는 좀 꺼림칙하다. 대신 한 가지만 먼저 처리하라. 예를 들어 전화 요금 청구서만 온라인으로 결제되게 신청하라. 자동 결제 신청이 얼마나 쉬운지 알면 놀랄 것이다. 또한 지금까지 해왔던 대로 일련의 절차가 필요 없다는 사실이 얼마나 기분 좋은지 알게 된다. 모든 것을 한꺼번에 처리하는 대신 하나씩 진행함으로써 당신은 얻는 이득에 비해 비용이 별것 아님을 이해할 것이다. 머지않아 당신은 모든 청구서를 온라인으로 지급할 것이 분명하다.

스스로에게 행복감을 북돋아줘라

심리학자 마틴 셀리그만은 1주일 동안 하루 한 번씩 행복 일기를 쓰는 것만으로 향후 몇 달간 당신을 충분히 행복하게 만들 수 있음을 보여주었다. 행복 일기는 하루에 일어났던 세 가지 일을 적기만 하면 되는데 이때 그 일이 일어난 이유도 함께 적는다. 그렇게 함으로써 마치 당신이 받은 축복을 헤아리는 행위만으로 축복이 몇 배로 증가하는 것처럼 느껴지게 한다.[331]

또한 셀리그만이 감사 방문이라 부르는 것도 할 수 있다. 당신의 삶에 긍정적인 영향을 미친 사람을 생각해보라. 300단어로 된 감사 편지를 구체적으로 적어보라. 그 사람이 했던 일과 그 일이 당신의 삶에 어떤 의미를 부여했는지, 왜 고마워하는지 등을 적는 것이다. 그런 다음 그 사람에게 방문해도 좋은지 물어보라. 만약 그 사람이 방문 이유를 묻는다면 그냥 깜짝 방문이라고 말하라. 그를 만나면 당신이 쓴 감사 편지를 큰 소리로 읽어라. 만약 감정이 북받쳐 읽기 어렵다면 그 사람이 감사 편지를 읽는 동안 그냥 옆에 앉아 있어라. 그 일은 두 사람 모두에게 오래도록 따뜻한 행복감을 느끼게 해줄 것이다.

또 다른 연습은 '가능한 최상의 자아'를 시각화하는 것이다. 만약 모든 목표가 성취되고, 모든 꿈이 실현되고, 모든 잠재 능력이 발휘된다면 미래의 당신의 삶은 어떤 모습일지 상상해보라. 미래의 이런 흡족한 위치에서 과거를 회상할 때 뿌듯해할 자신의 모습을 시각화하라. 당신의 미래의 모습을 가능한 한 자세히 묘사하라. 그 내용을 종이에 적어 지갑에 넣어놓거나 휴대용 기기에 담아 놓아라. 세부 내용이 새로 생각날 때마다 기존 목록에 추가하라.

마지막으로 매년 해가 바뀔 때 당신의 행복이 진행되고 있는 간단한 상황 보고서를 작성하라. 아마도 당신이 새해 결심을 세우고 투자 계좌의 연말 잔액을 순자산 보고서에 업데이트하는 1월이 될 것이다. 당신의 인생을 몇 개의 주요 항목으로 나누어라. 예를 들어 사랑, 우정, 건강, 일, 놀이, 돈, 학습, 기부, 전반적인 행복 등으로 나눈다. 자신을 항목별로 1부터 10까지 점수를 매겨라. 이 항목을 순자산 보고서에 추가하고 연도별로 추적하다 보면 더 풍요로운 삶이라는 목표를 달성하기 위해 자신이 무엇을 해야 하는지 알 수 있는 가장 간단한 방법이다. 감정적인 부의 수준을 높임으로써 물질적인 부도 증가시킬 수 있다.

활동과 참여는 소유보다 낫다.

마지막으로 돈을 더 벌어서 행복해지려고 애쓰다 보면 간단하지만 중요한 것을 간과한다. 행복에 이르는 세 가지 기본 경로가 있다. 그것은 소유하기having, 활동하기doing, 참여하기being다. '소유하기'는 취득과 보유에 중심을 두는 것으로 마틴 셀리그만은 이를 '즐거운 인생the pleasant life'이라고 부른다. 하지만 새 SUV 사례에서 볼 수 있듯이 돈으로 산 행복은 오래가지 않는다. '활동하기'는 경험과 활동에 관한 것으로 셀리그만이 '좋은 인생the good life'이라고 부르는 것이다. 가족이나 친구와 함께 특별한 행사를 준비하거나, 오직 배움을 목적으로 대학 강의를 수강하거나, 취미 생활을 가지는 것이 활동하기의 예다. 이런 활동은 추억을 만들고, 새로운 기술을 익히고, 시야를 넓힐 수 있기 때문에 행복이 좀더 오래 지속된다. '참여하기'는 당신 자신보다 더 큰 가치에 관한 것이다. 당신의 시간과 에너지의 일부를 어떤 좋은 생각, 대의, 또는 공동체에 바치는 행동이다. 무료 급식소에서 자원봉사를 하거나, 교회의 지도자가 되거나, 좋아하는 자선단체를 위해 모금 활동을 벌이는 일은 당신이 다른 사람의 삶에 변화를 줄 수 있는 행동이며 그 과정에서 자신의 삶도 풍요로워진다. 이런 종류의 관계와 헌신은 셀리그만이 말하는 '의미 있는 인생the meaningful life'을 만들어낸다.[332]

우리가 이미 살펴본 대로 당신이 '소유'를 목적으로 쓰는 돈의 효과는 시간이 지나면서 점점 감소한다는 것이 나쁜 소식이기는 하지만 틀림없는 사실이다. 무엇이건 당신이 구입한 것에 익숙해질수록 거기서 얻는 행복감은 줄어든다. 좋은 소식은 당신이 '활동'과 '참여'를 위해 돈을 쓰면 훨씬 오래 여운이 남는다는 것이다. 왜냐하면 활동과 참여의 결과로 얻은 경험은 기억 속에서 빛을 발하며 소속감은 자존감을 더욱 빛나게 하기 때문이다. 결국 풍요로운 삶을 산다는 것은 얼마나 많은 것을 소유하느냐가 아니라, 얼마나 많은 활동을 하고 어떤 가치를 지향하며 자신의 잠재력을 얼마나 충분히 발휘하느냐에 달려 있다. 워런 버핏의 사업 파트너인 찰스 멍거는 "당신이 원하는 것을 얻는 가장 좋은 방법은 당신이 원하는 것을 받을 자격을 갖추는 것이다."라고 즐겨 말한다. 진정으로 현명한 투자자가 되고 싶다면 이 책에 나오는 교훈과 기법을 활용해 벌 수 있는 돈은 수단일 뿐 그 자체가 목적이 아니라는 점을 명심해야 한다. 순자산net worth을 증가시키는 것보다 자존감self-worth을 극대화하는 것이 중요하다. 가장 좋은 '가치투자'는 당신의 삶을 더 가치 있게 만들어줄 목표를 위해 돈을 쓰고, 자신을 다른 사람에게 의미 있는 존재로 만들고, 주위 세상을 더 나은 곳으로 만들기 위해 자신의 타고난 재능을 끌어내는 것이다. 두뇌가 작용하는 방식에 비춰볼 때 당신의 행복은 당신이 얼마나 많은 것을 살 수 있는가가 아니라, 당신이 얼마나 가치 있는 존재가 될 수 있는지 배우는 데 달려 있다.

Take the global view.
전체적인 관점에서 바라보라.

각 자산의 가격 변화가 아닌 전체 포트폴리오 관점에서 바라보고 냉정을 유지하라. 주식이나 펀드를 사기 전에 이미 보유 중인 자산과 중복되는지 확인하라. (www.morningstar.com의 Instant XRay 프로그램 등을 사용할 수 있다.)

Hope for the best, but expect the worst.
최상의 결과를 바라되 최악의 결과도 생각하라.

자산 다각화와 시장의 역사를 공부하라. 이를 통해 재앙에 대비하고 당황하지 않을 수 있다. 아무리 좋은 투자도 어떤 시기에는 나쁜 성과를 낸다. 현명한 투자자는 나쁜 성과가 다시 좋아질 때까지 기다릴 줄 안다.

Investigate, then invest.
먼저 조사한 다음에 투자하라.

주식은 단지 가격만이 아니다. 주식은 살아 있는 유기체로 기업의 한 부분이다. 주식을 사기 전에 기업의 재무제표를 공부하라. 펀드를 사기 전에 상품 안내서를 읽어라. 증권사 직원이나 재무설계사에게 투자를 맡기고 싶다면 수수료를 내기 전에 그들의 배경을 조사하라.

Never say always.
투자에서 늘 성공할 것이라 생각하지 마라.

어떤 투자에서 성공을 확신하더라도 투자 포트폴리오의 10% 이상을 투자하지는 마라. 만약 당신이 옳다고 판명되면 많은 돈을 벌 것이다. 하지만 당신이 틀렸다고 결론 나더라도 포트폴리오의 대부분은 지킬 수 있기 때문에 다행스럽게 여길 것이다.

Know what you don't know.
당신이 잘 알지 못한다는 점을 알고 있어라.

당신이 이미 전문가가 됐다고 생각하지 마라. 자신이 투자한 주식이나 펀드 수익률을 전체 시장이나 다른 기간과 비교하라. 투자 여부를 고민할 때는 어떤 이유로 손실이 발생할지 알아보라. 투자 추천을 받았다면 추천한 사람이 그 투자 대상에 자신의 돈을 넣었는지 알아보라.

The past is not prologue.
과거는 미래의 전조가 아니다.

월가에서는 올라가는 것은 반드시 내려오고, 높이 올라간 것은 대개 소름 끼치는 공황 상태와 함께 폭락한다. 가격이 올랐다는 이유만으로 주식이나 펀드를 사지 마라. 현명한 투자자는 싸게 사서 비싸게 판다. 그 반대로 하지는 않는다.

Weigh what they say.
전문가의 말을 따져보라.

시장을 예측하는 사람을 조용하게 만드는 가장 쉬운 방법은 그가 예측한 모든 기록을 요구하는 것이다. 그가 전체 기록을 제시하지 않는다면 그의 말을 듣지 마라. 어떤 투자 전략을 시도하기 전에 과거에 그 전략을 사용해본 다른 투자자의 성과를 보여주는 객관적 증거를 찾아보라.

If it sounds too good to be true, it probably is.
너무 좋아 사실이 아닌 것 같다면 아마도 그럴 것이다.

아니 정정한다. 너무 좋아 사실이 아닌 것 같다면 '확실히' 사실이 아니다. 단기간에 저위험으로 고수익을 제공하겠다는 사람은 사기꾼이다. 그의 말을 듣는 것은 바보짓이 분명하다.

Costs are killers.
비용을 무시하지 마라.

거래 비용은 매년 투자금의 1%를 갉아먹을 수 있다. 세금과 액티브 펀드 수수료는 각각 1~2%를 더 가져갈 수 있다. 증권사와 자산운용사, 판매사 등이 당신 돈의 3~5%를 매년 가져간다면 그들은 부자가 될 것이다. 부자가 되고 싶다면 상품과 회사를 꼼꼼히 비교하고 매매 횟수를 줄여라.

Eggs go splat.
계란은 깨지게 마련이다.

절대로 한 바구니에 모든 계란을 담지 마라. 투자 자금을 국내 및 해외 주식, 채권, 현금 등에 분산시켜라. 아무리 당신의 회사가 좋더라도 당신의 퇴직연금 전체를 당신 회사 주식에 넣으면 안 된다. 엔론과 월드컴의 직원도 자사주를 좋아했다. 그 회사는 파산했다.

주식을 사기 전에 해야 할 것

- 투자금을 다각화하라. 미국 주식의 다양한 분야에 분산시켜라. 일부는 해외 주식에, 일부는 채권에 배분하라.
- 투자 대상 주식을 잘못 골랐을 때 투자금을 100% 날려도 괜찮은지 다시 한번 확인하라.
- 해당 기업이 속한 산업 분야를 잘 이해하고 있는지 스스로 평가하라.
- 해당 기업의 주요 경쟁사가 누구인지, 그리고 경쟁사가 약해지고 있는지 강해지고 있는지 확인하라.
- 해당 기업이 제품과 서비스 가격을 올리면 고객이 다른 곳으로 옮겨갈지 생각해보라.
- 가장 수익성이 높은 해부터 회사의 연간 보고서를 검토해보고 회장이 주주에게 보내는 서한을 읽어보라. CEO가 회사의 훌륭한 결정과 무한한 성장 잠재력을 자랑했는가, 아니면 앞으로는 그런 이상적인 상황을 기대하지 말라고 경고했는가?
- 주식 시장이 5년 동안 하락한다고 상상해보라. 그때도 그 주식을 보유할 의향이 있는가?
- 미국증권거래위원회 사이트www.sec.gov/edgar/searchedgar/webusers.htm에서 최근 4건의 분기 보고서10-Qs와 적어도 3년간의 연간 보고서10-Ks를 다운로드하라. 보통 기업은 지저분한 비밀을 재무제표의 각주에 묻

어둔다는 점을 유의하면서 재무제표를 뒤에서 앞으로 읽어라.

- 같은 사이트에서 최근에 나온 대리인 보고서14-A를 다운로드하여 회사 경영진을 알아보라. 스톡옵션 제공 조건이 주가가 오를 때인지, 아니면 경영진이 합리적 실적 목표치를 초과할 때인지 확인하라. 부당한 특혜와 이해 충돌을 경고하는 '이해당사자와의 거래' 항목을 찾아보라.
- 당신이 매수하는 주식은 거래 비용과 양도소득세를 모두 납부한 뒤에 3% 이상 가격이 올라야 이익이 난다는 점을 기억하라. 단기 매매의 경우는 모든 거래 비용과 세금을 제하고 수익이 나려면 단기간에 4% 이상 올라야 한다.
- 주가와 무관하게 그 회사의 주인이 되고 싶은 이유 세 가지를 적어보라.
- 누군가 주식을 팔지 않으면 당신이 그 주식을 살 수 없다는 점을 기억하라. 정확히 말하면 주식을 팔려는 누군가가 간과했을지도 모르는 무언가를 당신이 알고 있는지 스스로에게 물어보라.

주식을 사기 전에 하지 말아야 할 것

- 가격이 오르고 있다는 이유로 주식을 사는 것.
- '~은 누구나 알고 있어' 또는 '~은 분명해'와 같은 이유로 자신의 투자를 합리화하는 것.
- 친구가 준 '팁', 방송에 나온 전문가의 추천, '기술적 분석', 합병이나 인수 관련 소문을 근거로 투자하는 것.
- 투자금의 10% 이상을 한 회사에 투자하는 것.

액티브 펀드를 사기 전에 해야 할 것

- 상품 안내장 및 투자 설명서를 뒤에서 앞으로 읽음으로써 뒤에 숨겨놓은 잠재적인 문제점 고지를 놓치지 않도록 하라.
- 펀드가 가져가는 보수가 매년 얼마인지 확인하라. 안내장이나 운용 보고서에 '연보수 비율'로 표시된다.
- 펀드 매니저가 얼마나 자주 거래하는지 확인하라. 투자 설명서나 운용 보고서의 '포트폴리오 회전율'에 나오는 비율을 1,200으로 나누어라. 그 값은 펀드가 한 주식을 보유한 기간을 나타낸다. 이 기간이 12개월도 안 되면 다른 상품을 찾아보라.
- 가장 성과가 나쁜 분기의 펀드 실적을 투자 설명서에서 확인하라. 3개월 동안 그 정도 손실이 발생해도 좋은지 스스로에게 되물어라.
- 펀드의 운용 자금이 얼마나 빠르게 증가하고 있는지 알아보라. 펀드의 성과는 운용 자금이 수백억 달러일 때보다 몇 억 달러일 때 더 좋은 성과를 내는 경향이 있다.
- 급격한 자금 유입으로 펀드 규모가 너무 빠르게 커지는 것을 막기 위해 '신규 자금 모집 중단'을 한 적이 있는지 물어보라. 과거에 이렇게 중단된 적이 있는 펀드라면 선호할 만하다.
- 펀드 매니저가 투자자에게 보내는 운용 보고서를 읽어보라. 펀드 매니저가 자신의 실수를 인정하고, 앞으로 실적이 좋지 않을 수 있다고 경고하며 투자자에게 인내심을 가져달라고 요구하면 좋은 신호다. 펀드 매니저가 자신의 펀드 규모가 얼마나 빠르게 성장하고 있는지, 최근 수익률이 얼마나 높았는지, 미래가 얼마나 밝은지를 자랑한다면 나쁜 신호다.
- 10년 이상 운용된 펀드라고 하더라도 '전체 기간의 연평균 수익률'은

짧은 기간의 행운에 좌우될 수 있음을 잊지 마라. 펀드가 얼마나 일관성 있게 운용되었는지를 확인하려면 연도별 수익률도 확인해야 한다.

- 시장 벤치마크인 S&P 500처럼 모든 주식을 보유하는 포트폴리오인 인덱스 펀드에 언제든 투자할 수 있으며, 인덱스 펀드에 투자해야 한다는 점을 기억하라. 인덱스 펀드는 액티브 펀드보다 훨씬 저렴한 비용으로 운용되기 때문에 기본적으로 선택해야 한다.

액티브 펀드를 사기 전에 하지 말아야 할 것

- 최근에 유명해졌다는 이유로 펀드에 가입하는 것.
- TV에서 펀드 매니저를 보고 똑똑해 보인다는 이유로 투자하는 것.
- 연간 비용이 아래 기준치보다 낮지 않은데 펀드를 검토하는 것.
    - 국채 펀드 0.75%
    - 미국 우량주 펀드 1.00%
    - 소형주 펀드 또는 고수익 채권 펀드 1.25%
    - 해외 주식 펀드 1.50%
- 당신이 일하는 업계와 관련된 종목에 전문적으로 투자하는 '특화 펀드' 또는 '섹터 펀드'가 필요하다고 생각하는 것. (당신이 이미 그 업계에 있으므로 위험을 분산하기 위해서 당신의 돈은 다른 곳에 있어야 한다.)
- 적어도 5년 이상 보유할 의향이 없는 펀드를 구입하는 것.

부부를 위한 투자 계획서

포트폴리오의 목적

물가상승분과 세금을 반영한 뒤의 연간 수입으로 적어도 ___원에 달하는 자산을 꾸준히 증식시켜 우리 가족의 현재와 은퇴 이후의 필요 자금을 만든다.

기대수익률

물가상승분을 반영한 주식의 연평균 수익률은 7%이다. 하지만 관련 세금을 제하고 나면 5%가 되고, 거래 비용과 수수료 등을 빼면 4%도 안 된다. 고수익은 장기적으로 볼 때 지속 가능하지 않다. 더 많은 돈이 필요하면 더 많이 저축해야 한다.

투자 기간

우리는 개별 자산 가격의 단기 하락이 갑작스럽고 심각하며 당황스러울 수 있음을 잘 안다. 하지만 우리는 개별 자산의 일시적 하락에 집착하기보다 전체 포트폴리오의 지속적인 성장에 초점을 맞추는 데 전념한다. 우리는 이 포트폴리오를 평생 지속시켜 자녀에게 물려줄 계획이기 때문에 투자 기간은 50년에서 100년이다. 미래에 우리의 투자 자산이 어떻게 움직이느냐보다 우리가 향후 수십 년간 투자자로서 어떻게 행동하느냐가 훨씬 중요하다.

다각화 전략

포트폴리오는 현금, 주식, 채권, 펀드로 구성되곤 한다. 우리는 포트폴리오를 폭넓게 다각화하기 위해서 현금(은행 계좌 및 MMF 등), 채권, 국내 주식, 해외 주식, 리츠와 같은 부동산 관련 상품, 물가 상승 위험을 대비하는 상품(물가연동국채 등)으로 분산해야 한다.

리밸런싱(자산 재분배)

우리는 개별 자산군별로 '목표 비중'을 설정해야 한다.(예: 현금 10%, 채권 10%, 국내 주식 40%, 해외 주식 30%, 부동산 5%, 물가연동국채 5%). 6개월(1월 1일과 7월 1일)마다 리밸런싱, 즉 자산 재분배를 수행한다. 리밸런싱은 상대적으로 상승한 자산을 팔고 하락한 자산을 사면서 목표 비중으로 다시 균형을 맞추는 것이다.

성과 평가

우리는 포트폴리오의 구성 요소를 적절한 지표와 비교해야 한다.(예: 미국 국내 주식-윌셔 5000 지수, 채권-리먼 브러더스 채권종합지수). 전체 포트폴리오의 총수익률과 폭넓은 자산군별 수익률을 계산한 뒤 개별 투자의 성과를 살펴봐야 한다.

평가 빈도

포트폴리오 전체의 가치를 3개월마다 평가하고 3개월, 1년, 3년, 5년, 10년 전과 비교한다. 최소한 1년에 한 번은 거래 비용, 펀드 운용 보수, 배당 및 매매 차익에 대한 세금 등 전체 경비에 항목별 명세서를 작성하여 투자 비용을 절감할 방법을 고민한다. 단기 매매는 거래 비용과 세금 등을 증가시키므로 매매 횟수를 적게 유지한다.

추가 납입과 인출

투자 여력이 생길 때마다 목표 비중에 비례하여 계좌에 돈을 추가한다. 돈을 인출할 때는 현금 부분에서 먼저 꺼낸다. 만약 주식이나 채권 부분에서 인출해야 한다면 자산 매도에 따른 과세 내역을 최소화했는지 확인한다. 은퇴 이후에 이 포트폴리오가 필요 자금을 지원해야 할 때 연간 포트폴리오 잔고 ___% 이상은 인출하지 않는다.

금지 사항

총자산의 10% 이상을 단일 주식에 투자하는 것. 가격이 올랐다고 사거나 가격이 내렸다는 이유로 파는 것. 선물이나 옵션을 거래하는 것. 빌린 돈으로 거래하는 것. 조언이나 예감으로 거래하는 것. 스팸 메일에 대응하는 것.

이 투자 계획서는 단지 설명 목적으로 만든 간단한 샘플이다. 투자자는 자신의 목표와 필요에 따라 투자 계획서를 조정해 사용하길 바란다.

참고 주

약자

AER: American Economic Review

ANYAS: Annals of the New York Academy of Sciences

AP: American Psychologist

APMR: Archives of Physical Medicine and Rehabilitation

BHJDM: Derek J. Koehler and Nigel Harvey, Blackwell Handbook of Judgment and Decision Making (Oxford, U.K.: Blackwell Publishing, 2004)

BP: Biological Psychiatry

CB: Current Biology

CC: Cerebral Cortex

CDPS: Current Directions in Psychological Science

C&E: Cognition and Emotion

CNE: Richard D. Lane and Lynn Nadel, eds., Cognitive Neuroscience of Emotion (Oxford: Oxford University Press, 2000)

COIN: Current Opinion in Neurobiology

EJN: European Journal of Neuroscience

FAJ: Financial Analysts Journal

HAB: Thomas Gilovich et al., Heuristics and Biases (Cambridge, U.K.: Cambridge University Press, 2002)

IJF: International Journal of Forecasting

JAP: Journal of Applied Psychology

JASP: Journal of Applied Social Psychology

JB: Journal of Business

JBDM: Journal of Behavioral Decision Making

JBF: Journal of Behavioral Finance (formerly Journal of Psychology and Financial Markets)

JCN: Journal of Cognitive Neuroscience

JCR: Journal of Consumer Research

JEAB: Journal of the Experimental Analysis of Behavior

JEBO: Journal of Economic Behavior and Organization

JESP: Journal of Experimental Social Psychology

JEP: Journal of Experimental Psychology (General)
JEPHLM: Journal of Experimental Psychology: Human Learning and Memory
JEPHPP: Journal of Experimental Psychology: Human Perception & Performance
JF: Journal of Finance
JFE: Journal of Financial Economics
JN: Journal of Neuroscience
JOHS: Journal of Happiness Studies
JPE: Journal of Political Economy
JPM: Journal of Portfolio Management
JPSP: Journal of Personality and Social Psychology
JRU: Journal of Risk and Uncertainty
JUU: Daniel Kahneman et al., eds., Judgment under Uncertainty (Cambridge, U.K.: Cambridge University Press, 1982)
JZ: Jason Zweig
MM: Money (articles by Jason Zweig are archived and freely available at www.jasonzweig.com)
MS: Management Science
NBER: National Bureau of Economic Research
NNS: Nature Neuroscience
NRN: Nature Reviews Neuroscience
NYT: New York Times
OBHDP: Organizational Behavior and Human Decision Processes (formerly Organizational Behavior and Human Performance)
PB: Psychological Bulletin
PNAS: Proceedings of the National Academy of the Sciences
PR: Psychological Review
PRSLB: Proceedings of the Royal Society of London B: Biological Sciences
PS: Psychological Science
PSPB: Personality and Social Psychology Bulletin
PTRSLB: Philosophical Transactions of the Royal Society of London B: Biological Sciences
QJE: Quarterly Journal of Economics
RA: Risk Analysis
RFS: Review of Financial Studies
SA: Scientific American
SIR: Social Indicators Research

TAD: George Loewenstein et al., eds., Time and Decision (New York: Russell Sage Foundation, 2003)

TICS: Trends in Cognitive Sciences

TII: Benjamin Graham with Jason Zweig, The Intelligent Investor (New York: HarperBusiness, 2003)

W-B: Daniel Kahneman et al., eds., Well-Being (New York: Russell Sage Foundation, 1999)

WSJ: Wall Street Journal

Chapter 1

1. Ambrose Bierce, *The Devil's Dictionary* (New York: Hill & Wang, 1957), p. 19.
2. JZ interview with "Ed," Nov. 13, 2004.
3. JZ, "How the Big Brains Invest at TIAA-CREF," *MM*, Jan. 1998, p. 118.
4. JZ interview with Hurst, Nov. 12, 2004; JZ, "The Soul of an Investor," *MM*, March 2005, pp. 66–71.
5. Remarks by Daniel Kahneman, panel discussion moderated by JZ, Oxford Programme on Investment Decision-Making, Saïd Business School, Oxford University, U.K. Oct. 22, 2004.
6. "Adam Smith," *The Money Game* (New York: Random House, 1968), p. 41.

Chapter 2

7. Benedict de Spinoza, *On the Improvement of the Understanding, The Ethics, and Correspondence* (New York: Dover, 1955), p. 200 (The Ethics, Part IV, Proposition 17).
8. To protect his identity, I have changed the doctor's name; but the story is true. In related research, psychologists have shown that people are much more likely to buy consumer products whose brands contain the same letters as their own names. Even more remarkably, people are more inclined to marry someone whose initials are the same as their own. See John T. Jones et al., "How Do I Love Thee? Let Me Count the Js . . . ," *JPSP*, vol. 87, no. 5 (Nov. 2004), pp. 665–83; Michael J. Cooper, Orlin Dimitrov, and P. Raghavendra Rau, "A Rose.com by Any Other Name," *JF*, vol. 56, no.6 (Dec. 2001), pp. 2371–88; Gregory W. Brown and Jay C. Hartzell, "Market Reaction to Public Information," *JFE*, vol. 60, nos. 2–3 (May/June 2001), pp. 333–70; JZ e-mail

interview with Gregory Brown, Nov. 15, 2001; Yahoo!Finance message board for KKD, Oct. 2, 2002 (message number 59863), and July 15, 2003 (message number 69986).

9. Robert A. Olsen, "Professional Investors as Naturalistic Decision Makers: Evidence and Market Implications," *JBF*, vol. 3, no. 3 (2002), pp. 161–67; Malcolm Gladwell, "Blowing Up," *The New Yorker*, April 22–29, 2002, p. 162; Malcolm Gladwell, *Blink* (New York: Little, Brown, 2005), p. 14.
10. For more on anchoring, see Gary Belsky and Thomas Gilovich, *Why Smart People Make Big Money Mistakes and How to Correct Them* (New York: Fireside, 1999), pp. 129–49; Gretchen B. Chapman and Eric J. Johnson, "Incorporating the Irrelevant," in *HAB*, pp. 120–38; Nicholas Epley and Thomas Gilovich, "Putting Adjustment Back in the Anchoring and Adjustment Heuristic," in *HAB*, pp. 139–49.
11. Amos Tversky and Daniel Kahneman, "Judgment Under Uncertainty," in *JUU*, pp. 3–20; J. Edward Russo and Paul J. H. Schoemaker, *Decision Traps* (New York: Simon & Schuster, 1989), pp. 90–91. Tversky died in 1996 and would have shared Kahneman's 2002 Nobel Prize in Economics. At the time of the original experiment, approximately 30% of U.N. members were African countries.
12. Adapted from Daniel Kahneman and Shane Frederick, "Representativeness Revisited," in *HAB*, pp. 49–81.
13. Lieberman credits Jean-Paul Sartre with coining the terms "reflexive" and "reflective" in the existentialist essay *The Transcendence of the Ego* (1936–37). Matthew Lieberman, "Reflective and Reflexive Judgment Processes," in Joseph P. Forgas et al., *Social Judgments* (New York: Cambridge University Press, 2003), pp. 44–67; Matthew Lieberman et al., "Reflection and Reflexion," *Advances in Experimental Social Psychology*, vol. 34 (2002), pp. 199–249; remarks by Daniel Kahneman, panel discussion moderated by JZ, Oxford Programme on Investment Decision Making, Saïd Business School, Oxford University, U.K., Oct. 22, 2004. Not all neuroscientists agree that the brain uses discrete systems to process reason and emotion; for a compelling statement of the dissenting view, see Paul W. Glimcher et al., "Physiological Utility Theory and the Neuroeconomics of Choice," *Games and Economic Behavior*, vol. 52 (2005), pp. 213–56.
14. The term limbic comes from the Latin limbus, which means "edge" or "border" or "transitional state" (as in limbo, the no-man's-land between heaven and hell in Catholic theology); Raymond J. Dolan, "Emotion, Cognition, and Behavior," *Science*, vol. 298 (Nov. 8, 2002), pp.1191–94.
15. JZ e-mail interview with Dukas, March 24, 2005; Reuven Dukas, "Behavioural and

Ecological Consequences of Limited Attention," *PTRSLB*, vol. 357 (2002), pp. 1539–47; Reuven Dukas, "Causes and Consequences of Limited Attention," *Brain, Behavior and Evolution*, vol. 63 (2004), pp. 197–210; Reuven Dukas and Alan C. Kamil, "Limited Attention," *Behavioral Ecology*, vol. 12, no. 2 (2001), pp. 192–99; Marcus E. Raichle and Debra A. Gusnard, "Appraising the Brain's Energy Budget," *PNAS*, vol. 99, no. 16 (Aug. 6, 2002), pp. 10237–39; JZ interview with Matthew Lieberman, March 29, 2005.

16. Arne Öhman et al., "Unconscious Emotion," in *CNE*, pp. 296–327; JZ telephone interview with Paul Slovic, Feb. 3, 2005.
17. JZ telephone interview with Colin Camerer, April 6, 2005.
18. JZ, "Are You Wired for Wealth?" *MM*, Oct. 2002, p. 79; JZ interview with Matthew Lieberman, March 29, 2005; Stanislas Dehaene, "Arithmetic and the Brain," *COIN*, vol. 14 (2004), pp. 218–24; Mark Jung Beeman et al., "Neural Activity When People Solve Verbal Problems with Insight," *PLoS Biology*, vol. 2, no. 4 (April 2004), pp. 500–10.
19. Marian Gomez-Beldarrain et al., "Patients with Right Frontal Lesions Are Unable to Assess and Use Advice to Make Predictive Judgments," *JCN*, vol. 16, no. 1 (Jan. 2004), pp. 74–89; JZ e-mail interview with Grafman, March 24, 2005; Baba Shiv and Alexander Fedorikhin, "Heart and Mind in Conflict," *JCR*, vol. 26, no. 3 (Dec. 1999), pp. 278–92.
20. Robin M. Hogarth, "Deciding Analytically or Trusting Your Intuition?" (Oct. 2002), www.econ.upf.edu/eng/research/onepaper. php?id=654.
21. JZ e-mail interview with Nathaniel Daw, March 25, 2005.
22. Hillel J. Einhorn and Robin M. Hogarth, "Confidence in Judgment," *PR*, vol. 85 (1978), pp. 395–416.
23. Susan T. Fiske and Shelley E. Taylor, *Social Cognition* (Reading, Mass.: Addison-Wesley, 1984).
24. Veronika Denes-Raj and Seymour Epstein, "Conflict Between Intuitive and Rational Processing," *JPSP*, vol. 66, no. 5 (1994), pp. 819–29.
25. Paul B. Andreassen, "On the Social Psychology of the Stock Market," *JPSP*, vol. 53, no. 3 (1987), pp. 490–96; "Explaining the Price-Volume Relationship," *OBHDP*, vol. 41 (1988), pp. 371–89; and "Judgmental Extrapolation and Market Overreaction," *JBDM*, vol. 3 (1990), pp.153–74.
26. Noel Capon et al., "An Individual Level Analysis of the Mutual Fund Investment

Decision," *Journal of Financial Services Research*, vol. 10 (1996), pp. 59–82; Investment Company Institute, Understanding Shareholders' Use of Information and Advisers (Washington, D.C. 1997), p. 21; Ronald T. Wilcox, "Bargain Hunting or Star Gazing?" *JB*, vol. 76, no. 4 (Oct. 2003), pp. 645–63; Michael A. Jones, Vance P. Lesseig, and Thomas I. Smythe, "Financial Advisors and Mutual Fund Selection," *JFP* (March 2005), www.fpanet.org/journal/articles/2005_Issues/jfp0305-art8.cfm.

27. JZ interview with Fred Kobrick, portfolio manager, MetLife State Street Capital Appreciation Fund, July 1, 1993; JZ telephone interview with Robin Hogarth, March 17, 2005.
28. JZ telephone interview with Paul Slovic, Feb. 3, 2005; JZ, "What Fund Investors Really Need to Know," *MM*, June 2002, pp. 110–15.
29. Daniel Kahneman, "Maps of Bounded Rationality," http://nobelprize.org/economics/laureates/2002/kahnemann-lecture.pdf; JZ telephone interview with Christopher K. Hsee, Oct. 22, 2001.
30. J.Y. Lettvin et al., "What the Frog's Eye Tells the Frog's Brain," *Proceedings of the Institute for Radio Engineers*, vol. 47 (1959), pp. 1940–51, http://jerome.lettvin.info/lettvin/Jerome/WhatThe FrogsEyeTellsThe FrogsBrain.pdf; Michael W. Morris et al., "Metaphors and the Market," *OBHDP*, vol. 102, no. 2 (2007), pp. 174–92.
31. Patricia Dreyfus, "Investment Analysis in Two Easy Lessons," *MM*, July 1976, p. 37.
32. Piotr Winkielman et al., "Unconscious Affective Reactions to Masked Happy Versus Angry Faces Influence Consumption Behavior and Judgments of Value," *PSPB*, vol. 31, no. 1 (Jan. 2005), pp. 121–35; JZ telephone interview with Winkielman, April 19, 2005; JZ telephone interview with Schwarz, April 20, 2005.
33. David Hirshleifer and Tyler Shumway, "Good Day Sunshine," *JF*, vol. 58, no. 3 (June 2003), pp. 1009–32; Ralf Runde, "Lunar Cycles and Capital Markets: An Empirical Analysis of the Moon and German Stock Returns," working paper, University of Dortmund, 2000; Ilia D. Dichev and Troy D. Janes, "Lunar Cycle Effects in Stock Returns," http://ssrn.com/abstract=281665; Mark Kamstra et al., "Winter Blues: A SAD Stock Market Cycle," www.frbatlanta.org/filelegacydocs/wp0213.pdf; Alex Edmans, Diego Garcia, and Oyvind Norli, "Sports Sentiment and Stock Returns" (Nov. 2005), http://ssrn.com/abstract=677103.
34. Adam L. Alter and Daniel Oppenheimer, "Predicting Short-Term Stock Fluctuations by Using Processing Fluency," *PNAS*, vol. 103, no. 24 (June 13, 2006), pp. 8907–8; Alex Head et al., "Would a Stock by Any Other Ticker Smell as Sweet?" www.economics.

pomona.edu/GarySmith/frames/GaryFrameset.html.

35. Ronald S. Friedman and Jens Förster, "The Effects of Approach and Avoidance Motor Actions on the Elements of Creative Insight," *JPSP*, vol. 79 (2000), pp. 477–92; John T. Cacioppo et al., "Rudimentary Determinants of Attitudes II," *JPSP*, vol. 65, no. 1 (1993), pp. 5–17; JZ telephone interview with Meir Statman, April 12, 2005.
36. Adrienne Carter, "Investing with Style—Any Style," *BusinessWeek*, Feb. 7, 2005; Warren Buffett, remarks at Berkshire Hathaway Inc. annual meeting, April 30, 2005.
37. Michael S. Rashes, "Massively Confused Investors Making Conspicuously Ignorant Choices (MCI-MCIC)," *JF*, vol. 56, no. 5 (Oct. 2001), pp. 1911–27; "In Mannatech IPO, Tech Craze Formally Surpasses Tulips," *Investment Dealers' Digest*, Feb. 22, 1999, pp. 6–7; Warren Buffett, speech to University of Tennessee College of Business Administration (2003; videotape kindly provided to JZ by Al Auxier); Claudia Goldin and Cecilia Rouse, "Orchestrating Impartiality," (Jan. 1997), www.nber.org/papers/w5903; Malcolm Gladwell, *Blink* (New York: Little, Brown, 2005), pp. 245–48; JZ telephone interview with Buffett, May 5, 2005.
38. Remarks by Daniel Kahneman, panel discussion moderated by JZ, Oxford Programme on Investment Decision-Making, Saïd Business School, Oxford University, U.K., Oct. 22, 2004.

Chapter 3

39. Ecclesiastes 5: 10.
40. JZ interviews with Zink, Jan. 19 and Mar. 30, 2005; the odds of winning the grand prize in California's SuperLotto Plus game are posted at www.calottery.com/Games/SuperLottoPlus/HowtoPlay/. Data on Ohio winners: Charles T. Clotfelter and Philip J. Cook, *Selling Hope* (Cambridge, Mass.: Harvard University Press, 1991), p. 122.
41. Hans C. Breiter et al., "Imaging the Neural Systems for Motivated Behavior and Their Dysfunction in Neuropsychiatric Illness," in Thomas S. Deisboeck and J. Yasha Kresh, eds., *Complex Systems Science in Biomedicine* (New York: Springer, 2006), pp. 763–810; JZ telephone interview with P. Read Montague, June 1, 2005; Brooks King Casas et al., "Getting to Know You," *Science*, vol. 308 (April 1, 2005), pp. 78–83; JZ e-mail interview with Peter Kirsch, Feb. 4, 2005; Peter Kirsch et al., "Anticipation of Reward in a Nonaversive Differential Conditioning Paradigm and the Brain Reward System,"

NeuroImage, vol. 20 (2003), pp. 1086–95.

42. Mark Twain, *Roughing It* (Berkeley, Calif.: University of California Press, 1993), pp. 258–70; Twain's "The $30,000 Bequest" can be read in a handsome online edition at www2.hn.psu.edu/faculty/jmanis/twain/bequest.pdf. His financial fumbles are detailed in Justin Kaplan, *Mr. Clemens and Mark Twain* (New York: Touchstone, 1983).
43. JZ participated in Knutson's experiment in the cognitive neuroscience laboratory at Stanford University, May 26, 2004. See also Brian Knutson et al., "Distributed Neural Representation of Expected Value," *JN*, vol. 25, no. 19 (May 11, 2005), pp. 4806–12; Patricio O'Donnell et al., "Modulation of Cell Firing in the Nucleus Accumbens," *ANYAS*, vol. 877 (1999), pp. 157–75; Hans C. Breiter and Bruce R. Rosen, "Functional Magnetic Resonance Imaging of Brain Reward Circuitry in the Human," *ANYAS*, vol. 877 (1999), pp. 523–47; Hugo D. Critchley et al., "Neural Activity in the Human Brain Relating to Uncertainty and Arousal During Anticipation," *Neuron*, vol. 29 (2001), pp. 537–45; Scott C. Matthews et al., "Selective Activation of the Nucleus Accumbens During Risk-Taking Decision Making," *NeuroReport*, vol. 15, no. 13 (Sept. 15, 2004), pp. 2123–27.
44. JZ telephone interview with Breiter, June 22, 2005; John P. O'Doherty et al., "Neural Responses During Anticipation of a Primary Taste Reward," *Neuron*, vol. 33 (Feb. 28, 2002), pp. 815–26.
45. Satoshi Ikemoto and Jaak Panksepp, "The Role of Nucleus Accumbens Dopamine in Motivated Behavior," *Brain Research Reviews*, vol. 31 (1999), pp. 6–41; JZ telephone interview with Paul Slovic, Feb. 3, 2005.
46. Michel de Montaigne, "How Our Mind Hinders Itself," in *The Complete Essays of Montaigne* (Stanford, Calif.: Stanford University Press, 1965), p. 462 (this is an ancient literary device, used by Dante at the beginning of the fourth canto of *Il Paradiso* [ca. 1320] and by Aristotle in Book II, chapter 13 of his *On the Heavens* [ca. 360 B.C.]). John Barth, *The Floating Opera and The End of the Road* (New York: Doubleday, 1988), pp. 331–34.
47. JZ e-mail interview with Taketoshi Ono, Feb. 15, 2005; Yutaka Komura et al., "Retrospective and Prospective Coding for Predicted Reward in the Sensory Thalamus," *Nature*, vol. 412 (Aug. 2, 2001), pp. 546–49; Emily Dickinson, poem 995 ("This was in the White of the Year"), *The Complete Poems of Emily Dickinson* (New York: Little, Brown, 1960), pp. 462–463.
48. JZ e-mail interviews with Rudolf Cardinal, Jan. 22, 2005, and Feb. 16, 2005; Rudolf

N. Cardinal et al., "Impulsive Choice Induced in Rats by Lesions of the Nucleus Accumbens Core," *Science*, vol. 292 (June 29, 2001), pp. 2499–2501.

49. Historical data on Celera's stock price from Yahoo! Finance; www.celera.com/celera/pr_1056647999; www.ornl.gov/sci/techresources/Human_Genome/project/clinton2.shtml; http://archives.cnn.com/2000/HEALTH/06/26/human.genome.04/.
50. JZ e-mail interview with Emrah Düzel, Feb. 8, 2005; Bianca C. Wittmann et al., "Reward-Related fMRI Activation of Dopaminergic Midbrain . . .," *Neuron*, vol. 45 (Feb. 3, 2005), pp. 459–67; Brian Knutson and R. Alison Adcock, "Remembrance of Rewards Past," *Neuron*, vol. 45 (Feb. 3, 2005), pp. 331–32; JZ telephone interview with Peter Shizgal, June 27, 2005.
51. Paul E. M. Phillips et al., "Subsecond Dopamine Release Promotes Cocaine Seeking," *Nature*, vol. 422 (April 10, 2003), pp. 614–18; John N. J. Reynolds et al., "A Cellular Mechanism of Reward Related Learning," *Nature*, vol. 413 (Sept. 6, 2001), pp. 67–70; Fyodor Dostoyevsky, *The Gambler* (1866), chapter 17 (Constance Garnett translation).
52. JZ e-mail interviews with Hiroyuki Nakahara, June 27 and 29, 2005; Michael L. Platt, "Caudate Clues to Rewarding Cues," *Neuron*, vol. 33 (Jan. 31, 2002), pp. 316–18; Johan Lauwereyns et al., "Feature-Based Anticipation of Cues that Predict Reward in Monkey Caudate Nucleus," *Neuron*, vol. 33 (Jan. 31, 2002), pp. 463–73; Johan Lauwereyns et al., "A Neural Correlate of Response Bias in Monkey Caudate Neurons," *Nature*, vol. 418 (July 25, 2002), pp. 413–17. Cisco stock performance: Bloomberg L.P. and Time Inc. Business Information Research Center.
53. Brian Knutson et al., "Distributed Neural Representation of Expected Value," *JN*, vol. 25, no. 19 (May 11, 2005), pp. 4806–12; George F. Loewenstein et al., "Risk as Feelings," *PB*, vol. 127, no. 2 (2001), pp. 267–86; JZ telephone interview with Loewenstein, Jan. 26, 2005.
54. JZ telephone interview with Mellers, Jan. 27, 2005; see also Barbara A. Mellers, "Choice and the Relative Pleasure of Consequences," *PB*, vol. 126, no. 6 (2000), pp. 910–24; Hans C. Breiter et al., "Functional Imaging of Neural Responses to Expectancy and Experience of Monetary Gains and Losses," *Neuron*, vol. 30 (May 2001), pp. 619–39.
55. Richard Dale, *The First Crash* (Princeton, N.J.: Princeton University Press, 2004), p. 101; data on stock returns for 2000 through 2002 kindly provided to JZ by Aronson + Johnson + Ortiz, L.P.
56. Howard Rachlin, *The Science of Self-Control* (Cambridge, Mass.: Harvard University Press, 2000), pp. 126–27; JZ telephone interview with Knutson, Feb. 2, 2005; www.

berkshirehathaway.com/letters/letters.html.

Chapter 4

57. Coleridge, letter to William Sotheby, Nov. 9, 1828, in *The Portable Coleridge* (New York: Viking Penguin, 1950), p. 302. Coleridge, of course, knew a narcotic when he saw one, since he was an opium addict for much of his life.
58. British Museum, ANE 92668. You can view an image of this artifact online by visiting www.thebritishmuseum.ac.uk/compass/ and entering "liver" in the search window.
59. *BusinessWeek's* annual "Where to Invest" forecast issue, 1996 through 2005, inclusive; *WSJ*, Aug. 13, 1982, p. 33; *NYT*, Aug. 13, 1982, pp. D1, D6; *WSJ*, April 17, 2000, pp. A20, C1, C4; USA Today, April 17, 2000, p. 6B; Peter L. Bernstein, *The Power of Gold* (New York: John Wiley, 2000), pp. 357–58; data on accuracy of analysts' earnings forecasts kindly updated by David Dreman, e-mail to JZ, May 6, 2005; Peter L. Bernstein, "The King of Siam and the Gentle Art of Postcasting," *Economics & Portfolio Strategy*, Aug. 1, 2005.
60. Daniel Kahneman and Amos Tversky, "Subjective Probability," in *JUU*, pp. 32–47. Note: The probability of any given sequence of heads and tails is $1/2^n$, where n is the number of coin flips. Flip a coin six times and the odds of each possible sequence are $1/2^6$ or 1/64.
61. I am grateful to my colleague, the formidable classics scholar Michael Sivy, for helping me settle on the appropriate Latin for "man the pattern-seeker." Pareidolia is discussed in Sagan's brilliant essay "The Man in the Moon and the Face on Mars," in his *The Demon-Haunted World* (New York: Ballantine, 1996), pp. 41–59.
62. Cheol-Ho Park and Scott H. Irwin, "The Profitability of Technical Analysis" (Nov. 2004), http://ssrn.com/abstract=603481; Wei Jiang, "A Nonparametric Test of Market (Mis-) Timing (Aug. 2001), http://papers.ssrn.com/sol3/papers.cfm?abstract_id=287102; *WSJ*, Jan. 17, 2003, p. C4, and Jan. 30, 2004, p. C4; Fortune, Dec. 24, 2001, p. 156; Edward A. Dyl, "Did Joe Montana Save the Stock Market?" *FAJ*, Sept.–Oct., 1989, pp. 4–5. The "Super Bowl Predictor" was first presented in Leonard Koppett, "If the Bulls and the Bears Have You Buffaloed, Try Our Foxy Formulas," *Sports Illustrated*, April 23, 1979, p. 8. Koppett, who intended his article as a spoof on the confusion between correlation and causation, was amazed that anyone ever took the

Super Bowl Predictor seriously. Late in his life he called it "an embarrassment to rational thought" and "too stupid to believe" (JZ telephone interview with Koppett, Dec. 13, 2001).

63. JZ telephone interviews with John Staddon, Duke University, Sept. 1, 2000, and George Wolford, Dartmouth College, Sept. 6, 2000; George Wolford et al., "The Left Hemisphere's Role in Hypothesis Formation," *JN*, vol. 20 (2000), RC64, pp. 1–4; Michael S. Gazzaniga, "The Split Brain Revisited," *SA*, July 1998, pp. 50–55; JZ, "The Trouble with Humans," *MM*, Nov. 2000, pp. 67–71; John I. Yellott Jr., "Probability Learning with Noncontingent Success," *Journal of Mathematical Psychology*, vol. 6 (1969), pp. 541–75; R. J. Herrnstein, "On the Law of Effect," *JEAB*, vol. 13, no. 2 (1970), pp. 243–66; Richard J. Herrnstein, *The Matching Law* (Cambridge, Mass.: Harvard University Press, 1997); David R. Shanks et al., "A Re-examination of Probability Matching and Rational Choice," *JBDM*, vol. 15, no. 3 (2002), pp. 233–50; Leo P. Sugrue et al., "Matching Behavior and the Representation of Value in the Parietal Cortex," *Science*, vol. 304 (June 18, 2004), pp. 1782–87.
64. Matthew Rabin, "Inference by Believers in the Law of Small Numbers," *QJE*, vol. 117, no. 3 (Aug. 2002), pp. 775–816; http://emlab.berkeley.edu/users/rabin/.
65. JZ interview with Paul Glimcher, Feb. 19, 2002.
66. JZ telephone interview with Preuss, Dec. 29, 2004; Jean de Heinzelin et al., "Environment and Behavior of 2.5-Million-Year Old Bouri Hominids," *Science*, vol. 284 (April 23, 1999), pp. 625–29; Tim D. White et al., "Pleistocene *Homo sapiens* from Middle Awash, Ethiopia," *Nature*, vol. 423 (June 12, 2003), pp. 742–47; William H. Calvin, *A Brief History of the Mind* (Oxford, U.K.: Oxford University Press, 2004). More recent, fossil remains of anatomically modern humans unearthed near Kibish, Ethiopia, have been dated to about 195,000 years ago, but no intact skull from this deposit has yet been found.
67. Peter B. deMenocal, "African Climate Change and Faunal Evolution During the Pliocene-Pleistocene," *Earth and Planetary Science Letters*, vol. 220 (2004), pp. 3–24; Todd M. Preuss, "What Is It Like to Be a Human?" in Michael S. Gazzaniga (ed.), *The Cognitive Neurosciences III* (Cambridge, Mass.: MIT Press, 2004), pp. 5–22; Jay Quade et al., "Paleoenvironments of the Earliest Stone Toolmakers, Gona, Ethiopia," *Geological Society of America Bulletin*, vol. 116, no. 11/12 (Nov./Dec. 2004), pp. 1529–44; Simon M. Reader and Kevin N. Laland, "Social Intelligence, Innovation, and Enhanced Brain Size in Primates," *PNAS*, vol. 99, no. 7 (April 2, 2002), pp. 4436–41.

68. Jared Diamond, "Evolution, Consequences and Future of Plant and Animal Domestication," *Nature*, vol. 418 (Aug. 8, 2002), pp. 700–7; Alice Louise Slotsky, *The Bourse of Babylon* (Bethesda, Md.: CDL Press, 1997); Karl Moore and David Lewis, *Birth of the Multinational* (Copenhagen: Copenhagen Business School Press, 1999); Edward J. Swan, *Building the Global Market* (New York: Kluwer Law International, 2000); JZ interview with P. Read Montague, Feb. 28, 2002.

69. JZ interview with Schultz, March 13, 2002; Wolfram Schultz, "Getting Formal with Dopamine and Reward," *Neuron*, vol. 36 (Oct. 10, 2002), pp. 241–63.

70. JZ telephone interview with Bechara, June 20, 2005; JZ e-mail interview with Paul Glimcher, June 9, 2005; Wolfram Schultz, "Predictive Reward Signal of Dopamine Neurons," *Journal of Neurophysiology*, vol. 80 (1998), pp. 1–27; Irene A. Yun et al., "The Ventral Tegmental Area Is Required for the Behavioral and Nucleus Accumbens Neuronal Firing Responses to Incentive Cues," *JN*, vol. 24, no. 12 (March 24, 2004), pp. 2923–33; JZ telephone interview with Kent Berridge, May 12, 2005. Dopamine signals actually travel below the usual speed limits of the brain, but they spread quickly because these neurons are so massively interconnected to other areas.

71. JZ interview with Montague, Feb. 28, 2002; JZ interview with Schultz, March 13, 2002; Wolfram Schultz et al., "A Neural Substrate of Prediction and Reward," *Science*, vol. 275 (March 14, 1997), pp. 1593–99.

72. M. Leann Dodd et al., "Pathological Gambling Caused by Drugs Used to Treat Parkinson Disease," *Archives of Neurology*, vol. 62 (Sept. 2005), pp. 1–5; John C. Morgan et al., "Impulse Control Disorders and Dopaminergic Drugs," *Archives of Neurology*, vol. 63 (Feb. 2006), pp. 298–99; Gaetano Di Chiara and Assunta Imperato, "Drugs Abused by Humans Preferentially Increase Synaptic Dopamine Concentrations in the Mesolimbic System of Freely Moving Rats," *PNAS*, vol. 85 (July 1988), pp. 5274–78; Amanda J. Roberts and George F. Koob, "The Neurobiology of Addiction," *Alcohol Health and Research World*, vol. 21, no. 2 (1997), pp. 101–6; Hans C. Breiter et al., "Acute Effects of Cocaine on Human Brain Activity and Emotion," *Neuron*, vol. 19 (Sept. 1997), pp. 591–611; Roy A. Wise, "Drug-Activation of Brain Reward Pathways," *Drug and Alcohol Dependence*, vol. 41 (1998), pp. 13–22; Garret D. Stuber et al., "Extinction of Cocaine Self-Administration Reveals Functionally and Temporally Distinct Dopaminergic Signals . . . ," *Neuron*, vol. 46 (May 19, 2005), pp. 661–69.

73. James Olds and Peter Milner, "Positive Reinforcement Produced by Electrical Stimulation of Septal Area and Other Regions of Rat Brain," *Journal of Comparative*

and Physiological Psychology, vol. 47 (1954), pp. 419–27; M. E. Olds and J. L. Fobes, "The Central Basis of Motivation: Intracranial Self-Stimulation Studies," *Annual Review of Psychology*, vol. 32 (1981), pp. 523–74; Antonio P. Strafella et al., "Repetitive Transcranial Magnetic Stimulation of the Human Prefrontal Cortex Induces Dopamine Release in the Caudate Nucleus," *JN*, vol. 21 (2001), RC 157, pp. 1–4; Bart J. Nuttin et al., "Long-Term Electrical Capsular Stimulation in Patients with Obsessive-Compulsive Disorder," *Neurosurgery*, vol. 52, no. 6 (June 2003), pp. 1263–74.

74. It is not yet clear whether dopamine is directly involved in the sensation of pleasure, or whether it is just the precursor of a pleasure signal conducted by one or more of the brain's other chemical messengers, like glutamate, orexin, norepinephrine, or acetylcholine. Edwin C. Clayton et al., "Phasic Activation of Monkey Locus Ceruleus Neurons . . ." *JN*, vol. 24, no. 44 (Nov. 3, 2004), pp. 9914–20; Angela J. Yu and Peter Dayan, "Uncertainty, Neuromodulation, and Attention," *Neuron*, vol. 46 (May 19, 2005), pp. 681–92; Glenda C. Harris et al., "A Role for Lateral Hypothalamic Orexin Neurons in Reward Seeking," *Nature*, vol. 437 (Sept. 22, 2005), pp. 556–59; JZ telephone interviews with P. Read Montague, June 1, 2005, and Peter Shizgal, June 27, 2005; JZ e-mail interviews with Gregory Berns, Paul Glimcher, and Brian Knutson, June 3, 2005, and Wayne Drevets and Wolfram Schultz, July 18, 2005; Wayne C. Drevets et al., "Amphetamine-Induced Dopamine Release in Human Ventral Striatum Correlates with Euphoria," *BP*, vol. 49 (2001), pp. 81–96.

75. JZ telephone interview with Breiter, June 22, 2005.

76. Pavlov's classic experiments are summarized at http://nobelprize.org/medicine/laureates/1904/pavlov-bio.html and http://en.wikipedia.org/wiki/Ivan_Pavlov. For more detail, see "Experimental Psychology and Psychopathology in Animals" and "The Conditioned Reflex," in I. P. Pavlov, *Selected Works* (Moscow: Foreign Languages Publishing House, 1955), pp. 151–68, 245–70.

77. JZ telephone interviews with P. Read Montague, June 1, 2005, and Peter Shizgal, June 27, 2005; see also P. Read Montague et al., "Computational Roles for Dopamine in Behavioural Control," *Nature*, vol. 431 (Oct. 14, 2004), pp. 760–67; Wolfram Schultz, "Neural Coding of Basic Reward Terms . . . ," *COIN*, vol. 14 (2004), pp. 139–47; P. Read Montague and Gregory S. Berns, "Neural Economics and the Biological Substrates of Valuation," *Neuron*, vol. 36 (Oct. 10, 2002); Wolfram Schultz et al., "A Neural Substrate of Prediction and Reward," *Science*, vol. 275 (March 14, 1997), pp. 1593–99; Udi E. Ghitza et al., "Persistent Cue-Evoked Activity of Accumbens Neurons

after Prolonged Abstinence from Self-Administered Cocaine," *JN*, vol. 23, no. 19, pp. 7239–45.

78. JZ participated in the Montague-Berns experiment, administered by Sam McClure, on July 1, 2002; JZ telephone interview with P. Read Montague, June 1, 2005; JZ interview with Gregory Berns, July 1, 2002; Gregory S. Berns et al., "Brain Regions Responsive to Novelty in the Absence of Awareness," *Science*, vol. 276 (May 23, 1997), pp. 1272–75.
79. Scott A. Huettel et al., "Perceiving Patterns in Random Series: Dynamic Processing of Sequence in Prefrontal Cortex," *NNS*, vol. 5, no. 5 (May 2002), pp. 485–90; Charles T. Clotfelter and Philip J. Cook, *Selling Hope* (Cambridge, Mass.: Harvard University Press, 1991), p. 54; TII, pp. 436–37 (Graham originally wrote this passage in 1971); JZ e-mail interviews with Huettel, May 20 and May 24, 2005.
80. Burton G. Malkiel, *A Random Walk Down Wall Street* (New York: W. W. Norton, 2003), p. 17 (50% odds in each year over three years amounts to 50% x 50% x 50% = 12.5% for the entire period); *Morningstar Mutual Funds*; Gregory Bresiger, "Pit Stop for a Pit Bull," *Financial Planning*, Sept. 2000; performance data for Grand Prix Fund Class A and price and volume data for Taser International are from http://quicktake.morningstar.com and http://finance.yahoo.com; Amit Goyal and Sunil Wahal, "The Selection and Termination of Investment Managers by Plan Sponsors" (Sept. 2005), http://ssrn.com/abstract=675970.
81. JZ telephone interview with Glimcher, May 31, 2005; Hannah M. Bayer and Paul W. Glimcher, "Midbrain Dopamine Neurons Encode a Quantitative Reward Prediction Error Signal," *Neuron*, vol. 47 (July 7, 2005), pp. 129–41; Paul W. Glimcher, *Decisions, Uncertainty, and the Brain* (Cambridge, Mass.: MIT Press, 2003), pp. 330–34.
82. JZ telephone interview with Odean, July 12, 2005; Brad M. Barber and Terrance Odean, "All That Glitters" (March 2006), http://ssrn.com/abstract=460660; Terrance Odean, "Do Investors Trade Too Much?" *AER*, vol. 89 (Dec. 1999), pp. 1279–98, www.odean.us; Kenneth L. Fisher and Meir Statman, "Bubble Expectations," *Journal of Wealth Management* (Fall 2002), pp. 17–22; David Dreman et al., "A Report on the Mar. 2001 Investor Sentiment Survey," *JBF*, vol. 2, no. 3 (2001), pp. 126–34; Patricia Fraser, "How Do U.S. and Japanese Investors Process Information and How Do They Form Their Expectations of the Future?" (Sept. 2000), http://ssrn.com/abstract=257440. Stock returns: Ibbotson Associates, Chicago. Survey of individual investors: Werner De Bondt, "Betting on Trends," *IJF*, vol. 9 (1993), pp. 355–71.

83. Firsthand: JZ, "What Fund Investors Really Need to Know," *MM*, June 2002, pp. 110–15. Energy funds: data courtesy of Avi Nachmany, Strategic Insight, New York. Roger G. Clarke and Meir Statman, "Bullish or Bearish?" *FAJ*, May/June 1998, pp. 63–72; "Total net assets, cash position, sales and redemptions of own shares," 1954 to present, monthly data set provided to JZ by Investment Company Institute. See also Erik R. Sirri and Peter Tufano, "Costly Search and Mutual Fund Flows," *JF*, vol. 53, no. 5 (Oct. 1998), pp. 1589–1622; Jason Karceski, "Returns-Chasing Behavior, Mutual Funds, and Beta's Death," *Journal of Financial and Quantitative Analysis*, vol. 37, no. 4 (Dec. 2002), pp. 559–94; and Anthony W. Lynch and David K. Musto, "How Investors Interpret Past Fund Returns," *JF*, vol. 58, no. 5 (Oct. 2003), pp. 2033–58.
84. JZ interview with Eric Johnson, July 29, 2005. For more on the prefrontal cortex in predicting reward, see Masataka Watanabe, "Reward Expectancy in Primate Prefrontal Neurons," *Nature*, vol. 382 (Aug. 15, 1996), pp. 629–32; Edmund T. Rolls, "The Orbitofrontal Cortex and Reward," *CC*, vol. 10 (March 2000), pp. 284–94; Jay A. Gottfried et al., "Encoding Predictive Reward Value in Human Amygdala and Orbitofrontal Cortex," *Science*, vol. 301 (Aug. 22, 2003), pp. 1104–7; Scott A. Huettel et al., "Decisions under Uncertainty," *JN*, vol. 25, no. 3 (March 30, 2005), pp. 3304–11; Hiroyuki Oya et al., "Electrophysiological Correlates of Reward Prediction Error Recorded in the Human Prefrontal Cortex," *PNAS*, vol. 102, no. 23 (June 7, 2005), pp. 8351–56.
85. For more on dollar-cost averaging, see JZ, "Tie Me Down and Make Me Rich," *MM*, May 2004, p. 118.
86. Michel de Montaigne, "Of Cannibals," in *The Complete Essays of Montaigne* (Stanford, Calif.: Stanford University Press, 1965), p. 155; Deuteronomy 18:10–12; J. Scott Armstrong, "Review of Ravi Batra, The Great Depression of 1990," *IJF*, vol. 4 (1988), p. 493; JZ telephone and e-mail interviews with Bob Billett, March 7, 2005; JZ e-mail interviews with Sherwood Vine, July 7, Aug. 16, and Sept. 26, 2005; Einstein letter to Jost Winteler, July 8, 1901, in Alice Calaprice, *The New Quotable Einstein* (Princeton, N.J.: Princeton University Press, 2005), p. 253.
87. Remarks by Richard Zeckhauser, panel discussion moderated by JZ, Oxford Programme on Investment Decision-Making, Saïd Business School, Oxford University, U.K., Oct. 22, 2004; Patricia Dreyfus, "Investment Analysis in Two Easy Lessons," *MM*, July 1976, p. 37.
88. Howard Rachlin, *The Science of Self-Control* (Cambridge, Mass.: Harvard University

Press, 2000), pp. 155–56; Michael Lewis, *Moneyball* (New York: W. W. Norton, 2003), p. 274; Kahneman: JZ, "Do You Sabotage Yourself?" *MM*, May 2001, pp. 75–78.

89. Pat Regnier, "How High Is Up?" *MM*, Dec. 1999, pp. 108–14; David Leinweber and David Krider, "Stupid Data Miner Tricks," research monograph, First Quadrant Corp., Pasadena, Calif., 1997. Dent fund performance: e-mail to JZ from Annette Larson, senior research analyst, Morningstar Inc., Aug. 16, 2005. Foolish Four performance: TII, pp. 44–46.
90. JZ e-mail interview with Wolford, Sept. 9, 2000. See also Richard Ivry and Robert T. Knight, "Making Order from Chaos," *NNS*, vol. 5, no. 5 (May 2002), pp. 394–96.
91. http://news.bbc.co.uk/1/hi/world/europe/4256595.stm; www.mccombs.utexas.edu/faculty/jonathan.koehler/docs/sta309h/Gambler's_Fallacy_in_Italy.htm.
92. Eric Gold and Gordon Hester, "The Gambler's Fallacy and the Coin's Memory," working paper, Carnegie Mellon University (Nov. 1987); copy kindly provided to JZ by Robyn Dawes.
93. M. J. Koepp et al., "Evidence for Striatal Dopamine Release during a Video Game," *Nature*, vol. 393 (May 21, 1998), pp. 266–68; TII, p. 38.
94. JZ, "Do You Sabotage Yourself?" *MM*, May 2001, pp. 75–78; Richard H. Thaler et al., "The Effect of Myopia and Loss Aversion on Risk Taking," *QJE*, May 1997, pp. 647–61; Uri Gneezy and Jan Potters, "An Experiment on Risk Taking and Evaluation Periods," *QJE*, May 1997, pp. 631–45; JZ e-mail interview with Uri Gneezy, Nov. 2, 1997; Shlomo Benartzi and Richard H. Thaler, "Risk Aversion or Myopia?" *MS*, vol. 45, no. 3 (March 1999), pp. 364–81; Uri Gneezy et al., "Evaluation Periods and Asset Prices in a Market Experiment," *JF*, vol. 58, no. 2 (April 2003), pp. 821–37; *Seinfeld*, "The Stock Tip," originally broadcast June 21, 1990, www.seinfeldscripts.com/TheStockTip.htm; tracking study of *MM* subscribers, 2002, data courtesy of Douglas King, Time Inc. Consumer Marketing.

Chapter 5

95. Cited in Paul A. Samuelson, "Is There Life After Nobel Coronation?", at http://nobelprize.org/economics/articles/samuelson/index.html.
96. Caroline E. Preston and Stanley Harris, "Psychology of Drivers in Traffic Accidents," *JAP*, vol. 49, no. 4 (1965), pp. 284–88; Ola Svenson, "Are We All Less Risky and More

Skillful than Our Fellow Drivers?" *Acta Psychologica*, vol. 47 (1981), pp. 143–48.

97. JZ first ran this little test, inspired by Richard Thaler of the University of Chicago, around 1998. The lowest ratio between "my savings" and "average savings" seems to be around 1.5; people often think they will save at least twice as much as the typical person in the room.

98. JZ, "Did You Beat the Market?" *MM*, Jan. 2000, p. 56; Arnold C. Cooper et al., "Entrepreneurs' Perceived Chances for Success," *Journal of Business Venturing*, vol. 3 (1988), pp. 97–108; Daniel Kahneman, remarks at the Institute of Certified Financial Planners' Wealth Management Symposium, New York, April 30, 1999.

99. Kenneth L. Fisher and Meir Statman, "Bubble Expectations," *Journal of Wealth Management*, fall 2002, pp. 17–22; press release, Montgomery Asset Management, Jan. 12, 1998; survey conducted by Intersearch Corp., Nov. 17–Dec. 9, 1997; Robert F. Bruner, "Does M&A Pay?" http://faculty.darden.edu/brunerb/Bruner_PDF/Does%20 M&A%20Pay.pdf; JZ email interview with Bruner, Nov. 7, 2005; Neil D. Weinstein, "Unrealistic Optimism about Future Life Events, *JPSP*, vol. 39, no. 5 (1980), pp. 806–20 (this experiment was conducted with 120 students at Rutgers's Cook College, all of them women); Barna Research Group nationwide telephone survey of more than 1,000 adult Americans, released Oct. 21, 2003, www.barna.org.

100. Justin Kruger and David Dunning, "Unskilled and Unaware of It," *JPSP*, vol. 77, no. 6 (1999), pp. 1121–34; Shelley E. Taylor and Jonathon D. Brown, "Illusion and Well-Being," *PB*, vol. 103, no. 2 (1988), pp. 193–210. The term "con man," of course, is short for "confidence man," someone who earns trust by projecting a suave sense of ability, power, and knowledge (see David W. Maurer, *The Big Con* [New York: Anchor, 1999].)

101. JZ, "Did You Beat the Market?" *MM*, Jan. 2000, pp. 55–57; Don A. Moore et al., "Positive Illusions and Forecasting Errors in Mutual Fund Investment Decisions," *OBHDP*, vol. 79, no. 2 (Aug. 1999), pp. 95–114; JZ telephone interviews with Max Bazerman and Don A. Moore, Nov. 16, 1999.

102. JZ spoke at the *Boston Globe* Personal Finance Conference, Mar. 23, 2002; Bethany McLean and Peter Elkind, *The Smartest Guys in the Room* (New York: Portfolio, 2003), pp. 242, 314, 401.

103. Gur Huberman, "Familiarity Breeds Investment," *RFS*, vol. 14, no. 3 (Fall 2001), pp. 659–80; Joshua D. Coval and Tobias J. Moskowitz, "Home Bias at Home," *JF*, vol. 54, no. 6 (Dec. 1999), pp. 2045–73; Kalok Chan et al., "What Determines the Domestic

Bias and Foreign Bias?," *JF*, vol. 60, no. 3 (June 2005), pp. 1495–1534; Kenneth R. French and James M. Poterba, "Investor Diversification and International Equity Markets" (Jan. 1991), www.nber.org/papers/w3609; Yesim Tokat, "International Equity Investing: Long-Term Expectations and Short-Term Departures," Vanguard Investment Counseling & Research, May 2004, p. 11; Morgan Stanley Capital International *Blue Book*, Dec. 2005, p. 4; Michael Kilka and Martin Weber, "Home Bias in International Stock Return Expectations," *JBF*, vol. 1, no. 3–4 (2000), pp. 176–92; Shlomo Benartzi, "Excessive Extrapolation and the Allocation of 401(k) Accounts to Company Stock," *JF*, vol. 56, no. 5 (Oct. 2001), pp. 1747–64.

104. I am indebted to Professor Zeev Mankowitz of Hebrew University for this metaphor.

105. R. B. Zajonc, "Attitudinal Effects of Mere Exposure," *JPSP, Monograph Supplement*, vol. 9 (1968), pp. 1–27; JZ telephone interview with Robert Zajonc, Oct. 12, 2005; William Raft Kunst-Wilson and R. B. Zajonc, "Affective Discrimination of Stimuli That Cannot Be Recognized," *Science*, vol. 207 (Feb. 1, 1980), pp. 557–58; Jennifer L. Monahan et al., "Subliminal Mere Exposure: Specific, General, and Diffuse Effects," *PS*, vol. 11, no. 6 (Nov. 2000), pp. 462–66; R. B. Zajonc, "Mere Exposure: A Gateway to the Subliminal," *CDPS*, vol. 10, no. 6 (Dec. 2001), pp. 228. Although the duration of a "blink of an eye" is highly variable, it averages roughly one-third of a second (Frans VanderWerf et al., "Eyelid Movements: Behavioral Studies of Blinking in Humans under Different Stimulus Conditions," *Journal of Neurophysiology*, vol. 89 (2003), pp. 2784–96).

106. Rebecca Elliott and Raymond J. Dolan, "Neural Response During Preference and Memory Judgments for Subliminally Presented Stimuli: A Functional Neuroimaging Study," *JN*, vol. 18, no. 12 (June 15, 1998), pp. 4697–4704; Samuel M. McClure et al., "Neural Correlates of Behavioral Preference for Culturally Familiar Drinks," *Neuron*, vol. 44 (Oct. 14, 2004), pp. 379–87.

107. The theory of place cells was first proposed in John O'Keefe and Lynn Nadel's masterpiece, *The Hippocampus as a Cognitive Map* (Oxford, U.K.: Oxford University Press, 1978), www.cognitivemap.net. See also Eleanor A. Maguire et al., "Recalling Routes Around London: Activation of the Right Hippocampus in Taxi Drivers," *JN*, vol. 17, no. 18 (Sept. 15, 1997), pp. 7103–10; Eleanor A. Maguire et al., "Navigation Related Structural Change in the Hippocampi of Taxi Drivers," *PNAS*, vol. 97, no. 8 (April 11, 2000), pp. 4398–4403; Gabriel Kreiman et al., "Category-Specific Visual Responses of Single Neurons in the Human Medial Temporal Lobe," *NNS*, vol. 3, no.

9 (Sept. 2000), pp. 946–53; Arne D. Ekstrom et al., "Cellular Networks Underlying Human Spatial Navigation," *Nature*, vol. 425 (Sept. 11, 2003), pp. 184–87; R. Quian Quiroga et al., "Invariant Visual Representation by Single Neurons in the Human Brain," *Nature*, vol. 435 (June 23, 2005), pp. 1102–7.

108. JZ interview with Kenning, Society for Neuroeconomics annual meeting, Sept. 10, 2006; Peter Kenning et al., "The Role of Fear in Home-Biased Decision Making," University of Münster, working paper (January 2007).

109. Nicholas Epley et al., "What Every Skeptic Should Know about Subliminal Persuasion," *Skeptical Inquirer*, Sept./Oct. 1999, pp. 40–45; JZ interview with Piotr Winkielman, April 19, 2005; JZ interview with Zajonc, Oct. 12, 2005; Shlomo Benartzi et al., "Company Stock, Market Rationality, and Legal Reform," University of Chicago Law School working paper (July 2004), pp. 2, 8, 28; www.ici.org/stats/res/per12-01_appendix.pdf, p. 26; Merrill Lynch & Co. Inc., Form 11-K, June 26, 2006, www.sec.gov/Archives/edgar/data/65100/000095012306008132/y22548e11vk.htm.

110. Yoav Ganzach, "Judging Risk and Return of Financial Assets," *OBHDP*, vol. 83, no. 2 (Nov. 2000), pp. 353–70; Michael J. Brennan et al., "Alternative Factor Specifications, Security Characteristics, and the Cross-Section of Expected Stock Returns," *JFE*, vol. 49, no. 3 (Sept. 1998), pp. 345–73; Charles M. C. Lee and Bhaskaran Swaminathan, "Price Momentum and Trading Volume," *JF*, vol. 55, no. 5 (Oct. 2000), pp. 2017–69; Brad M. Barber and Terrance Odean, "All That Glitters" (March 2006), http://ssrn.com/abstract=460660; JZ interview with Zajonc, Oct. 12, 2005.

111. David Hirshleifer et al., "Fear of the Unknown" (May 2004),

112. This is not her real name, but the story is true.

113. B. F. Skinner, "'Superstition' in the Pigeon," *JEP*, vol. 38 (1948), pp. 168–72, http://psychclassics.yorku.ca/Skinner/Pigeon/; John Staddon, The New Behaviorism (Philadelphia: Psychology Press, 2001), pp. 54–68. While later research refuted some of Skinner's observations, the basic finding still holds: that the pigeons behave "as if" their behavior causes them to be fed.

114. The bet on the stock tables is adapted from Chip Heath and Amos Tversky, "Preference and Belief," *JRU*, vol. 4 (1991), pp. 5–28. The dice experiment is Lloyd H. Strickland et al., "Temporal Orientation and Perceived Control as Determinants of Risk-Taking," *JESP*, vol. 2, no. 2 (1966), pp. 143–51; copy kindly provided to JZ by Roy Lewicki.

115. Ellen J. Langer, "The Illusion of Control," *JPSP*, vol. 32, no. 2 (Aug. 1975), pp. 311–28; Rosa Bersabé and Rosario Martínez Arias, "Superstition in Gambling," *Psychology in*

Spain, vol. 4, no. 1 (2000), www.psychologyinspain.com/content/reprints/2000/3.pdf; see also Deborah Davis et al., "Illusory Personal Control as a Determinant of Bet Size and Type in Casino Craps Games," *Journal of Applied Social Psychology*, vol. 30, no. 6 (2000), pp. 1224–42. Retirement investors: William N. Goetzmann and Nadav Peles, "Cognitive Dissonance and Mutual Fund Investors," *Journal of Financial Research*, vol. 20, no. 2 (1997), pp. 145–58.

116. Robert E. Knox and James A. Inkster, "Postdecision Dissonance at Post Time," *JPSP*, vol. 8, no. 4 (April 1968), pp. 319–23; Jonathan C. Younger et al., "Postdecision Dissonance at the Fair," *PSPB*, vol. 3, no. 2 (1977), pp. 284–87; Robert B. Cialdini, *Influence* (New York: William Morrow, 1993), pp. 57–59; Paul Rosenfeld et al., "Decision Making," *Journal of Social Psychology*, vol. 126, no. 5 (2001), pp. 663–65.

117. Ellen J. Langer, "The Illusion of Control," *JPSP*, vol. 32, no. 2 (Aug. 1975), pp. 311–28; Ellen J. Langer, "The Psychology of Chance," *Journal for the Theory of Social Behaviour*, vol. 7, no. 2 (Oct. 1977), pp. 185–207.

118. Meghan Collins, "Traders Ward off Evil Spirits," cnn.com, Oct. 29, 2003, http://money.cnn.com/2003/10/28/markets/trader_superstition/index.htm; William M. O'Barr and John M. Conley, *Fortune and Folly* (Homewood, Ill.: Business One Irwin, 1992), p. 155; Mark Fenton-O'Creevy et al., *Traders* (Oxford, U.K.: Oxford University Press, 2005), p. 87; *BusinessWeek*, Sept. 3, 2001, p. 70; *NYT*, Oct. 15, 2001, p. C1; www.globalcrossing.com/xml/news/2002/january/28.xml.

119. Elizabeth M. Tricomi et al., "Modulation of Caudate Activity by Action Contingency," *Neuron*, vol. 41 (Jan. 22, 2004), pp. 281–92; JZ e-mail interviews with Delgado, Oct. 31 and Dec. 12, 2005; Arthur Aron et al. "Reward, Motivation, and Emotion Systems Associated with Early-Stage Intense Romantic Love," *Journal of Neurophysiology*, vol. 94 (2005), pp. 327–37; Caroline F. Zink et al., "Human Striatal Responses to Monetary Reward Depend on Saliency," *Neuron*, vol. 42 (May 13, 2004), pp. 509–17; JZ telephone interview with Caroline Zink, Jan. 18, 2005. Caroline is the sister of Laurie Zink (see "I Know How Good It Would Feel," Chapter Three, p. 34).

120. Tim V. Salomons et al., "Perceived Controllability Modulates the Neural Response to Pain," *JN*, vol. 24, no. 32 (Aug. 11, 2004), pp. 7199–7203.

121. Michael T. Rogan et al., "Distinct Neural Signatures for Safety and Danger in the Amygdala and Striatum of the Mouse," *Neuron*, vol. 46 (Apr. 21, 2005), pp. 309–20; JZ e-mail interview with Kandel and Rogan, Dec. 14, 2005.

122. JZ e-mail interviews with Brad Russell, Jan. 10, 2005; Richard H. Thaler and Eric J.

Johnson, "Gambling with the House Money and Trying to Break Even," *MS*, vol. 36, no. 6 (June 1990), pp. 643–60.

123. Amanda Bischoff-Grethe et al., "The Context of Uncertainty Modulates the Subcortical Response to Predictability," *JCN*, vol. 13, no. 7 (2001), pp. 986–93.

124. Ellen J. Langer and Jane Roth, "Heads I Win, Tails It's Chance," *JPSP*, vol. 32, no. 6 (Dec. 1975), pp. 951–55; Willem A. Wagenaar and Gideon B. Keren, "Chance and Luck Are Not the Same," *JBDM*, vol. 1, no. 2 (1988), pp. 65–75; Nehemia Friedland, "On Luck and Chance," *JBDM*, vol. 5, no. 4 (1992), pp. 267–82.

125. www.ge.com/annual94/iba3a18. htm;http://pages.stern.nyu.edu/~lcabral/teaching/ge.pdf; Robert L. Conn et al., "Why Must All Good Things Come to an End?" (Feb. 2004), http://ssrn.com/abstract=499310; Matthew T. Billett and Yiming Qian, "Are Overconfident Managers Born or Made?" (May 2006), http://ssrn.com/abstract=696301; Richard Roll, "The Hubris Hypothesis of Corporate Takeovers," JB, vol. 59, no. 2 (Apr. 1986), pp. 197–216; Gilles Hilary and Lior Menzly, "Does Past Success Lead Analysts to Become Overconfident?" *MS*, vol. 52, no. 4 (April 2006), pp. 489–500; Vernon L. Smith et al., "Bubbles, Crashes, and Endogenous Expectations in Experimental Spot Asset Markets," *Econometrica*, vol. 56, no. 5 (Sept. 1988), pp. 1119–51; David P. Porter and Vernon L. Smith, "Stock Market Bubbles in the Laboratory," *Applied Mathematical Finance*, vol. 1 (1994), pp. 111–27.

126. JZ telephone interview with John Allman, Dec. 28, 2004; Stephanie Kovalchik and John Allman, "Measuring Reversal Learning," *C&E*, vol. 20, no. 5 (2005), pp. 714–28.

127. J. Hornak et al., "Reward-Related Reversal Learning after Surgical Excisions in Orbitofrontal or Dorsolateral Prefrontal Cortex in Humans," *JCN*, vol. 16, no. 3 (2004), pp. 463–78. Most of these patients had suffered minor brain damage as a result of corrective surgery for stroke, epilepsy, brain tumors, or head trauma.

128. Alanna Nash, *The Colonel* (New York: Simon & Schuster, 2003), p. 322; Carolyn Abraham, "Diapers Keep Gamblers at Slots," *Ottawa Citizen*, May 3, 1997, p. A1.

129. Wayne C. Drevets et al., "Subgenual Prefrontal Cortex Abnormalities in Mood Disorders," *Nature*, vol. 386 (Apr. 24, 1997), pp. 824–27; Rita Carter, *Mapping the Mind* (Berkeley: University of California Press, 1999), p. 197; Rebecca Elliott et al., "Dissociable Neural Responses in Human Reward Systems," *JN*, vol. 20, no. 16 (Aug. 15, 2000), pp. 6159–65; Edmund T. Rolls et al., "Activity of Primate Subgenual Cingulate Cortex Neurons Is Related to Sleep," *Journal of Neurophysiology*, vol. 90 (2003), pp. 134–42.

130. Ravi Dhar and William N. Goetzmann, "Bubble Investors" (Aug. 2006), http://ssrn.com/abstract=683366; JZ e-mail interview with Will Goetzmann, Nov. 9, 2005.

131. Baruch Fischhoff and Ruth Beyth, "'I Knew It Would Happen,'" *OBHDP*, vol. 13 (1975), pp. 1–16; Baruch Fischhoff, "Hindsight Does Not Equal Foresight . . ." *JEPHPP*, vol. 1, no. 3 (1975), pp. 288–99; JZ telephone interview with Baruch Fischhoff, Sept. 21, 2005; remarks by Daniel Kahneman, panel discussion moderated by JZ, Oxford Programme on Investment Decision-Making, Saïd Business School, Oxford University, U.K. Oct. 22, 2004.

132. Gary Rivlin, "The Madness of King George," *Wired* (July 2002), www.wired.com/wired/archive/10.07/gilder. html; Jeanne Lee, "Crash Test," *MM*, June 2000, p. 39; Pablo Galarza and Jeanne Lee, "The Sensible Internet Portfolio," *MM*, Dec. 1999, p. 129. (Disclosure: In May 1999, JZ wrote a column for *Money* entitled "Baloney.com," warning investors not to buy Internet stocks. But he did not stop his friend Pablo Galarza from recommending Ariba.)

133. This example is inspired by Meir Statman and Jonathan Scheid, "Buffett in Foresight and Hindsight," *FAJ*, vol. 58, no. 4(July/Aug. 2002), pp. 11–18. The number of funds in existence at year-end 1996 is from www.icifactbook.org/pdf/06_fb_table06.pdf. The odds of flipping heads ten times in a row are $1/2^{10}$, or 1/1024, or 0.001. Thus the probability against a given manager getting ten heads in a row is 99.9%. The probability that none of the 1,325 managers will flip ten heads in a row is $.999^{1325}$, or 27.4%. Thus, the odds that at least one manager will get ten straight heads are 1 - .274, or 72.6%.

134. www.cea.fn and *Science*, vol. 309 (Aug. 19, 2005), pp. 1170–71. The percentages of people's certainty about the answers to these three questions are based on audience responses at speeches JZ has given over the past ten years. "The Inner Tube of Life," *Science*, vol. 307 (Mar. 25, 2005), p. 1914.

135. Baruch Fischhoff et al., "Knowing with Certainty," *JEPHPP*, vol. 3, no. 4 (1977), pp. 552–64. A $1 bet in 1977, adjusted for inflation, is equivalent to roughly $3 today.

136. 2006 EBRI Retirement Confidence Survey, www.ebri.org/surveys/rcs/2006/.

137. This message applies to all the people who confidently attribute this proverb to Will Rogers. According to Steven Gragert, archival historian at the Will Rogers Memorial Museums in Claymore, Okla., there is no evidence that Rogers ever said it. *Bartlett's Familiar Quotations* suggests that it is probably based on an aphorism by the 19th century American humorist Josh Billings: "It is better to know nothing than to know what ain't so."

138. Carl-Axel S. Staël von Holstein, "Probabilistic Forecasting," *OBHDP*, vol. 8 (1972), pp. 139–58; J. Frank Yates et al., "Probabilistic Forecasts of Stock Prices and Earnings," *OBHDP*, vol. 49 (1991), pp. 60–79; Gustaf Törngren and Henry Montgomery, "Worse than Chance?" *JBF*, vol. 5, no. 3 (2004), pp. 148–53; Brad M. Barber and Terrance Odean, "The Courage of Misguided Convictions," *FAJ*, vol. 55, no. 6 (Nov./ Dec. 1999); "Trading Is Hazardous to Your Wealth," *JF*, vol. 55, no. 2 (Apr., 2000); "Individual Investors," in Richard H. Thaler, ed., *Advances in Behavioral Finance*, vol. 2 (Princeton, N.J.: Princeton University Press, 2005), pp. 543–69, www.odean.us; Richard Deaves et al., "The Dynamics of Overconfidence" (Nov. 2005), http://ssrn.com/abstract=868970.

139. Sarah Lichtenstein and Baruch Fischhoff, "Do Those Who Know More Also Know More about How Much They Know?" *OBHDP*, vol. 20, no. 2 (Dec. 1977), pp. 159–83; Dale Griffin and Amos Tversky, "The Weighing of Evidence and the Determinants of Confidence," in *HAB*, pp. 230–49.

140. Christopher D. Fiorillo et al., "Discrete Coding of Reward Probability and Uncertainty by Dopamine Neurons," *Science*, vol. 299 (March 21, 2003), pp. 1898–1902; Peter Shizgal and Andreas Arvanitogiannis, "Gambling on Dopamine," *Science*, vol. 299 (March 21, 2003), pp. 1856–58; Hugo D. Critchley et al., "Neural Activity in the Human Brain Relating to Uncertainty and Arousal during Anticipation," *Neuron*, vol. 29 (Feb. 2001), pp. 537–45.

141. Gerd Gigerenzer, *Adaptive Thinking* (Oxford, U.K.: Oxford University Press, 2000), and "Fast and Frugal Heuristics," in *BHJDM*, pp. 62–88; *WSJ*, Jan. 18, 1995, p. A1; U.S. Securities and Exchange Commission, Office of Municipal Securities, *Cases and Materials* (1999), www.sec.gov/pdf/mbondcs.pdf, pp. 59–100; *Pensions & Investments*, March 6, 2006, p. 28; *WSJ*, Sept. 20, 2006, p. C1; www.sdcera.org/pdf/SDCERAInvestmentPerformanceAward.pdf.

142. Hart Blanton et al., "Overconfidence as Dissonance Reduction," *JESP*, vol. 37 (2001), pp. 373–85; Robert H. Thouless, "The Tendency to Certainty in Religious Belief," *British Journal of Psychology*, vol. 26 (1935), pp. 16–31, http://psychclassics.yorku.ca/Thouless/certainty.pdf.

143. "Chairman's Letter," 1992 Berkshire Hathaway Inc. annual report, www.berkshirehathaway.com/letters/1992.html.

144. Nicholas Dawidoff, *The Fly Swatter* (New York: Pantheon, 2002), pp. 212–13.

145. JZ, "I Don't Know, I Don't Care," cnn.com, Aug. 29, 2001, http://money.cnn.

com/2001/08/29/investing/Zweig/.

146. JZ telephone interview with Buffett, May 5, 2005; see also Peter D. Kaufman, ed., Poor *Charlie's Almanack* (Virginia Beach, Va.: Donning Publishers, 2005), pp. 43, 95.

147. Gary Belsky and Thomas Gilovich, *Why Smart People Make Big Money Mistakes and How to Correct Them* (New York: Fireside, 1999), pp. 172–73.

148. JZ telephone interview with Baruch Fischhoff, Sept. 21, 2005; Baruch Fischhoff, "For Those Condemned to Study the Past: Heuristics and Biases in Hindsight," *JUU*, pp. 335–51; Elizabeth Loftus, "Our Changeable Memories: Legal and Practical Implications," *NNS*, vol. 4 (March 2003), pp. 231–34, www.seweb.uci.edu/faculty/loftus/.

149. JZ telephone interview with Robin Hogarth, March 17, 2005; Robin Hogarth, *Educating Intuition* (Chicago: University of Chicago Press, 2001), pp. 81–91.

150. S&P 500 return from *Stocks, Bonds, Bills, and Inflation 2005 Yearbook* (Chicago: Ibbotson Associates, 2005). Return adjusted for cash added and withdrawn is from Ilia D. Dichev, "What Are Stock Investors' Actual Historical Returns?" (Jan. 2006), http://ssrn.com/abstract=544142. These three questions are inspired by Daniel Kahneman and Amos Tversky, "Intuitive Prediction," in *JUU*, pp. 414–21.

151. JZ interview with Christopher Davis, Dec. 8, 2005.

152. Peter Lynch with John Rothchild, *One up on Wall Street* (New York: Penguin, 1990), pp. 18–19; Peter Lynch with John Rothchild, *Beating the Street* (New York: Simon & Schuster, 1993), pp. 152–59.

153. Merck & Co. press release, Sept. 30, 2004, at www.merck.com; Merck & Co. Form 11-K, July 8, 2005, www.sec/gov/Archives/edgar/data/64978/000095014405007240/g96187e11vk.htm; N.Y. State Attorney General press release, Oct. 14, 2004, www.oag.state.ny.us/ press/2004/oct/oct14a_04.html; Marsh & McLennan press releases, Nov. 9, 2004, and March 1, 2005, at www.marsh.com; Marsh and McLennan Cos., Inc., Form 11-K, June 29, 2005, www.sec.gov/Archives/edgar/data/62709/000006270905000183/000006 2709-05-000183-index.htm; Lisa Meulbroek, "Company Stock in Pension Plans: How Costly Is It?" *Journal of Law and Economics*, vol. 48, no. 2 (Oct. 2005), pp. 443–74; JZ e-mail interview with Meulbroek, Nov. 1, 2005; JZ e-mail interview with David Laibson, Oct. 8, 2005. See also JZ, "Don't Try This with Your 401(k)," cnn.com, Nov. 4, 1999, http://money.cnn.com/1999/11/04/mailbag/mailbag/. Meulbroek's calculation assumes that you have no savings outside of your 401(k). But even if your 401(k) is just half of your total net worth, a 25% allocation of your 401(k) to company

stock for ten years would have an effective value of only 84 cents on the dollar.

154. Rodger W. Bridwell, *High-Tech Investing* (New York: New York Times Book Co., 1983), pp. 12–13; Robert Metz, *Future Stocks* (New York: Harper & Row, 1982), pp. 31–32.

CHAPTER 6

155. As quoted by Turkish Prime Minister Turgut Ozal, *WSJ*, July 25, 1984.

156. JZ telephone interview with Bobbi Bensman, Dec. 13, 2005; Meir Statman, "Lottery Players/Stock Traders," *FAJ*, Jan.–Feb. 2002, pp. 14–21, and "What Do Investors Want?" *JPM*, 30th Anniversary Issue (2004), pp. 153–61.

157. www.ifa.com/SurveyNET/index.aspx (accessed March 28, 2006); www.firstambank.com/464.html (accessed March 28, 2006); www.myscudder.com, Planning and Retirement Worksheet (accessed Nov. 8, 2004); Ken C. Yook and Robert Everett, "Assessing Risk Tolerance," *JFP*, vol. 16, no. 8 (Aug. 2003), pp. 48–55.

158. Margo Wilson and Martin Daly, "Do Pretty Women Inspire Men to Discount the Future?" *PRSLB* (Suppl.), vol. 271 (2004), pp. S177–S179; Roy F. Baumeister, "The Psychology of Irrationality," in Isabelle Brocas and Juan D. Carrillo, *The Psychology of Economic Decisions*, vol. 1 (Oxford, U.K.: Oxford University Press, 2003), pp. 3–16; Karen Pezza Leith and Roy F. Baumeister, "Why Do Bad Moods Increase Self-Defeating Behavior?" *JPSP*, vol. 71, no. 6 (1996), pp. 1250–67; Rajagopal Raghunathan and Michel Tuan Pham, "All Negative Moods Are Not Equal," *OBHDP*, vol. 79, no. 1 (1999), pp. 56–77; Michel Tuan Pham, "The Logic of Feeling," *Journal of Consumer Psychology*, vol. 14, no. 4 (2004), pp. 360–69; Jennifer S. Lerner et al., "Heart Strings and Purse Strings," *PS*, vol. 15, no. 5 (2004), pp. 337–41; Denise Chen et al., "Chemosignals of Fear Enhance Cognitive Performance in Humans," *Chemical Senses*, vol. 31, no. 4 (2006), pp. 415–23; JZ e-mail interview with Chen, April 8, 2006; Norbert Schwarz, "Metacognitive Experiences in Consumer Judgment and Decision Making," *Journal of Consumer Psychology*, vol. 14, no. 4 (2004), pp. 332–48; Alexander J. Rothman and Norbert Schwarz, "Constructing Perceptions of Vulnerability," *PSPB*, vol. 24, no. 10 (Oct. 1998), pp. 1053–64; Norbert Schwarz, "Situated Cognition and the Wisdom of Feelings," in Lisa Feldman Barrett and Peter Salovey, *The Wisdom in Feeling* (New York: Guilford Press, 2002), pp. 144–66; JZ telephone interview with Schwarz, April

20, 2005; Matthew C. Keller et al., "A Warm Heart and a Clear Head," *PS*, vol. 16, no. 9 (2005), pp. 724–31.

159. Amos Tversky, "The Psychology of Decision Making," in Arnold S. Wood, ed., *Behavioral Finance and Decision Theory in Investment Management* (Charlottesville, Va.: AIMR Publications, 1995), p. 6; Alex Kacelnik and Melissa Bateson, "Risky Theories," *American Zoologist*, vol. 36, no. 4 (Sept., 1996), pp. 402–34; Sharoni Shafir, "Risk Sensitive Foraging," *Oikos*, vol. 88, no. 3 (2000), pp. 663–69.

160. Leslie A. Real, "Animal Choice Behavior and the Evolution of Cognitive Architecture," *Science*, vol. 253 (Aug. 30, 1991), pp. 980–86; JZ interview with Real, Jan. 26, 1999; Joseph M. Wunderle, Jr. and Zoraida Cotto-Navarro, "Constant vs. Variable Risk-Aversion in Foraging Bananaquits," *Ecology*, vol. 69, no. 5 (1988), pp. 1434–38; letter to JZ from Wunderle, Oct. 17, 1997.

161. Elke U. Weber et al., "Predicting Risk Sensitivity in Humans and Lower Animals," *PR*, vol. 111, no. 2 (2004), pp. 430–45; Ralph Hertwig et al., "Decisions from Experience and the Effect of Rare Events in Risky Choice," *PS*, vol. 15, no. 8 (2004), pp. 534–39; JZ telephone and e-mail interviews with Elke Weber, March 6 and June 10, 2006; Sarah Holden and Jack VanDerhei, "401(k) Plan Asset Allocation, Account Balances, and Loan Activity in 2005," www.ici.org.

162. Craig R. M. McKenzie and Jonathan D. Nelson, "What a Speaker's Choice of Frame Reveals," *Psychonomic Bulletin & Review*, vol. 10, no. 3 (2003), pp. 596–602; JZ interview with Slovic, June 29, 2005; Irwin P. Levin and Gary J. Gaeth, "How Consumers Are Affected by the Framing of Attribute Information before and after Consuming the Product," *JCR*, vol. 15 (Dec. 1988), pp. 374–78; Philip Sedgwick and Angela Hall, "Teaching Medical Students and Doctors How to Communicate Risk," *British Medical Journal*, vol. 327 (Sept. 27, 2003), pp. 694–95; Barbara J. McNeil et al., "On the Elicitation of Preferences for Alternative Therapies," *New England Journal of Medicine*, vol. 306, no. 21 (May 27, 1982), pp. 1259–62.

163. Amos Tversky and Daniel Kahneman, "The Framing of Decisions and the Psychology of Choice," *Science*, vol. 211 (Jan. 30, 1981), pp. 453–58; see also Kahneman and Tversky, "Choices, Values, and Frames," in *CVF*, pp. 1–16.

164. This example is adapted from Kahneman and Tversky's "Prospect Theory," *Econometrica*, vol. 47, no. 2 (1979), pp. 263–91; Richard H. Thaler and Eric J. Johnson, "Gambling with the House Money and Trying to Break Even," *MS*, vol. 36, no. 6 (June 1990), pp. 643–60; John S. Hammond et al., "The Hidden Traps in Decision Making," *Harvard*

Business Review, Jan. 2006, pp. 118–26.

165. JZ interview with Nicholas Epley, Sept. 12, 2003; Nicholas Epley et al., "Bonus or Rebate?" *JBDM*, vol. 19, no. 3 (2006), pp. 213–27; Yahoo! Inc. press release, April 7, 2004; stock performance from http://finance.yahoo.com/; JZ, "Splitsville," *MM*, March 2001, pp. 55–56; JZ interview with Daniel Kahneman, Sept. 18, 1996; Daniel Kahneman and Dan Lovallo, "Timid Choices and Bold Forecasts," in *CVF*, pp. 393–413; JZ interview with Paul Slovic, June 29, 2005; Paul Slovic et al., "Rational Actors or Rational Fools?" www.decisionresearch.org/pdf/dr498v2.pdf; Eldar Shafir et al., "Money Illusion," in *CVF*, pp. 335–55.

166. JZ e-mail interview with Cleotilde Gonzalez and Jason Dana, Jan. 25, 2006; Cleotilde Gonzalez et al., "The Framing Effect and Risky Decisions," *Journal of Economic Psychology*, vol. 26 (2005), pp. 1–20; see also Kip Smith et al., "Neuronal Substrates for Choice under Ambiguity, Risk, Gains, and Losses," *MS*, vol. 48, no. 6 (June 2002), pp. 711–18; Alumit Ishai et al., "Distributed Neural Systems for the Generation of Visual Images," *Neuron*, vol. 28 (Dec. 2000), pp. 979–90; Elia Formisano et al., "Tracking the Mind's Image in the Brain," *Neuron*, vol. 35 (July 3, 2002), pp. 185–204; Scott A. Huettel et al., "Decisions under Uncertainty," *JN*, vol. 25, no. 13 (March 30, 2005), pp. 3304–11; Antonia F. de C. Hamilton and Scott T. Grafton, "Goal Representation in Human Anterior Intraparietal Sulcus," *JN*, vol. 26, no. 4 (Jan. 25, 2006), pp. 1133–37.

167. Benedetto De Martino et al., "Frames, Biases, and Rational Decision-Making in the Human Brain," *Science*, vol. 313 (Aug. 4, 2006), pp. 684–87.

168. Walter Updegrave, "The Surprise Inside the Perfect Investment," *MM*, Oct. 2005, pp. 48–50; Investment News, July 17, 2006, pp. 1, 29.

169. Paul Slovic et al., "Violence Risk Assessment and Risk Communication," *Law and Human Behavior*, vol. 24, no. 3 (2000), pp. 271–96; Paul Slovic et al., "The Affect Heuristic," in HAB, pp. 397–420; Kimihiko Yamagishi, "When a 12.86% Mortality Is More Dangerous than 24.14%," *Applied Cognitive Psychology*, vol. 11 (1997), pp. 495–506; JZ interview with Slovic, June 29, 2005.

170. Ivo Welch, "Herding Among Security Analysts," *JFE*, vol. 58, no. 3 (2000), pp. 369–96; JZ e-mail interview with Welch, March 8, 2006; Zoran Ivkovic and Scott Weisbenner, "Information Diffusion Effects in Individual Investors' Common Stock Purchases" (April 2004), www.nber.org/papers/w10436; Bing Liang, "Alternative Investments," *Journal of Investment Management*, vol. 2, no. 4 (2004), pp. 76–93; Nicole M. Boyson, "Is There Hedge Fund Contagion?" (March 2006), www. nber.org/papers/w12090;

Esther Duflo and Emmanuel Saez, "Participation and Investment Decisions in a Retirement Plan," *Journal of Public Economics*, vol. 85 (2002), pp. 121–48; Karen W. Arenson, "Embarrassing the Rich," *NYT*, May 21, 1995, p. E4; Steve Wulf, "Too Good to Be True," Time, May 29, 1995, p. 34; Michael Lewis, "Separating Rich People from Their Money," *NYT Magazine*, June 18, 1995, p. 18; Josef Lakonishok et al., "What Do Money Managers Do?," working paper, University of Illinois, 1997; Stanley G. Eakins et al., "Institutional Portfolio Composition" (1998), http://ssrn.com/abstract=45754; Richard W. Sias, "Institutional Herding," *RFS*, vol. 17, no. 1 (2004), pp. 165–206; JZ e-mail interview with Sias, Mar. 9, 2006; Vivek Sharma et al., "Institutional Herding and the Internet Bubble" (May 2006) http://ssrn.com/abstract=501423; Robert J. Shiller and John Pound, "Survey Evidence on Diffusion of Interest among Institutional Investors" (May 1986), http://cowles.econ.yale.edu/P/cd/dy1986.htm.

171. Sushil Bikhchandani et al., "A Theory of Fads, Fashion, Custom, and Cultural Change as Informational Cascades," *JPE*, vol. 100, no. 5 (Oct. 1992), pp. 992–1026; "Informational Cascades and Rational Herding," http://welch.econ.brown.edu/cascades/; David Hirshleifer and Siew Hong Teoh, "Herd Behavior and Cascading in Capital Markets," *European Financial Management*, vol. 9, no. 1 (March 2003), pp. 25–66; Jean-Marc Amé et al., "Collegial Decision Making Based on Social Amplification Leads to Optimal Group Formation," *PNAS*, vol. 103, no. 15 (April 11, 2006), pp. 5385–40; Ian T. Baldwin et al., "Volatile Signaling in Plant-Plant Interactions," Science, vol. 311 (Feb. 10, 2006), pp. 812–15; Lars Chittka and Ellouise Leadbeater, "Social Learning," *CB*, vol. 15, no. 21 (2005), R869–R871; Isabelle Coolen et al., "Social Learning in Noncolonial Insects," *CB*, vol. 15, no. 21 (Nov. 8, 2005), pp. 1931–35; Etienne Danchin et al., "Public Information," *Science*, vol. 305 (July 23, 2004), pp. 487–91; Julie W. Smith et al., "The Use and Misuse of Public Information by Foraging Red Crossbills," *Behavioral Ecology*, vol. 10, no. 1 (1999), pp. 54–62. The virtues of collective intelligence among humans are discussed in James Surowiecki, *The Wisdom of Crowds* (New York: Doubleday, 2004).

172. Matthew J. Salganik et al., "Experimental Study of Inequality and Unpredictability in an Artificial Cultural Market," *Science*, vol. 311 (Feb. 10, 2006), pp. 854–66.

173. Melissa Bateson, "Recent Advances in Our Understanding of Risk-Sensitive Foraging Preferences," *Proceedings of the Nutrition Society*, vol. 61 (2002), pp. 1–8; Thomas Caraco et al., "An Empirical Demonstration of Risk-Sensitive Foraging Preferences," *Animal Behaviour*, vol. 28, no. 3 (Aug. 1980), pp. 820–30; D. W. Stephens and J. R.

Krebs, *Foraging Theory* (Princeton, N.J.: Princeton University Press, 1986), pp. 134–50; John M. McNamara and Alasdair I. Houston, "Risk Sensitive Foraging," *Bulletin of Mathematical Biology*, vol. 54, no. 2/3 (1992), pp. 355–78.

174. www.ops.gov.ph/news/archives2006/feb05.htm; http://news.bbc.co.uk/2/hi/asia-pacific/4680040.stm; www.manilatimes.net/national/2006/feb/05/yehey/images/front.pdf.

175. Charles T. Clotfelter, "Do Lotteries Hurt the Poor?" summary of congressional testimony, April 28, 2000, www.pubpol.duke.edu/people/faculty/clotfelter/lottsum.pdf; Consumer Federation of America press release, "How Americans View Personal Wealth," Jan. 9, 2006, www.consumerfed.org; Rui Yao et al., "The Financial Risk Tolerance of Blacks, Hispanics and Whites," *Financial Counseling and Planning*, vol. 16, no. 1 (2005), pp. 51–62; Keith C. Brown et al., "Of Tournaments and Temptations," *JF*, vol. 51, no. 1 (March 1996), pp. 85–110; Joshua D. Coval and Tyler Shumway, "Do Behavioral Biases Affect Prices?" *JF*, vol. 60, no. 1 (Feb. 2005), pp. 1–34; Alok Kumar, "Who Gambles in the Stock Market?" (May 2005), http://ssrn.com/abstract=686022.

176. Richard S. Tedlow, "The Education of Andy Grove," *Fortune*, Dec. 12, 2005, p. 122; JZ, "What Can We Learn from History?" cnn.com, Sept. 21, 2001, http://money.cnn.com/2001/09/21/investing/zweig/index.htm.

177. JZ e-mail interview with Nygren, April 24, 2006; *BusinessWeek*, Aug. 13, 1979, p. 56. For detailed advice on how to compare stock price and business value, see TII, especially Chapters 14 and 15.

178. JZ thanks Stephen Barnes, Thomas J. Connelly, Roger Gibson, and Robert N. Veres for their help in preparing a streamlined IPS.

179. Peter D. Kaufman, ed., *Poor Charlie's Almanack* (Virginia Beach, Va.: Donning Publishers, 2005), p. 145.

180. JZ interview with Bernstein, July 28, 2004; JZ, "Peter's Uncertainty Principle," *MM*, Nov. 2004, pp. 142–49.

181. Daniel Kahneman and Amos Tversky, "Prospect Theory," *Econometrica,* vol. 47, no. 2 (1979), pp. 263–91; JZ, "Do You Sabotage Yourself?", *MM*, May 2001, pp. 74–78.

182. interview with Slovic, June 29, 2005.

183. JZ interview with Bernstein, July 28, 2004; JZ, "Peter's Uncertainty Principle," *MM*, Nov. 2004, pp. 142–49.

184. Bertrand Russell, "An Outline of Intellectual Rubbish" (1943), www.solstice.us/russell/intellectual_rubbish.html.

185. Mark Peplow, "Counting the Dead," *Nature*, vol. 440 (April 20, 2006), pp. 982–83; Dillwyn Williams and Keith Baverstock, "Too Soon for a Final Diagnosis," *Nature*, vol. 440 (April 20, 2006), pp. 993–94; www.nature.com/news/2005/050905/full/437181b.html; www.who.int/mediacentre/news/releases/2005/pr38/en/index.html; seer.cancer.gov/statfacts/html/melan.html. Roughly 4,000 cases of thyroid cancer resulted from the Chernobyl accident; so far, 15 have been fatal. While the U.N.'s worst-case estimate is that more than 9,000 people may eventually die as a result of Chernobyl, nearly all the potential victims remain alive two decades after the accident.

186. NYT, Nov. 12, 2002, p. F4; www.flmnh.ufl.edu/fish/sharks/attacks/relariskanimal.htm; Ricky L. Langley, "Alligator Attacks on Humans in the United States," *Wilderness and Environmental Medicine*, vol. 16 (2005), pp. 119–24; www.natural-resources.wsu.edu/research/bear center/bear-people.htm; www.cdc.gov/nasd; *World Report on Violence and Health* (U.N. World Health Organization, 2002), www.who.int/violence_injury_prevention/violence/world_report/en/, p. 10. United Nations Development Programme, "The Human Consequences of the Chernobyl Nuclear Accident" (UNDP and UNICEF, Jan. 25, 2002), www.undp.org; Douglas Chapin et al., "Nuclear Power Plants and Their Fuel as Terrorist Targets," *Science*, vol. 297 (Sept. 20, 2002), pp. 1997–99. These data are for calendar year 2000, but even the war in Iraq has not changed the numbers enough to alter the order they are listed in.

187. John Ameriks et al., "Expectations for Retirement," Vanguard Center for Retirement Research (Nov. 2004), pp. 12–14.

188. JZ, "When the Stock Market Plunges, Will You Be Brave or Will You Cave?" *MM*, Jan. 1997, p. 106.

189. Paul Slovic, "Informing and Educating the Public about Risk," RA, vol. 6, no. 4 (1986), pp. 403–15; www.planecrashinfo.com/cause.htm; Kukoc: *Sports Illustrated*, Feb. 24, 1997, p. 46; *National Transportation Statistics 2005* (U.S. Department of Transportation), table 2-1, www.bts.gov/publications/national_transportation_statistics/2005/index.html; Michael Sivak and Michael J. Flannagan, "Flying and Driving after the September 11th Attacks," *American Scientist*, Jan.–Feb. 2003, http://americanscientist.org/template/AssetDetail/assetid/16237; Gerd Gigerenzer, "Out of the Frying Pan into the Fire," *RA*,

vol. 26, no. 2 (2006), pp. 347–51.

190. Eric J. Johnson et al., "Framing, Probability Distortions, and Insurance Decisions," in *CVF*, pp. 224–40.

191. Consumer confidence data courtesy of the Conference Board's Carol Courter, e-mail to JZ, March 14, 2006. Eric J. Johnson and Amos Tversky, "Affect, Generalization, and the Perception of Risk," *JPSP*, vol. 45, no. 1 (1983), pp. 20–31; JZ e-mail interview with Eric Johnson, Feb. 14, 2006.

192. Sarah Lichtenstein et al., "Judged Frequency of Lethal Events," *JEPHLM*, vol. 4, no. 6 (Nov. 1978), pp. 551–78; Paul Slovic, "Perception of Risk," *Science*, vol. 236 (April 17, 1987), pp. 280–85; JZ interview with Paul Slovic and Ellen Peters, June 29, 2005. Besides dread and knowability, there is a third factor—how many people are exposed to the risk—but it appears to play a less significant role.

193. www.floodsmart.gov; Mark J. Browne and Robert E. Hoyt, "The Demand for Flood Insurance," *JRU*, vol. 20, no. 3 (2000), pp. 291–300; Howard Kunreuther, "Has the Time Come for Comprehensive Natural Disaster Insurance?" in Ronald J. Daniels et al., *On Risk and Disaster* (Philadelphia: University of Pennsylvania Press, 2006), pp. 175–202.

194. Press release, Wendy's International Inc., July 7, 2005; Wendy's 10-Q report, Aug. 11, 2005; www.cnn.com/2005/LAW/09/09/wendys.finger.ap; stock data from http://finance.yahoo.com; Patricia Sellers, "eBay's Secret," *Fortune*, Oct. 18, 2004, p. 160; www.forbes.com/forbes/1999/0726/6402238a.html.

195. Antonio Damasio, *Descartes' Error* (New York: Penguin, 1994); Joseph LeDoux, The *Emotional Brain* (New York: Simon & Schuster, 1996); Andrew J. Calder et al., "Neuropsychology of Fear and Loathing," *NRN*, vol. 2 (May, 2001), pp. 352–63; K. Luan Phan et al., "Functional Neuroanatomy of Emotion," *NeuroImage*, vol. 16 (2002), pp. 331–48; M. Davis and P. J. Whalen, "The Amygdala," *Molecular Psychiatry*, vol. 6 (2001), pp. 13–34; Nathan J. Emery and David G. Amaral, "The Role of the Amygdala in Primate Social Cognition," in *CNE*, pp. 156–91; JZ interview with Antoine Bechara, April 2, 2002; D. Caroline Blanchard and Robert J. Blanchard, "Innate and Conditioned Reactions to Threat in Rats with Amygdaloid Lesions," *Journal of Comparative and Physiological Psychology*, vol. 81, no. 2 (1972), pp. 281–90.

196. Paul J. Whalen et al., "Masked Presentation of Emotional Facial Expressions Modulate Amygdala Activity without Explicit Knowledge," *JN*, vol. 18, no. 1 (Jan. 1, 1998), pp. 411–18; Beatrice de Gelder, "Towards the Neurobiology of Emotional Body Language,"

NRN, vol. 7 (March, 2006), pp. 242–49; Beatrice de Gelder et al., "Fear Fosters Flight," *PNAS*, vol. 101, no. 47 (Nov. 23, 2004), pp. 16701–706.

197. N. Isenberg et al., "Linguistic Threat Activates the Human Amygdala," *PNAS*, vol. 96 (Aug., 1999), pp. 10456–459; Laetitia Silvert et al., "Autonomic Responding to Aversive Words without Conscious Valence Discrimination," *International Journal of Psychophysiology*, vol. 53 (2004), pp. 135–45; Elizabeth L. Loftus and John C. Palmer, "Reconstruction of Automobile Destruction," *Journal of Verbal Learning and Verbal Behavior*, vol. 13 (1974), pp. 585–9. A normal eyeblink lasts about 320 milliseconds (e-mail to JZ from SUNY Stony Brook neurobiologist Craig Evinger, Mar. 23, 2006).

198. Tiziana Zalla et al., "Differential Amygdala Responses to Winning and Losing," *EJN*, vol. 12 (2000), pp. 1764–70; JZ interview with Grafman, March 6, 2002; Hans C. Breiter et al., "Functional Imaging of Neural Responses to Expectancy and Experience of Monetary Gains and Losses," *Neuron*, vol. 30 (May 2001), pp. 619–39; Gleb P. Shumyatsky et al., "Stathmin, a Gene Enriched in the Amygdala, Controls Both Learned and Innate Fear," *Cell*, vol. 123 (Nov. 18, 2005), pp. 697–709; R. Douglas Fields, "Making Memories Stick," *SA*, Feb. 2005, pp. 75–81; Karim Nader et al., "Fear Memories Require Protein Synthesis in the Amygdala for Reconsolidation after Retrieval," *Nature*, vol. 406 (Aug. 17, 2000), pp. 722–26; James L. McGaugh, "Memory—a Century of Consolidation," *Science*, vol. 287 (Jan. 14, 2000), pp. 248–51; B. A. Strange and R. J. Dolan, "ß-Adrenergic Modulation of Emotional Memory-Evoked Human Amygdala and Hippocampal Responses," *PNAS*, vol. 101, no. 31 (Aug. 3, 2004), pp. 11454–58; James L. McGaugh et al., "Modulation of Memory Storage by Stress Hormones and the Amygdaloid Complex," in Michael S. Gazzaniga, ed., *The New Cognitive Neurosciences* (Cambridge, Mass.: MIT Press, 2000), pp. 1081–98; Joe Guillaume Pelletier et al., "Lasting Increases in Basolateral Amygdala Activity After Emotional Arousal," *Learning & Memory*, vol. 12 (2005), pp. 96–102; Rebecca Elliott et al., "Dissociable Neural Responses in Human Reward Systems," *JN*, vol. 20, no. 16 (Aug. 15, 2000), pp. 6159–65. "Adrenaline" is the common term for epinephrine.

199. *2005 Investment Company Fact Book* (Washington, D.C.: Investment Company Institute, 2005), p. 77; *1996 Mutual Fund Fact Book* (Washington, D.C.: Investment Company Institute, 1996), p. 125; Donald B. Keim and Ananth Madhavan, "The Relation Between Stock Market Movements and NYSE Seat Prices," *JF*, vol. 55, no. 6 (Dec. 2000), pp. 2817–40; William James, *The Principles of Psychology* (New York: Henry Holt, 1890, reprinted Dover Press, 1950), vol. 1, p. 670. (Italics in original.)

200. JZ participated in the Iowa Gambling Task (and interviewed Antoine Bechara and António Damasio) at the University of Iowa, April 2, 2002. The experiment is also described in Antonio Damasio, *Descartes' Error* (New York: Avon, 1994), pp. 212–22; Antonio R. Damasio, "The Somatic Marker Hypothesis and the Possible Functions of the Pre frontal Cortex," *PTRSLB*, vol. 351 (1996), pp. 1413–20; Antoine Bechara et al., "Different Contributions of the Human Amygdala and Ventromedial Prefrontal Cortex to Decision-Making," *JN*, vol. 19, no. 13 (July 1, 1999), pp. 5473–81; Antoine Bechara et al., "The Somatic Marker Hypothesis and Decision-Making," in Jordan Grafman, ed., *Handbook of Neuropsychology* (London: Elsevier, 2002), pp. 117–43. For a divergent view, see Alan G. Sanfey and Jonathan D. Cohen, "Is Knowing Always Feeling?" *PNAS*, vol. 101, no. 48 (Nov. 30, 2004), pp. 16709–10, and Tiago V. Maia and James L. McClelland, "A Reexamination of the Evidence for the Somatic Marker Hypothesis," *PNAS*, vol. 101, no. 45 (Nov. 9, 2004), pp. 16075–80.

201. Baba Shiv et al., "Investment Behavior and the Negative Side of Emotion," *PS*, vol. 16, no. 6 (2005), pp. 435–39.

202. Luc-Alain Giraldeau, "The Ecology of Information Use," in John R. Krebs and Nicholas B. Davies, *Behavioural Ecology* (Oxford: Blackwell, 1997), pp. 42–68; Isabelle Coolen et al., "Species Difference in Adaptive Use of Public Information in Sticklebacks," *PRSLB*, vol. 270, no. 1531 (Nov. 22, 2003), pp. 2413–19; Theodore Stankowich and Daniel T. Blumstein, "Fear in Animals," *PRSLB*, vol. 272, no. 1581 (Dec. 22, 2005), pp. 2627–34; JZ e-mail interview with Blumstein, March 6, 2006. The science and mathematical laws of herding are explored in depth in Luc-Alain Giraldeau and Thomas Caraco, *Social Foraging Theory* (Princeton, N.J.: Princeton University Press, 2000).

203. Gregory S. Berns et al., "Neurobiological Correlates of Social Conformity and Independence during Mental Rotation," *BP*, vol. 58 (2005), pp. 245–53; Jaak Panksepp, "Feeling the Pain of Social Loss," *Science*, vol. 302 (Oct. 10, 2003), pp. 237–39; Naomi I. Eisenberger et al., "Does Rejection Hurt?" *Science*, vol. 302 (Oct. 10, 2003), pp. 290–92.

204. Uri Hasson et al., "Intersubject Synchronization of Cortical Activity During Natural Vision," *Science*, vol. 303 (March 12, 2004), pp. 1634–40; Luiz Pessoa, "Seeing the World in the Same Way," *Science*, vol. 303 (March 12, 2004), pp. 1617–18.

205. Ellsberg's biography and his classic article "Risk, Ambiguity, and the Savage Axioms" (*QJE*, vol. 75, no. 4 [Nov. 1961], pp. 643–69) are available at www.ellsberg.net. The Ellsberg Paradox has been replicated in many subsequent experiments; see Colin

Camerer and Martin Weber, "Recent Developments in Modeling Preferences," *JRU*, vol. 5 (1992), pp. 325–70, and Catrin Rode et al., "When and Why Do People Avoid Unknown Probabilities in Decisions Under Uncertainty?," *Cognition*, vol. 72 (1999), pp. 269–304. Rumsfeld remarks: Department of Defense news briefing, Feb. 12, 2002, www.defenselink.mil/transcripts/2002/t02122002_t212sdv2.html.

206. Aldo Rustichini, "Emotion and Reason in Making Decisions," *Science*, vol. 310 (Dec. 9, 2005), pp. 1624–25; Ming Hsu et al., "Neural Systems Responding to Degrees of Uncertainty in Human Decision-Making," *Science*, vol. 310 (Dec. 9, 2005), pp. 1680–83. (The frontal lobe is also involved: Scott A. Huettel et al., "Neural Signatures of Economic Preferences for Risk and Ambiguity," *Neuron*, vol. 49 [March 2, 2006], pp. 765–75.) Not knowing what the odds are is very different from knowing that the odds are low; as we saw in Chapter Three, nothing is quite as thrilling as a long-shot gamble on a big jackpot. When the probabilities of winning are remote, many people prefer an ambiguous over a certain gamble; see Hillel J. Einhorn and Robin M. Hogarth, "Decision Making Under Ambiguity," *JB*, vol. 59, no. 4, pt. 2 (1986, pp. S225–S250).

207. Michael J. Brennan, "The Individual Investor," *Journal of Financial Research*, vol. 18, no. 1 (1995), pp. 59–74; Robert A. Olsen and George H. Troughton, "Are Risk Premium Anomalies Caused by Ambiguity?" *FAJ*, vol. 56, no. 2 (March–April 2000), pp. 24–31; Thomas K. Philips, "The Source of Value," *JPM*, vol. 28, no. 4 (2002), pp. 36–44; Brad Barber et al., "Reassessing the Returns to Analysts' Stock Recommendations," *FAJ*, vol. 59, no. 2 (March–April 2003), pp. 88–96; John A. Doukas et al., "Divergent Opinions and the Performance of Value Stocks," *FAJ*, vol. 60, no. 6 (Nov.–Dec. 2004), pp. 55–64; Eugene F. Fama and Kenneth R. French, "The Anatomy of Value and Growth Stock Returns" (Sept. 2005), http://ssrn.com/abstract=806664.

208. Paul Zimmerman, "The Ultimate Winner," *Sports Illustrated*, Aug. 13, 1990, pp. 72–83; Larry Schwartz, "No Ordinary Joe," http://espn.go.com/classic/biography/s/Montana_Joe.html.

209. James J. Gross, "Antecedent- and Response-Focused Emotion Regulation," *JPSP*, vol. 74, no. 1 (1998), pp. 224–37.

210. JZ e-mail interview with Ahmad Hariri, April 14, 2005; Ahmad R. Hariri et al., "Modulating Emotional Responses," *NeuroReport*, vol. 11, no. 1 (Jan. 2000), pp. 43–48; Ahmad R. Hariri et al., "Neocortical Modulation of the Amygdala Response to Fearful Stimuli," *BP*, vol. 53 (2003), pp. 494–501; Kezia Lange et al., "Task Instructions Modulate Neural Responses to Fearful Facial Expressions," *BP*, vol. 53

(2003), pp. 226–32; Florin Dolcos and Gregory McCarthy, "Brain Systems Mediating Cognitive Interference by Emotional Distraction," *JN*, vol. 26, no. 7 (Feb. 15, 2006), pp. 2072–79.

211. JZ interview with Antoine Bechara, April 2, 2002; JZ, "What's Eating You," *MM*, Dec. 2001, pp. 63–64; Beverly Goodman, "Family Tradition," *SmartMoney*, March 2006, pp. 64–67; JZ e-mail interview with Davis, June 27, 2006.

212. Stanley Milgram, *Obedience to Authority* (New York: Harper & Row, 1974), pp. 4, 23, 107, 117–19, 123.

213. Irving L. Janis, *Groupthink* (Boston: Houghton Mifflin, 1982), p. 271; Tacitus, Germania, www.fordham.edu/HALSALL/basis/tacitusgermanygord.html.

Chapter 8

214. Harry Zohn, ed., In These Great Times: *A Karl Kraus Reader* (Manchester, U.K.: Carcanet, 1984), p. 70.

215. According to leading manufacturers Kohler and American Standard, the typical distance from the bathroom floor to the rim of a toilet bowl is 16.5 to 18 inches with the seat up and 18 to 19.5 inches with the seat down.

216. Kalanit Grill-Spector et al., "Repetition and the Brain," *TICS*, vol. 10, no. 1 (Jan. 2006), pp. 14–23; JZ e-mail interview with Douglas Fields, July 13, 2005; remarks by Michael Gazzaniga, Institute of Behavioral Finance conference, New York, Oct. 11, 2001.

217. Google Inc. press release, Jan. 31, 2006; www.thestreet.com/tech/internet/10265459.html; Yahoo! Finance message board for Google stock, http://finance.yahoo.com/q/mb?s=GOOG, Jan. 31, 2006, messages 550355, 550407, 550455, 551097.

218. David N. Dreman and Michael A. Berry, "Analyst Forecasting Errors and Their Implications for Security Analysis," *FAJ* (May–June 1995), pp. 30–41; David Dreman, *Contrarian Investment Strategies* (New York: Simon & Schuster, 1998), pp. 91–93; Eli Bartov et al., "The Rewards to Meeting or Beating Earnings Expectations" (Oct. 2000), http://ssrn.com/abstract=247435; Thomas J. Lopez and Lynn Rees, "The Effect of Meeting Analysts' Forecasts and Systematic Positive Forecast Errors," (Feb. 2001), http://ssrn.com/abstract=181929. I am grateful to Langdon Wheeler, Shanta Puchtler, and Yucong Huang of Numeric Investors L.P. for providing extensive data on 2005 results (e-mail to JZ from Huang, May 31, 2006).

219. Esther A. Nimchinsky et al., "A Neuronal Morphologic Type Unique to Humans and Great Apes," *PNAS*, vol. 96 (April 1999), pp. 5268–73; John Allman et al., "Two Phylogenetic Specializations in the Human Brain," *The Neuroscientist*, vol. 8, no. 4 (2002), pp. 335–46; John M. Allman et al., "The Anterior Cingulate Cortex," *ANYAS*, vol. 935 (May 2001), pp. 107–17; JZ telephone interview with John Allman, Dec. 28, 2004; Hugo D. Critchley et al., "Human Cingulate Cortex and Autonomic Control," *Brain*, vol. 126 (2003), pp. 2139–52; JZ e-mail interview with Scott Huettel, May 24, 2006; Phan Luu and Michael I. Posner, "Anterior Cingulate Cortex Regulation of Sympathetic Activity," *Brain*, vol. 126 (2003), pp. 2119–20; Matthew M. Botvinick et al., "Conflict Monitoring and Anterior Cingulate Cortex," *TICS*, vol. 8, no. 12 (Dec. 2004), pp. 539–46; Nick Yeung et al., "The Neural Basis of Error Detection," *PR*, vol. 111, no. 4 (2004), pp. 931–59; Shigehiko Ito et al., "Performance Monitoring by the Anterior Cingulate Cortex during Saccade Countermanding," *Science*, vol. 302 (Oct. 3, 2003), pp. 120–22; Chunmao Wang et al., "Responses of Human Anterior Cingulate Cortex Microdomains," *JN*, vol. 25, no. 3 (Jan. 19, 2005), pp. 604–13; JZ e-mail interview with George Bush, June 2, 2006; Tomas Paus, "Primate Anterior Cingulate Cortex," *NRN*, vol. 2 (June 2001), pp. 417–24. Spindle neurons have recently been found in the brains of some species of whales.

220. J. Ridley Stroop, "Studies of Interference in Serial Verbal Reactions," *JEP*, vol. 18 (1935), pp. 643–62, http://psychclassics.yorku.ca/Stroop/; http://faculty.washington.edu/chudler/java/ready.html; Kenji Matsumoto and Keiji Tanaka, "Conflict and Cognitive Control," *Science*, vol. 303 (Feb. 13, 2004), pp. 969–70; John G. Kerns et al., "Anterior Cingulate Conflict Monitoring and Adjustments in Control," *Science*, vol. 303 (Feb. 13, 2004), pp. 1023–26; Matthew M. Botvinick et al., "Conflict Monitoring and Cognitive Control," *PR*, vol. 108, no. 3 (2001), pp. 624–52; Jonathan D. Cohen et al., "Anterior Cingulate and Prefrontal Cortex," *NNS*, vol. 3, no. 5 (May 2000), pp. 421–23; Joshua W. Brown and Todd S. Braver, "Learned Predictions of Error Likelihood in the Anterior Cingulate Cortex," *Science*, vol. 307 (Feb. 18, 2005), pp. 1118–21.

221. Keisetsu Shima and Jun Tanji, "Role for Cingulate Motor Area Cells in Voluntary Movement Selection Based on Reward," *Science*, vol. 282 (Nov. 13, 1998), pp. 1335–38; George Bush et al., "Dorsal Anterior Cingulate Cortex," *PNAS*, vol. 99, no. 1 (Jan. 8, 2002), pp. 523–28; Ziv M. Williams et al., "Human Anterior Cingulate Neurons and the Integration of Monetary Reward with Motor Responses," *NNS*, vol. 7, no. 12 (Dec. 2004), pp. 1370–75; William J. Gehring and Stephan F. Taylor, "When the

Going Gets Tough, the Cingulate Gets Going," *NNS*, vol. 7, no. 12 (Dec. 2004), pp. 1285–87; William J. Gehring and Adrian R. Willoughby, "The Medial Frontal Cortex and the Rapid Processing of Monetary Gains and Losses," *Science*, vol. 295 (March 22, 2002), pp. 2279–82; Stephan F. Taylor et al., "Medial Frontal Cortex Activity and Loss-Related Responses to Errors," *JN*, vol. 26, no. 15 (April 12, 2006), pp. 4063–70; JZ e-mail interview with Gehring, April 24, 2006.

222. Ziv M. Williams et al., "Human Anterior Cingulate Neurons and the Integration of Monetary Reward with Motor Responses," *NNS*, vol. 7, no. 12 (Dec. 2004), pp. 1370–75; JZ e-mail interview with George Bush, June 2, 2006; Thomas J. Lopez and Lynn Rees, "The Effect of Meeting Analysts' Forecasts and Systematic Positive Forecast Errors" (Feb. 2001), http://ssrn.com/abstract=181929.

223. Scott A. Huettel et al., "Perceiving Patterns in Random Series," *NNS*, vol. 5, no. 2 (May 2002), pp. 485–90; JZ e-mail interview with Huettel, May 29, 2006. After eight repetitions of a stimulus, the amplitude of the fMRI signal was three times greater than after three repetitions.

224. Irene Y. Kim, "An Analysis of the Market Reward and Torpedo Effect of Firms That Consistently Meet Expectations" (Jan. 2002), http://ssrn.com/abstract=314381; Edward Keon Jr. et al., "A Requiem for SUE," *Journal of Investing* (Winter 2002), pp. 11–14; Jennifer Conrad et al., "When Is Bad News Really Bad News?" *JF*, vol. 57, no. 6 (Dec. 2002), pp. 2507–32; Jennifer Conrad et al., "How Do Analyst Recommendations Respond to Major News?" (Aug. 2004), http://ssrn.com/abstract=305167; James N. Myers et al., "Earnings Momentum and Earnings Management" (May 2005), http://ssrn.com/abstract=741244.

225. Douglas J. Skinner and Richard G. Sloan, "Earnings Surprises, Growth Expectations, and Stock Returns" (July 1999), http://ssrn.com/abstract=172060; Lawrence D. Brown, "Small Negative Surprises," *IJF*, vol. 19 (2003), pp. 149–59; Dave Jackson and Jeff Madura, "Profit Warnings and Timing," *Financial Review*, vol. 38 (2003), pp. 497–513; Tim Loughran and Jennifer Marietta-Westberg, "Divergence of Opinion Surrounding Extreme Events" (Jan. 2005), http://ssrn.com/abstract=298647.

226. Apple press release, Sept. 28, 2000, www.apple.com/investor; "Apple Bruises Tech Sector," Sept. 29, 2000, http://money.cnn.com/2000/09/29/markets/techwrap/index.htm. Historical prices for AAPL stock from http://finance.yahoo.com/q/hp?s=AAPL.

227. John R. Graham et al., "The Economic Implications of Corporate Financial Reporting" (June 2004), http://papers.nber.org/papers/W10550 and http://ssrn.com/

abstract=491627; Mei Cheng et al., "Earnings Guidance and Managerial Myopia" (Nov. 2005), http://ssrn.com/abstract=851545; François Degeorge et al., "Earnings Management to Exceed Thresholds," *JB*, vol. 72, no. 1 (1999), pp. 1–33; Sanjeev Bhojraj et al., "Making Sense of Cents" (Feb. 2006), http://ssrn.com/abstract=418100.

228. Qwest Communications International Inc., 2002 Form 10-K filing, www.qwest.com/about/investor/financial/reports/2002/Final_10K _AR_10_28_03.pdf; U.S. Securities and Exchange Commission civil complaint against Joseph P. Nacchio et al., March 15, 2005, www.sec.gov/litigation/litreleases/lr19136.htm and www.sec.gov/litigation/complaints/comp_nacchio19136.pdf. The SEC alleged that Nacchio and his senior associates fabricated roughly $3 billion in fraudulent revenues in a desperate attempt to meet outside expectations; the U.S. Department of Justice later indicted Nacchio for securities fraud. (He insisted he is innocent.)

229. Dupin, the detective in Poe's "The Mystery of Marie Roget" (1850), says that "modern science has resolved to calculate upon the unforeseen." In Chesterton's story "The Blue Cross" (1911), the policeman Valentin muses that "in the paradox of Poe, wisdom should reckon on the unforeseen."

230. David Dreman, *Contrarian Investment Strategies* (New York: Simon & Schuster, 1998), pp. 117–36; Lawrence D. Brown, "Small Negative Surprises," *IJF*, vol. 19 (2003), pp. 149–59; Scott A. Huettel et al., "Perceiving Patterns in Random Series," *NNS*, vol. 5, no. 2 (May 2002), pp. 485–90; JZ e-mail interview with Huettel, May 29, 2006; Laura Frieder, "Evidence on Behavioral Biases in Trading Activity" (Dec. 2003), http://ssrn.com/abstract=479983.

231. Jerome S. Bruner and Leo Postman, "On the Perception of Incongruity," *Journal of Personality*, vol. 18, no. 2 (Dec. 1949), pp. 206–23.

232. Joseph Fuller and Michael C. Jensen, "Just Say No to Wall Street" (Winter 2002), http://ssrn.com/abstract=297156; Amy P. Hutton, "Determinants of Managerial Earnings Guidance . . ." (July 2004), http://ssrn.com/abstract=567441.

233. Craig H. Wisen, "The Bias Associated with New Mutual Fund Returns" (Jan. 2002), http://ssrn.com/abstract=290463; letter to JZ from Wisen, Jan. 15, 2002; Richard B. Evans, "Does Alpha Really Matter?" (Jan. 2004), http://lcb.uoregon.edu/departments/finl/conference/ papers/evans.pdf; "The Morningstar Rating for Funds" (July 2002), Morningstar Inc.; e-mail to JZ from Annette Larson, Morningstar, June 6, 2006; "Understanding Biases in Performance Benchmarking," *Windows into the Mutual Funds Industry*, March 2006 (Strategic Insight, New York), p. 10; JZ, "New Cause for

Caution on Stocks," *Time*, May 6, 2002, p. 71, www.time.com/time/magazine/article/0,9171,1101020506-234145,00.html.

CHAPTER 9

234. "Autumn Song" (1936), in *W. H. Auden: Collected Poems* (New York: Random House, 1976), p. 118.

235. JZ telephone interviews with Robertson, Feb. 15 and 17, 2005.

236. Colin Camerer, "Individual Decision Making," in John H. Kagel and Alvin E. Roth, *The Handbook of Experimental Economics* (Princeton, N.J.: Princeton University Press, 1995), pp. 587–703; Jack L. Knetsch and J. A. Sinden, "Willingness to Pay and Compensation Demanded," *QJE*, vol. 99, no. 3 (Aug. 1984), pp. 507–21; John K. Horowitz and Kenneth E. McConnell, "A Review of WTA/WTP Studies," *Journal of Environmental Economics and Management*, vol. 44 (2002), pp. 426–47; George Loewenstein and Daniel Adler, "A Bias in the Prediction of Tastes," *Economic Journal*, vol. 105, no. 431 (July 1995), pp. 929–37; Daniel Kahneman et al., "Experimental Tests of the Endowment Effect and the Coase Theorem," *JPE*, vol. 98, no. 6 (1990), pp. 1325–47; Ziv Carmon and Dan Ariely, "Focusing on the Foregone," *JCR*, vol. 27 (Dec. 2000), pp. 360–70; Ying Zhang and Ayelet Fischbach, "The Role of Anticipated Emotions in the Endowment Effect," *Journal of Consumer Psychology*, vol. 15, no. 4 (2005), pp. 316–24; Eric J. Johnson et al., "Aspects of Endowment," Columbia University working paper (Oct. 2004); Daniel Kahneman et al., "The Endowment Effect, Loss Aversion, and Status Quo Bias," in Richard H. Thaler, *The Winner's Curse* (Princeton, N.J.: Princeton University Press, 1992), pp. 63–78. For a technical criticism of the endowment effect, see Charles R. Plott and Kathryn Zeiler, "The Willingness to Pay–Willingness to Accept Gap, the 'Endowment' Effect, Subject Misconceptions, and Experimental Procedures for Eliciting Valuations," *AER*, vol. 95, no. 3 (June 2005), pp. 530–45.

237. Brigitte C. Madrian and Dennis F. Shea, "The Power of Suggestion" (May 2000), www.nber.org/papers/w7682; Jeffrey R. Brown et al., "410(k) Matching Contributions in Company Stock" (April 2004), www.nber.org/papers/w10419; Henrik Cronqvist and Richard H. Thaler, "Design Choices in Privatized Social-Security Systems," *AER*, vol. 94, no. 2 (2004), pp. 424–28; Ted Martin Hedesstrom et al., "Identifying Heuristic

Choice Rules in the Swedish Premium Pension Scheme," *JBF*, vol. 5, no. 1 (2004), pp. 32–42.

238. Maya Bar Hillel and Efrat Neter, "Why Are People Reluctant to Exchange Lottery Tickets?", *JPSP*, vol. 70, no. 1 (1996), pp. 17–27.

239. Olivia S. Mitchell et al., "The Inattentive Participant" (April 2006), http://ssrn.com/abstract=881854; William Samuelson and Richard Zeckhauser, "Status Quo Bias in Decision Making," *JRU*, vol. 1, no. 1 (1988), pp. 7–59; John Ameriks and Stephen P. Zeldes, "How Do Household Portfolio Shares Vary with Age?" (Sept. 2004), www2.gsb.columbia.edu/faculty/szeldes/Research/; JZ e-mail interview with John Ameriks, June 20, 2006.

240. Daniel Kahneman and Amos Tversky, "Prospect Theory," *Econometrica*, vol. 47, no. 2 (March 1979), pp. 263–92; David Romer, "Do Firms Maximize?" *JPE*, vol. 114, no. 2 (April 2006), pp. 340–65; Cass Sunstein and Richard H. Thaler, "Market Efficiency and Rationality," *Michigan Law Review*, vol. 102, no. 6 (May 2004), pp. 1390–1403; M. Keith Chen et al., "How Basic Are Behavioral Biases?" *JPE*, vol. 114, no. 3 (June 2006), pp. 517–37; www.som.yale.edu/faculty/keith.chen.

241. This example (adjusted for inflation) is taken from Daniel Kahneman and Amos Tversky, "The Psychology of Preferences," *SA*, vol. 246 (1982), pp. 160–73, and Daniel Kahneman and Dale T. Miller, "Norm Theory," in *HAB*, pp. 348–366.

242. JZ telephone interview with Thomas Gilovich, July 17, 2006; Daniel Kahneman, remarks at Oxford Programme on Investment Decision-Making, Saïd School of Business, Oxford, U.K. Oct. 22, 2004.

243. Hersh Shefrin and Meir Statman, "The Disposition to Sell Winners Too Early and Ride Losers Too Long," *JF*, vol. 40, no. 3 (July 1985), pp. 777–90; Erik R. Sirri and Peter Tufano, "Costly Search and Mutual Fund Flows," *JF*, vol. 53, no. 5 (Oct. 1998), pp. 1589–1622; David W. Harless and Steven P. Peterson, "Investor Behavior and the Persistence of Poorly Performing Mutual Funds," *JEBO*, vol. 37 (1998), pp. 257–76; William N. Goetzmann and Nadav Peles, "Cognitive Dissonance and Mutual Fund Investors," *Journal of Financial Research*, vol. 20, no. 2 (Summer 1997), pp. 145–58; Martin Weber and Colin F. Camerer, "The Disposition Effect in Securities Trading," *JEBO*, vol. 33 (1998), pp. 167–84; Stephen P. Ferris et al., "Predicting Contemporary Volume with Historic Volume at Differential Price Levels," *JF*, vol. 43, no. 3 (July 1998), pp. 677–97; Mark Grinblatt and Matti Keloharju, "What Makes Investors Trade?" *JF*, vol. 56, no. 2 (April 2001), pp. 589–615; Terrance Odean, "Are Investors

Reluctant to Realize Their Losses?" *JF*, vol. 53, no. 5 (Oct. 1998), pp. 1775–97; Ravi Dhar and Ning Zhu, "Up Close and Personal" (Aug. 2002), http://ssrn.com/abstract=302245; Li Jin and Anna Scherbina, "Inheriting Losers" (Feb. 2006), http://ssrn.com/abstract=895765; Gjergji Cici, "The Relation of the Disposition Effect to Mutual Fund Trades and Performance" (July 2005), http://ssrn.com/abstract=645841; Zur Shapira and Itzhak Venezia, "Patterns of Behavior of Professionally Managed and Independent Investors," *Journal of Banking & Finance*, vol. 25, no. 8 (Aug. 2001), pp. 1573–87; Karl E. Case and Robert J. Shiller, "The Behavior of Home Buyers in Boom and Post-Boom Markets" (Oct. 1988), www.nber.org/papers/w2748; David Genesove and Christopher Mayer, "Loss Aversion and Seller Behavior," *QJE*, vol. 116, no. 4 (Nov. 2001), pp. 1233–60.

244. William Shakespeare, *Hamlet*, 3.1.88–89; Justin Kruger et al., "Counterfactual Thinking and the First Instinct Fallacy," *JPSP*, vol. 88, no. 5 (2005), pp. 725–35; Dale T. Miller and Brian R. Taylor, "Counterfactual Thought, Regret, and Superstition," in Neal J. Roese and James M. Olson, eds., *What Might Have Been* (Mahwah, N.J.: Erlbaum, 1995), pp. 305–32; Orit Tykocinski et al., "Inaction Inertia in the Stock Market," *Journal of Applied Social Psychology*, vol. 34, no. 6 (2004), pp. 1166–75.

245. Carrie M. Heilman et al., "Pleasant Surprises," *Journal of Marketing Research*, vol. 39, no. 2 (May 2002), pp. 242–52; Hal R. Arkes et al., "The Psychology of Windfall Gains," *OBHDP*, vol. 59 (1994), pp. 331–47; Pamela W. Henderson and Robert A. Peterson, "Mental Accounting and Categorization," *OBHDP*, vol. 51 (1992), pp. 92–117; Nicholas Epley and Ayelet Gneezy, "The Framing of Financial Windfalls and Implications for Public Policy," *Journal of Socio-Economics*, vol. 36, no. 1 (2007), pp. 36–47.

246. Franklin mentions his asbestos purse in Chapter Five of his autobiography. It is described in James E. Alleman and Brooke T. Mossman, "Asbestos Revisited," *SA*, July 1997, pp. 70–75, and can be viewed at http://piclib.nhm.ac.uk/piclib/www/image.php?img=46575. On the sadness of lottery winners, see Philip Brickman et al., "Lottery Winners and Accident Victims," *JPSP*, vol. 36, no. 8 (1978), pp. 917–27.

247. I was unable to reach Mr. X directly, so this story is based on interviews with two of his former colleagues, who requested anonymity.

248. A. Charles Catania and Terje Sagvolden, "Preference for Free Choice over Forced Choice in Pigeons," *JEAB*, vol. 34, no. 1 (1980), pp. 77–86; A. Charles Catania, "Freedom and Knowledge," *JEAB*, vol. 24, no. 1 (1975), pp. 89–106.

249. Sheena S. Iyengar and Mark R. Lepper, "When Choice Is Demotivating," *JPSP*, vol. 79, no. 6 (2000), pp. 995–1006; Barry Schwartz et al., "Maximizing versus Satisficing," *JPSP*, vol. 83, no. 5 (2002), pp. 1178–97; Sheena Sethi Iyengar et al., "How Much Choice Is Too Much?" in Olivia S. Mitchell and Stephen P. Utkus, *Pension Design and Structure* (Oxford, U.K.: Oxford University Press, 2004), pp. 83–95; Olivia S. Mitchell et al., "Turning Workers into Savers?" (Oct. 2005), www.nber.org/papers/w11726; Henrik Cronqvist and Richard H. Thaler, "Design Choices in Privatized Social-Security Systems," *AER*, vol. 94, no. 2 (2004), pp. 424–28; Jiwoong Sin and Dan Ariely, "Keeping Doors Open," *MS*, vol. 50, no. 5 (May 2004), pp. 575–86.
250. This example is adapted from Richard Thaler, "Toward a Positive Theory of Consumer Choice," *JEBO*, vol. 1 (1980), pp. 39–60.
251. Marcel Zeelenberg and Rik Pieters, "Consequences of Regret Aversion in Real Life," *OBHDP*, vol. 93 (2004), pp. 155–68.
252. NBC television broadcast of the women's snowboardcross final, Feb. 17, 2006; Victoria Husted Medvec et al., "When Less Is More," *JPSP*, vol. 69, no. 4 (1995), pp. 603–10.
253. Karl Halvor Teigen, "When the Unreal Is More Likely than the Real," *Thinking and Reasoning*, vol. 4, no. 2 (1998), pp. 147–77; Jonathan Parke and Mark Griffiths, "Gambling Addiction and the Evolution of the 'Near Miss,'" *Addiction Research and Theory*, vol. 12, no. 5 (2004), pp. 407–11; R. L. Reid, "The Psychology of the Near Miss," *Journal of Gambling Behavior*, vol. 2, no. 1 (1986), pp. 32–39; Daniel Kahneman and Carol A. Varey, "Propensities and Counterfactuals," *JPSP*, vol. 59, no. 6 (1990), pp. 1101–10; Michael J. A. Wohl and Michael E. Enzle, "The Effects of Near Wins and Near Losses on Self-Perceived Personal Luck and Subsequent Gambling Behavior," *JESP*, vol. 39 (2003), pp. 184–91.
254. Keith D. Markman and Philip E. Tetlock, "Accountability and Close-Call Counter factuals," *PSPB*, vol. 26, no. 10 (Oct. 2000), pp. 1213–24; Brad M. Barber et al., "Once Burned, Twice Shy" (Sept. 2004), http://ssrn.com/abstract=611267; JZ telephone interview with Terrance Odean, July 12, 2005.
255. John Allman et al., "Two Phylogenetic Specializations in the Human Brain," *The Neuroscientist*, vol. 8, no. 4 (2002), pp. 335–46; Edmund T. Rolls, "The Orbitofrontal Cortex and Reward," *CC*, vol. 10 (March 2000), pp. 284–94; D. Ongur and J. L. Price, "The Organization of Networks Within the Orbital and Medial Prefrontal Cortex of Rats, Monkeys and Humans," *CC*, vol. 10 (March 2000), pp. 206–19; Antoine Bechara et al., "Emotion, Decision Making and the Orbitofrontal Cortex," *CC*, vol. 10 (March

2000), pp. 295–307; Jacqueline N. Wood and Jordan Grafman, "Human Prefrontal Cortex," *NRN*, vol. 4 (Feb. 2003), pp. 139–47; Daeyeol Lee, "Best to Go with What You Know?" *Nature*, vol. 441 (June 15, 2006), pp. 822–23; Nathaniel D. Daw et al., "Cortical Substrates for Exploratory Decisions in Humans," *Nature*, vol. 441 (June 15, 2006), pp. 876–79. The orbitofrontal cortex lies on the underside of the VMPFC.

256. Katerina Semendeferi et al., "Prefrontal Cortex in Humans and Apes," *American Journal of Physical Anthropology*, vol. 114 (2001), pp. 224–41; Katerina Semendeferi et al., "Humans and Great Apes Share a Large Frontal Cortex," *NNS*, vol. 5, no. 3 (March 2002), pp. 272–76; Morten L. Kringelbach and Edmund T. Rolls, "The Functional Neuroanatomy of the Human Orbitofrontal Cortex," *Progress in Neurobiology*, vol. 72 (2004), pp. 341–72; Narender Ramnani and Adrian M. Owen, "Anterior Prefrontal Cortex," *NRN*, vol. 5 (March 2004), pp. 184–94.

257. Vinod Goel et al., "A Study of the Performance of Patients with Frontal Lobe Lesions in a Financial Planning Task," *Brain*, vol. 120 (1997), pp. 1805–22; JZ interview with Jordan Grafman, March 6, 2002; E. T. Rolls et al., "Emotion-Related Learning in Patients with Social and Emotional Changes Associated with Frontal Lobe Damage," *Journal of Neurology, Neurosurgery, and Psychiatry*, vol. 57 (1994), pp. 1518–24; Antoine Bechara, "Disturbances of Emotion Regulation after Focal Brain Lesions," *International Review of Neurobiology*, vol. 62 (2004), pp. 159–93; Antoine Bechara et al., "Deciding Advantageously Before Knowing the Advantageous Strategy," *Science*, vol. 275 (Feb. 28, 1997), pp. 1293–95; Antonio Damasio's Descartes' *Error* (New York: Avon, 1995) describes "Elliot," who became incapable of long-term planning after a tumor damaged his VMPFC, and the 19th-century railroad worker Phineas Gage, who became impetuous and impulsive after an iron rod shot through his head in a blasting accident.

258. Jean-Claude Dreher et al., "Neural Coding of Distinct Statistical Properties of Reward Information in Humans," *CC*, vol. 16, no. 4 (2006), pp. 561–73; Hackjin Kim et al., "Is Avoiding an Aversive Outcome Rewarding?" *PloS Biology*, vol. 4, no. 8 (Aug. 2006); JZ e-mail interview with John O'Doherty, July 7, 2006.

259. Nathalie Camille et al., "The Involvement of the Orbitofrontal Cortex in the Experience of Regret," *Science*, vol. 304 (May 21, 2004), pp. 1167–70; David M. Eagleman, "Comment on 'The Involvement of the Orbitofrontal Cortex in the Experience of Regret'" and Giorgio Coricelli et al., "Response to Comment on 'The Involvement of the Orbitofrontal Cortex in the Experience of Regret,'" *Science*, vol. 308 (May 27, 2005), pp. 1260b-c; Giorgio Coricelli et al., "Regret and Its Avoidance," *NNS*, vol. 8,

no. 9 (Sept. 2005), pp. 1255–62.

260. Lesley K. Fellows, "Deciding How to Decide," *Brain*, vol. 129, no. 4 (2006), pp. 944–52.

261. e-mail to JZ from sender who requested anonymity, June 13, 2006; JZ, "Murphy Was an Investor," *MM*, July 2002, pp. 61–62; JZ interview with Matthews, March 12, 2002; Angus Maddison, *The World Economy* (Paris: OECD, 2001), p. 262; William J. Bernstein and Robert D. Arnott, "Earnings Growth: The 2% Dilution," *FAJ* (Sept.–Oct. 2003), pp. 47–55; William J. Bernstein, *The Birth of Plenty* (New York: McGraw-Hill, 2004), pp. 17–27; Warren Buffett, chairman's letter, Berkshire Hathaway annual report, 1997, www.berkshirehathaway.com/letters/1997.html; Peter L. Bernstein, *Against the Gods* (New York: John Wiley, 1996), pp. 167–86.

262. Donald A. Redelmeier and Robert J. Tibshirani, "Why Cars in the Next Lane Seem to Go Faster," *Nature*, vol. 401 (Sept. 2, 1999), pp. 35–36; Donald A. Redelmeier and Robert J. Tibshirani, "Are Those Other Drivers Really Going Faster?" Chance, vol. 13, no. 3 (2000), pp. 8–14; Dale T. Miller and Brian R. Taylor, "Counterfactual Thought, Regret, and Superstition," in Neal J. Roese and James M. Olson, eds., *What Might Have Been* (Mahwah, N.J.: Erlbaum, 1995), pp. 305–32.

263. John M. Allman et al., "Intuition and Autism," *TICS*, vol. 9, no. 8 (Aug. 2005), pp. 367–73; R. A. Borman et al., "5-HT2B Receptors Play a Key Role in Mediating the Excitatory Effects of 5-HT in Human Colon in Vitro," *British Journal of Pharmacology*, vol. 135 (2002), pp. 1144–51; Eduardo P. M. Vianna et al., "Increased Feelings with Increased Body Signals," *Social, Cognitive, and Affective Neuroscience*, vol. 1, no. 1 (2006), pp. 37–48. The special molecule is a serotonin 2b receptor.

264. Andrew J. Calder et al., "Neuropsychology of Fear and Loathing," *NRN*, vol. 2 (May 2001), pp. 352–63; K. Luan Phan et al., "Functional Neuroanatomy of Emotion," *NeuroImage*, vol. 16 (2002), pp. 331–48; A. D. Craig, "How Do You Feel?," *NRN*, vol. 3 (Aug. 2002), pp. 655–66; Antoine Bechara and Nasir Naqvi, "Listening to Your Heart," *NNS*, vol. 7, no. 2 (Feb. 2004), pp. 102–3; Hugo D. Critchley et al., "Neural Systems Supporting Interoceptive Awareness," *NNS*, vol. 7, no. 2 (Feb. 2004), pp. 189–95.

265. S. Dupont et al., "Functional Anatomy of the Insula," *Surgical and Radiologic Anatomy*, vol. 25 (2003), pp. 113–19; Paul W. Glimcher and Brian Lau, "Rethinking the Thalamus," *NNS*, vol. 8, no. 8 (Aug. 2005), pp. 983–84; Takafumi Minamimoto et al., "Complementary Process to Response Bias in the Centromedian Nucleus of the

Thalamus," *Science,* vol. 308 (June 17, 2005), pp. 1798–1801.

266. M. L. Phillips et al., "A Specific Neural Substrate for Perceiving Facial Expressions of Disgust," *Nature,* vol. 389 (Oct. 2, 1987), pp. 495–98; Andrew J. Calder et al., "Neuropsychology of Fear and Loathing," *NRN,* vol. 2 (May 2001), pp. 352–63; Andrew J. Calder et al., "Impaired Recognition and Experience of Disgust Following Brain Injury," *NNS,* vol. 3, no. 11 (Nov. 2000), pp. 1077–78; Bruno Wicker et al., "Both of Us Disgusted in My Insula," *Neuron,* vol. 40 (Oct. 30, 2003), pp. 655–64; Pierre Krolak-Salmon et al., "An Attention Modulated Response to Disgust in Human Ventral Anterior Insula," *Annals of Neurology,* vol. 53, no. 4 (April 2003), pp. 446–53; www.open2.net/humanmind/article_faces_2.htm.

267. Martin P. Paulus et al., "Increased Activation in the Right Insula during Risk-Taking Decision Making Is Related to Harm Avoidance and Neuroticism," *NeuroImage,* vol. 19 (2003), pp. 1439–48.

268. Brian Knutson et al., "Neural Predictors of Purchases," *Neuron,* vol. 53, no. 1 (January 4, 2007), pp. 1–10.

269. JZ participated in Huettel's experiment at the Brain Imaging and Analysis Center, Duke University, June 22, 2004. (There was also a large, but less intense, area of activation in my dorsolateral prefrontal cortex.)

270. Baba Shiv et al., "Investment Behavior and the Negative Side of Emotion," *PS,* vol. 16, no. 6 (2005), pp. 435–39; Tetsuo Koyama et al., "The Subjective Experience of Pain," *PNAS,* vol. 102, no. 36 (Sept. 6, 2005), pp. 12950–55; George Loewenstein, "The Pleasures and Pains of Information," *Science,* vol. 312 (May 5, 2006), pp. 704–6; Gregory S. Berns, "Neurobiological Substrates of Dread," *Science,* vol. 312 (May 5, 2006), pp. 754–58.

271. Camelia M. Kuhnen and Brian Knutson, "The Neural Basis of Financial Risk Taking," *Neuron,* vol. 47 (Sept. 1, 2005), pp. 763–70; JZ e-mail interview with Knutson, June 19, 2006; Jennifer S. Lerner et al., "Heart Strings and Purse Strings," *PS,* vol. 15, no. 5 (2004), pp. 337–41; JZ e-mail interview with Lerner, June 20, 2006.

272. JZ e-mail interviews with Wayne Wagner, former chairman, Plexus Group, now an independent consultant to ITG Solutions Network, April 7 and 11, 2006; Ian Domowitz and Benn Steil, "Automation, Trading Costs, and the Structure of the Securities Trading Industry," *Brookings-Wharton Papers on Financial Services* (Washington, D.C.: Brookings Institution, 1999), pp. 33–81; Donald B. Keim and Ananth Madhavan, "The Cost of Institutional Equity Trades," *FAJ* (July/Aug. 1998), pp. 50–69.

273. Nina Hattiangadi, "Failing to Act," *International Journal of Aging and Human Development*, vol. 40, no. 3 (1995), pp. 175–85; Thomas Gilovich and Victoria Husted Medvec, "The Temporal Pattern to the Experience of Regret," *JPSP*, vol. 67, no. 3 (1994), pp. 357–65, and "The Experience of Regret," *PR*, vol. 102, no. 2 (1995), pp. 379–95; Thomas Gilovich et al., "Varieties of Regret," *PR*, vol. 105, no. 3 (1998), pp. 602–5; JZ telephone interview with Thomas Gilovich, July 17, 2006.

274. Ilana Ritov, "The Effect of Time on Pleasure with Chosen Outcomes," *JBDM*, vol. 19 (2006), pp. 177–90; Neal J. Roese and Amy Summerville, "What We Regret Most . . . and Why," *PSPB*, vol. 31, no. 9 (Sept. 2005), pp. 1273–85; Neal J. Roese, "Twisted Pair," *BHJDM*, pp. 258–73; Daniel Kahneman, "Varieties of Counterfactual Thinking," in Neal J. Roese and James M. Olson, eds., *What Might Have Been* (Mahwah, N.J.: Erlbaum, 1995), pp. 375–96; Neal Roese, *If Only* (New York: Broadway, 2005).

275. Suzanne O'Curry Fogel and Thomas Berry, "The Disposition Effect and Individual Investor Decisions," *JBF*, vol. 7, no. 2 (2006), pp. 107–16.

276. Daniel T. Gilbert et al., "Looking Forward to Looking Backward," *PS*, vol. 15, no. 5 (2004), pp. 346–50; JZ telephone interview with Thomas Gilovich, July 17, 2006.

277. JZ telephone interview with Dan Robertson, Feb. 17, 2005; fax to JZ from Robertson and Steve Schullo, Feb. 21, 2005.

278. Terry Connolly and Marcel Zeelenberg, "Regret in Decision Making," *CDPS*, vol. 11, no. 6 (Dec. 2002), pp. 212–16; JZ e-mail interview with Thomas Gilovich, July 20, 2006.

279. JZ telephone interview with Terrance Odean, July 12, 2005; Suzanne O'Curry Fogel and Thomas Berry, "The Disposition Effect and Individual Investor Decisions," *JBF*, vol. 7, no. 2 (2006), pp. 107–16; "Applying Behavioral Finance to Value Investing," presentation by Whitney Tilson (Nov. 2005), www.tilsonfunds.com/TilsonBehavioralFinance.pdf; Gretchen B. Chapman, "Similarity and Reluctance to Trade," *JBDM*, vol. 11 (1998), pp. 47–58.

280. JZ, "How Losing Less Can Cost You More," *MM*, June 2005, p. 70.

281. JZ telephone interview with Michael Hadley, assistant counsel for pension regulation, Investment Company Institute, July 18, 2006.

282. Richard Zeckhauser, remarks at Oxford Programme on Investment Decision-Making, Saïd School of Business, Oxford, U.K. Oct. 22, 2004; JZ e-mail interview with Zeckhauser, July 20, 2006; Neal Roese, *If Only* (New York: Broadway, 2005), pp. 201–2.

283. JZ e-mail interview with Elke Weber, July 20, 2006; Vanguard data kindly provided by John Woerth, Vanguard public relations, July 24, 2006.

284. Oded Braverman et al., "The (Bad?) Timing of Mutual Fund Investors," http://ssrn.com/abstract=795146; JZ e-mail interview with Shmuel Kandel and Avi Wohl, July 26, 2006; Pascal, Pensées, no. 139; Seth J. Masters, "Rebalancing," *JPM* (Spring 2003), pp. 52–57; Yesim Tokat, "Portfolio Rebalancing in Theory and Practice," Vanguard Investment Counseling & Research, report no. 31 (2006); Robert D. Arnott and Robert M. Lovell Jr., "Rebalancing," First Quadrant Corp. Monograph No. 3 (1992); Mark Riepe and Bill Swerbenski, "Rebalancing for Tax-Deferred Accounts," *JFP* (April 2006), pp. 40–44; Efficient Frontier, Sept. 1996, Jan. 1997, July 1997, www.efficientfrontier.com; JZ e-mails with William Bernstein, Jan. 23, 2004, and July 21, 2006; JZ telephone interview with Thomas Gilovich, July 17, 2006; http://therightmix.alliancebernstein.com/CmsObjectTRM/PDF/PressRelease_051102_INV.pdf; detailed survey results provided by Tiller LLC; JZ e-mail interview with John Ameriks, June 20, 2006.

Chapter 10

285. There is nothing, Sir: James Boswell, *The Life of Samuel Johnson* (New York: Everyman's Library, 1992), p. 273.

286. Ed Diener and Carol Diener, "Most People Are Happy," *PS*, vol. 7, no. 3 (May 1996), pp. 181–85; David G. Myers and Ed Diener, "Who Is Happy?" *PS*, vol. 6, no. 1 (Jan. 1995), pp. 10–19; David G. Myers, "The Funds, Friends, and Faith of Happy People," *AP*, vol. 55, no. 1 (Jan. 2000), pp. 56–67; PNC Advisors, "Wealth and Values Survey Findings" (2005), p. 5; David Futrelle, "Can Money Buy Happiness?" *MM*, Aug. 2006, pp. 127–31; Arthur Schopenhauer, *The Wisdom of Life* (Amherst, N.Y.: Prometheus Books, 1995), p. 45. "Money (That's What I Want)" was originally written by Berry Gordy Jr. and Janie Bradford and recorded by Barrett Strong.

287. Robert Sapolsky, "Sick of Poverty," *SA* (Dec. 2005), pp. 93–99; Rosemarie Kobau et al., "Sad, Blue, or Depressed Days, Health Behaviors and Health-Related Quality of Life," *Health and Quality of Life Outcomes*, vol. 2, no. 40 (2004), www.hqlo.com/content/2/1/40; Maria J. Silveira et al., "Net Worth Predicts Symptom Burden at the End of Life," *Journal of Palliative Medicine*, vol. 8, no. 4 (2005), pp. 827–37; Andrew J. Tomarken et al., "Resting Frontal Brain Activity Linkages to Maternal Depression and

Socio-economic Status Among Adolescents," *BP*, vol. 67 (2004), pp. 77–102; Peggy McDonough et al., "Income Dynamics and Adult Mortality in the United States, 1972 through 1989," *American Journal of Public Health*, vol. 87, no. 9 (Sept. 1997), pp. 1476–83; Janis L. Dickinson and Andrew McGowan, "Winter Resource Wealth Drives Delayed Dispersal and Family-Group Living in Western Bluebirds," *PRSLB*, vol. 272, no. 1579 (Nov. 22, 2005), pp. 2423–28; JZ e-mail interview with Dickinson, Nov. 9, 2005.

288. Ed Diener et al., "Happiness of the Very Wealthy," *SIR*, vol. 16, no. 3 (April 1985), pp. 263–74; Ed Diener and Martin E. P. Seligman, "Beyond Money," *Psychological Science in the Public Interest*, vol. 5, no. 1 (2004), pp. 1–31; JZ e-mail interview with Ed Diener, Aug. 15, 2006.

289. George Loewenstein and Shane Frederick, "Predicting Reactions to Environmental Change," in Max Bazerman et al., *Psychological Perspectives on Ethics and the Environment* (San Francisco: New Lexington Press, 1997), pp. 52–72.

290. Arthur M. Schlesinger Jr., *A Thousand Days* (New York: Mariner, 2002), p. 1028.

291. Something strange happens: Daniel Kahneman, "Objective Happiness," in *W-B*, pp. 3–25.

292. Philip Brickman et al., "Lottery Winners and Accident Victims," *JPSP*, vol. 36, no. 8 (1978), pp. 917–27; www.nefe.org/fple/windfallpage1.html; Beverly Keel, "A Dollar and a Dreamer," *New York*, Dec. 16, 2002, p. 18.

293. Richard Stensman, "Severely Mobility-Disabled People Assess the Quality of Their Lives," *Scandinavian Journal of Rehabilitation Medicine*, vol. 17, no. 2 (1985), pp. 87–99; Gale G. Whiteneck et al., "Mortality, Morbidity, and Psychosocial Outcomes of Persons Spinal Cord Injured More than 20 Years Ago," *Paraplegia*, vol. 30, no. 9 (Sept. 1992), pp. 617–30; Kenneth A. Gerhart et al., "Quality of Life Following Spinal Cord Injury," *Annals of Emergency Medicine*, vol. 23, no. 4 (April 1994), pp. 807–12; John R. Bach and Margaret C. Tilton, "Life Satisfaction and Well-Being Measures in Ventilator Assisted Individuals with Traumatic Tetraplegia," *APMR*, vol. 75, no. 6 (June 1994), pp. 626–32; Lawrence C. Vogel et al., "Long-Term Outcomes and Life Satisfaction of Adults Who Had Pediatric Spinal Cord Injuries," *APMR*, vol. 79, no. 12 (Dec. 1998), pp. 1496–1503; Marcel P. J. M. Dijkers, "Correlates of Life Satisfaction among Persons with Spinal Cord Injury," *APMR*, vol. 80, no. 8 (Aug. 1999), pp. 867–76; Karyl M. Hall et al., "Follow-up Study of Individuals with High Tetraplegia," *APMR*, vol. 80, no. 11 (Nov. 1999), pp. 1507–13.

294. JZ, "The Soul of an Investor," *MM*, March 2005, pp. 66–71.

295. JZ e-mail interview with Diener, Aug. 15, 2006.

296. Daniel T. Gilbert and Timothy D. Wilson, "Miswanting," in Joseph P. Forgas, ed., *Thinking and Feeling* (Cambridge, U.K.: Cambridge University Press, 2000), pp. 178–97; Timothy D. Wilson et al., "Focalism," *JPSP*, vol. 78, no. 5 (May 2000), pp. 821–36; Leaf Van Boven et al., "The Illusion of Courage in Social Predictions," *OBHDP*, vol. 96 (2005), pp. 130–41.

297. George Loewenstein and David Schkade, "Wouldn't It Be Nice?" in *W-B*, pp. 3–25; JZ telephone interview with Daniel Gilbert, June 17, 2004; see also Gilbert's brilliant book, *Stumbling on Happiness* (New York: Knopf, 2006). "There are two tragedies": George Bernard Shaw, *Man and Superman*, 4:369 (Shaw borrowed, and polished, this line from Oscar Wilde).

298. Derrick Wirtz et al., "What to Do on Spring Break?" *PS*, vol. 14, no. 5 (Sept. 2003), pp. 520–24; Terence R. Mitchell et al., "Temporal Adjustments in the Evaluation of Events," *JESP*, vol. 33 (1997), pp. 421–48; Robert I. Sutton, "Feelings about a Disneyland Visit," *Journal of Management Inquiry*, vol. 1, no. 4 (Dec. 1992), pp. 278–87; JZ e-mail interview with Sutton, Aug. 14, 2006; Dorothy Field, "Retrospective Reports by Healthy Intelligent Elderly People of Personal Events of Their Adult Lives," *International Journal of Behavioral Development*, vol. 4 (1981), pp. 77–97; Donald A. Redelmeier et al., "Memories of Colonoscopy," *Pain*, vol. 104 (2003), pp. 187–94; Daniel Kahneman et al., "Back to Bentham?" *QJE*, May 1997, pp. 375–404; Barbara L. Fredrickson, "Extracting Meaning from Past Affective Experiences," *C&E*, vol. 14, no. 4 (2000), pp. 577–606.

299. Michael Ross, "Relation of Implicit Theories to the Construction of Personal Histories," *PR*, vol. 96, no. 2 (1989), pp. 341–57; Chu Kim-Prieto et al., "Integrating the Diverse Definitions of Happiness," *JOHS*, vol. 6 (2005), pp. 261–300; JZ e-mail interview with Justin Kruger, Aug. 24, 2006.

300. Fritz Strack et al., "Priming and Communication," *European Journal of Social Psychology*, vol. 18 (1988), pp. 429–42; Norbert Schwarz et al., "Assimilation and Contrast Effects in Part-Whole Question Sequences," *Public Opinion Quarterly*, vol. 55 (1991), pp. 3–23; Norbert Schwarz and Fritz Strack, "Reports of Subjective Well-Being," in *W-B*, pp. 61–84; Daniel Kahneman et al., "A Survey Method for Characterizing Daily Life Experience," *Science*, vol. 306 (Dec. 3, 2004), pp. 1776–80; Shigehiro Oishi and Helen W. Sullivan, "The Predictive Value of Daily vs. Retrospective Well-Being Judgments in

Relationship Stability," *JESP*, vol. 42 (2006), pp. 460–70.

301. Ed Diener and Martin E. P. Seligman, "Very Happy People," *PS*, vol. 13, no. 1 (Jan. 2002), pp. 81–84; David G. Myers, "The Funds, Friends, and Faith of Happy People," *AP*, vol. 55, no. 1 (Jan. 2000), pp. 56–67; William Pavot et al., "Extraversion and Happiness," *Personality and Individual Differences*, vol. 11, no. 12 (1990), pp. 1299–1306; Daniel Kahneman et al., "A Survey Method for Characterizing Daily Life Experience," *Science*, vol. 306 (Dec. 3, 2004), pp. 1776–80.

302. Richard J. Davidson and Nathan A. Fox, "Frontal Brain Asymmetry Predicts Infants' Response to Maternal Separation," *Journal of Abnormal Psychology*, vol. 98, no. 2 (1989), pp. 127–31; Richard J. Davidson, "Well-Being and Affective Style," *PTRSLB*, vol. 359 (2004), pp. 1395–1411; Robert E. Wheeler et al., "Frontal Brain Asymmetry and Emotional Reactivity," *Psychophysiology*, vol. 30 (1993), pp. 82–89; Diego A. Pizzagalli et al., "Frontal Brain Asymmetry and Reward Responsiveness," *PS*, vol. 16, no. 10 (2005), pp. 805–13; Antoine Lutz et al., "Long-Term Meditators Self-Induce High-Amplitude Gamma Synchrony during Mental Practice," *PNAS*, vol. 101, no. 46 (Nov. 16, 2004), pp. 16369–73; Heather L. Urry et al., "Making a Life Worth Living," *PS*, vol. 15 (2004), no. 6, pp. 367–72.

303. Tim Kasser, *The High Price of Materialism* (Cambridge, Mass.: MIT Press, 2000), pp. 30–32; Tim Kasser et al., "The Relations of Maternal and Social Environments to Late Adolescents' Materialistic and Prosocial Values," *Developmental Psychology*, vol. 31, no. 6 (1995), pp. 907–14; Tim Kasser and Richard M. Ryan, "A Dark Side of the American Dream," *JPSP*, vol. 65, no. 2 (1993), pp. 410–22; Carol Nickerson et al., "Zeroing in on the Dark Side of the American Dream," *PS*, vol. 14, no. 6 (Nov. 2003), pp. 531–36; M. Joseph Sirgy, "Materialism and the Quality of Life," *SIR*, vol. 43 (1998), pp. 227–60; Ed Diener and Robert Biswas Diener, "Will Money Increase Subjective Well-Being?" *SIR*, vol. 57 (2002), pp. 119–69; Daniel Kahneman et al., "Would You Be Happier If You Were Richer?" *Science*, vol. 312 (June 30, 2006), pp. 1908–10.

304. Robert M. Sapolsky, "The Influence of Social Hierarchy on Primate Health," *Science*, vol. 308 (April 29, 2005), pp. 648–52; Olivier Berton et al., "Essential Role of BDNF in the Mesolimbic Dopamine Pathway in Social Defeat Stress," *Science*, vol. 311 (Feb. 10, 2006), pp. 864–68; Sabrina S. Burmeister et al., "Rapid Behavioral and Genomic Responses to Social Opportunity," *PloS Biology*, vol. 3, no. 11 (Nov. 2005), pp. 1996–2004; Helen E. Fox et al., "Stress and Dominance in a Social Fish," *JN*, vol. 17, no. 16 (Aug. 15, 1997), pp. 6463–69; D. Caroline Blanchard et al., "Subordination Stress,"

Behavioural Brain Research, vol. 58 (1993), pp. 113–21; Robert O. Deaner et al., "Monkeys Pay Per View," *CB*, vol. 15 (March 29, 2005), pp. 543–48; Drake Morgan et al., "Social Dominance in Monkeys," *NNS*, vol. 5, no. 2 (Feb. 2002), pp. 169–74.

305. Susanne Erk et al., "Cultural Objects Modulate Reward Circuitry," *NeuroReport*, vol. 13 (2002), pp. 2499–2503.

306. Michael R. Hagerty, "Social Comparison of Income in One's Community," *JPSP*, vol. 78 (2000), pp. 746–71; Alois Stutzer, "The Role of Income Aspirations in Individual Happiness," *JEBO*, vol. 54 (2004), pp. 89–109; Andrew E. Clark and Andrew J. Oswald, "Satisfaction and Comparison Income," *Journal of Public Economics*, vol. 61 (1996), pp. 359–81; Ed Diener et al., "Factors Predicting the Subjective Well-Being of Nations," *JPSP*, vol. 69 (1995), pp. 851–64; Michael Argyle, "Causes and Correlates of Happiness," in W-B, pp. 353–73; H. L. Mencken, "Masculum et Feminam Creavit Eos," in *A Mencken Chrestomathy* (New York: Knopf, 1978), p. 619; David Neumark and Andrew Postlewaite, "Relative Income Concerns and the Rise in Married Women's Employment," *Journal of Public Economics*, vol. 70 (1998), pp. 157–83; Michael McBride, "Relative Income Effects on Subjective Well-Being in the Cross-Section," *JEBO*, vol. 45 (2001), pp. 251–78 (the finding about a brother-in-law's income holds when both sisters are nonworking); "Affluent Americans and Their Money," survey for *MM* by RoperASW (2002), p. 46.

307. Richard J. Davidson, "Affective Style, Psychopathology, and Resilience," *AP*, vol. 55, no. 11 (Nov. 2000), pp. 1196–1214; Melissa A. Rosenkranz et al., "Affective Style and in vivo Immune Response," *PNAS*, vol. 100, no. 19 (Sept. 16, 2003), pp. 11148–52; Richard J. Davidson et al., "Alterations in Brain and Immune Function Produced by Mindfulness Meditation," *Psychosomatic Medicine*, vol. 65 (2003), pp. 564–70; Carol D. Ryff et al., "Positive Health," *PTRSLB*, vol. 359 (2004), pp. 1383–94; Andrew Steptoe et al., "Positive Affect and Health-Related Neuroendocrine, Cardiovascular, and Inflammatory Processes," *PNAS*, vol. 102, no. 18 (May 3, 2005), pp. 6508–12; Erik J. Giltay et al., "Dispositional Optimism and All-Cause and Cardiovascular Mortality in a Prospective Cohort of Elderly Dutch Men and Women," *Archives of General Psychiatry*, vol. 61 (Nov. 2004), pp. 1126–35; Carol D. Ryff et al., "Psychological Well-Being and Ill-Being," *Psychotherapy and Psychosomatics*, vol. 75 (2006), pp. 85–95.

308. Alice M. Isen, "Positive Affect and Decision Making," in Michael Lewis and Jeannette M. Haviland-Jones, *Handbook of Emotions* (New York: Guilford, 2004), pp. 417–35; Barbara L. Fredrickson, "The Broaden-and Build Theory of Positive Emotions,"

PTRSLB, vol. 359 (2004), pp. 1367–77; Sonja Lyubomirsky et al., "The Benefits of Frequent Positive Affect," *PB*, vol. 131, no. 6 (2005), pp. 803–55; Ed Diener et al., "Dispositional Affect and Job Outcomes," *SIR*, vol. 59 (2002), pp. 229–59; Carol Graham et al., "Does Happiness Pay?" *JEBO*, vol. 55 (2004), pp. 319–42; Barry M. Staw et al., "Employee Positive Emotion and Favorable Outcomes at the Workplace," *Organization Science*, vol. 5 (1994), pp. 51–71; Andrew W. Lo, "Fear and Greed in Financial Markets," *AER*, vol. 95, no. 2 (2005), pp. 352–59.

309. JZ telephone interview with Barnett Helzberg, June 25, 2003; Bob Woodward, "How Mark Felt Became 'Deep Throat,'" Washington Post, June 2, 2005, p. A1; JZ telephone interview with Richard Wiseman, June 16, 2003; JZ, "Are You Lucky?" *MM*, Aug. 2003, p. 85; Richard Wise man, "The Luck Factor," Skeptical Inquirer, May/June 2003, pp. 26–30, and *The Luck Factor* (New York: Miramax Books, 2003); www.luckfactor.co.uk.

310. Robert K. Merton and Elinor Barber, *The Travels and Adventures of Serendipity* (Princeton, N.J.: Princeton University Press, 2004); http://members.aol.com/spencerlab/history/readdig.htm; www.raytheon.com/about/history/leadership/index.html; www.ieee-virtual-museum.org/collection/tech.php?id=2345891&lid=1.

311. George Ainslie, Picoeconomics (Cambridge, U.K.: Cambridge University Press, 1992) and *Breakdown of Will* (Cambridge, U.K.: Cambridge University Press, 2000); Shane Frederick et al., "Time Discounting and Time Preference," in *TAD*, pp. 13–86; Richard Thaler and George Loewenstein, "Intertemporal Choice," in Richard H. Thaler, *The Winner's Curse* (Princeton, N.J.: Princeton University Press, 1992), pp. 92–106; Thomas C. Schelling, *Choice and Consequence* (Cambridge, Mass.: Harvard University Press, 1984), pp. 57–82.

312. Alex Kacelnik, "The Evolution of Patience," in *TAD*, pp. 115–38; Alex Kacelnik and Melissa Bateson, "Risky Theories," *American Zoologist*, vol. 36, no. 4 (Sept. 1996), pp. 402–34; Leonard Green and Joel Myerson, "Exponential versus Hyperbolic Discounting of Delayed Outcomes," *American Zoologist*, vol. 36, no. 4 (Sept. 1996), pp. 496–505; Joel Myerson and Leonard Green, "Discounting of Delayed Rewards," *JEAB*, vol. 64, no. 3 (Nov. 1995), pp. 263–76.

313. EBRI Issue Brief, Jan. 2006, www.ebri.org/pdf/briefspdf/EBRI_IB_01-20061.pdf; Ronald T. Wilcox, "Bargain Hunting or Star Gazing," *JB*, vol. 76, no. 4 (2003), pp. 645–63; Edward S. O'Neal, "Mutual Fund Share Classes and Broker Incentives," *FAJ*, Sept.–Oct. 1999, pp. 76–87; Lawrence M. Ausubel, "The Failure of Competition in the

Credit Card Market," *AER*, vol. 81, no. 1 (1991), pp. 50–81; Jonathan Clements, "Why It Pays to Delay," *WSJ*, Apr. 23, 2003, p. D1; www.tiaa-crefinstitute.org/research/papers/070102.html; Stefano Della Vigna and Ulrike Malmendier, "Contract Design and Self-Control," *QJE*, vol. 119, no. 2 (May 2004), pp. 353–402; John T. Warner and Saul Pleeter, "The Personal Discount Rate," *AER*, vol. 91, no. 1 (March 2001), pp. 33–53; Shlomo Benartzi and Richard H. Thaler, "Risk Aversion or Myopia?," *MS*, vol. 45, no. 3 (March 1999), pp. 364–81.

314. George Ainslie and John Monterosso, "A Marketplace in the Brain," *Science*, vol. 306 (Oct. 15, 2004), pp. 421–23; Samuel M. McClure et al., "Separate Neural Systems Value Immediate and Delayed Monetary Rewards," *Science*, vol. 306 (Oct. 15, 2004), pp. 503–7; JZ interview with Jonathan Cohen and Samuel McClure, Nov. 2004.

315. Walter Mischel et al., "Delay of Gratification in Children," *Science*, vol. 244 (May 26, 1989), pp. 933–38; Walter Mischel et al., "Sustaining Delay of Gratification over Time," *TAD*, pp. 175–200; JohnAmeriks et al., "Measuring Self-Control" (Feb. 2004), www.nber.org/papers/W10514; JZ, "Tie Me Down and Make Me Rich," *MM*, May 2004, p. 119; JZ telephone interview with Andrew Caplin, March 16, 2004.

316. James J. Choi et al., "Saving for Retirement on the Path of Least Resistance" (July 2004), http://post.economics.harvard.edu/faculty/laibson/papers/savingretirement.pdf; JZ telephone interviews with David Laibson, Nov. 11, 2005, and Joseph Ferrari, Nov. 15, 2005; JZ, "Do It Now," *MM*, Jan. 2006, pp. 80–81.

317. Heather P. Lacey et al., "Hope I Die Before I Get Old," *JOHS*, vol. 7 (2006), pp. 167–82; JZ e-mail interview with Lacey, Aug. 15, 2006.

318. A. Rösler et al., "Effects of Arousing Emotional Scenes on the Distribution of Visuospatial Attention," *Journal of the Neurological Sciences* (2005), pp. 109–16; Mara Mather et al., "The Allure of the Alignable," *JEP*, vol. 134, no. 1 (2005), pp. 38–51; Susan Turk Charles et al., "Aging and Emotional Memory," *JEP*, vol. 132, no. 2 (2003), pp. 310–24; Mara Mather, "Why Memories May Become More Positive as People Age," in Bob Uttl et al., *Memory and Emotion* (Malden, Mass.: Blackwell, 2006), pp. 135–58.

319. Mara Mather et al., "Amygdala Responses to Emotionally Valenced Stimuli in Older and Younger Adults," *PS*, vol. 15, no. 4 (2004), pp. 259–63; Leanne M. Williams, "The Mellow Years?" *JN*, vol. 26, no. 24 (June 14, 2006), pp. 6422–30; Laura L. Carstensen et al., "Aging and the Intersection of Cognition, Motivation, and Emotion," in James E. Birren and K. Warner Schaie, eds., *Handbook of the Psychology of Aging* (San Diego: Academic Press, 2006), pp. 343–62. It is possible that the amygdala's ability to process

negative emotions may decay with age, leaving positive processing intact; see Faith M. Gunning-Dixon et al., "Age-Related Differences in Brain Activation during Emotional Face Processing," *Neurobiology of Aging*, vol. 24 (2003), pp. 285–95.

320. Johnny Mercer and Harold Arlen, "Ac-Cent-Tchu-Ate the Positive" (1944).

321. Hans-Ulrich Wittchen et al., "Lifetime Risk of Depression," *British Journal of Psychiatry*, vol. 26, supplement (Dec. 1994), pp. 16–22; Susan T. Charles and Laura L. Carstensen, "A Life Span View of Emotional Functioning in Adulthood and Old Age," *Advances in Cell Aging and Gerontology*, vol. 15 (2003), pp. 133–62; John F. Helliwell and Robert D. Putnam, "The Social Context of Well-Being," *PTRSLB*, vol. 359 (2004), pp. 1435–46; BusinessWeek, Aug. 13, 1979, pp. 54–59. I am grateful to William Bernstein for calling the "old fogies" line to my attention.

322. Robert Browning, "Rabbi Ben Ezra," lines 1–3, from Dramatis Personae (1855).

323. "You don't have to be rich to be happy" is a favorite phrase of my colleague Jean Chatzky of *Money* magazine (see her book *You Don't Have to Be Rich* [New York: Portfolio, 2003]); Fred B. Bryant et al., "Using the Past to Enhance the Present," *JOHS*, vol. 6 (2005), pp. 227–60.

324. M. Joseph Sirgy et al., "Does Television Viewership Play a Role in the Perception of Quality of Life?" *Journal of Advertising*, vol. 27, no. 1 (1998), pp. 125–42.

325. JZ telephone interview with Goldfine, Aug. 28, 2006.

326. Barbara L. Fredrickson, "Extracting Meaning from Past Affective Experiences," *C&E*, vol. 14, no. 4 (2000), pp. 577–606; Dan Ariely and Ziv Carmon, "Gestalt Characteristics of Experiences," *JBDM*, vol. 13, no. 2 (2000), pp. 191–201.

327. Neal J. Roese and Amy Summerville, "What People Regret Most . . . and Why," *PSPB*, vol. 31, no. 9 (Sept. 2005), pp. 1273–85.

328. Daniel Read et al., "Four Score and Seven Years from Now," *MS*, vol. 51, no. 9 (Sept. 2005), pp. 1326–35; Nava Ashraf et al., "Tying Odysseus to the Mast" (July 2005), http://ssrn.com/abstract=770387.

329. JZ e-mail interview with Richard Wiseman, June 27, 2003; JZ, "Are You Lucky?", *MM*, Aug. 2003, p. 85. The article I read in the airport was Michael S. Gazzaniga, "The Split Brain Revisited," *SA*, July 1998, pp. 50–55. (See Chapter Four, "Pigeons, Rats, and Randomness," p. 57.)

330. Roy F. Baumeister et al., "Ego Depletion," *JPSP*, vol. 74, no. 5 (1998), pp. 1252–65; Roy F. Baumeister and Kathleen D. Vohs, "Willpower, Choice, and Self-Control," in *TAD*, pp. 201–16; JZ telephone interview with Laibson, Nov. 11, 2005.

331. Martin E. P. Seligman et al., "Positive Psychology Progress," *AP*, vol. 60, no. 5 (2005), pp. 410–21; Martin E. P. Seligman et al., "A Balanced Psychology and a Full Life," *PTRSLB*, vol. 359 (2004), pp. 1379–81; www.edge.org/3rd_culture/seligman04/seligman_index.html; Kennon M. Sheldon and Sonja Lyubomirsky, "How to Increase and Sustain Positive Emotion," *Journal of Positive Psychology*, vol. 1 (2006), pp. 73–82; Martin E. P. Seligman, *Authentic Happiness* (New York: Free Press, 2002).

332. Chu Kim-Prieto et al., "Integrating the Diverse Definitions of Happiness," *JOHS*, vol. 6 (2005), pp. 261–300; Ed Diener and Shigehiro Oishi, "The Nonobvious Social Psychology of Happiness," *Psychological Inquiry*, vol. 16, no. 4 (2005), pp. 162–67; Leaf Van Boven and Thomas Gilovich, "To Do or to Have?," *JPSP*, vol. 85, no. 6 (2003), pp. 1193–1202; Sonja Lyubomirsky et al., "Pursuing Happiness," *Review of General Psychology*, vol. 9, no. 2 (2005), pp. 111–31; Kennon M. Sheldon and Sonja Lyubomirsky, "Achieving Sustainable Gains in Happiness," *JOHS*, vol. 7 (2006), pp. 55–86; Charles T. Munger in *Outstanding Investor Digest*, Sept. 24, 1998, p. 53; Richard M. Ryan and Edward L. Deci, "On Happiness and Human Potentials," *Annual Review of Psychology*, vol. 52 (2001), pp. 141–66.

친애하는 김성일 작가가 '투자의 비밀'을 재번역한다고 했을 때 말리고 싶었습니다. 왜냐하면 번역은 너무나 힘든 일이라 '번역할 시간에 차라리 책을 두 권 쓰는 게 낫겠다' 싶은 마음이 절로 들기 때문입니다. 아무리 이 책이 좋은 내용을 담고 있다고 한들 번역 과정에서 겪을 고생이 눈에 선하게 그려졌죠. 그러나 결과물을 보니 예전 책보다 훨씬 쉽고 또 저자가 하려는 말이 어떤 것인지 더 잘 이해할 수 있게 된 것 같습니다.

'투자의 비밀'은 아래 표에 나타난 희한한 현상을 설명하기 위해 쓰였다고 해도 과언이 아닙니다. 양말sock과 주식stock은 단 한 글자가 다를 뿐이지만 인간은 이 두 상품을 거래하는 방식이 정반대입니다. 양말은 쌀 때 사지만 주식은 가격이 하락할 때 다들 더 빨리 팔기 위해 아우성칩니다. 분명 경제학과 재무 이론에서는 주식의 가치는 미래 이익의 현재가치 합계라고 정의합니다만, 수세대에 걸쳐 형성되는 기업의 가치를 반영하는 주식은 매일 매초 수없이 거래되며 가격이 급변합니다. 왜 이런 현상이 나타나는 것일까요? 그냥 인간이 멍청해서 생기는 일시적(?!) 현상일 뿐인가요?

양말socks	주식stocks
내가 원할 때 산다 할인할 때 더 많이 산다 오래 보관한다 구멍이 생기면 헝겊 주머니에 보관한다	다른 사람이 원할 때 산다 할인하지 않을 때 더 많이 산다 가능한 빨리 판다 가격이 내리면 공포에 휩싸인다

이런 일이 벌어지는 이유는 우리 인간이 '패턴 찾기'에 천재적인 소질을 가지고 있기 때문입니다. 본문에는 다음과 같은 동전 던지기의 사례가 나옵니다.

당신과 내가 동전 던지기를 한다고 가정하자. (6번 던져서 앞면은 H로, 뒷면은 T로 기록하여 결과를 종합한다.) 당신이 먼저 던져서 H, T, T, H, T, H가 나왔다. 50 대 50의 결과로 무작위로 우연히 생기는 확률과 정확히 일치한다. 다음 내가 던지셔 H, H, H, H, H, H가 나왔다. 전부 앞면만 나오니 정말 놀랍다. 내가 동전 던지기 천재인 것처럼 느껴진다.

그러나 진실은 훨씬 평범하다. 6번의 동전 던지기에서 H, H, H, H, H, H가 나올 확률은 H, T, T, H, T, H가 나올 확률과 같다. 두 결과 모두 발생 확률이 64분의 1(1.6%)이다. 하지만 H, H, H, H, H, H가 나오면 놀라는 반면 H, T, T, H, T, H가 나오면 특별한 생각이 들지 않는다. 왜 그럴까?

왜 그럴까요? 그 이유는 인간이 단순한 패턴을 감지하고 해석하는 경이적인 능력을 가지고 있기 때문입니다. 그 능력 덕분에 우리 조상은 위험한 원시 세계에서 살아남을 수 있었습니다. 그러나 투자의 경우 패턴을 찾는 우리의 뿌리 깊은 습성은 종종 질서가 없는 곳에서 질서가 존재하는 것처럼 생각하기 쉽습니다. 그러다 보니 주가가 오르면 끝없이 더 오를 것처럼 느껴져 초조해지곤 하죠. 물론 반대의 경우도 성립합니다. 당장 2020년 3월 만하더라도 금방이라도 세상이 망할 것이라고 주장하는 사람으로 넘쳐나지 않았습니까?

말이 너무 많았네요. 김성일 작가 덕분에 이 좋은 책을 편하게 볼 수 있게 되어 기뻤나 봅니다. 책 출간하느라 수고하신 에이지21 관계자 분들에게도 감사하다는 말씀드리며 저는 이만 글을 줄이려 합니다.

2021년 1월 홍춘욱